Andreas Clauss

Das Deutschland Protokoll II

Die wirtschaftliche Vernichtung Deutschlands

J.K.Fischer-Verlag

Originalausgabe 12/2008

J.K.Fischer-Verlag GmbH
Postfach 27 63
D-63563 Gelnhausen
Tel..: 0 60 58 – 91 61 55
Fax: 0 60 58 – 91 61 58

www.j-k-fischer-verlag.de

ISBN 978-3-940845-90-0

Printed in Germany

Umschlagsgestaltung von

FELIDAE
design & multimedia

www.felidae-multimedia.com

Andreas Clauss

Das Deutschland Protokoll

Die wirtschaftliche Vernichtung Deutschlands

J.K.Fischer-Verlag

Inhaltsverzeichnis

Prolog ... 7

Geld und Wirtschaft ... **14**
Einleitung ... 14
Begrifflichkeiten ... 21
Was ist unser Geld heute? ... 24
Praktisches, Nützliches, Mathematisches ... 29
Die Aufgabe des gegenwärtigen Staates im Finanzsystem ... 34
Aktuelle Entwicklungen ... 36
Über die Märkte ... 48
Die Realwirtschaft ... 55
CO^2 und Wirtschaft ... 70
Meine Privatfinanzen ... 85
Benutze deren Zahlungsmittel, also deren Geld nicht! ... 96
Lösungsansätze zur Überwindung der gegenwärtigen völkerrechtlichen Situation in Deutschland ... 117

Epilog ... **137**

Protokolle / ergänzende Texte ... **141**
Kein Mensch beginnt zu sein bevor er seine Vision empfangen hat ... 147
Aus »Recht und Wahrheit« ... 151
Der Lissaboner Vertrag der EU bedeutet Diktatur ... 161
Rede des Henry Nitzsche im „deutschen“ Bundestag EU-Reformvertrag ... 166
Brisante Vorwürfe gegen Regierung Kohl „Constanze Paffrath“ ... 169
„Richter a. D. Frank Fahsel ... 177
Ein Staat ohne Legitimation „Karl Albrecht Schachtschneider“ ... 179
Der Marshallplan-Schwindel und die Zukunft Europas ... 185
Wesen und Verwesen der Bundesrepublik ... 211
Unser Wald + unser Wasser = unser Leben + unsere Zukunft ... 221
Kleines Nahost-Quiz ... 227

„Von der Landkarte tilgen“ 232
Medienkriege – Die Rolle der PR-Agenturen
in den Kriegen der Gegenwart 237
Die Tafeln 248
Ein Hoch auf die globale Krise! 253
Wie man drei Milliarden Arbeitsplätze schaffen kann 259
Eines der interessantesten Interviews dieser Welt !!! 271
„Digital Angel“ – ein Weg zur totalen Überwachung? 279
Zufälle gibt's, die gibt's gar nicht 287
Die Kooperationsgemeinschaft 302
Ode An die Freude 334
Das einfache Leben in Liebe zur Weisheit 337
Interessante Internetadressen zum Thema 339

Heiliges Römisches Reich Deutscher Nation - Rom – Vatikan – Stanza della Segnatura - Raffael – Fresco - Die Schule von Athen – 1510 – 1511 - Zeit der Renaissance

Frz. Renaissance / ital. rinascità / zu Deutsch: Wiedergeburt

Für aufgeschlossene, suchende und neugierige Menschen möge dieses Buch auf unterhaltsame Weise eine Inspiration sein, Ihnen ein Wandel im Denken, vom „entweder oder“ zum „sowohl als auch“ zu erleichtern.

Möge es eine Idee davon geben, dass alles, was Sie für ihr Leben brauchen, schon immer in Ihnen vorhanden ist.

Diese Quelle müssen sie jetzt finden, denn Sie werden sie brauchen.

Es könnte ihre persönliche Renaissance werden.

Warum? Das erfahren sie auf den Gebieten Wirtschaft, Finanzen und Recht in diesem Buch.

Gewidmet all jenen Menschen, die diesen Weg schon lange gehen und dafür bisher verhöhnt, verspottet, angefeindet oder verfolgt wurden.

Prolog

Es war nach Mitternacht. Trotz des monotonen Rauschens der Belüftung im Flieger konnte ich 11.000 Meter über den Atlantik auf dem Rückflug von Miami nach Frankfurt keinen Schlaf finden. Neben mir, auf dem Sitz in einer Decke eingekuschelt, schlief Sandra. Seit einer Woche meine Frau. Sie von Geburt an Amerikanerin - ich Deutscher. Wie sie so da lag, konnte ich keine äußerlich unterscheidbaren Merkmale erkennen.

War ich früher stolz darauf, erst ein humanistischer Internationalist, dann ein liberaler Europäer und was weis ich nicht noch alles, gewesen zu sein. Zuletzt und fast beschämend war ich Deutscher. Wie titulierte mein CIA-Schwiegervater diese Art Menschen teils herablassend, teils verächtlich: Gutmenschen. Ja – er sagte Gutmenschen dazu. Immer vermeintlich guten Willens, vermeintlich die Weißheit mit Löffeln fressend, bei der sich das akkumulierte Wissen, auf das man so stolz war, bei genauem Hinschauen als perfekte Gehirnwäsche entpuppte.

Deswegen sind diese Gutmenschen in der Regel sehr gebildet, nur eben nicht weise, weil verbildet. Dafür wiederum bilden sie sich auf Ihre Bildung gerne etwas ein.

Mein Gott und so ein verdammter Kraut, war ich in den Augen meines Schwiegervaters auch. In den letzten Wochen musste ich in eine Wandlung vollzogen haben, denn er gab mir ja seine einzige, über alles geliebte Tochtor zur Frau und die feuchten Augen eines so hart gesottenen Analytikers während der Trauungszeremonie, die ich durch meine eigenen feuchten zu entdecken glaubte, waren nicht gespielt. Nun können Amerikaner ja auch gezielt das Klischee pflegen, da bleibt ohnehin kein Auge trocken – Hollywood im Kleinen. Was soll ich sagen: Es war schön. Alles in allem, kann ich mich nicht erinnern, in meinem Leben schon einmal durch ein solches Wechselbad der Gefühle gegangen zu sein, wie in den vergangenen Wochen.

Ich schaute aus dem Fenster. Auf dem Atlantik sah man durch die Reflexion des fahlen Mondlichts sich leicht kräuselnde Wellen, die sich von hier oben winzig ausmachten, ansonsten Sterne, die unendliche Weite des Universums und die Erahnung eines Gefühls von der Größe der Erde, bei der man so plötzlich unsagbar klein erscheint. Sandra drehte sich mir zu, lächelte kurz und schlief weiter.

War sie, die Amerikanerin, die vielleicht bessere Deutsche – oder besser noch - ihr Vater - CIA – Direktor, Kriegsgegner und Besatzer. Hatten die beiden das alles, was bisher geschehen war, nur gut vorbereitet?

Hin und wieder verwirrten mich meine eigenen Gedanken, dann aber gab es Momente der Klarheit. Diese wollte ich natürlich unterstützen.

Ich war es, der die anfängliche lose Blattsammlung auf dem Aktenordner mit Deutschlandprotokoll bezeichnete. Es war meine Schrift, ich konnte es nicht leugnen.

Auf den Umschlag habe ich die Umrisse Deutschlands aufgeklebt, nicht die der „BRD", sondern die des Deutschen Reiches, dass es angeblich nicht mehr gab, wozu mich mein CIA-Schwiegervater nun eines besseren belehrte.

Wenn ich jetzt in mich hineinhorche, stelle ich fest, dass es dabei in keiner Weise um irgendwelche Territorien ging, sondern um ein Gefühl, dass ich bisher nicht kannte.

Vor 5 Wochen hatte ich, wie die meisten Deutschen, ein sehr distanziertes oder ablehnendes Gefühl allein schon zu diesem Begriff gehabt. Wenn man so will, ist die Umdeutung der Begriffe mit den dazugehörigen Gefühlen der größte Erfolg der Umerziehung gewesen. Es hat geklappt. NEIN – es hätte fast geklappt. Bei mir jedenfalls nicht. Und wenn ich die Kurve kriegen konnte, dann können es viele andere auch.

Las ich doch eben noch in den Unterlagen meines Schwiegervaters die richtigen Worte eines Amerikaners, Thomas Jefferson (3.Präsident):

„Nur die Lüge braucht die Stütze der Staatsgewalt. Die Wahrheit steht von alleine aufrecht."

Die Lüge ist die Stütze der Bundesrepublik. Mit der Wahrheit stürzt sie. Deswegen wird alles was Deutsch ist, zumindest in ein Zwielicht gerückt, wenn nicht schlimmer. Zur Kriegs- und Nachkriegsgeschichte und zum Rechtssystem wurden und werden Halbwahrheiten vermittelt, weggelassen oder schlicht gelogen.

Die Erzeugung negativer Gefühle bei bestimmten Begrifflichkeiten, führt zu unangenehmen nicht erklärbaren Abneigungen bei deren Verwendung. In der Folge werden ablehnende Haltungen produziert, obwohl einem beliebig geschilderten Sachverhalt logisch, analytisch oder einfach nur vom Fakt her, nichts entgegenzusetzen war. So zum Beispiel beim Begriff: Deutsches Reich. Damit wollen die meisten Deutschen nichts zu tun haben, verbinden sie damit doch fast ausschließlich das so genannte tausendjährige.

Ich musste mich ja nur selbst beobachten. Mein Schwiegervater hatte völlig Recht – Ich war ein typischer Gutmensch.

Ich hatte in unseren Unterhaltungen schnell gelernt, das negative Gefühl kurzfristig beiseite zu stellen. Ich war mit Fakten über die Kriegs- und Nachkriegsentwicklung konfrontiert, die absolut nicht in mein Weltbild passten. Sie waren paradox. Zudem vorgetragen von Leuten, von denen ich das zuletzt vermuten würde. Das konnte nicht sein, nein, dass durfte nicht sein. Paradoxa wollte ich auflösen, jedenfalls die, die im Moment für mein Leben wichtig schienen. Ich wollte Sandra zur Frau und so ein Ami sagte mir ins Gesicht, dass ich als Völkerrechtssubjekt so momentan das Letzte auf der Welt sei. Zuerst war die Wut. Ausgerechnet ein Ami, ein Vertreter eines sterbenden Imperiums zusammen mit seinem russischen Busenfreund aus vergangenen Geheimdienstzeiten – das war der Gipfel. Einfach absurd.

Aber ich hörte hin, dann nahm ich vorsichtig vorurteilsfrei an, dann begann ich zu lernen und selbst zu recherchieren. Mit viel Fleiß und guter Intuition in der Quellenauswahl, kann man sich danach eine Meinung erarbeiten, von der man dann behaupten kann, dass es diesmal wirklich die eigene ist. Eine völlig neue Erfahrung!

Und plötzlich ändern sich auch die Gefühle.

Ich schaute wieder in Sandras friedliches, liebevolles Gesicht und mich durchströmte ein Gefühl, dass man am besten mit Dankbarkeit beschreiben könnte. Ich spürte plötzlich auch so etwas wie Verantwortung nicht nur mir gegenüber, meiner soeben gegründeten Familie, meinen Freunden, nein und ich glaube nicht, dass ich das jetzt denke – meiner erweiterten Solidargemeinschaft gegenüber. Das geht langsam sogar über den engeren Freundeskreis hinaus.

Man sagt, glaube ich, Volk dazu.

Wieder und wieder blätterte ich in meinen so genannten Protokollen. Ich blieb bei einigen Zitaten hängen. Sie schienen mir erst zusammenhanglos, waren dann aber der Auslöser für meine weiteren Recherchen. Denn während ich das hier niedergeschriebene dachte, las ich folgendes Zitat von Emil Maier Dorn aus seinem Buch „Die deutschen – ein Volk von Selbstzerstörern“:

„Man legte einen großen Misthaufen an, auf den alle deutschen Verbrechen gekippt wurden –die wirklichen und mehr noch die hinzu gelogenen- und setzt dem Deutschen davon jeden Morgen eine Messerspitze voll auf den Frühstückstisch.

Damit dies ja nicht nach fremder Einmischung aussieht, lässt man das durch deutsche Lakaien der Umerziehung besorgen. Die drängen sich auch noch zu dieser Verrichtung, weil es ja moralisch und Gott wohlgefällig ist, die Gebärde der Reue zu zeigen sowie auch zu überdurchschnittlichem Einkommen verhilft.“

Nachdem ich in den USA nun soviel zur Rechtssituation in und um Deutschland gehört und in diesem Ordner Akten und Beweise zusammengesammelt hatte, blieb ich zufällig an den Zitaten zu den wirtschaftlichen Ursachen des letzten Krieges hängen. Ich hatte auf einmal die Ahnung, dass auf den Gebieten Wirtschaft und Wissenschaft der universelle Betrug wahrscheinlich ähnlich ist.

Besonderes Interesse zeigte ich natürlich an Äußerungen unserer ehemaligen Gegner und jetzigen Freunde. In der Schule hatte ich dergleichen nie erfahren:

„Nicht die politischen Lehren Hitlers haben uns in den Zweiten Weltkrieg gestürzt. Anlaß war diesmal der Erfolg seines Versuches, eine neue Wirtschaft aufzubauen. Die Wurzeln des Krieges waren Neid, Gier und Angst.“ meinte J.F.C. Füller, britischer General und Historiker in seinem Buch „Der Zweite Weltkrieg“.
Winston Churchill sagte zum Krieg gegen Deutschland folgendes:

„Sie müssen sich darüber im klaren sein, daß dieser Krieg nicht gegen Hitler oder den Nationalsozialismus geht, sondern gegen die Kraft des deutschen Volkes, die man für immer zerschlagen will, gleichgültig, ob sie in den Händen Hitlers oder eines Jesuitenpaters liegt.“

Der ehemalige Außenminister der USA, James Baker, wird im SPIEGEL, 13/92 mit folgenden aufschlussreichen Worten wiedergegeben:

„Wir machten aus Hitler ein Monstrum, einen Teufel. Deshalb konnten wir nach dem Krieg auch nicht mehr davon abrücken. Hatten wir doch die Massen gegen den Teufel persönlich mobilisiert. Also waren wir nach dem Krieg gezwungen, in diesem Teufelsszenario mitzuspielen. Wir hätten unmöglich unseren Menschen klarmachen können, dass der Krieg eigentlich nur eine wirtschaftliche Präventivmaßnahme war!"

Präventivmaßnahme wogegen? Was für eine Kraft des deutschen Volkes? Ein Geheimnis vieler uns unerklärlicher Vorgänge hat mit Sicherheit mit Wirtschaft und Geld zu tun. Denn Churchill erklärt uns weiter:

„Das unverzeihliche Verbrechen Deutschlands vor dem Zweiten Weltkrieg war der Versuch, seine Wirtschaftskraft aus dem Welthandelssystem herauszulösen und ein eigenes Austauschsystem zu schaffen, bei dem die Weltfinanz nicht mehr mitverdienen konnte."

Was genau war das für ein System? Wie haben die denn Geld, Handel und Wirtschaft verstanden?

Mit diesen Fragen wurde mir klar, dass ich mal wieder nichts darüber wusste. Denn der Versuch sich objektiv mit dieser Zeit zu beschäftigen, macht einen Menschen in einem Umfeld, wo angeblich die Gedanken frei sind, gleich zum Nazi?

Warum eigentlich Nazi und nicht Naso? Nasowas! Das waren doch Nationalsozialisten? Und warum beschleicht mich gerade wieder ein Gefühl, dass ich das jetzt für mich heimlich denken kann, aber eigentlich nicht darüber zu reden wagen sollte, wegen der „political correctness" oder den möglichen implantierten negativen Gefühlen meines Gegenüber und unserer Nachbarn, auf die es Rücksicht zu nehmen gilt. Denn was diese Geschichte betrifft, ist uns doch die Selbstkasteiung auferlegt.

Da fiel mir auf einmal die unerträgliche Hetzjagd auf Eva Herman kurz vor unserer US-Abreise durch die Systemmedien ein. Es war nicht so bedeutend oder umwerfend, was sie gesagt hatte, nur ist Sie leider prominent und lud indirekt eine größere Zielgruppe ein, sich genauer mit einem Thema zu beschäftigen, dass im Zuge eines implodierenden Finanzsystems nicht im Sinne der Mächtigen lag. Es bestünde die Gefahr, die Deutschen entdeckten ohne jede Wertung auf einmal Alternativen, die Ihre

Eltern und Urgroßeltern (alle Verbrecher) schon längst gelebt hatten.

So konnte ich mich erinnern, dass der Guido Knoppsche Propagandaaufwand nicht unbeachtlich war, das Geschichtsbild wieder „gerade“ zu rücken.

Für mich als Gutmenschen war das seinerzeit natürlich Bildungsfernsehen und der Wissenschaft letzter Stand. Propaganda gab es ja nur im Osten.

Noch so ein Zitat: „*Es gibt als Dogma weder eine sozialisierte Wirtschaft, noch gibt es eine freie Wirtschaft, sondern es gibt nur eine verpflichtete Volkswirtschaft, d.h. eine Wirtschaft, der im Gesamten die Aufgabe zukommt, einem Volke die höchsten und besten Lebensbedingungen zu verschaffen.*“ Als Aufgabe formuliert ist dieses Zitat nicht nur richtig sondern auch noch gut. Es stammt nur vom falschen Mann. Dummerweise von dem, der hier schon zwei mal als Unperson genannt wurde. Aus der Geschichtsliteratur, die ich in den vergangenen Wochen flüchtig durchblätterte, konnte ich mich erinnern, dass nach Ausbruch des Krieges über verschiedenste Verbindungen und Initiativen seitens Deutschlands mit England über Bedingungen zur Beendigung des Krieges verhandelt wurde. Dabei stellte die britische Regierung im Wesentlichen nur folgende Bedingungen: 1. Beseitigung Hitlers durch eine Großbritannien genehme Regierung. 2. Aufgabe der derzeitigen deutschen Wirtschaftspolitik und 3. Rückkehr der Reichsmark zur Goldwährung.

Wenige bis keine Worte über Polen, Tschechien und Österreich., was man eigentlich vermuten würde.

O.K. Punkt eins kann ich aus britischer Sicht verstehen. Aber warum die anderen Punkte und keine anderen Forderungen und warum weiß ich das trotz Abitur und Leistungskursen in den entsprechenden Fächern wieder nicht?

Noch interessanter ist eigentlich die Tatsache, dass alle Friedensinitiativen ausschließlich von Deutschland ausgingen. Hätte ich nicht gedacht.

Ich sah aus dem Fenster. Immer noch Dunkel, immer noch die Unendlichkeit des Universums und des unter uns liegenden Ozeans.

Aber mir dämmerte, dass ich mich nach meiner Rückkehr unbedingt mit Geld und Wirtschaft beschäftigen sollte und dass ich echtes Wissen darüber weder in einer Universität, Bank, Versicherung oder einem DAX – Unternehmen erwerben würde.

Ich war mir jetzt schon sicher, dass ich auf Dinge stoßen würde, ähnlich der Rechtslage um Deutschland und dass es zwischen beiden einen wesentlichen Zusammenhang gibt und das Deutschland und die Deutschen bei der Lösung der Probleme in der Welt eine wesentliche Rolle spielen würden.

Meine Ahnung war: Dieses wissen schon sehr viele.

Am meisten wissen das die derzeit Herrschenden und fürchten, dass es herauskommt.

Die einzigen, die das nicht wissen, sind die Deutschen, jedenfalls ihr größter Teil. Mein Entschluss stand fest. Ich forsche weiter.

Dieses Protokoll ist noch lange nicht geschlossen. Vor allem nahm ich mir vor, Menschen zu treffen, die nicht nur Kenntnis und Wissen über diese Vorgänge haben, sondern lebenswerte Alternativen entwickeln können, damit eventuell schon Erfahrungen gemacht haben oder noch besser, sie schon erfolgreich leben.

Wenn man einmal das Erlebnis hatte, auf einem elementaren, lebenswichtigen Gebiet, wie Rechtslage, verfassungsmäßige Grundlagen etc. so umfassend und vorsätzlich falsch informiert worden zu sein, dann kommt der Verdacht auf, dass das auf anderen Gebieten genauso sein könnte.

Was ich in den folgenden Wochen entdeckte, sollte meine Vermutungen noch weit in den Schatten stellen.

Aktion ist gleich Reaktion. Das, was Du aussendest, bekommst Du zurück. Das trifft auch auf Gedanken zu.

Ich sollte das auch gleich erfahren. Ich grübelte noch eine Weile und es war das erste schwache Morgengrauen im Osten erkennbar, als ich mir die Frage stellte, warum ich das Offensichtliche nicht schon früher erkannt hatte. In dem Moment sprang mir aus meinen bisherigen Protokollen ein über 2.500 Jahre altes Zitat von Heraklit von Ephesos regelrecht entgegen:

„Durch ihre Unglaubhaftigkeit entzieht sich die Wahrheit dem Erkanntwerden.“

Geld und Wirtschaft

Einleitung

Es war Mittag, als ich mich mit einem Kuss von Sandra verabschiedete und meinte, zum Abendessen wieder zu Hause zu sein. Ich ahnte noch nicht, dass es das Frühstück werden sollte, denn als ich von Andreas in dieser Herbstnacht im Oktober aufbrach, graute fast der Morgen.

Ich wusste noch nicht, dass auch er mit nur einfachen Worten mein Grundverständnis

von Wirtschaft und Geld etwas durcheinander bringen sollte, glaubte ich doch, wie viele, einiges von Geld zu verstehen, schon weil man es mehrfach am Tag benutzte.

Aber wie bei den anderen Dingen: Auch der Geldschein trügt.

Da stand ich nun vor seinem Haus, wo er sich in seinem Gartenhaus oder besser seiner ehemaligen Garage ein zweckmäßiges Büro als Finanzdienstleister eingerichtet hatte. Keine Bank, keine Glasfassaden, Bürotürme, Tresore, ja nicht einmal mit einer Krawatte bewaffnet, mit der diese Spezies von Hause aus versucht, Kompetenz vorzugaukeln, öffnete er mir freundlich und wir spazierten durch den Garten in sein Büro, wo seine Frau, die gute Fee und sein eigentlicher Rückhalt des kleinen „Familienunternehmens", wie er meint, Kaffee und Kuchen gedeckt hatte und nun den Telefondienst übernahm. Informiert über meine Absichten, meinem angefangenem Protokoll weitere interessante Bausteine hinzuzufügen, sagte er, dass er sich für mich den Rest des Tages Zeit genommen habe, nicht nur, um mir sein Verständnis von Geld und Wirtschaft näher zu bringen, sondern auch, um mit mir über Lösungen zu philosophieren. Wir hatten uns vorher telefonisch geeinigt, dass ich ihn zum Thema der gegenwärtigen Finanzkrise, zur Subprimekrise, einfach um ein paar Statements und Bewertungen bitte, in der Hoffnung, danach auch hier etwas klarer zu sehen und meinem Hefter ein paar Protokolleintragungen hinzufügen zu können. Auf den ersten Blick machte er nicht den Eindruck eines Experten, kein Bankvorstand, kein fernsehtypischer Analyst, Investmentbanker, kurz er entsprach auf dem ersten Blick nicht dem Klischee.

Auf seinem Türschild stand auch etwas von Foundation und „Gemeinnützige schottische Stiftung für autarkes und ganzheitliches Leben", hinter dem man nun auch nicht Begriffe, wie Geld, Börse, Anleihen, Aktien, Fonds etc. vermutet.

Ich sprach ihn genau darauf an, dass er mir als Finanzexperte empfohlen wurde, worauf er lachend antwortete, dass er kein Experte sei und es als großes Glück empfände. Er sagte: „Ich habe einmal gelesen, dass Experten Leute wären, die von immer weniger, immer mehr verstünden, bis sie von nichts alles wüssten." Derart präpariert werden diese Leute dann auf die Menschheit losgelassen. Bar jeder universellen Erkenntnis, präzise, logisch und mit einer perfekten Rationalität bewaffnet – der sicherste Weg in den Abgrund. Es gibt heute zu viele Experten. Zufall? Extra dafür hat man die Dinge kompliziert gemacht, damit wir uns derer bedienen.

Aber immer dann, wenn wir das tun, geben wir ein Stück unserer Kompetenz, Verantwortung und Freiheit an einen anderen ab. Die wirklich wichtigen Dinge sind nicht kompliziert – komplex ja, aber nicht kompliziert – man muss nur genau beobachten. Das braucht Zeit und eigene Gedanken. Aber wer hat heute schon beides?

Ein Analyst möchte ich auch nicht sein oder als solcher benannt werden, schon weil das Wort anal drin steckt und dort gehören schließlich die Absonderungen dieser Spezies in der Regel hin. Das meine ich nicht überheblich und diese Leute sind mit Sicherheit nicht dumm, nur schaue ich heute erst auf den Brötchengeber des Analysten, dann bewerte ich die Aussage und dann fällt mir eben meistens auf, dass der Wortstamm phonetisch sehr passend ist."

Da musste ich lachen, wir machten uns über Kaffee und Kuchen her, redeten über Familie, Freunde, Kinder, unsere Hobbys, meine Begegnungen in Amerika, dies und das und mir fiel auf, dass sich Andreas über sich und seine Berufspezies mit viel Ironie begegnen konnte.

Irgendwann fragte ich ihn direkt:

„Andreas! Was ist eigentlich ein Finanzdienstleister und was genau seine Aufgabe?"

Andreas überlegte kurz und fragte zurück:

Ist das jetzt für das Protokoll? Ich bejahte. Er sagte: „O.K. - Finanzdienstleister als Teil der Finanzindustrie sind in dieser globalisierten Welt, die vielleicht bedeutendste Berufsgruppe, die dummerweise eine wirkliche gesunde und funktionierende physische Ökonomie wenig bis gar nicht braucht.

Die politökonomische Aufgabe besteht in der systematischen Vermögensumverteilung von Arm nach Reich."

Ich stutzte. Andreas weiter: „Das ist das systembedingte Resultat, nicht zu verwechseln mit der Absicht der Handelnden.

Ich kenne viele in der Branche, ehrlich bemüht, a) aus Provisionen ihr Auskommen zu haben und b) ihren Kunden eine gute Lösung für Ihre Investments, Altersvorsorge etc. zu bieten. Nur ist ihnen dies, in dieser Deutlichkeit nicht so bewusst, sonst würde es ja auch nicht funktionieren. Genau das habe ich auch über 10 Jahre lang auch so getan. Ich möchte betonen, dass ich dabei sogar noch die umgekehrte Prioritätenfolge bei a) und b) für mich in Anspruch nehmen möchte. Am Ergebnis änderte dies nichts. Hier bewegen sich die meisten im Spannungsfeld von Gier und Angst genau wie ihre Kunden, um schließlich Vermögen vom Produzenten zum Besitzenden zu transferieren und als Krönung mit Ihren eigenen Investments ihre eigenen Arbeitsplätze abzuschaffen. Deswegen zolle ich den Machern dieses Systems meine ehrliche Hochachtung, aber nicht meine Bewunderung."

Er sah in mein verblüfftes Gesicht, lachte und sagte:

„Ja - Erkenntnis ist der erste Schritt zur Heilung. Übrigens befinden sich Finanzdienstleister in guter Gesellschaft mit Steuerberatern, Rechtsverdrehern, McKinsey-Typen und einer ausufernden so genannten Beamtenschaft und öffentlichem Dienst."

Die braucht eine gesunde Wirtschaft auch nicht.

Nachdem ich immer noch nichts sagen konnte, fuhr er fort:

Machen wir eine einfache Probe aufs Exempel:

„Stell Dir vor: Heute fallen alle Finanzdienstleister, Steuerberater, Wirtschaftsprüfer, Bankvorstände und Finanzbeamte tot um. Was fühlst Du? Würdest Du die jetzt ernsthaft vermissen? Noch bevor ich antworten konnte, fragte er weiter: „ Wenn nun aber alle Landwirte, Krankenschwestern, Müllmänner, Straßenbahnfahrer, Stromversorger, Wasserwerker, Ordnungshüter von jetzt ab sofort ihre Tätigkeit einstellen würden, was wäre dann los?" Ich wusste nicht, was ich sagen sollte, es war eine einfache Frage, aber ich schmunzelte in mich hinein.

Andreas weiter: „Leider verhält sich das Einkommen benannter Berufsgruppen oft umgekehrt proportional zu Ihrer wirklichen physisch-ökonomischen Bedeutung."

Da war es wieder. „Physisch ökonomisch".

Andreas wieder: „Physische Ökonomie – fast würde ich sagen – die verbotene oder verloren gegangene Wissenschaft. Aber beginnen wir von vorn."

Nun begann er einen kleinen Monolog und ich hörte einfach nur der Beschreibung zu, wie er sich und seine Umwelt wahrnimmt:

„Ich habe irgendwann nach dem 11. September 2001 angefangen, mich auch dem Thema Wirtschaft und Finanzen auf eine neue Art und Weise zu nähern. Wenn man einmal merkt, dass man gezielt und übel belogen wurde und es immer noch wird, dann hinterfragt man die Dinge auf einmal anders. Dabei habe ich mir ein Zitat von Georg Christoph Lichtenberg zu einem Lebensmotto gemacht und es fehlt in keinem meiner Vorträge und Präsentationen: Was allgemein als ausgemacht gilt, verdient am meisten untersucht zu werden." Das ist wirklich so. Meistens stellt man fest:

Das Gegenteil ist wahr. Ich wunderte mich noch lange, warum ich viele Dinge, die auf einmal glasklar vor meinen Augen lagen, lange nicht gesehen hatte. Das Geheimnis ist, sich selbst die richtigen Fragen zu stellen und sie dann auch zu beantworten. Oft kam die Antwort von innen. Das Problem ist, unbequeme Fragen zu zulassen, bei denen man das Risiko läuft, sich aus seiner weltanschaulichen Komfortzone zu begeben. Diesen Schritt sollte man dann auch tun.

Nun – ich schien damit keine Probleme zu haben.

Als Finanzdienstleister habe ich mich seit Ende der 90iger mit derivaten Handelsinstrumenten und den verschiedenartigen neuen „Produkten", genannt „alternative investments" beschäftigt. Leider machte auch ich hier anfangs den Fehler, mich ins Detail zu stürzen, d.h. in die mathematischen Grundlagen und Berechnungen, galt es doch, sie so anzuwenden, dass man damit Geld machen kann. Make money, sagen die Amerikaner umgangssprachlich, wohl gemerkt – von verdienen ist hier nicht die Rede. Volkswirtschaftliche Fragen interessierten mich in diesem Zusammenhang eingangs weniger, galt es doch, im Spannungsfeld von Gier und Angst, Vermögenswerte, ausgedrückt in Papier, zu wahren, zu sichern und zu mehren. Dies stellte sich in der Folge auch für mich als kapitaler Fehler heraus.

Das gleiche Ansinnen verfolgte ich zuvor im Venture Capital Bereich.

Kurz gesagt - man war geschickt eingebunden im Mikrokosmos der Finanzprodukte, im Tanz ums Goldene Kalb und im Spiel Monopoly.

Dabei ist es wie beim Hütchenspiel. Am Anfang geht es sogar gut, weil man damit geködert wird. Oder aber, weil man einen möglichen Trend frühzeitig erkannt hat, dem dann später viele folgen. Aber finanzieller Erfolg ist leider kein Beleg für die Richtigkeit des Weges, auch nicht, wenn ihn später dann Millionen Menschen gehen.

„Leute – esst Scheiße – Millionen Fliegen können nicht irren." So bringt es Dieter Hildebrandt auf den Punkt.

Deswegen möchte ich mich in der Bewertung dieser Dinge auf die Essenz konzentrieren.

Dazu eingangs ein paar Feststellungen.

Mit Hilfe dieser vor allem nach dem 11.Septemer 2001 erfundenen Finanzinstrumente wie z.B. Subprimes gelingt es den Akteuren wieder und wieder, neue Wertschöpfungspotentiale - besser Wertschröpfungspotentiale zu kreieren, die das System nicht besser oder stabiler machen, dafür aber dessen Fallhöhe optimieren.

Wenn man es ganz geschickt anstellt und die Menschen immer weiter mitspielen, muss es nicht einmal wie ein Kartenhaus zusammenstürzen, es sei denn, die Macher wollen es schließlich so.

Subprime, ABS, MBS, CDO's, Optionen und Futures sind im Wesentlichen Spielarten des globalen Casinokapitalismus mit denen immer neue Kredit- und Geldvolumina kreiert werden können. Ein strategisches Ziel ist mit Sicherheit die geplante und gezielte Umverteilung von Besitz und Vermögen in eine bestimmte Richtung, die der Hochfinanz. Ein anderes Ziel ist es, alle Akteure solange es geht, am Roulette-Tisch zu halten und weiter zu suggerieren, dass das, womit sie operieren, irgendeinen Wert hat.

Solange wir dies alle akzeptieren und weiter im Hamsterrad laufen, um den Verpflichtungen in Papier nachzukommen, kann dies noch eine Weile so gehen.

„Rettet das Papier" lautet die Devise der Bewahrer. Dabei gab es auf der Welt noch niemals so viel bedrucktes Papier wie heute und ironischerweise ist diese Finanzwelt genau aus diesem Grunde eigentlich schon lange bankrott.

Schaut man sich die Bewegungen an den Weltmärkten an, dann stellt man fest, dass pro Tag nur noch 0,5 % aller Geldbewegungen dafür da sind, Dinge zu bewegen, die als Produkt eine physische Grundlage haben - die man also wiegen oder messen kann. Der bescheidene Rest von 99,5 % ist Geld auf der Jagd nach Rendite.

Da ist pervers noch eine ziemlich milde Beschreibung. Der Tausch realer Güter gibt dem Geld seinen eigentlichen, ursprünglichen Sinn. Dafür wurde es erfunden. Es ist nicht der internationale Handel, der die Welt zerrüttet - den gab es schon zu Marco Polos Zeiten.

Es ist der entfesselte Finanzmarkt, der zum Blutsauger der Volkswirtschaften wurde und den Menschen die Lebensgrundlagen raubt, weil er weder nationale noch regionale Besonderheiten kennt und weder moralisch noch ethisch handelt.

Das Ganze kumuliert in zwei Begriffen: Globalisierung und Heuschrecken.

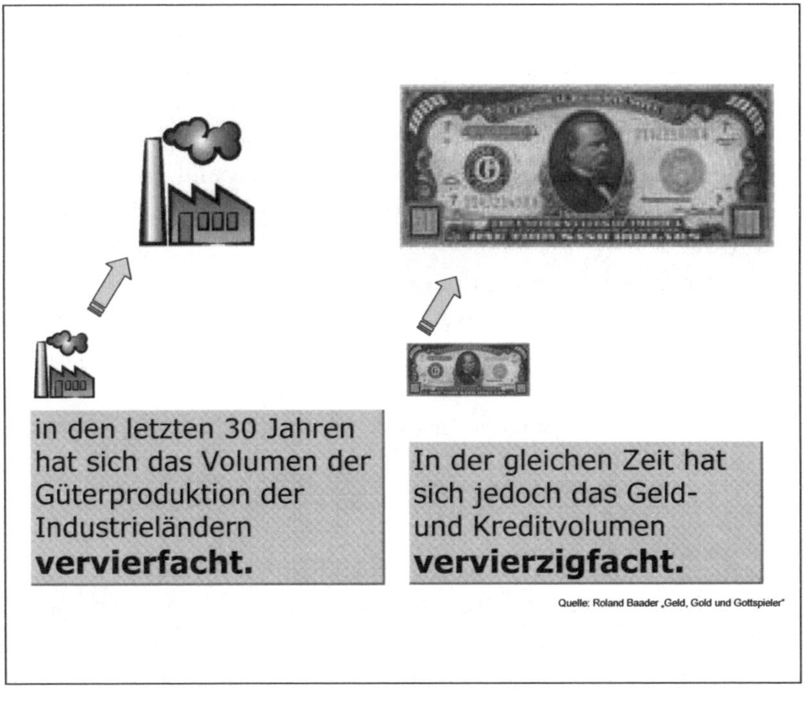

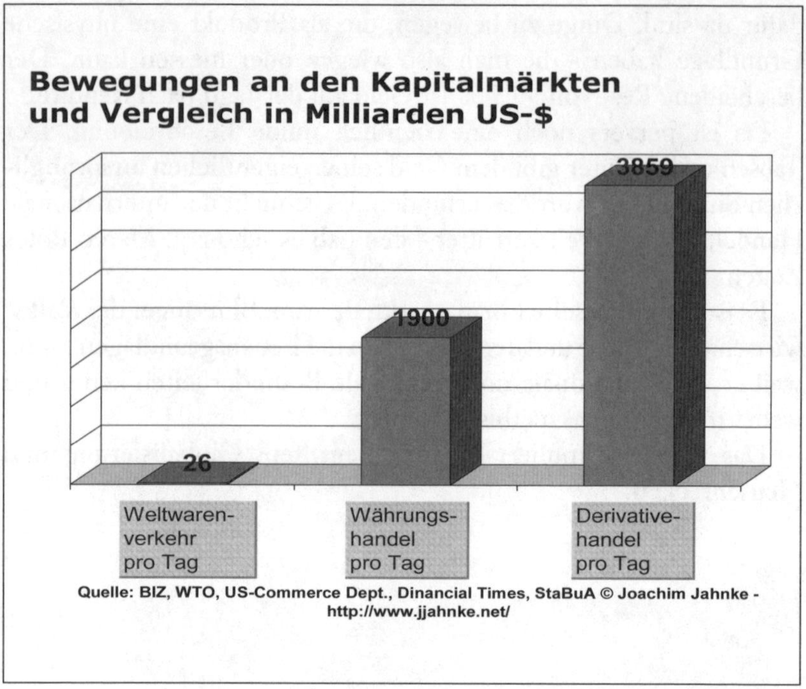

Dieses Spiel muss nicht zwingend in einem Crash untergehen, wie es viele Propheten schon seit Jahren weissagen und ich auch eine Weile glaubte. Dieses System ruft permanent nach mehr Kredit und Geld, da aus mathematischen Gründen der Zins und Zinseszins exponential steigt. Demgegenüber stehen jedoch endliche Ressourcen und Arbeit.

Ausgerechnet der Wert der produktiven Arbeit leidet unter diesem System am meisten, weil die Leistung nicht inflationieren kann.

Arbeit kann nur gesteigert werden, mengen- oder wertmäßig, will sie mit der tatsächlichen Geldinflation mithalten. Da Arbeit etwas mit Physik (Aufwand) und Geld (nur gedruckt) mit Mathematik zu tun hat, hat die Arbeit in Prozent gedacht schlechtere Karten.

Auf diese Weise funktioniert die Ausbeutung der Arbeitskraft besser als durch Sklaverei, da sie freiwillig erbracht wird.

Nun brauche ich permanent auf der einen Seite immer wieder neue Finanz-instrumente, die irgendeine Wertigkeit vorgaukeln und auf der anderen Seite der Realität die berühmten Assets (reale materielle Vermögens/Sachwerte/Aktivwerte) in Geld ausgedrückt zu inflationieren – und schon stimmt die Gleichung wieder.

Nur finden bei diesen Prozessen Umverteilungen im Besitz und Eigentum statt, denn eigentlich wird im Finanzsystem ja nichts Reelles geschaffen, sondern nur Vorhandenes umverteilt. Das ist der Sinn der Übung. Und hier finden wir des Pudels Kern. Denn was der eine gewinnt, muss ein anderer verlieren.

Fragt sich nur, wer das jetzt jeweils immer ist?

Wenn ich dies so erzähle, beobachte ich oft, dass die, die es negativ betrifft, sich am wenigsten angesprochen fühlen. Weil es nicht verstanden wird!

Insofern lohnt sich ein Blick auf diese Instrumente und die Frage, warum plötzlich ein Begriff wie Subprime, den man vor 2 Jahren nicht einmal kannte, nun die Schlagzeilen bestimmt?

Dabei fokussiert das Establishment uns immer auf das Geld. In Wirklichkeit geht es nie darum, sondern stets um Ressourcen, Grund und Boden, Technologien, Patente, deren Besitz und Verfügung und damit um Macht.

Denn ich glaube, uns beiden, wie wir hier sitzen, hat man auch die Rolle des Loosers in diesem Spiel zugedacht. Hast Du Lust dazu?“

Begrifflichkeiten

Natürlich nicht und mir schwante, dass es nötig sei, doch etwas genauer in die Materie einzutauchen und so fragte ich „Diese Subprimes, ABS, MBS, CDO's und all die neumodischen neudeutschen Abkürzungen– was ist das überhaupt?

Allein schon das Wort im Zusammenhang mit Kreditvergabe klingt irgendwie verdächtig – Subprime – unter erstere (oder wie in der Werbung: „Herr Ober für meine Frau bitte den zweit besten Fisch...“), steht doch für einen Minderkredit-Markt - also für Hypotheken an Kunden minderer Bonität, die sich das zu teure Haus eigentlich gar nicht leisten können? Sehe ich das richtig?“

Andreas antwortete: „Da hast du völlig recht!

Deswegen möchte ich eingangs ganz kurz ein paar Begrifflichkeiten klären, nur damit wir definieren, wovon wir reden. Du musst das aber nicht alles lernen, denn wenn Du es weist, sind sie untergegangen und für die weitere Entwicklung der Menschheit nicht nur unnötig, sondern unerträglich.

Also:

Die Bezeichnung CDO ist eigentlich nur ein Produktoberbegriff und steht für Collateralised Debt Obligations.

Was die in der Realität anrichten, ist dann aber nicht einfach nur als Kollateralschaden abzubuchen, wie wir gleich sehen werden.

CDO's sind sozusagen Wertpapiere, die durch einen Pool diversifizierter Vermögensgegenstände so genannten ABS (Asset Backed Securities) gesichert sind.

Diese Vermögensgegenstände sind entweder ein Pool von Forderungen in Form von Anleihen (in sogenannten Collateralised Bond Obligations = CBO), Krediten (in sogenannten Collateralised Loan Obligations = CLO) oder (Credit Default Swaps) eine Mischung aus beiden. Die Finanzierung der Forderungen erfolgt durch die Emission von Anleihen daraus. Bei ABS handelt es sich also um mit Vermögensgegenständen (Assets) unterlegte (Backed) Wertpapiere (Securities).

Sie sehen in ihrer Grundform die Veräußerung des Forderungsbestands eines Unternehmens oder eines Kreditinstituts an eine eigens dafür gegründete Gesellschaft vor.

Die Aufgabe dieser Zweckgesellschaft besteht ausschließlich im Ankauf der Forderungsbestände und in ihrer Refinanzierung durch die Emission (Ausgabe) von Wertpapieren, die durch den Forderungsbestand gesichert sind. Klingt kompliziert, die Mathematik dazu ist es auch, aber das Wesen ist sehr einfach. Denn was ist das Ziel?

Das Ziel der ABS ist es, bisher nicht liquide Vermögensgegenstände in festverzinsliche und handelbare Wertpapiere umzuwandeln.

MBS sind Mortage Backed Securities, also das Gleiche, nur für Immobilien. Und um die geht es jetzt hier in der sogenannten Subprimekrise.

Das Volumen, das mittels all dieser Papiere entstanden ist, beläuft sich auf jenseits einer Billion Dollar (eine Zahl mit 12 Nullen, aber vor dem Komma). Es geht also um richtig viel Geld und zwar um soviel, wie wir uns nicht vorstellen können."

Kurz bevor mir der Kopf auseinander zu fliegen drohte, zeigte mir Andreas auf seinem Rechner ein Schaubild, wie das Geschäft funktioniert:

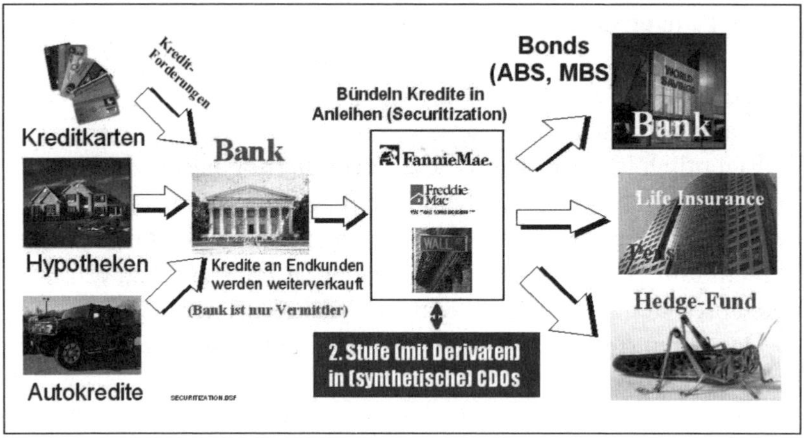

Er führte weiter aus:

„Bei allen diesen Spielarten geht es immer darum, reale Vermögenswerte, die irgendwo herumschwirren oder stehen, zusammenzufassen und in irgendeiner Form handelbar und beleihbar zu machen. Zum Schluss wird wie üblich in der Wertschröpfungskette auf verschiedenen Stationen über Zinsdifferenzen und Provisionen Geld mit Geld gemacht.

Im Grunde sind alle Instrumente Versuche, Sicherheiten von Sicherheiten auf Sicherheiten zu begründen und in Umlauf zu bringen, d.h. am Ende der Kette

neues Geld, d.h. neuen Kredit zu generieren.

Vielleicht wirst Du jetzt sagen, das verstehe ich nicht und will es auch nicht verstehen, weil es schon auf den ersten Blick sehr krank aussieht.

Damit hast Du völlig recht, aber wir sollten uns anschauen, welche Ergebnisse es brachte und uns noch in Zukunft bescheren wird und was es mit uns und aus uns macht."

Andreas holte seine Brieftasche und legte uns bekannte Geldscheine, genau einen 50 Euro Schein und eine Dollarnote, auf den Tisch und verlangte, dass ich sie mir einmal genauer anschauen solle.

Ich tat es verwundert, kannte ich sie doch ziemlich genau durch Benutzung, auch den Dollar durch meine letzte US-Reise.

Was ist unser Geld heute?

Andreas holte aus:

„Fangen wir beim Geld an!

Eigentlich ist auch schon diese Formulierung falsch, denn in unserem System hat auch Geld eine Ursache. Am Anfang unseres Geldes steht ein Kredit. Ohne Kreditnehmer kein Geld. Dieses System braucht immer unbedingt jemanden, der bereit ist, sich zu verschulden, ansonsten gibt es kein Geld, erst recht kein neues.

Deswegen spricht man auch von einem Schuldgeld- oder Kreditgeldsystem.

Hier verweise ich zum besseren Grundverständnis des Themas Geld- und Geldentstehung auf den Film: „Fabian - Gib mir die Welt für 5 %".

Dieser sollte zum Standardwerk an Schulen werden. Man wird die wichtigsten Dinge, die in der Welt passieren, nach diesem Film einfach besser verstehen können.

(Hier der Link: http://de.youtube.com/watch?v=xcbiBSarpu0 und folgende…,

oder im download:

http://www.neueimpulse.org/index.php?id=8&tx_abdownloads_pi1[action]=getviewcatalog&tx_abdownloads_pi1[category_uid]=2&cHash=e4f331ff5a)

Solange Menschen nicht wirklich wissen, was unser jetziges Geld ist und wie es entsteht, werden sie weiter in diesem Kreditgeldsystem um die Früchte Ihrer Arbeit gebracht werden.

Deswegen gebe ich Dir hier eine für Dich vielleicht neuartige Definition von Geld:

Unser Geld ist nichts weiter als die bedruckte Hülle für einen Kredit und begründet seinen Wert ausschließlich auf die Erwartung einer erst in Zukunft von uns zu erbringenden Leistung.

Jedes durch eine Kreditgewährung automatisch entstandene Geld ist an sich völlig wertlos. Es erhält seinen Wert erst durch das Schuldanerkenntnis, der Rückzahlungs-fähigkeit (Bonität) sowie der dinglichen Sicherheitshinterlegung des Kreditnehmers und schließlich der tatsächlichen ratierlichen Rückzahlung des Kredites.

Der Innere Wert des Geldscheins, sein Papierwert ist zu vernachlässigen und fast Null, also Scheingeld.

Da dieses Geld, wenn man es genau betrachtet und noch einmal formuliert, nur einen Anspruch auf eine erst in Zukunft zu erbringende Leistung darstellt, kann ein Papiergeldsystem, das auf keine realen Hinterlegung (wie früher z.B. in der Golddeckung) beruht, nicht wirklich crashen, jedenfalls nicht physisch. Das Einzige, wogegen dieses System crashen kann, ist gegen Vertrauen. Unser Vertrauen und unsere Fähigkeit, es nicht benutzen zu müssen.

Nur die Völker können es beenden, wenn Sie sagen, wir haben es jetzt verstanden und wollen es nicht mehr.

So ist der physische Wert eines 5.- Euroscheins der gleiche, wie der eines 500.- Euroscheins. Das gilt für jede Banknote, sei es Dollar, Yen oder Schweizer Franken. Es gibt momentan keine Währung auf der Welt, bei der eine konkrete Note irgendeine physische Deckung von Wert hätte. Das kann man u.a. auch erfahren, wenn man sich diese Scheine aufmerksam betrachtet."

Andreas lenkte meine Aufmerksamkeit nun wieder auf die vor uns liegenden Scheingeldscheine.

Immerhin kann man beim Dollar auf der Vorderseite lesen, wofür er steht:

„Diese Note ist ein legales Zahlungsmittel für alle privaten und öffentlichen Schulden." Von Geld steht da erst gar nichts. Auf der Rückseite kann man etwas über die Deckung oder Haftung erfahren: *„Wir vertrauen auf Gott."*

Also mein Lieber, sag nachher nicht, Du bist betrogen worden. Du hast Dich betrügen lassen."

Ich schaute auf die Scheine und er hatte Recht. Bisher hatte mich nur der nominale Wert, besser die Zahl auf dem Schein interessiert, je höher desto besser, konnte man doch für einen 100–Dollar-Schein, 100mal mehr kaufen, als für einen 1-Dollar-Schein. Eigentlich bekommt man immer Hinweise.

Andreas spaßig weiter: „Immerhin vertrauen die Amerikaner in Geldangelegenheiten noch auf Gott. Beim Euro steht gleich gar nichts mehr auf den Scheinen, außer einer Zahl. Dann gibt es auf jedem diese unterschiedlich farbigen Scheine noch irgendwelche imaginären Brückenkonstruktionen, dann eine unidentifizierbare Unterschrift und Buchstabenkürzel, bei der man als Betrachter eingeladen wird, zu raten. Dieses Scheingeld erfüllt nach der klassischen liberalen Ökonomie nicht einmal mehr die Kriterien von Banknoten.

Die meisten Menschen fangen erst an nachzudenken, wenn Sie für diesen hier abgebildeten Schein bei gleich gebliebenen Einkommen nicht einmal mehr ein Brötchen kriegen.

Das nennt man dann Inflation, nicht, wie die Leute denken, weil die Preise gestiegen sind, sondern weil zuvor die Geldmenge ausgeweitet wurde. So ein Schein lässt sich bündelweise ziemlich leicht, bequem, kostengünstig und vor allem massenhaft herstellen.

Die andere Variante der Verarmung geht wie folgt:

Die Preise bleiben gleich bzw. gehen in Rabattschlachten sogar leicht zurück. Nur das nützt Dir nichts, weil auf wundersame Weise keine Scheine mehr bei Dir ankommen.

Komisch – das Einzige was Du hast, ist ein „Ein-Euro-Job“ und Hartz IV auf der Habenseite und auf der anderen, Schulden, Kredite, Kredite, Kredite, Mieten, Leasingraten, Handyverträge und Hunger.

Das nennt man dann Deflation.

Die Geldmenge reduziert sich durch massenhafte Zahlungsunfähigkeiten. Zwischen Deflation und Inflation findet ein permanentes Tauziehen statt. Also finden sie am besten in unterschiedlichen Lebensbereichen gleichzeitig statt. Wir leben selbstverständlich in einer Demokratie. Du hast immer die Wahl.

Du bist also auf der Straße des Ruins, Du kannst jetzt nach rechts in die Pleitegasse oder nach links in den Insolvenzweg einbiegen.

So kann der Kreditvertrag auch beendet werden. Wer nun nichts mehr zu verlieren hat, hebt die Finger, macht in einem Rechtsstaat einen Offenbarungseid und in der Firma BRD eine eidesstattliche Versicherung.

In diesem Moment wird der Geldschein, die andere Seite des Kredits - wertlos. Ich kann das auch vornehm ausdrücken - so würde es dann in der Zeitung stehen:

„Heute wurden wieder viele Kredite durch Gläubigerverzicht getilgt."

Nicht ganz - sollte namhaften Banken die Insolvenz drohen, springt natürlich der Staat und damit der Steuerzahler ein, wie wir nachher an konkreten Beispielen noch sehen werden.

Da sagt sich doch der Deutsche Michel: „Gut – dann erwischt es endlich einmal die Reichen und vergisst seine Lebensversicherung, seinen Bausparvertrag, sein Sparbuch und Girokonto. Das ist ja sicher – sagt die Bank, Frau Merkel und Herr Steinbrück. Damit der Michel im Angesicht beunruhigender Dinge im Finanzsystem das auch glaubt, bürgt der angebliche Staat seit Kurzem für die Einlagen, natürlich in Billionenhöhe. Da der Staat wir als Steuerzahler selbst sind oder sein sollen, bürge ich gerade für mein Konto selbst.

Natürlich habe ich lange nicht soviel, wie ein paar wenige Reiche, für die ich aber mit meinem Steueraufkommen gleich mit bürge.

Ob der Deutsche Michel die Konsequenzen noch denkt, damit habe ich schon meine Zweifel. Die meisten denken, dass es sie nichts angeht.

So und jetzt darfst Du dreimal raten, wo der deutsche Durchschnittsanleger das meiste „Geld" angelegt hat…

Ich sagte nur: „Oh Mann - Die haben uns damit ganz schön durch den Kakao gezogen."

Darauf er wieder: „Ja und darum muss man ihn nicht auch noch trinken."

Ich muss ziemlich betreten ´dreingeschaut haben und das spornte Andreas nur noch an und ich fragte mich insgeheim, ob er nicht irgendeine sadistische Ader hat.

Andreas in seinem Element:

„Das Lustige daran ist - wir haben heute Inflation und Deflation zugleich.

Die Deflation trennt Dich von Deinem Vermögen, die Inflation von Deinem Einkommen. Wenn man beides zur gleichen Zeit hinbekommt, ist das die wahre Meisterschaft. Wir haben es hier und heute mit Spitzenkönnern zu tun.

Wenn du heute ins Kabarett gehst, dann wird Dir ein Gefühl der Überlegenheit vermittelt, weil in lustiger, sarkastischer oder zynischer Form die Dinge oft so ´rüberkommen, als wäre man von Idioten umzingelt. Das geht so weit, dass man die Verantwortlichen sogar unter der Gürtellinie beleidigen darf. Man fühlt sich dann unglaublich frei und eben auch ein Stück überlegen – alles ist erlaubt, was für eine Demokratie! Ja - wir haben sogar die intellektuellen Seitenhiebe verstanden, was uns das Gefühl gibt, aus der Masse herauszuragen, denn wir wissen ja was läuft und wie es läuft. Die ganz oben sind doof und die Masse ist es auch.

Ja ja, die dumme Masse, wenn die nicht wäre…

Dumm ist nur, dass wir alle aus der Sicht der Hochfinanz, die Masse sind.

Auch hier ist wieder das Gegenteil der Fall! Es ist nur ein gutes Ventil des Volkszorns, führt aber mangels Alternative zu keinen Handlungen bei denen, die die Fähigkeit hätten. Für die verbal Getroffenen ist somit ein Teil Ihres fürstlichen Gehaltes eben Schmerzensgeld – das war's. Ist das nicht nett?"

Andreas fügt hinzu: „Ich sage Dir jetzt wieder etwas Lustiges. Ich gehe trotzdem gerne ins Kabarett!"

Ich fragte Andreas entsetzt, was denn insgesamt daran so lustig sei und ich nun langsam den Spaß verlieren würde. Darauf Andreas: „Ich kann das so besser ertragen und ein kollabierendes Finanzsystem wäre fast das Geringste unserer Probleme.

Außerdem habe ich vorhin mit Sandra telefoniert und wie ich mitbekommen habe, stehst Du nach der Begegnung mit der Dritten Art, sie meinte Deinen Schwiegervater,

gut im Training. Da mir das in Amerika besprochene Thema hinreichend bekannt ist, dachte ich mir aus sportlicher Sicht, ob ich nicht noch einen Gang zulegen könnte."

Ich sagte: „Ist schon gut, sogar unterhaltsam, es hat sogar etwas Befreiendes.

Andreas: „Genau, warte ab. Denn im größten Problem, steckt die größte Chance.

Warte ab, bis wir über die Lösungen diskutieren. Dann wirst Du es erkennen.

Konfuzius sagte einmal: „Der Mensch hat 3 Wege klug zu handeln:

1. durch Nachdenken – das ist der edelste!
2. durch Nachahmen – das ist der leichteste
3. durch Erfahrung – das ist der bitterste."

Ich kann Dir sagen, dass ich auch erst dabei bin, mich mühsam von Drei auf Eins zu arbeiten. Aber die Erfahrungen, die man gemacht hat, kann man ja einmal weitergeben. Ich halte den direkten Weg für den effektivsten und man lernt aus meiner Sicht nur durch permanente Überwindung von Paradoxa, vor die man gestellt wird. Wenn man dann ehrlich neugierig ist und bleibt, hat man eine Chance zum ersten Platz aufzuschließen.

Meine Methode ist, den Menschen die Dinge lieber ungeschminkt vor die Nase zu setzen, auch meine Vorstellungen der Lösungen. Dadurch weiß jeder genau, woran er bei mir ist. Ich will damit niemanden missionieren, sondern suche Gleichgesinnte."

Andreas machte eine Pause. Wir schauten beide in den Garten und dachten wohl zugleich: Was für ein schöner Tag.

„Lass uns ein Stück durch den Wald spazieren gehen. Ich möchte es erst einmal verdauen, dann machen wir weiter."

Praktisches, Nützliches, Mathematisches

Nach einer Stunde zurück, stürzten wir uns auf die übrigen Stücke Kuchen. Ich fragte Andreas, ob wir nun zu den aktuellen Beispielen im Finanzmarkt kommen könnten. Er meinte:

„Nein. Ich möchte das bisher Gesagte noch einmal auf eine andere Weise zusammenfassen und das Systemische ganz klar herausarbeiten. Nur dann bleiben wir bei der Bewertung aktueller Ereignisse leichter am Roten Faden, am Wesen der Dinge."

Andreas schaute auf den Tisch. Da lagen sie noch - seine Geldscheine: 50.- € und 1 $. – die Schulden eines Anderen. Er tippte darauf und fragte: „Wie entsteht nun so ein Schein?"

Ohne mir Zeit zu lassen beantwortete er die Frage selbst:

„Sicher – er wird gedruckt, sehr einfach, schnell und kostengünstig. Was aber geht dem voraus? Die Ursache für das Entstehen der Hülle Geld ist der Kredit, welcher laufend generiert werden muss, damit der Verschuldungsmotor im Sinne der Hochfinanz weiter läuft. Ich erinnere – es geht nicht ums Geld, sondern um Kredit! Diesen Kredit bekommt man von der Bank, denn die haben Geld - meint man. Ein folgenschwerer Irrtum, wie sich gleich zeigen wird. Abgesehen von ein paar Einlagen anderer besitzen Banken eigentlich kein Geld. In Wirklichkeit kreieren sie dieses Geld aus dem NICHTS gegen 4 % bis 10 % Sicherheiten. Welche Sicherheiten musst Du für einen Kredit bringen?

Wenn man genau hinschaut, dann besitzen Banken haufenweise Forderungen auf Geld, die in Kreditverträgen hinterlegt und mit dinglichem Pfand besichert sind. Diese Kreditgewährung lässt sich die Bank nun mit einem Zins bezahlen, welcher mit dem Kredit und der Ausreichung der Kreditbestätigungen (Geld) überhaupt nicht mit entstanden ist.

Ein wesentliches - oft unbeachtetes Detail. Jetzt wird es eigentlich erst interessant. Da dieser Zins (in Scheinen gedacht) aber fehlt, begeben sich nun alle Schuldner in ihr Hamsterrad, um sich gegenseitig das ihnen gegebene Kreditgeld wieder abzujagen, damit jeder am Ende den Kredit incl. Zins bezahlen kann. Alle haben auch noch einen handfesten Grund. Keiner will seine hinterlegten Sicherheiten für den Kredit verlieren. Die Rückzahlung erfolgt auch in vielen Einzelfällen, kann es aber aus mathematischen und systemischen Gründen nie in seiner Gesamtheit. In der Summe muss man sich mehr verschulden und damit mehr leisten, oder einzelne kriegen im Hamsterrad einen Herzkasper und gehen Pleite. Damit verschwindet dann der Kredit und der Zinsanspruch und somit auch die dazugehörige Hülse – das Geld. Das passiert gerade massenhaft und ist die deflationäre Komponente des Spiels.

Der ständige Rückfluss aus den monatlichen Zahlungen durch die Bedienung der Kredite sowie die Spareinlagen von Kunden, die auch nur Kreditforderungen darstellen, begründet die Liquidität der Banken. Hier wird Kasse gemacht.

In der Summe und über die Zeit geht das Spiel bis jetzt immer zugunsten der Hochfinanz auf, denn der Zins erzwingt nun das Wachstum in der Wirtschaft um jeden Preis und damit den Liquiditätsstrom in Richtung Bank.

Gleichzeitig wird alles getan, damit wir das Wesen der Dinge nicht erkennen. So lesen wir in geheimen Plänen zur Erlangung der Weltherrschaft, die schon über 100 Jahre alt sind, im Protokoll IV folgende bemerkenswerte Sätze:

„Um den Gojim keine Zeit zum Nachdenken und Beobachten zu lassen, muss ihr Trachten auf Industrie und Handel abgelenkt werden. So werden alle Völker in der Verfolgung des Gewinstes aufgehen, und während sie ihm nachlaufen, werden sie ihren gemeinsamen Feind nicht merken. Aber wir müssen auch wiederum die Industrie auf einen spekulativen Grund stellen, damit die Freiheit die Gemeinwesen der Gojim ein für allemal zersetzen und zerstören kann. Das Ergebnis hiervon wird sein, dass das, was dem Lande durch die Industrie entzogen wird, durch die Hände der Spekulation geht und schließlich darin hängen bleibt, d.h. in unseren Kassen.

Der allgemeine Kampf um die Vorherrschaft und die Stöße, denen das wirtschaftliche Leben ausgesetzt ist, haben abstrakte, kalte und herzlose Gemeinwesen geschaffen. Solche Gemeinwesen werden einen starken Widerwillen gegen die höhere Politik und gegen die Religion nähren. Ihr einziger Führer ist der Gewinn, d.h. Gold, mit dem sie um der materiellen Freuden willen, die es geben kann, einen richtigen Kult treiben werden.

Dann wird die Stunde schlagen, da die niedrigen Klassen der Gojim unserer Führung gegen die Nebenbuhler unserer Macht, die Intellektuellen der Gojim, folgen werden - nicht um des Guten willen, selbst nicht um Reichtum zu gewinnen, sondern allein aus Hass gegen die Bevorrechtigten.“

Andreas: „Teuflisch genial! - Wie konnten die vor 100 Jahren Herrn Zumwinkel und die damit verbundene Story mit den Lichtenstein-geldern schon kennen?“

Während sich die Macher der Geschichte diebisch die Hände reiben, denken die meisten an Schicksal und erschlagen den Überbringer der schlechten Nachricht.“

Ich war schon wieder innerlich gespalten und etwas verwirrt.

Andreas weiter: „Der Glaube an eine Werthaltigkeit von Geld ist durch das Establishment dermaßen gut im Volk durch die Suggestion von Tauschwert in den Konsumtempeln, den überall nahezu identischen Einkaufsmeilen und mangels Alternativen verankert worden, dass man davor nur den Hut ziehen kann.

Gleichzeitig finde ich beeindruckend, wie die über Generationen planen, während dessen für einen Londoner Terminhändler 10 min.

schon ein Langfristinvestment ist. Durch die tägliche Benutzung der Konsumzettel oder Gutscheine (genannt Geld) ob in Papierform oder mittels Kreditkarte, trägt jeder von uns zum Erhalt dieses Systems bei.

Die meisten sind durch die Orientierung auf den puren Materialismus und Konsum auch bereit, sich weiter zu verschulden. Und so leasen Sie das neue größere Auto, das sie nicht brauchen, um den Nachbarn zu beeindrucken, den sie nicht mögen.

Für die, die die Falle bemerkt haben und dies nicht tun – kein Problem. Der Staat übernimmt für sie die Verschuldung und nimmt die Leistungsträger der Gesellschaft über Steuern und Abgaben im Auftrag der Hochfinanz aus.

Dann gibt es die noch Reicheren, die aber nichts mit der Hochfinanz zu tun haben.

Auch kein Problem mein Freund. Ich möchte dich mit einem Zitat schon von 1863 eines profunden Kenners des Systems beglücken. Es stammt von einem gewissen Rothschild. Kenner ist vielleicht nicht die richtige Wahl - Erfinder passt hier besser:

„*Die Wenigen, die das System verstehen, werden so sehr an seinen Profiten interessiert oder so abhängig sein von der Gunst des Systems, dass aus deren Reihen nie eine Opposition hervorgehen wird. Die große Masse der Leute aber, mental unfähig zu begreifen, wird seine Last ohne Murren tragen, vielleicht sogar ohne zu mutmaßen, dass das System ihren Interessen feindlich ist.*“

Dem ist nichts hinzuzufügen.

Wenn man versucht, alle Konditionierungen beiseite zu schieben, springen die Ungereimtheiten dieses Kreditgeldsystems regelrecht ins Auge. Wenn Du in Lexika und Fachbüchern nachschaust, welche Funktionen Geld haben soll, findest Du folgende wichtige Kriterien:

- Tauschmedium
- Wertaufbewahrungsmittel
- Wertmaßstab
- Wertestandard

Komisch, entweder nutze ich Geld als Tauschmittel oder ich bewahre es auf. Wie Du siehst, heben sich die beiden Funktionen auf.

So nebenbei ist die Funktion der Wertaufbewahrung ziemlich anmaßend. Der Dollar allein verlor in den letzten 40 Jahren mehr als 85 % seines Wertes und damit seiner Kaufkraft.

Die Leute schließen zur Altersvorsorge gern Lebensversicherungen ab, nur ist damit überhaupt nichts versichert, schon gar nicht die Rente. Der Konkurrenzkampf tobt in der Frage oder der eine Anbieter für einen bestimmten monatlichen Betrag nun 100.000.- € oder ein anderer sogar 120.000.- € nach sagen wir 25 oder 30 Jahren Laufzeit verspricht. Nun versprechen und in Aussicht stellen, kann man viel. Wenn Du Dich einmal gruseln willst, dann siehe Dir einmal die Entwicklung prognostizierter Ablaufleistungen deutscher Lebensversicherer an.

Aber das ist nicht der entscheidende Punkt. Keiner kann mir nämlich sagen, was ich nach 20 oder 30 Jahren für beispielsweise 100.000.- €. bekomme.

Wenn wir, wie wir gleich sehen werden, so weitermachen, ist es durchaus vorstellbar, dass in ein paar Monaten der Betrag für eine Busfahrt reicht, aber bitte nur Kurzstrecke.

Mal so nebenbei. Alle, die vor 20 bis 30 Jahre eine Police abgeschlossen hatten, wurde eine Auszahlung in DM versprochen. Und? Bekommen Sie die?

Sie bekommen die Hälfte davon in Euro. Nur ist mittlerweile die Kaufkraft von einem Euro gleich dem der DM vor 10 Jahren.

Aber weiter in der Definitionsfrage. Ich schweife mal gern ab. Stört es Dich?

Ich antwortete mit nein, weil es meistens passt.

Andreas weiter: „Auf der einen Seite ist Geld, gesetzliches, öffentliches Zahlungsmittel. Auf der anderen Seite wird es von einem privaten Kartell herausgegeben, mit dem diese und jeder andere beliebig spekulieren kann und darf. Dann soll Geld Wertmaßstab sein. In der Tat wird auch kein Maßstab in der Wirtschaft so oft gebraucht, wie sein Ausdruck in Geld.

Warum in aller Welt wird denn nun dieser Wert nicht stabil gehalten?

Zum Schluss hat man Kreditgeld an ein Zinseszinssystem gekoppelt, das allein aus mathematischen und nicht aus ideologischen Gründen zu seiner Selbstzerstörung führen muss.

Die Reihe bei 100 % ist atemberaubend:

1, 2, 4, 8, 16, 32, 64, 128, 256, 512, 1024, 2048, 4096, 8192 und dann wird es aus einer eins schon fünfstellig. Mit 5 % passiert genau das gleiche, nur bemerkt man es in den ersten 30 – 40 Jahren nicht so dramatisch.

Aber Bäume wachsen nicht in den Himmel.

Von unseren Investmentfonds erwarten wir das schon.

Wie Du siehst: Widersprüche, Widersprüche, Widersprüche.

Sie zu entdecken, dazu muss keiner Experte sein, mathematisch muss ich nicht einmal Abitur haben.

Die Aufgabe des gegenwärtigen Staates im Finanzsystem

Kommen wir zur Aufgabe des modernen Staates, innerhalb eines Kreditgeldsystem.

Nun - welche Hauptgruppen von Kreditnehmern kommen zwecks Verschuldung überhaupt in Frage? Welche fallen Dir ein?" Mit diesen Worten riss mich Andreas aus meinem konzentrierten Zuhören und Aufnehmen.

Ich sagte: „Mir fallen spontan drei ein:

Unternehmen, 2. Privatpersonen/Haushalte und 3. stellvertretend für diese, wie Du schon sagtest - der Staat."

„Gut mitgedacht!" sagte Andreas und weiter:

„Für die Hochfinanz, dem Gläubiger, ist der beste Schuldner der Staat, denn er hinterlegt Schuldscheine als Sicherheiten. Das Pfand dafür ist das Steueraufkommen und die Ressourcen, über die dieser verfügt.

Wie man allein aus dem deutschen Steuerrecht erkennen kann, ergeben sich hier unendliche Stellschrauben, mit denen man das Volk zusätzlich vom Wesentlichen ablenken kann, denn natürlich dienen die Steuern ja dem Allgemeinwohl.

Man will ja schließlich nur unser Bestes! Richtig?

So vertieft sich jeder in seine Steuererklärung, um die geforderten Fragen wenigstens ansatzweise zu verstehen – gibt irgendwann genervt auf und macht was?"

Andreas schaut mich an.

Wie aus der Pistole geschossen antworte ich das, was ich auch getan habe: „Er gibt den ganzen Dreck seinem Steuerberater."

„Wieder so ein Experte. Nur diese Kompliziertheit hat nicht die Natur geschaffen, sondern das System? Zufall?"

Die Ironie von Andreas machte mir langsam zu schaffen, war aber für einen Schnellkurs die vielleicht effektivste Methode.

Andreas nun weiter den roten Faden verfolgend:

„Genau dieses Allgemeinwohl und der soziale Friede wird nun permanent bedroht, wodurch das jeweilige Volk in ständiger Angst und Unsicherheit gehalten wird. Dazu wächst die Bedrohung durch äußere wie innere Feinde. Diese ständig geschürte Angst ist nun die Basis für eine der bedeutendsten Verschuldungen - die Aufrüstung oder besser klingend: Verteidigung für die innere und äußere Sicherheit.

Kann nun ein Volk die Steuern zur Befriedigung der Forderungen der Hochfinanz nicht mehr aufbringen, so wird das Land in Konflikte gestürzt, an deren Ende ein neuer Staat oder wie jetzt auf der Agenda eine Neue Weltordnung steht.

Unter Berücksichtigung von Demografie und Geschichte wurde bisher das Volk der dafür benötigten oder sinnvollen Staatsform entsprechend manipuliert und diesem Gebilde, was es auch immer ist, eine Demokratie, Monarchie oder Diktatur untergeordnet. Dabei ist es für das System völlig unwesentlich, ob Du selbst ein Roter, ein Schwarzer, ein Linker, ein Rechter, Grüner oder Liberaler bist. Hauptsache, Du bist irgendetwas und definierst Dich auch so, dann klappt das mit der Schublade für Dich und andere besser. Denn auf diese Weise hält man uns in der Polarität, sind somit nicht in unserer Mitte und demzufolge anfälliger für Manipulationen.

Der Zwist und die Auseinandersetzungen die sich daraus auf der großen Bühne ergeben, nennt man dann Geschichte. Diese wird in der Regel von den Siegern geschrieben und ist damit natürlich völlig objektiv.

Zum Trost über so viel Ungemach gibt es dann die beherrschenden Religionen, die zu allem möglichen führen - am wenigsten zu Gott und zum Entdecken des Göttlichen in einem selbst."

Ich nutzte die kurze Pause und fragte: „Andreas! Geschichte war ein gutes Stichwort. Kannst Du mir nun aus deiner Sicht etwas zur Geschichte des Subprimemarktes sagen und wie sich daraus die gegenwärtige Bankenkrise entwickelt hat?"

Aktuelle Entwicklungen

„Ich will es versuchen. Es begab sich wie folgt:

Mit dem Platzen der Internetblase (Nasdaq, Neuer Markt etc.) und gleichzeitiger Zahlungsunfähigkeit von Argentinien 2000 / 2001 musste sofort ein neuer Ballon aufgeblasen werden, um das System zu retten, was in dem Moment wieder einmal reif für den Untergang war - so aus meiner Brille. Aus Sicht der Hochfinanz wurde nur eine neue Phase eingeleitet – Ziel: eine neue Weltordnung!

Unternehmen und Private waren zu diesem Zeitpunkt schon ziemlich überschuldet, als sich Ihre Assets an den Börsen auch noch virtualisierten. Nun senkt man, wie in 2001 drastisch in 6 Schritten geschehen, die Leitzinsen der Notenbank (in den USA die FED) auf 1 %, was die Kreditaufnahme verbilligt. Es reichte für Private und Unternehmen anfangs noch immer nicht.

Hier musste als Kreditnehmer nun der Staat einspringen, also der, mit der schon besprochenen besten Bonität.

Dummerweise schaut die Öffentlichkeit mit Argusaugen auf die Staatsverschuldung, die immer als zu hoch angesehen wird. Hier hat die Bevölkerung langsam zu recht mitbekommen, dass es immer die zusätzlichen Steuern von morgen sind.

Zufälligerweise flogen genau zum richtigen Zeitpunkt angeblich ein paar Terroristen in die Türme von New York und bevor sich der Staub über die gebeutelte Stadt gelegt hatte, wusste man schon, wer sie waren. Egal, wer sie waren - aus Sicht des Finanzsystems kamen die zum richtigen Zeitpunkt.

Nun hatte man den Krieg gegen den Terror und gegen den Islamismus und damit erhöhte Aufwendungen in Rüstung und Nationale Sicherheit und für die folgenden Kriege - natürlich kreditfinanziert über die Verschuldung der öffentlichen Haushalte. Zeitgleich mit den Bombardierungen von Afghanistan stürzten viele US-Unternehmen wie Enron, Worldcom etc. hauptsächlich durch „kreative Buchführung“, sprich Bilanzbetrug.

Aber wer interessierte sich in dieser Zeit für solche Nichtigkeiten, befand man sich doch im Kampf gegen den Terror.

Das System brauchte weitere Wertschröpfungspotentiale.

„Zufällig“ bot sich der Immobilienmarkt an.

Es musste also irgendetwas von Wert her, das sich weiter aufblasen lies.

Daran mussten die Menschen auch glauben, sonst funktioniert es nicht.

Nun ist das mit diesem Markt durch die Natur der Sache etwas heikler, denn hier herrscht anlagebedingt ohnehin schon ein hoher Finanzierungsgrad. Um ein Haus zu bezahlen, hat Normalbürger mal eben nicht so 200.000.- bis 1.000.000.- Dollar in bar, die ja auch schon jemand geborgt haben musste.

Also wird weiter finanziert. Ab diesem Zeitpunkt ist übrigens nur zu einem Teil die Kredithöhe entscheidend, sondern vielmehr die Höhe der Raten auf diese Kredite.

Ich will Dir ein Beispiel geben: Kostete ein Haus sagen wir 250.000.- Dollar bei 7 % Zinsen. So muss ein Käufer mit 100 % Finanzierung nur für die Zinsen ca. 1.460.- Dollar pro Monat aufbringen. Nun steigen die Preise dergestalt, dass das gleiche Haus plötzlich 300.000.- Dollar kostet. Der Zins ist aber im gleichen Zeitraum auf 3,5 % gesunken. Obwohl das Haus teurer ist, beträgt die monatliche Zinsrate plötzlich nur noch 875.- Dollar. Und um diese geht es, denn sie müssen jetzt bezahlt werden.

Was kümmert uns die Zukunft.

Auf einmal erreicht man andere Einkommensschichten als potentielle Immobilienerwerber.

Etwa ein Fünftel aller Hypotheken in den USA (insgesamt für rund 800 Milliarden Dollar) wurde an Kunden vergeben, die eigentlich gar nicht in der Lage waren, eine Hypothek aufzunehmen. Sie haben nämlich weder genügend Einkommen, noch Vermögen, um die Hypothekarzinsen zu bezahlen. Man nennt sie „Ninja“: „No income, no job or assets“ (kein Einkommen, keine Stelle und kein Vermögen).

Der Hypothekenmarkt lockte diese Art von Kundschaft mit anfänglich sehr geringen Zinssätzen, die nach einer gewissen Zeit durch variable Marktsätze ersetzt wurden.

Gleichzeitig verzichtet man auf die Tilgung, wozu auch, denn die Immobilien werden ja immer „wertvoller“, die Zinsen eventuell noch billiger, da kann man dann noch weiter kreditieren - etwa für Geländewagen und Pool. Und die Menschen verschulden sich immer mehr, verkaufen ihre Freiheit und Unabhängigkeit, denn darum geht es eigentlich. Denn wer in der Schuld ist, der ist nicht frei - aber man gönnt sich ja sonst nichts!

Es wurden also Kredite mit günstigen Zinsen vergeben, bei denen die Kreditsumme durch ausfallende Tilgung konstant blieb oder sogar die zu zahlenden Zinsen nicht bezahlt und der Kreditsumme zugeschlagen wurden.

Dabei funktionierte der Subprime-Markt nach dem klassischen Prinzip einer Finanzmarktblase: So lange die Preise für Immobilien in den USA stiegen, konnte nichts schiefgehen: Falls ein Kunde zahlungsunfähig wurde, brachte die Zwangsversteigerung immer mehr ein, als nötig war, um die Hypothek zurück zu zahlen. Clevere Kunden konnten mit den Hypotheken sogar ihren Lebensunterhalt bezahlen, indem sie das Haus, das sie mit geliehenem Geld gekauft hatten, zu einem höheren Preis weiterverkauften.

Die Blase im US-Hypothekenmarkt platzte, als die Hauspreise stagnierten bzw. fielen. Die Anhebung der Zinssätze durch die amerikanische Zentralbank führe auch bei den variablen Hypotheken zu höheren Zinssätzen. Anfang 2007 konnten dadurch 14 Prozent der Subprime-Kreditnehmer ihre Hypothekarschulden nicht mehr begleichen. Jetzt war der Punkt erreicht, an dem die Zwangsverkäufe nicht mehr genug einbrachten – und damit war der Anfang vom Ende der Blase gekommen.

Die Blase, die hier aufgepumpt wurde, überstieg den Wert von 20 Billionen Dollar.

Der Weg in eine sonnige Zukunft schien bis dahin offen, denn während wir immer weniger für unsere Immobilien bezahlten, wurden sie, obwohl sie sich durch Gebrauch abnutzten, immer wertvoller. Man wähnte sich auf der Straße des Reichtums, aber es war die schon erwähnte Allee des Ruins.

Die Anzahl der Kreditprobleme bei Banken verstellen uns allzu oft den Blick auf die Dramen, die sich momentan in vielen betroffenen Familien abspielen, wenn man auf einmal alles Materielle verliert, wofür man gearbeitet und woran man geglaubt hat.

Es folgt ein Zeitpunkt, da das ganze Spiel beginnt, umgekehrt zu laufen.

Natürlich wieder ganz zufällig! Ab ca. 2006 begann die Zahl der verkauften Eigenheime in den USA rückläufig zu werden.

Der Durchschnittspreis sank im vergangenen Jahr um 8 – 10 %, soviel wie seit der Großen Depression nicht mehr. Nach den Hypothekenbanken gehen nun viele Eigenheimbauer in den Bankrott, die

Arbeitsplätze im Bausektor sanken bereits um über 100.000. Die Zahl der Eigenheimbesitzer ist auch rückläufig. Gab es im letzen Jahr über eine halbe Million Zwangsversteigerungen, rechnet man für 2008 mit über 2 Millionen und wir betrachten gerade nur die USA.

Zurzeit werden ca. 30 % aller minderwertigen Kredite nicht bedient, von den minderwertigen Krediten mit variablem Zinssatz sogar 35%. Das sind, so nebenbei, 13% aller Hypotheken in den USA. Aber auch bei den nicht minderwertigen Hypotheken nehmen die Probleme zu. Landesweit befinden sich 4,5 % davon entweder in Zahlungsrückstand oder unter Zwangsversteigerung, bei den Hypotheken mit variablem Zinssatz sind es 8,7%.

Vorher hatte man viele dieser wackeligen Kredite über diese MBS gebündelt und in Paketen an Investoren verkauft, die bei den niedrigen Zinsen natürlich etwas mehr verdienen wollten. Gier frisst Hirn heißt es.

Aber nicht das Hirn der Akteure der „Hochfinanz“, die sich dieses intelligente Szenario ausgedacht hatten. Am Ergebnis werden wir es gleich erkennen.

Das ist nun das angebliche Spiel von Angebot und Nachfrage - die unsichtbare Hand des Marktes. Für die meisten unsichtbar, aber selten unsicher und mit Sicherheit nicht mit zufälligen, gar spastischen Bewegungen.

Hier siehst Du Bilder der Northern Rock in England vom 17.09.2007.

Kunden wollten Ihr Geld.

Was war konkret hier passiert?

Einer der größten Immobilienfinanzierer: 2,85 Mrd. € Eigenkapital hatte in der Summe 115 Mrd. € Hypo-Kredite vergeben und zwar bis 135 % des Schätzwertes.

Die Eigenkapital / Fremdkapitalrelation betrug ganze 2,5 %.

An Rückstellungen für Kreditausfall waren stolze 0,04 % der

Kreditsumme vorgesehen. Nun steigen plötzlich die Zinsen und die Immobilienpreise fallen.

Solange die Leute die Raten bezahlen, scheint die Welt in Ordnung.

Wenn Sie dies nicht mehr können (Kunden geringerer Bonität) und immer mehr in die Zwangsversteigerung müssen, sieht das übel aus und bei den Zahlen der Northern Rock war man schneller pleite, als der Computer das ausrechnete.

Dabei hatte die Bank noch im Januar 2007 die Auszeichnung „Best Financial Borrower" (bester finanzieller Ausleiher) erhalten!

Daraufhin kam es zum ersten „Bank Run" in Großbritannien seit dem Jahre 1866. Vor den Filialen der Bank bildeten sich lange Schlangen verängstigter Menschen, die ihre Sparguthaben abheben wollten.

Innerhalb von zwei Tagen wurden zwei Milliarden Pfund abgehoben. Am 14. September 2007 beschloss die *Bank of England*, eine Liquiditätsspritze von ca. 6,25 Milliarden Euro in das System zu pumpen. Der Ansturm endete jedoch erst, als die britische Regierung für die Rückzahlung der Kontoeinlagen garantierte.

Um der Liquiditätskrise entgegenzuwirken, stellten die Zentralbanken der USA, des Euro-Raumes, Großbritanniens und der Schweiz den Banken günstig Geld zur Verfügung. Am 11. März 2008 pumpten sie erneut 200 Milliarden Dollar in den Markt.

Von diesen Liquiditätsspritzen kannst Du heute fast täglich etwas in der Tagespresse erfahren, nur selten, was es bedeutet.

Der Unterschied von 2007 auf 2008 - die Zahlen steigen.

Jetzt gibt es schon verbale Garantien für Bankeinlagen in Billionengröße.

Die Vertrauenskrise werden die Zentralbanken damit aber nicht aus der Welt schaffen können.

In Deutschland und der Schweiz herrscht noch ein Obrigkeitsdenken und noch sind solche Bilder wie in GB bei uns unvorstellbar. Noch!

Aber was eben auch in GB noch unvorstellbar war, passierte vor genau einem Jahr. Und in der Folge wurde im Geburtsland der „freien Marktwirtschaft" die Northern Rock verstaatlicht. Warum?

Ich kann Pleite gehen, Du kannst Pleite gehen, Dein Bäcker kann es - manch eine Bank kann es nicht. Ich meine, sie kann schon - darf es aber nicht mehr.

Es fand sich kein privater Käufer, also schlägt der Staat, bei dem „günstigen" Angebot zu und kauft Schulden und Verluste.

Was will ich sagen: man kämpft an allen Fronten um den Systemerhalt.

Was wir jetzt im September/Oktober 2008 erleben, entwickelt sich zum Finale.

Ich glaube, es soll so aussehen, das gekämpft wird, mit viel Pathos und Engagement.

In Wirklichkeit wird der Plan weiter umgesetzt.

Es geht um diesen Plan und um das System und eben nicht um die Menschen.

Wenn ich richtig beobachte, könnte es auch sein, dass die Hochfinanz doch daran scheitert, nicht, weil viele Menschen das schon blicken, sondern weil es einem höheren Plan, den einer universellen Weisheit und Gerechtigkeit gibt.

Wie der Northern Rock geht es mittlerweile vielen Banken, die sich hier engagiert haben und wie sich jetzt herausstellt und ich seinerzeit vermutete, war das weniger als die Spitze des Eisberges. Sie tragen in Deutschland Namen wie IKB, SachsenLB, WestLB, BayernLB und sie werden sich wundern, wer sich dort noch alles einreihen wird. Und immer geht es gleich um Milliarden!

In einem Artikel des Schweizer Tagesanzeigers vom 29.02.2007 (http://www.tages-anzeiger.ch/dyn/news/wirtschaft/846829.html) können wir lesen, dass sich nach Ansicht von Experten der UBS der gesamte Abschreibungsbedarf der Finanzbranche aus der aktuellen Kreditkrise auf mindestens 600 Mrd. Dollar belaufen kann. Die wahren Verluste werden wir scheibchenweise vermittelt bekommen, damit man sich besser daran gewöhnt.

Dafür benötigen die Banken natürlich weiteres Kapital - sprich neues Kreditgeld.

Heute sind einem Zahlen von ein paar 100 Mrd. pro Woche schon fast vertraut.

In Deutschland fällt auf, dass viele staatliche Banken, neben den unzähligen privaten Investoren, die die Zeche jetzt zahlen müssen, dabei sind. Also haftet bei Ausfall einmal mehr die Allgemeinheit, wie wir auch gleich sehen werden.

In dem Moment, da die Banken, die sich mit diesen ABS, MBS, Conduits und wie diese angekauften Forderungen alle heißen, eingedeckt hatten, nicht mehr am Geldmarkt refinanziert werden konnten, entstand eine plötzliche Illiquidität bei diesen Banken - der Beginn der so genannten Subprime-Krise.

Das war im August 2007 der Fall.

Unter http://bankimplode.com/ kannst Du die Liste der Banken und die Summen einsehen, die von dieser Problematik bis jetzt berührt sind und um die es geht. Und diese Liste liest sich wie das „who is who" der Bankenwelt.

In den USA sind mittlerweile an die hundert Banken Pleite gegangen. Allein Goldman Sachs befürchtet einen „*Zwei-Billionen-Dollar-Schock*", heißt in der Welt vom 17.11.2007 Seite 19. Weiter steht dort: „*Die Hypothekenkrise könnte nach Ansicht der Investmentbank Goldman Sachs weitaus gravierendere Folgen für die US-Wirtschaft haben als zunächst angenommen.*

So könnten Banken und Hedgefonds, die sich größtenteils über Fremdkapital refinanzierten, wegen der Krise ihre eigene Kreditvergabe um bis zu zwei Billionen Dollar zurückfahren, erklärte der US-Chefvolkswirt von Goldman, Jan Hatzius. Die volkswirtschaftlichen Konsequenzen können ziemlich dramatisch sein."

Solange die Einäugigen die Blinden kaufen (Fusionen), rettet es wie immer das System. Sollten sich, wie im August 2007 geschehen, die Banken untereinander nicht mehr trauen, springt die Notenbank ein und druckt Geld, beschafft neue Kredite. Mittlerweile sollen bis heute über eine Billion Euro ohne volkswirtschaftliche Deckung in den Markt gekommen sein. Wahrscheinlich ist es sogar sehr viel mehr.

Seit Anfang 2007 veröffentlicht die Federal Reserve Bank (FED) auch die Zahlen der Geldmenge M3 nicht mehr. Warum?

Die Geldmenge M3 umfasst den gesamten Bargeldumlauf, alle Sichteinlagen bei Banken sowie alle inländischen kurzfristigen Termineinlagen bei Banken. Diese Geldmenge M3 ist nun Maßstab dafür, wie viel Geld einer Volkswirtschaft effektiv zum Kauf von Gütern zur Verfügung steht.

Nun nimmt man diese Zahl und zieht davon die Zahl der Summe der in Preisen ausgedrückten Güter ab, so erhält man eine Zahl für die Inflation. Diese wäre über diese Methode im 2-stelligen Bereich und widerspricht der öffentlichen Statistik über die Inflation. Was soll's. Wen interessiert es schon, wie viel Geld überhaupt im Umlauf ist, denn immerhin haben wir ja die Möglichkeit genauso schnell physische Waren herzustellen, wie Papier zu bedrucken.

Oder etwas doch nicht?

Wie Du auf diesem Bild treffend dargestellt siehst: Der Finanzminister zahlt und der Steuerzahler haftet.

Denn irgendeiner muss zahlen und irgendjemand muss haften!

Verantwortung und Haftung gehen hier getrennte Wege.

Die IKB war in der Spitze schon einmal mit rund 3 Milliarden Euro an der Börse bewertet. Das Rettungspaket erforderte bis heute (wir schreiben September 2008) ca. 11 Mrd. € für die der Steuerzahler bluten musste. Das wurde jedenfalls durch den Finanzminister Steinbrück abgesegnet. Vor ein paar Wochen meinte man nun, diese Bank für ca. 100 Mio. € an eine Heuschrecke „Lone Star" zu verkaufen. Aber weil der Preis so hoch ist, übernimmt die öffentliche Hand noch die Bürgschaften für ein paar riskante Kredite.

Da bleibt mir eigentlich die Luft weg. Übrigens nicht darüber, dass unsere „Volkszertreter" dies tun, sondern darüber, dass sich die Öffentlichkeit nicht sonderlich dafür interessiert.

Stell Dir vor, Du hast ein Haus und dieses ist öffentlich mit 300.000.- € bewertet. Aufgrund dieser Sicherheit, hast Du andere Geschäfte getätigt, die so riskant waren, dass die Bewertung Deines Hauses und Deines Ansehens auf 50.000.- € sinkt. Aber Du verfügst über exzellente andere Einnahmequellen, für die andere bezahlen. Du beschließt, zur Rettung und Sanierung des Hauses 1,1 Mio. € aufzuwenden, denn Du brauchst das Haus. Nachdem das alles passiert ist, ist Dir plötzlich das Haus nicht mehr so wichtig und Du meinst 10.000.- € wären ein angemessener Preis.

Aber da in dem Haus nach einer 1,1 Mio. Sanierung noch versteckte Baumängel lauern könnten und du den armen Käufer nicht übervorteilen möchtest, beschließt Du, dafür nach dem Verkauf auch noch die Haftung zu übernehmen. Diese Assets von denen ich hier rede, ist deshalb „*...so interessant, weil sie über drei unschätzbare Werte verfügt. Der wichtigste ist ihre Datenbank, also das gesammelte Wissen der IKB über ihre Industriekunden, deren Bilanzen, Patente, Strategien... der zweite Vermögenswert ist der Instrumentenkoffer der IKB, mit dem sie auf ihre Kunden Einfluss nehmen kann, also Kreditverträge, Grundschuldvereinbarungen und vieles andere..... Sehen wir erst mal neutral - wie den dritten Wert, den Lone Star übernimmt: das IKB-Personal, das über all das Bescheid weiß. Das ist ein Spiegel hiesigen Mittelstands-Know-hows. All das bekamen die Amerikaner für'n Appel und 'n Ei.*" Das jedenfalls meint der Spiegel in 36/2008, S. 80.

Natürlich traten die IKB-Verantwortlichen sofort zurück - so handeln Ehrenmänner nun einmal. Wir gönnen ihnen auch die paar Millionen Provisionen. Alle Verantwortlichen der IKB wurden natürlich nicht nur für das Jahr 2007, sondern auch noch für das Jahr 2008 bezahlt. Ortseifen erhielt 504.000 Euro jeweils für 2007 und 2008, seine Mittäter nicht viel weniger. Nicht nur IKB-Chef Ortseifen kassierte 750.000 Euro Erfolgsprämie, nein, auch „*die Vorstände Doberanzke und Guthoff kassierten Erfolgsprämien von jeweils 750.000 Euro. ... Die Banker können sich außerdem auf hohe Pensionen freuen. Ortseifen hat die Zusage über ein lebenslanges Ruhegeld von 378.000 Euro im Jahr – das sind rund 100.000 Euro mehr, als die Bundeskanzlerin im Amt verdient.*" Das weiß DIE ZEIT, 13.12.2007 Nr. 5 zu berichten.

Da sagte doch am 13.02.08 Prof. Gerke (Präsident des Bayerischen Finanz Zentrums und Emeritus am Lehrstuhl für Bank- und Börsenwesen an der Universität Erlangen-Nürnberg) auf n24:

„*Jede Bank ab einer bestimmten Größenordnung hat eine faktische Staatsgarantie. Die Konsequenzen eines Bankzusammenbruchs (Kettenreaktionen) wären so dramatisch, dass die Steuergelder zur Rettung gut angelegt sind.!*"

Oft sind es dann dieselben Leute, die früher oder später wieder Fürsprecher der „freien“ Marktwirtschaft werden. Komisch nicht?

So hat man die Risiken über den Staat sozialisiert, aber alle Gewinne bleiben weiter privatisiert.

„Das gesamte deutsche Bankensystem verfügt zusammengenommen nur über eine Sicherungseinlage von etwa 4,6 Milliarden Euro.“

Das sagte Finanzminister Peer Steinbrück am Mittwoch den 19.02.08 in einer nicht-öffentlichen Sitzung vor dem Finanzausschuss des Deutschen Bundestages, berichtet die Wirtschaftszeitung „Euro am Sonntag“ vom 23.02.08 unter Berufung auf Sitzungsteilnehmer.

Vergessen Sie bitte sofort alle Versprechungen einer so genannten Einlagensicherung. Diese ist bei einem Ausfall einer Großbank Illusion, denn die Bilanzsummen aller Banken gehen in die Billionen!

Nun müssen die Zinsen auch unten bleiben, trotz hoher Inflation, sonst gibt es nicht zu verkraftende Zahlungsausfälle.

Was gerade an den Märkten passiert, widerspricht im Wesentlichen den Lehrbüchern über Ökonomie oder dem, was ich an der Uni darüber gelernt habe.

Ich bin gespannt, wie viel Milliarden an Steuergeldern zur Rettung von Banken noch gezahlt werden müssen. Man wird es nicht so merken.

Denn zur Ablenkung wird immer ein neues Schwein durchs Dorf getrieben.

Das IKB-Ablenkungsschwein hieß Zumwinkel und die Steuersünder in Lichtenstein.

4,2 Mio. Steuergelder für Hehlerware! Man spricht von ca. 100 Mio. € hinterzogener Steuern, die eventuell dem Fiskus durch diese Daten in die Kassen gespült werden könnten. Man beachte dabei das Wort „spülen“, das die Medien im Zusammenhang mit Fiskus und Steuern gern verwenden.

Dazu sieht man verschiedene Kamerateams - natürlich rein zufällig zur richtigen Zeit vor der Privathaustür von Herrn Zumwinkel. Das kommt einer öffentlichen Hinrichtung gleich.

Prompt trat Herr Zumwinkel auch sofort als Vorstand der Deutschen Post zurück.

Das alles ist nicht nur lächerlich und offensichtlich, es ist kriminell.

Täter ist der Staat und seine Behörden, wo leider immer noch viele bestimmt gute Beamte in den Exekutiven sich in kriminelle Machenschaften einer Politik-, Parteien- und Richterkaste hineinziehen lassen. Aber das ist ein anderes Thema.

Ja – 100 Mio. (was noch zu beweisen ist) durch Steuerhinterzieher wäre viel.

Im Vergleich zu den Milliarden der Steuerverschwender, die in der Verantwortung auch ganz konkrete Namen tragen, sind das die sprichwörtlichen Peanuts eines Herrn Kopper von der Deutschen Bank.

Der jetzige Kopper heißt Ackermann, ist Schweizer und Vorstand der Deutschen Bank.

Herr Zumwinkel war als Vorstand der Deutschen Post gleichzeitig auch Vorstand einer Bank, nämlich der Postbank. Als Vorstände von Dax-Unternehmen gehören beide mit Sicherheit zum Establishment. Dort hackt bekanntlich die eine Krähe der anderen kein Auge aus. Warum also diese öffentliche Vorführung von Zumwinkel?

Kann es sein, dass das auch etwas mit den Subprimes zu tun hat? Kann es sein, dass Herr Zumwinkel einfach betriebswirtschaftlich ein guter Vorstand sein wollte

und nicht massenhaft diese Ramschanleihen gekauft hat, wie die anderen, es aber sollte?

Hat er seinen Job auf einmal falsch verstanden und wollte die Post doch nicht so einfach den Heuschrecken vorwerfen und ausschlachten, wie es ein Herr Sommer mit der Telekom tat oder ein Herr Mehdorn mit der Bahn noch vorhat? Hat die Deutsche Bank Begehrlichkeiten gegenüber der Postbank?

Wir werden es bald sehen.

Du siehst – Fragen über Fragen, über die ich auch nur spekulieren kann, was ich an dieser Stelle nicht weiter tun möchte, deren Beantwortung für die Öffentlichkeit und der Verbleib unsere Steuergelder 100 x interessanter sein wird, als die Lichtensteingelder.

Deswegen kannst Du eine Aussage von mir mit allem gebotenen Ernst in Dein Protokoll nehmen. Der durch diese Machenschaften möglich gewordene Vermögenstransfer übertrifft alles da gewesene. Dabei hat diese Regierung nicht nur tatenlos zugesehen, sondern einen aktiven Teil übernommen, wie Dokumente und Presseberichte beweisen. Man kann unterstellen, dass immer nur ein kleiner Teil ans Licht kommt. Dieser Teil schon reicht aus, zu sagen, das sich gegen diese kriminelle Vereinigung, ich rede übrigen von dieser Regierung, sich die Mafia wie eine Laienspieltruppe ausnimmt."

Ich hakte nun ein. „Gut Andreas. Nach dem, was ich über die rechtliche Situation erfahren habe, schockt mich das jetzt nicht mehr so sehr.

Was ist nun Deiner Meinung nach der Sinn dieser Übung? Was steckt dahinter, wer profitiert?"

Über die Märkte

Andreas:

„Es gibt keine freien Märkte und es hat sie nie gegeben!

Betrachten wir die Geschichte einmal von oben, um irgendwie den Sinn oder das eigentliche Spiel hinter diesen großen Zahlen, Begriffen, Geschichten und Schicksale zu entdecken.

Im Moment sieht es ja so aus, als wenn alle verlieren – Investoren, Hausbesitzer, Baufirmen, Konsumenten, ja selbst Banken. Hier sollten wir wieder genauer hinschauen und fragen, welche Banken.

Ich zeige Dir hier eine im April von Lehman & Brothers herausgegebene Liste über den vorläufigen Abschreibungsbedarf der Branche.

Globale Abschreibungen im Bankensektor im Rahmen der Kreditkrise

Unternehmen	TOP 25 Lehman Brother 04.04.2008 Mrd. USD	TOP 10 WSJ 31.01.2008 Mrd. USD	WSJ 18.01.2008 Mrd. USD
UBS	37,10	16,40	14,40
Citigroup	32,00	19,90	19,90
Merrill Lynch	24,50	22,40	22,40
AIG	14,80		2,70
HSBC	12,40	7,50	7,50
Morgan Stanley	11,86	9,40	9,40
IKB Deutsche	8,90		
Bank of America	7,90	5,68	3,00
Deutsche Bank	7,50	3,20	3,20
Bayerische Landesbank	6,70		
Ambac	6,30		
Freddie Mac	6,00		
Washington Mutual	5,80		
Bear Stearns	4,96		1,90
Wachovia	4,70	3,10	2,70
Fannie Mae	4,55		
Goldman Sachs	3,84		
Societe Generale	3,80		
Lehman Brothers	3,70		
MBIA	3,50		
Mizuho	3,40	2,80	
Barclays	3,30		2,70
J.P. Morgan	3,20		
Royal Bank of Scotland	3,20		2,50
WestLB	3,14		
CIBC		2,80	3,00
Credit Agricole			3,60
Credit Suisse			1,90
J.P. Morgan Chase			1,40
Countrywide			1,00
Gesamt	**400,00**	**120,90**	**107,80**

Heute Ende September 2008 ist das Ding deswegen Makulatur, da u.a. Lehman selbst betroffen, d.h. pleite ist und sich unter Gläubigerschutz gestellt hat.

Noch schlimmer. Das was dort als Gesamtsumme erscheint, entdeckt man heutzutage pro Woche. Mit Lehman trifft es nun eine Bank, die der Hochfinanz selbst zuzuordnen ist und ich überlege, was dies zu bedeuten hat und noch so alles nach sich zieht. Die erste Kursfeststellung am Montag nach Bekanntgabe lautete dann auch auf etwas unter 50 Cent.

Zum Wochenschluss am Freitag der vergangenen Woche waren es noch 2,55 Dollar. Wenn man bedenkt, dass diese Aktie vor einem Jahr über 40 Dollar notierte, kann man hier getrost von einem Totalverlust sprechen. Und wir reden nicht von einer Würstchenbude. Selbst der Absturz von Freitag zu Montag sind 80 % auf einen Schlag. Soviel für den, der meint, jeweils den richtigen Zeitpunkt zu erwischen. Und auch jetzt noch gilt für mich eine eiserne Regel:

Es gibt an der Börse bis hin zu einem Cent, nichts, was sich nicht noch einmal halbieren könnte.

Die Eingriffe des Systems in die so genannte freie Wirtschaft werden immer unverhohlener. Dabei wird die Zeche immer dreister der Öffentlichkeit untergejubelt und die lässt das auch zu.

Da werden in den USA 800 Mrd. USD ohne Deckung zur Rettung der beiden größten Immobilienfinanzierer gedruckt und in den Umlauf gebracht. Danach werden beide (Freddy Mac und Fanny May) verstaatlicht. Hier trägt dann plötzlich der Steuerzahler die Haftung für nur 5,3 Billionen (5.300.000.000.000.- USD).

Solch eine potentielle Staatsschulderhöhung an einem Tage gab es noch nie und die Masse der Amerikaner scheint sich dafür wenig zu interessieren, jedenfalls nicht, solange der Burger schmeckt, das Öl aus der Zapfsäule läuft und er dieses so halbwegs bezahlen kann.

Momentan überschlagen sich die Ereignisse. Nur im Wesen ändert sich nichts.

Wahrscheinlich sind in der Woche vom 15.- 20.09.08 die fünf großen Wall-Street-Investmentbanken, die die Weltfinanzen kontrollierten, entweder pleite gegangen, oder sogar vom amerikanischen Staat zerschlagen worden. Von der FAZ wurde dieser Vorgang als der **„Untergang“** tituliert. Die US-Regierung musste praktisch einen fallen lassen, es war Lehman. Ich glaube nicht, dass die anderen besser sind, aber man entschied sich wohl zur vorläufigen Rettung von Goldman Sachs und Morgan Stanley, vielleicht auch, weil der Finanzminister Paulson ein Spross aus dem Hause Goldman ist. Die lassen wirklich einen der Ihren über die Klinge springen. Derartiges wäre vor ein paar Jahren undenkbar gewesen.

Ich habe das Gefühl, es passiert gerade Bedeutendes und wenn Du alle Deine Protokolle zusammen hast, könnte es sein, dass vieles davon so offensichtlich ist, dass es natürlich jeder schon immer gewusst hatte.

Der Reihe nach.

Es ist immer ein Nullsummenspiel. Wenn viele verlieren, muss es trotzdem jemanden geben, der gewinnt. Wer genau ist das, ist hier die spannende Frage?

Diese Frage stellt sich wirklich konkret, denn mit dem Untergang von Lehman ist, wie schon erwähnt, eine Hochfinanzbank betroffen, denn die Eigner von Lehman sind auch Eigner der FED, also der amerikanischen Notenbank, das sind die mit der besten Lizenz zum Geld drucken. Ich sage das einmal so inkorrekt.

In Deutschland stellen wir erst einmal fest, dass es hauptsächlich Banken aus dem öffentlichen Sektor sind, die gerade verlieren.

Da stellt sich weiter die Frage: Sind die Vorstände im Durchschnitt unfähiger als ihre Kollegen der Privatbanken?

Ich glaube nicht, denn wie wir schon am Beispiel der IKB gesehen haben, haftet der Steuerzahler leichter und schneller bei Banken öffentlichen Charakters oder einer hohen Staatsbeteiligung. Zufall?

Ich zumindest glaube nicht daran.

Natürlich werden auch viele Privatbanken an dieser Krise in die Pleite gehen oder von den Banken, die zum inneren Kreis der Hochfinanz gehören, aufgesaugt werden.

So schreibt „Die Welt" am 19.12.2007 S.19: „*Vertreter der fünf größten Investment-banken der Wall Street bastelten die Formel für den Boom bei Hypothekenanleihen - und für den Subprime-Zusammenbruch, der aktuell die Finanzmärkte mächtig durcheinander wirbelt.*"
Eine interessante Aussage. „Die Welt" weiß dann weiter: „An der ersten Sitzung der ‚Gruppe der Fünf' im Februar 2005 im Büro der Deutschen Bank an der Wall Street nahmen rund 50 Personen teil. Sie entwarfen das neue Produkt und legten die Handelsregeln fest. Diese Treffen wurden zu einem Wendepunkt für die Geschichte der Wall Street und der Weltwirtschaft."

Es ging also um genau diese oben beschriebenen synthetischen Handelsinstrumente, die es den Spekulanten dieser Gruppe erlaubte, gegen den US-Immobilienmarkt zu wetten und mit Hilfe von Ratingagenturen schön-geratete Papiere an den Mann zu bringen - Subprime halt.

Plan war es laut „Welt", den Markt für diese Art von Hypothekenanleihen für die Wall Street genauso attraktiv zu machen, wie den 12 Billionen Dollar Markt für Unternehmensanleihen. Unterm Strich werden damit jetzt nicht nur Firmen geschlachtet, sondern nun auch Immobilien in diesen Strudel gerissen. Wer waren nun diese Fünf? Laut „Welt" waren es Goldman Sachs, J.P.Morgan, Bear Stearns, Citigroup und Deutsche Bank.

Es findet wieder einmal eine riesige Umverteilung von Besitz und Vermögen statt, die, meiner Meinung nach, nicht einfach zufällig den Unbilden des Marktes entspringt, sondern eiskalt kalkuliert wurde. Nur fällt es vielen recht schaffenden Menschen schwer, dies anzunehmen, vor allem dann nicht, wenn man die Mechanismen der Geldschöpfung aus dem NICHTS nicht versteht.

Nun findet diese Umverteilung selbst unter diesen Fünfen statt, J.P. Morgan übernimmt Bear Stearns. Lehman ist insolvent.

Das natürlich die staatliche KfW am Tage der Insolvenz noch über 300 Mio. € ins Nirvana überweist, ist natürlich ein bedauernswerter Irrtum und wieder der schon oft zitierte Zufall.

Ist es etwa der Plan, dass zum Schluss nur noch die Zentralbank übrig bleibt?

Diese ist genauso privat, wie alle anderen auch. Es wäre eine Machtkonzentration, wie es die Welt noch nicht gesehen hat.

Schaut man sich die Ereignisse der letzten Wochen an, besteht aber nicht geringe Hoffnung, dass dieser Masterplan eventuell doch in Stocken geraten ist. Es wäre ein Segen für die Welt und wir sind die Zeugen."

Auf einmal war bedächtiges Schweigen im Raum.

Nach ca. einer Minute unterbrach ich diese andächtige Stille. „Andreas, unterstellen wir einmal, du hättest mit dieser Bertachtungsweise Recht. Wie wurde die Endphase des Spiel Monopoly (einer bleibt übrig) Deiner Meinung nach in Gang gesetzt?"

Andreas: „Subprime sind Kredite, die, wie der Name sagt ‚unter der „Prime-Rate" beschafft wurden, d.h. unter dem Leitzins der

Notenbank. Wie geht das? Wie kann man sich aktuell Gelder beschaffen, die unter dem Zinssatz der Notenbank liegen und wo kamen diese Gelder her, die man zum Aufpumpen des Marktes benötigte?

Hierzu müssen wir kurz nach Fernost, genauer nach Japan schauen.

Japan hatte vor allem in den 80iger Jahren außergewöhnliche Exporterfolge und war sozusagen voll gepumpt mit Dollar, die nicht in den internen Dollarraum zurückfließen durften oder sollten, oder was weiß ich.

Die Bilanzsummen japanischer Banken waren gegenüber amerikanischen Banken zu dieser Zeit bedeutend höher. Japan war wirtschaftlich im Vergleich zu den USA stark. Zeitgleich hatten wir einen ähnlichen Immobilienboom in Japan, wie jetzt in den USA, GB und Spanien, völlig überzogen, bar jeder realwirtschaftlichen Grundlage.

Dieser Markt brach Anfang der 90iger in Japan völlig zusammen, genau wie der jetzige in den genannten Ländern einbrechen wird. Wertberichtigungen von über 80 % waren dort an der Tagesordnung und man konnte sich bis dahin schwer vorstellen, dass man mit Immobilien so viel Geld verlieren konnte.

Dann stellte man fest, dass man kein Geld verliert, sondern etwas viel Fundamentaleres – das eigene Dach über dem Kopf.

Das dies die japanische Volkswirtschaft ausgehalten hatte, grenzt für viele an ein Wunder, nicht für die, die langsam hinter die Geheimnisse der Geldschöpfung kommen, denn man kann Schafe mehrmals im Jahr scheren, ihnen aber nur einmal das Fell über die Ohren ziehen.

Das macht man am besten bei Schafen, bei denen das Fell qualitativ hochwertig ist und auch noch am schnellsten wächst.

Wir sind zwar gerade in Japan. Es hat sich aber herausgestellt, dass das Deutsche Schaf das Beste der Welt ist.

Nur so nebenbei.

Ich glaube, dass war mit den oben genannten Beispielen gut zu sehen ist.“ Obwohl ich selbst gerade wie ein geschorenes Schaff ausgesehen haben musste, machte Andreas einfach weiter:

„Seit den 90igern gab es nun die billigsten Dollarkredite via Japan, die teils nur knapp über Null gehandelt wurden. Ein gutes Geschäft, wenn es nicht das Wechselkursrisiko gäbe, denn gelebt wurde dort in Yen. Dumm, wenn der Dollar gegenüber dem Yen steigt, was er prompt in den 90gern hin und wieder auch tat. Dies war aber für den einzelnen Investor nicht sonderlich bedrohlich. Interessant ist, wie das dann weiter ging und welche Volumina das annahm. Den Stern des sinkenden Imperiums auf der Stirn, unternahmen die Amerikaner enorme Anstrengungen im Rüstungsbereich (Star Wars etc.) und pumpten vor allem seit 9/11 hunderte von Milliarden in ihre Kriege und Rüstungen (Afghanistan, Irak).

Ich hoffe und denke an eine kollektive Bewusstseinserweiterung, dass Iran verhindert werden kann!

Dieses neue Geld, entstanden durch Kredit, suchte sich in den USA seinen Weg auf dem heimischen Immobilienmarkt, wo die Preise folgerichtig anzogen.

Und noch einmal: Geld und Kredit sind 2 Seiten der gleichen Medaille, genauso wie es übrigens Sozialismus und Kapitalismus sind, besser die Strippenzieher sind die Gleichen. Gleichzeitig entwickelte sich China zum billigen Konsumgüterproduzenten für die USA, wohin auch massenhaft Dollars flossen.

Jeder wollte am Boom teilhaben, war auf der Suche nach billigem Geld, was gerade nach 9/11 zur Verfügung gestellt wurde und alles wurde vom physischen Wert abgekoppelt. Es fanden sich nun viele Banken, welche billiges japanisches Geld weit unter ihren eigenen Geldschöpfungskosten in Yen ausliehen, denn die Leitzinsen sind durch die deflationäre Entwicklung in Japan seit den 90gern auch nahe Null in Yen.

Da das Geld aber im Dollarraum angelegt wurde (wegen des angeblichen Booms), hatten die Investoren natürlich noch niedrigere Raten als in Dollar, aber das Währungsrisiko.

Als mit dem Irak-Krieg ab dem Jahr 2004 die Rüstungsausgaben vermehrt in die Besatzungskosten und den Ausbau der eroberten Gebiete flossen, reduzierte sich der Liquiditätsstrom in Dollar innerhalb der USA und viele Dollars flossen in den Nichtdollarraum, also weg von den USA und natürlich massenhaft in die nicht physische Spekulation an den Börsen und Rohstoffmärkten überall auf der Welt, denn irgendwo muss das viele Kreditgeld ja bleiben. So inflationierten alle Assets munter mit.

Seit dem gibt es auch unendliche neue Spielarten von Finanzprodukten mit abenteuerlichen englischen Begriffen, die selbst die Bankangestellten nicht richtig erklären können. Und wenn nichts mehr geht, dann kommt die Glücksspielindustrie. Wie viele Spams für Online-Poker bekommst Du jeden Tag? Viva Las Vegas!

Und während die angeblichen Eliten im globalen Casino, genannt Börse, versuchen, sich gegenseitig das Geld abzujagen, vollzieht sich beim amerikanischen GI eine Bewußstseinsmetamorphose. Er steht Gedanken versunken in der irakischen Wüste, hadert mit seinem Schicksal, findet die Welt ungerecht und grausam und fragt den erst besten Iraki der ihm über den Weg läuft:

„Sag mal, wie kommt eigentlich unser Öl unter euren Sand."

„Mann Andreas, Du verlierst wohl nie deinen Humor?" fragte ich.

Andreas: „Nein – ich finde es nur treffend und habe ich irgendwo im Kabarett aufgeschnappt."

Obwohl es seit Jahren keine vernünftige volkswirtschaftliche Grundlage gibt, steigt im Preis einfach alles, mal das eine mehr als das andere, mal umgekehrt. Auch hier wird letztlich wieder vom Wesen abgelenkt und unser Trachten auf Handel, Wandel und Spekulation fokussiert.

Im Jahre 2004 wurden zusätzlich durch die Hochfinanz mit Basel II die Spielregeln geändert und von allen Banken als Sicherheitshinterlegung - außer den üblichen Lombardsicherheiten - zusätzlich alles was Liquide war, also auch Bargeld akzeptiert!

(Lombardkredite sind meist kurzfristige Realkredite, die durch ein Pfandrecht an einer beweglichen Sache oder einem verbrieften Recht gesichert sind.)

Dafür wurde auf der anderen Seite dem Normalbürger die Aufnahme von Mitteln zur Finanzierung vernünftiger Dinge, (zum Beispiel in Produktion für Güter, die man wiegen und messen kann) weiter erschwert, was die Entwicklung der Realwirtschaft eher behinderte.

Im Finanzsektor dagegen ging die Party jetzt erst richtig los. Dies gab nun auch den nicht US-Banken freies Feld, beliebig viel neues Geld (vor allem außerhalb der USA) zu schöpfen und die Weltmärkte nach Belieben zu überfluten und zu inflationieren, am besten natürlich in inländischer Währung kreditiert und in Dollar angelegt.

Deswegen sind die anderen Währungen keinen Deut besser als der US-Dollar.

Die inflationieren alle nur unterschiedlich.

Fortan konnte man Kredite nicht nur mit 4% Sicherheitshinterlegung zu 100% Nennwerte aufpumpen, besser noch: Man konnte diese „Fiat money“ (es werde Geld) wiederholt mit 4% hinterlegen und zu weiteren 100% aufblasen usw. usf.

Jedes Mal konnte man gute Zinsen machen, d.h. über diese Umwege echte physische Leistung von Menschen abschöpfen. Darum dreht es sich in diesem Endgame, jetzt völlig entfesselt und auf globaler Spielwiese.

Deswegen explodierten die Gewinne bei Banken.

Die Realwirtschaft

Und während alle Finanz- und Währungsaggregate exponential wachsen, sinkt die realwirtschaftliche Erzeugung auf der Welt. Das ist das eigentliche Verbrechen dieses Systems, denn damit geht es ans Eingemachte für die Mehrheit der nun mehr als 6,5 Mrd. Menschen auf dieser Welt.

In Europa, Japan und den USA bangen viele Menschen momentan um ihr Geld.

In vielen Gegenden Lateinamerikas, Afrikas und in Nahost bangen Menschen um ihr Leben, nicht nur bedroht durch Krieg, sondern auch durch planmäßigen Entzug ihrer Lebensgrundlagen.

Ich versteige mich zu der Behauptung: Auch hier – Absicht!

Schau Dir bitte die Preisentwicklung verschiedener Rohstoffe an:

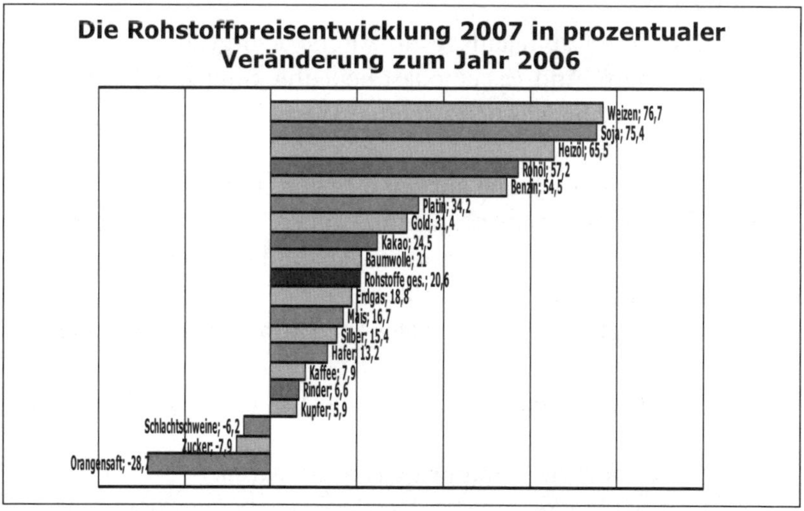

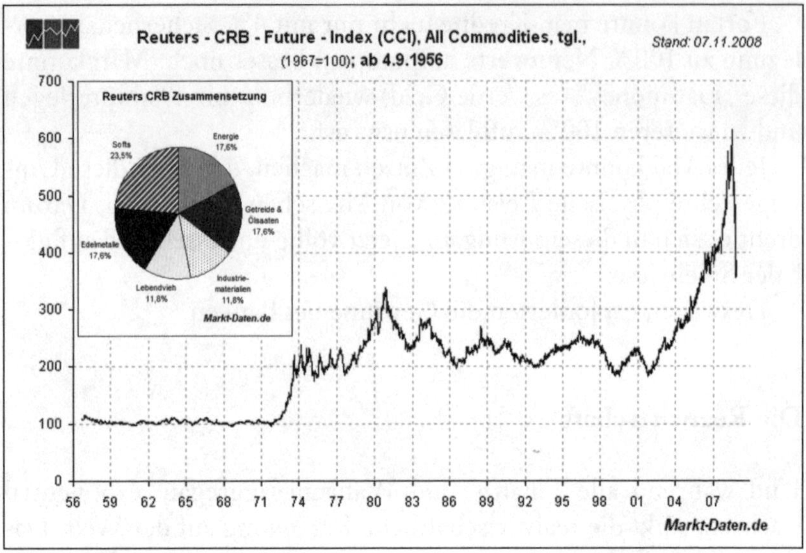

Alle Welt schaut auf die Börsen, Finanzmärkte und Geld. Als wenn das wichtig wäre.

Ja – es ist wichtig, aber kein universelles Prinzip. Es ist Menschen gemacht, und weil es nur auf einer Vereinbarung beruht, auch jederzeit veränderbar.

Das ist bei physischen Lebensgrundlagen nicht der Fall. Wenn die weg sind, kann ich nicht morgen einfach neue Grundlagen aus einem Hut zaubern."

Hier haben sich die Preise in den letzten 30 Jahren vervier- bis verfünffacht."

Hat das deine Kapitalanlage zur Altersvorsorge auch?"

Plötzlich hatte Andreas eine fast beiläufig klingende Frage:

„Sag mal, welche wirklich wichtige Ware, bzw. Rohstoff, fehlt in dieser Statistik?"

Ich schaute noch einmal auf seine Folien, wählte einige Metalle, Andreas bejahte, sagte aber: „Komm, weiter, wirklich wichtig."

Kurz – ich kam nicht ´drauf, sogar die berühmten Schweinebauchhälften waren auf der Grafik.

Andreas fragte mich: „In welchem Erdteil leben die meisten Menschen?"

Ich. „Asien" Andreas: „Richtig! Und was ist deren Grundnahrungsmittel?"

Nun fiel es mir wie Schuppen aus den Haaren.

Ich sagte nichts und Andreas sah mich an und antwortete:

„Richtig – ich zeige dir einmal einen Charts über die Entwicklung des Reispreises:

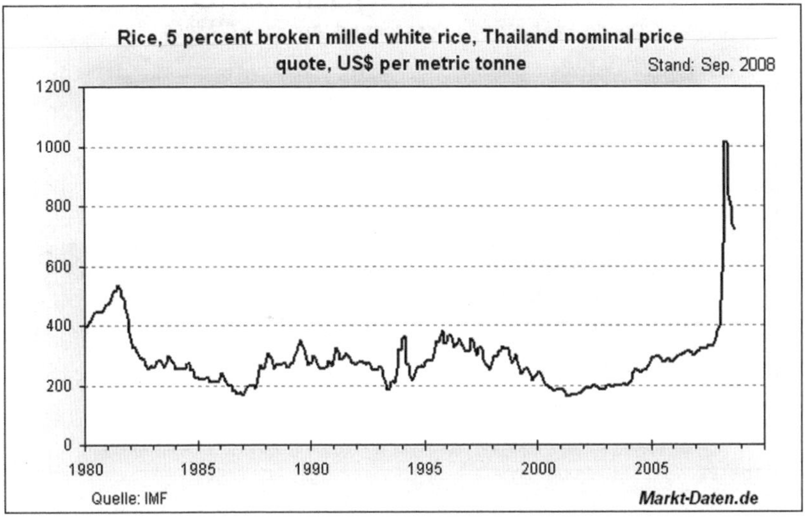

Gigantische Schwankungen und eine Preissteigerung von bis zu 100 % in ein paar Monaten würde ich jetzt als signifikant bezeichnen.

Wenn man weiter bedenkt, dass die wirklich Armen und es sind dort sehr viele, 60 – 80 % Ihres Einkommens für sauberes Wasser und Lebensmittel aufwenden müssen, dann bedeutet die Steigerung des Preises für ein Grundnahrungsmittel um 100 %: Game over!

Das passiert in Raten und auf anderen Wegen für den Großteil der Menschen auch in Amerika und Europa, es ist nur noch nicht offensichtlich.

Noch einmal. Es geht nicht um Geld, aber über Geld funktioniert es.

Schau Dir bitte einmal die nächsten beiden Grafiken über die Bevölkerungs- und Konsumverteilung auf der Erde und über den Ressourcenverbrauchs an und Du bekommst eine ungefähre Ahnung von der Dramatik die in den nächsten Jahren auf uns zurollt.

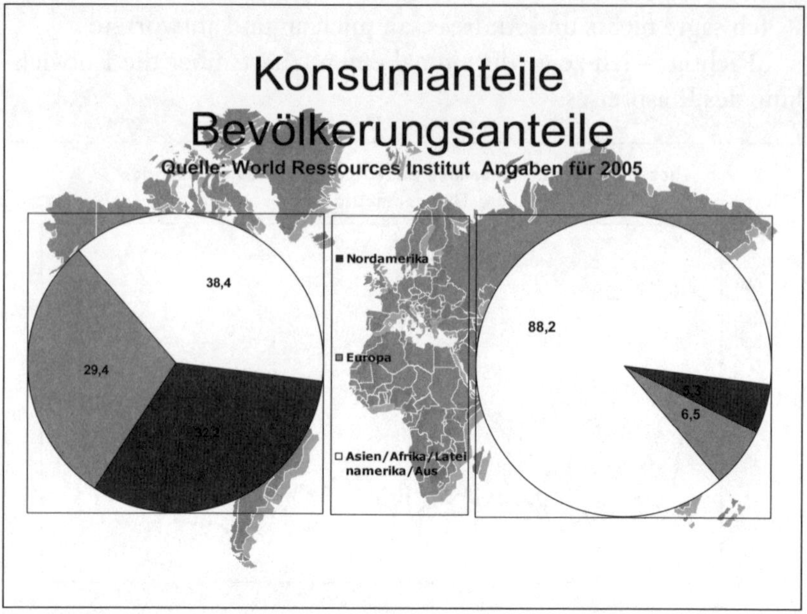

Hier noch Beispiele des Ressourcenverbrauchs in den USA und in Deutschland im Vergleich zum Weltdurchschnitt:

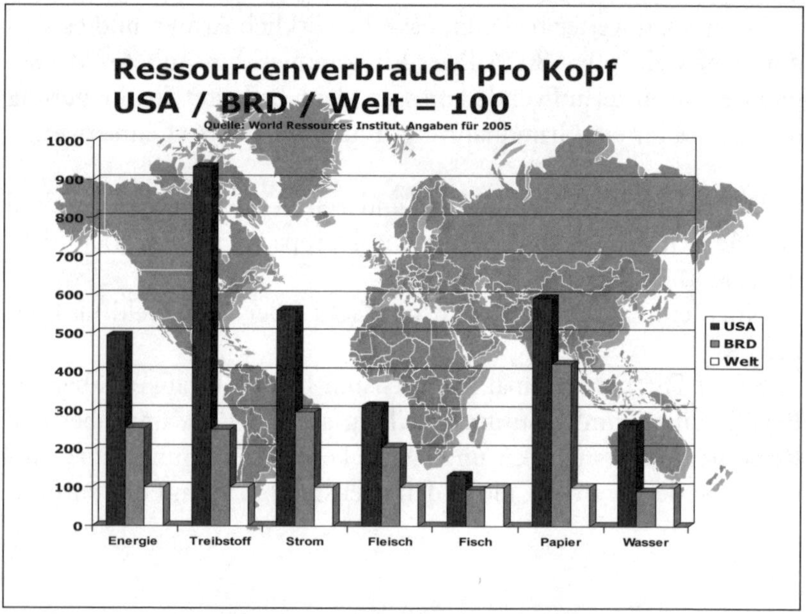

Deswegen kommen wir wieder zurück zum Übel, bzw. zu dessen Funktionsweise. Die Beurteilung der Rückzahlungsfähigkeit der Kredite steuert nun die Hochfinanz über ihr Ratingsystem und das bestimmt auch, wer wieviel Geld schöpfen kann und darf.

Das sind allen voran: Standart & Poors, Moodys und Fitch.

Der mit dem höchsten Rating schafft das billigste Geld.

Auf der anderen Seite kann man durch Vergabe guter Ratings Schrottanleihen als sichere Investments anbieten. Ja, wenn die Experten dies so bewerten, dann wird das wohl auch so stimmen.

Hören wir, was der ehemalige Notenbankchef Alan Greenspan laut „Welt" vom 19.12.2007 dazu zu sagen hatte:

„*Die Ursache des Problems war, dass die Leute glaubten, die Ratingagenturen verstünden etwas von ihrem Geschäft. Die wissen aber nicht, was sie tun.*"

Guter Satz! Wer genau weiß jetzt nicht, was er tut.

Ich glaube sehr wohl, dass die Spitzen in den Ratingagenturen etwas von Ihrem Geschäft verstehen, die Leute nur nicht wissen, was genau deren Geschäft ist.

Mein Lieblingszitat von Alan Greenspan lautet übrigens:

Wenn Sie mich verstanden haben, habe ich mich nicht unverständlich genug ausgedrückt."

Der Mann ist richtig gut.

Als nun durch die bis jetzt beschriebene Entwicklung Anbieter außerhalb der Hochfinanz diese mit ihren eigenen AAA-gerateten Immobiliengiganten (Fannie Mae/Freddy Mac, was für ein Hohn aus jetziger Sicht) unterbieten konnten, ließ man nun den Dollar sinken, denn nichts ist leichter als dass, ertrinkt doch die Welt förmlich in Dollar. Dies verteuerte schlagartig vor allem die Yen-Kredite. Es bringt nun alle Investoren, Banken wie Private, welche ihre Kredite in diesen Währungen abgesichert haben in Schwierigkeiten, denn sie benötigten viel mehr Dollars zur Kreditzurückzahlung als sie ursprünglich aufnahmen.

Das ist nun das Ende der so genannten Yen-Carry-Trades (Geschäfte aller Art mit geliehenem billigen Yen) Wir sind im Hier und Jetzt angekommen.

Eigentlich vergleicht man Papier mit Papier, aber innerhalb des Systems und seiner Spielregeln hat das logische Konsequenzen. Für die Fremdwährungsfinanzierten bleibt teuer umschulden oder Pleite gehen.

Durch den plötzlichen Liquiditätsengpass, müssen nun die Assets (im Fall der Subprimes sind es Immobilien) schnell verkauft werden, um flüssig zu bleiben.

Jetzt setzt durch Angebot und Nachfrage und Liquiditätsdruck der Preisverfall bei Immobilien ein.

Wenn Investoren und Banken daran nun pleite gehen, werden Sie von denen die dies geplant haben, aufgekauft und weitergeführt, denn die Immobilien und sonstige Sicherheiten sind ja noch da, nur eben anders bewertet. Die Geldkreierung dagegen war ja aus dem NICHTS, also ohne Bedeutung, für jene, die es drucken. So ein Pech aber auch, vor allem für die anderen Marktteilnehmer.

Jetzt kann man die Sicherheiten (sprich Immobilien und die anderen physischen Werte und Sicherheiten, auch Patente) billig übernehmen. Darum geht es! Das ist dann schon von Bedeutung. Vor den Immobilien lief das Spiel im High-Tech Bereich. Hier durfte auch ich mein Lehrgeld zahlen. Im Bereich Private Equity läuft der Prozess immer noch.

Ich sehe das für mich heute positiv. Ohne diese Erfahrung wüsste ich dies alles nicht und würde als neoliberaler Systemzombie immer noch meine Runden als normaler Finanzdienstleister drehen. Eine grauenhafte Vorstellung!

Eine Menge Leute, Banken und der Staat werden sehr viel Geld verlieren, genauer gesagt, ihre Sicherheiten dafür. Dem Finanzsystem als solches muss dadurch nichts passieren, außer einer zunehmenden gigantischen Machtkonzentration.

Für die Hochfinanz wird das Monopolyspielfeld sogar übersichtlicher.

Dabei kann das Zahlungssystem als solches ruhig einmal den Bach heruntergehen und alle Spieler müssen auf Los, eingeschlossen die Spieler der Hochfinanz.

Na und? Solange die Besitzkarten verteilt bleiben, ändert sich nichts in dem Spiel!

Nachdem sich aller Staub gelegt hat, geht der Spaß von vorne los, nur dass die noch lebenden Hamster im Rad jetzt schneller laufen dürfen, weil sie selbst immer weniger besitzen.

Das ist auch ganz praktisch, denn durch diesen Umstand hat man noch weniger Zeit für ketzerische Gedanken.

Selbst nach einem bewusst herbeigeführten Crash oder einer Vertrauenskrise werden viele Menschen mangels einer für sie sichtbaren Alternative nach dem neuen Kreditgeld dieses Systems rufen, das diesmal in der Gestalt eines implantierten Chips zum Begleichen von Forderungen daherkommen wird.

Schließlich braucht man weiter Brot und Spiele, klammert sich an seinen geleasten Luxuswagen, den man sich nicht leisten konnte, um den Nachbarn zu beeindrucken, den man nicht leiden kann. Und dann waren da noch die Handyverträge, Flachbildschirme und Raten finanzierter Möbel. Urlaub auf Kredit soll es auch schon geben.

Man könnte in diesem Crashszenario sogar die Erlassung oder deutliche Minderung aller Schulden erhalten. So würde ich es an deren Stelle machen.

Die eigentlich augenscheinliche negative Veränderung muss von der Masse auch noch gewollt werden, sonst klappt das nicht. Der Preis wäre eine nun allerdings vollständige Versklavung und Überwachung, die selbst George Orwells düstere Prophezeiungen in den Schatten stellen würde. Nur Bares ist Wahres, sagte der Volksmund einmal. Weg damit, denn wie wir gesehen haben, hat das mit den Scheinen nicht gut funktioniert. Der Punkt ist: Geld funktioniert, Schuldgeld nicht, dass ist wieder der kleine nicht beachtete Unterschied. Willst Du das? Ich nicht!"

Ich sagte: „Ich auch nicht. Aber wie meinst Du das? Was werden die tun?"

Andreas: „Weiß ich auch nicht. Ich gehöre nicht zu denen und habe auch nicht den Masterplan. Was könnten sie tun? Das Wichtigste aus Sicht des Imperiums ist meines Erachtens, die Kontrolle über die Zahlungsströme und das Monopol über die Kredit- respektive Geldschöpfung zu behalten, egal, wie ich das Kind oder etwaige Reformen benenne. Hier wieder ein noch älterer Rothschild:

„Gib mir die Kontrolle über das Geld und es ist mir egal, wer die Gesetze macht."

Völlig richtig erkannt, auf der dunklen Seite der Macht."

„Auf was willst Du hinaus, Andreas?"

„Du erlaubst mir doch sicher, einmal laut darüber nachzudenken, was ich in der momentanen Lage des Finanzsystems machen würde, wenn ich „die" wäre? Solche Überlegungen finde ich nicht uninteressant, weil man sich in seinem eigenen Verhalten darauf einstellen könnte. Lange kann man die aufgestauten Probleme auch nicht mehr vor sich herschieben. Schon Lincoln sagte sinngemäß, dass man einigen wenigen für immer, vielen eine kurze Zeit, aber niemals allen die ganze Zeit etwas vormachen kann. Napoleon meinte in diesem Zusammenhang die berühmte Ausnahme von der Regel festgestellt zu haben und meinte uns Deutsche. Ich gebe ihm ungern Recht. Besser man behält das Heft des Handelns in der Hand. Das wissen die Mächtigen mit Sicherheit, sonst wären sie nicht die Mächtigen. Den Ohnmächtigen bleibt die Reaktion und Apathie.

Noch etwas – ich gehe nie davon aus, dass „die" (unter anderem auch nicht „unsere" Leute an der Spitze von Politik und Wirtschaft) dumm oder unfähig sind. Im Gegenteil - Wenn etwas Idiotisches passiert, dann sollte man sich immer fragen, für wen idiotisch und für wen läuft das scheinbar Verrückte gerade richtig gut. Also – Monopoly, unser Spiel, ist in den letzten Zügen. Einem gehören alle Besitzkarten, ein oder zwei andere Mitspieler haben noch Hoffnung, die anderen sind deprimiert oder haben keine Lust. Deswegen heißt es ja auch Monopoly.

Eigentlich wollen sie auch nicht mehr, kennen aber gerade kein besseres Spiel. Aufgabe: Wie starte ich als Sieger von vorn, ohne die Besitzkarten mit abzugeben. Normalerweise wird ja alles zusammengeworfen und neu angefangen. So ist es jedenfalls im Spiel.

Normalerweise schlecht für den, der gerade alle Besitzkarten hat. Glücklicherweise hat der nun auch alle Macht, alle Medien, alle Information und alles Geld. Um nun Besitz und Macht zu behalten, würde ich mich von letztem, dem Geld, trennen. Nicht wirklich, denn wenn ich erstes behalte, habe ich letztes auch bald wieder.

Eigentlich muss ich dies nur tun, um die Masse im Spiel zu halten und ihnen eine scheinbare Perspektive zu bieten. Da ich die Information kontrolliere, sage ich permanent, dass es kein anderes Spiel gibt, was funktioniert.

Um dieses Ziel mit möglichst geringen Blessuren für mich zu erreichen, fällt mir eigentlich nur eine „Neuordnung des Geldwesens" ein. Dem zuvor läuft eine schöne Deflation, die ich in eine Hyperinflation mit chaotischen Zuständen laufen lasse.

Damit ist der größte Teil schon einmal kopflos erst einmal nur bemüht, zahlungsfähig oder schlimmer, schlicht nur am Leben zu bleiben.

Wenn ich eine neue Währung nach einem derartigen Vertrauensverlust „Eurodollar" oder ähnlich nenne, wären Akzeptanzprobleme zu befürchten. Deswegen gehe ich nur für den Anfang zur Täuschung ein Schritt zurück.

Ich würde in Deutschland die D-Mark wieder einführen, also die Reset-Taste drücken und in einem Umtauschverhältnis von beispielsweise 1 Euro = 0,20 DM oder besser 20 Pfennige. Das wäre hart und es käme zur alten DM bei einer Abwertung von Geldvermögen im Verhältnis 1 : 10 gleich. Aber es ist ja eben nur das Geld. Na und! Das Establishment ist schon längst in Sachwerten orientiert und hat ja die Besitzkarten, kann hier also ein paar Verluste verkraften und die Masse hat doch sowieso nur Schulden.

Und die werte ich auch ein wenig ab, nur nicht zu viel. Sagen wir 1 : 2. Das heißt, aus 100.000.- € Schulden werden nun plötzlich nur noch 50.000.- DM. Da habe ich das Volk sofort auf meiner Seite, denn meine 5.000.- € auf dem Konto sind plötzlich nur noch 1.000.- DM, aber mein 100.000.- € Hauskredit, nur noch 50.000.- DM wert. Natürlich wird es nicht leichter, in Zukunft Einkommen für 50.000.- DM Schulden zu erwirtschaften, aber für den Moment sieht es gut aus.

Richtig verlieren werden die Geldvermögensbesitzer, (aber das sind prozentual zur Gesamtbevölkerung nicht so viele.

Außerdem war es sowieso überschüssiges Kapital und irgendwie haben jene es ja verstanden, dieses Geld zusammenzutragen. Diese Fähigkeit ist ja nicht verloren gegangen.

In der Summe sind es in Deutschland 4,6 Bill. in Papier, d.h. Zahlungsversprechen auf die Zukunft. Die müssen weg, denn die Vokabel Zukunft ist hier fehl am Platze. Wir sind immer noch im Spiel, aber für die Schuldscheinbesitzer (Geld) heißt es nun: Bitte von Vorne. Mit dem Unmut jener kann ich, prozentual betrachtet, leben. Da diese Menschen mit Sicherheit auch die gutgläubigen Bildungsbürger sind, werden sie ihr Schicksal erdulden und schließlich schultern.

Man muss es nur brav als Schicksal begreifen. Dafür habe ich ja alle Medien und Informationen, so dass ich das „Gesetzmäßige" daran immer genau erklären kann und wenn nicht, findet sich ein Sündenbock, zum Beispiel Osama, Ahmadinejad, Chavez, Putin oder wie diese Terroristen, Drecksäcke oder Plutokraten alle heißen mögen, die dafür verantwortlich sind, dass der Sprit jetzt 5.- DM pro

Liter kostet. Die polarisierenden Vokabeln sind gut, denn die hält die Gutgläubigen in der Emotion und verhindert tieferes Nachdenken über die wirklichen Ursachen.

Da ist noch etwas: Falls mir doch einiges zu entgleiten droht, gibt es da noch ein Stück Papier, mit dem ich eine gewisse Machtposition durch Organisation der Distribution ausüben kann."

Ich ahnte hier kommt etwas Bedrohliches.

Andreas weiter: „Dieses gewisse Stück Papier zieht auch gut, da wir in unserer arbeitsteiligen Welt nicht nur den Gesamtüberblick verloren haben, sondern auch unsere Autarkie und vor allem Fähigkeiten und Fertigkeiten zum schlichten Überleben.

Dieses Stück Papier werde ich sogar brauchen, denn in einer Welt, wo nur die Schaufenster voll, aber die Lager leer sind, werden sich die Leute schnell wundern, wie das alles überhaupt passieren konnte.

Dieses Stück Papier heißt Lebensmittelmarke oder Bezugsscheine für Waren des täglichen Bedarfs und Energie.

Den meisten wird es schlagartig bewusst werden, wenn es zu spät ist. Dies kann ich nun als Machtmittel prima nutzen, wenn die Aldi-Regale leer sind. Das Establishment hat zwar auch einige herbe Verluste, besitzt aber nach wie vor alle Besitzkarten und mit Sicherheit auch einige Vorräte."

„Andreas, jetzt malst du aber ein Schreckensszenario an die Wand", sagte ich.

„Nein", entgegnete er, „nur nüchternes Kalkül. Ich stelle mich mit meinen Gedanken nur auf die andere Seite. Da siehst Du, wie das wirkt, wenn man ungeschminkt Klartext redet.

Das erkannte auch schon Henry Kissinger, als er sinngemäß einmal formulierte, dass man, wenn man die Nationen kontrollieren will, das Öl kontrollieren muss, will man aber die Völker kontrollieren, so muss man die Nahrungsmittel kontrollieren.

Was tut man nicht alles für den Friedensnobelpreis."

„Andreas, dass ist jetzt aber Zynismus" konterte ich.

„Nein! Zynismus ist ein grausamer, beleidigender, gefühls- und mitleidloser Spott. Sarkasmus ist nur eine beißende spöttische Äußerung. Mit Ironie vorgetragen ist es dabei ein etwas versteckter feinerer Spott, der in Kombination zu einer gewissen Deutlichkeit verhilft. Man sollte dabei auch über seine eigenen Unzulänglichkeiten lächeln können, denn für gewöhnlich stehen wir auf und applaudieren, wenn solche „Persönlichkeiten“ den Raum betreten oder in Talk-Shows sitzen.

Ich pflege einen ironischen Sarkasmus.

Solltest Du Dich dadurch leicht angegriffen fühlen, hat das mehr etwas mit Deinen eigenen Vorurteilen und Konditionierungen zu tun oder schlicht mit der Tatsache, dass man sich über sich selbst ärgert, weil man diesen Leuten auf den Leim gekrochen ist.“

Mir blieb nicht weiter übrig, als mit einem Nicken zuzustimmen.

Andreas fuhr fort: „So startet die neue Runde Monopoly für die Hochfinanz mehr als nur aus der Pole-Position. Für diese war es dann der beste Deal.

Stimmt – in deren Auftrag arbeite ich ja als Politiker oder Manager. Fast hätte ich es vergessen. Vorsicht - Ironie!

So würde ich es im Finanzsystem machen, wenn ich „die“ wäre.“

„Kann man daraus nicht eine Alternative entwickeln?“ fragte ich Andreas.

„Ja! Wir kommen gleich dazu. Schauen wir uns erst noch einmal genau die gegenwärtige Situation an.

Heute ist Deutschland Exportweltmeister, was auf der physischen Seite beweist, wie gut wir sind, sonst würde man unsere Waren nicht wollen und Rohstoffe haben wir nicht. Was auf den ersten Blick sehr gut aussieht, ist es aber durch dieses Finanzsystem beim nochmaligem Hinschauen eben nicht, jedenfalls nicht für uns. Denn Überschuss heißt, mehr Waren geliefert als bekommen zu haben. Was steht nun als Ausgleich dagegen?“ Andreas sah mich verschmitzt an.

Ich hörte mich sagen: „Viele bunte bedruckte Zettel, genannt Geld und alles Zahlungs- bzw. Leistungsversprechen in die Zukunft.“

Andreas weiter: „Wenn es wenigstens einmal das wäre, mit denen könnte man ja noch sein Zimmer tapezieren, oder das, was man mit dem folgendem Bild erahnen kann.

Der Markt reagiert schnell. Man kann übrigens dollarbedrucktes Toilettenpapier bestellen. Habe ich getan. Also, wenn du mal musst, nach dem vielen Kaffee und Kuchen, kannst du es dort dafür benutzen, wonach es aussieht." Ich lachte.

Andreas aber plötzlich ganz ernst: „Kannst du dir vorstellen, wenn alle Menschen auf der Welt, dieses von denen herausgebrachte Papier, auf einmal nur noch als Toilettenpapier verwenden würden?"

„Ja, aber" ich kam nicht weiter, Andreas unterbrach mich sofort.

„Nicht ja aber, kannst Du es dir vorstellen

Es ist die Bedeutung die andere in dieses Papier definiert hatten, die wir, weil wir das Kleingedruckte nicht gelesen, nicht verstanden haben oder zu faul zum Denken waren, angenommen haben und die denen die Macht gab. Die Macht über fast alles. Wir haben darüber unsere Eigenständigkeit, Selbstbestimmung und Eigenverantwortung verloren. Genau das müssen wir uns wieder zurückholen.

Wir sind es selbst, die diesem Papier eine gottähnliche Bedeutung geben haben."

Es herrschte für ein paar Sekunden eine klärende Stille.

„Die Wirklichkeit ist sogar noch brutaler", fuhr Andreas fort.

„Es sind nur noch Leuchtziffern auf einem Computerdisplay. Es ist im wahrsten Sinne des Wortes real virtuell geworden.

Um diesen Wahnsinn (Leuchtziffern auf einem Computerdisplay) zu erlangen, bringen sich Menschen sogar gegenseitig um."

Ich: „Andreas ich bedanke mich für die schonende Art, mir deine Sicht der Dinge näher zu bringen."

Andreas: „Gern geschehen. Und ich sehe, Du nimmst die Art der Kommunikation gut an. Das hilft uns, bei der anschließenden Erarbeitung möglicher Lösungsansätze.

Vielleicht verstehst Du später besser, warum ich mit meinen Partnern einige Lösungen anbiete, bei denen wir von vielen anfangs oft belächelt wurden. Zumindest wird es auch heute noch als sehr sonderbar empfunden. Manchmal muss es wehtun, bevor man sich bewegt.

Auf der anderen Seite: Noch niemals waren die Chancen für eine wirkliche Verbesserung und Heilung der Welt so hoch wie heute.

Nur, um das zu erkennen, sollte man vorher wissen, wo man steht, um aus dieser Analyse heraus das Richtige zu tun."

Andreas: „Sagtest Du nicht, Analyse kommt von anal?"

Andreas stockte, lachte, nickte und sagte:

„Du hast Recht. Ich reite nur so lange darauf herum, bis Dein Bauch auch der Meinung ist, der Gaul ist tot."

„Warum tust Du das?" wollte ich wissen.

„1. Du hast es so gewollt. Deswegen bist Du hergekommen.

„2. Damit man die Weisheit der Indianer auch wirklich erfüllt: Wenn Du merkst – Du reitest ein totes Pferd – steig ab!"

Ich sagte. „Ja – das kenne ich. Die Indianer werden neuerdings oft bemüht."

Andreas: „Sie werden oft zitiert und man hält sich selbst nicht daran. Und wenn, dann pflegt man die toten Pferde und errichtet ihnen Monumente. So ist man weiter in deren Energie gefangen.

Darum geht's.

Wir machen das so ausführlich, damit Du wirklich Abschied nehmen kannst. An diesem System gibt es nichts Gutes, außer den Lektionen, die wir gerade erhalten. Deswegen übrigens kann ich, so wie Du mich jetzt erlebst, auch mit einer gewissen Distanziertheit darüber sprechen. Es geht mir persönlich nicht mehr nahe. Ich bin emotional nicht mehr gefangen.

Übrigens – lass sie doch selbst entdecken, dass deren Pferde tot sind. Man muss nichts dagegen unternehmen.

Es sind auch keine Indianer, sondern die ach so überlegenen weißen Männer. Sie haben nicht nur ein totes Pferd, sondern gleich eine brachliegenden Vierspänner, etwas komplexer, aber mit gleichem Resultat. Nur geben die Eigner und Betreiber jetzt ein Gutachten bei McKinsey in Auftrag, was sie nun machen sollen. Schließlich braucht es in der Lage einen Experten! 200.000.- € später kommt von denen auch die immer gleiche Empfehlung:

Mann muss die Anzahl der toten Pferde verdoppeln und den Kutscher ´rausschmeißen.

Vorsicht – Sarkasmus!"

Ich musste lachen – was sollte ich auch tun, denn nichts anderes sind die Rettungsaktionen. Da wir gerade wieder ein bisschen Spaß haben, fragte Andreas. Kennst du schon die Steigerungsform von Kohl. Als ich verneinte kam die Antwort:

„Kohl – Köhler – verkohlt und ausgemer(k)elt."

Um beim Thema zu bleiben und es in diese Richtung auszuweiten fügte ich ein: „Andreas, Du hast eben noch von Deutschland geredet, die Chinesen exportieren in die USA ja noch bedeutend mehr!"

Daraufhin er:„Richtig!

Am Rande einer Immobilienkonferenz in New York im Juni letzten Jahres wurde der ehemalige Chef der US-Notenbank Alan Greenspan von Journalisten befragt, ob Investoren nicht besorgt sein müssten, wenn die Chinesen ihre US-Schuldverschreibungen und Dollars abstoßen würden.

Greenspan antwortete nach Reuters vom 12.06.2007 wörtlich:

„*Da habe ich keine Sorge, nein.*"

Da die US-Guthaben der Chinesen in der Summe mittlerweile die Zahl von einer Billion überschritten hatten, hakten die erstaunten Journalisten nach.

Darauf sagte Greenspan folgenden bemerkenswerten Satz:

„*Es ist sehr unwahrscheinlich, dass die Chinesen ihre Dollar-Reserven abstoßen, denn sie werden niemanden finden, der sie ihnen abkauft.*"

Abschließend gab er den verblüfften Journalisten noch einen guten Rat auf den Weg:

„*Genießt das Leben, so lange ihr noch könnt.*"

Ich weiß nicht, wie es Dir geht? Ich nehme das ernst.

Heute ein Jahr später rät der gleiche Greenspan ausländischen Investoren, sich von ihren Dollars zu trennen. Zufall? Auf diese Weise gerät der Dollar natürlich unter Druck, er sinkt im Preis gegenüber dem anderen Papier.

Wie praktisch übrigens, dass gerade der Ölhandel in Dollar läuft und wie gefährlich für das Establishment, wenn jemand versucht, sich davon zu entkoppeln.

Saddam Hussein lässt grüßen!

Immerhin kann sich nun das US-Imperium über den sinkenden Dollar galant entschulden.

Hier siehst Du eine aktuelle Grafik des Internationalen Währungsfonds (IWF) der Zentralbanken mit den höchsten Weltwährungsreserven, natürlich in Dollar.

Rank	Country/Monetary Authority	billion USD (end of *month*)	change in year 2007
1	People's Republic of China	$ 1905 (Sept) [1]	+32.9%
2	Japan	$ 997 (August)	+8.7%
3	Russia	$ 484.7 (November 06) [2] [1]	+xx%
—	Eurozone	$ 555 (July)	+16.6%
4	Republic of China (Taiwan)	$ 282 (August) [2]	+2.7%
5	India	$ 253 (Oct) [2]	+64.4%
6	South Korea	$ 212 (Oct)	+9.7%
7	Brazil	$ 205 (Aug 31) [3]	+105.9%
8	Singapore	$ 175 (July)	+19.1%
9	Hong Kong	$ 158 (August)	+14.6%
10	Germany	$ 137 (August)	+20.3%

Im Augenblick des Sinkfluges des Dollars bewege ich nun die Dollar-Anleihegläubiger, die auslaufenden Anleihen zu verlängern, denn beim Rücktausch entstünden ja nun Verluste. Später wird dann alles besser und die Hoffnung stirbt bekanntlich zuletzt. Das heißt, ich muss den Absturz in Raten und kontrolliert machen.

Der Mensch gewöhnt sich an alles, auch an den Schmerz.

Zwischendurch gibt es also immer wieder Verheißungsphasen, wie jetzt gerade. Ich habe da noch einen Greenspan zum Nachdenken:

„*Wenn eine Nation tief im Schuldenmorast versunken ist und keinen Ausweg mehr sieht, wenn sie durch immer größere Ausgaben immer tiefer darin versinkt, dann muss die für die Finanzen zuständige Behörde zu einen als allwissend gesehen werden und man glaubt ihr aufgrund einer überzeugenden Führungspersönlichkeit. Da gibt es keinen anderen Weg, um in diesem Stadium Panik und Krise zu vermeiden.*
Diese Person oder Personengruppe, die in Wirklichkeit den Kreditfluss kontrolliert, ist dann dein Herr und Meister, der Meister all deines materiellen Besitzes, der Meister deiner Seele.“

Andreas machte eine Pause um das Zitat wirken zu lassen und in der tat – es saß. Er fuhr dann fort:

„Man pumpt Milliarden Dollar zur Rettung des Systems und eben nicht zur Rettung der Menschen in den Markt. Es ist alles manipuliert und kontrolliert. Die Macher erheben hier nicht nur Anspruch auf unseren Besitz sondern ganz bescheiden auf unsere Seelen. Wie perfekt die Manipulation funktioniert, kannst Du an dem Umfeld entdecken, mit deren Hilfe an der nächsten gigantischen Finanzblase gearbeitet wird. Das Ergebnis wird wieder eine gigantische Umverteilung im Besitz und Vermögen natürlich durch die so genannte unsichtbare Hand des Marktes (Schicksal) sein. Wenn die Völker der Welt dies zulassen, kann es eine Blase werden, die in der Geschichte keine Parallelen hat. Ich hoffe inständig und tue was ich kann, dass denen dieses Mal vorher die Luft ausgeht, denn nun geht es nicht mehr um Vermögen, sondern um unsere physische Existenz als Menschheit. Greenspan hat da schon Recht, es geht um unsere Seelen."

Ich war entsetzt, was konnte jetzt noch kommen?

„Ich will Dich nicht lange auf die Folter spannen." sagte Andreas.

CO^2 und Wirtschaft

„Es ist die Klimakatastrophe, angeführt durch das angebliche Treibhausgas $CO_{2.}$"

„Jetzt bleibt mir aber doch die Luft weg", entgegnete ich.

Darauf Andreas. „Das ist auch deine beste Idee in diesem Moment. Denn Dein effektivster Beitrag zur Reduzierung von CO_2 in der Luft, ist die Einstellung Deiner Atmung."

Mir stockte wirklich der Atem aber es ging munter weiter:

„Noch besser ist, Du überzeugst deine Artgenossen und die komplette Fauna zu diesem Schritt, denn die ist für ca. 24 % sämtlicher CO^2 Emissionen auf diesem Planeten verantwortlich. Die wirtschaftliche Tätigkeit des Menschen ist es nur mit maximal 3 %, aber nur, wenn kein Vulkan ausbricht, dann wird es noch weniger. Wenn Du jetzt noch alle Mikroorganismen ausrottest, dann hast Du fast 50 % der CO^2 Emissionen auf der Welt eliminiert. Das wäre wirklich viel. Bei den anderen gewichtigen 50 % kannst Du schwer etwas ausrichten, denn die werden über die Meere emittiert. Dagegen ist die wirtschaftliche Tätigkeit des Menschen, wie Du siehst, zu vernachlässigen.

O.K. - Sie ist es natürlich nicht, in der CO^2 - Frage aber schon.

CO^2 mein Lieber ist Leben - Leben produziert CO^2. Wo es auf der einen Seite des Lebens (der Fauna) produziert wird, wird es auf der anderen Seite des Lebens (der Flora) dringend gebraucht. Frage doch bitte Treibhausbesitzer, ab welcher CO^2 - Konzentration in der Luft, das Pflanzenwachstum optimal ist.

Die Antworten werden dich in Erstaunen versetzen, sind sie doch um das ca. 20 fache höher, als die normale CO^2 Konzentration der Luft.

Das wäre doch einmal ein Beitrag für die Erde, wenn wir uns für unsere Luft ein Beispiel am Treibhaus nähmen: Pflanzen würden dann schneller wachsen und könnten so der rasanten Verwüstung des Planeten durch Raubbau und Abholzung des Regenwaldes besser begegnen!

Doch stattdessen heißt es: Heizen mit Weizen, damit die CO_2-Bilanz stimmt!

So verfeuern und verölen wir künftig Lebensmittel, schlagen in Südamerika kostbare Wälder kahl für Soja, Mais und Zuckerrohr – Monokultur vom Feinsten. Und den gewonnenen Zucker brennen wir dann zu Alkohol für den Tank.

Das ist der erste Punkt.

Der 2. Punkt ist, dass CO^2 schlicht kein Treibhausgas sein kann, wie behauptet."

Jetzt wurde ich etwas wütend. Denn ehrlich bemüht, etwas Positives für die Umwelt zu bewirken, hatte ich mich hier nicht nur engagiert, sondern auch eine Menge gespendet, sogar mit Abbuchungsauftrag bei Greenpeace.

„Andreas, Du willst doch nicht etwa behaupten, es gäbe keine Klimakatastrophe?"

Andreas:

„Umweltkatastrophe ja, Klimaveränderung ja, Klimaerwärmung vielleicht, verursacht durch CO^2 - mit Sicherheit nicht! Hey, warum reagierst Du auf einmal so emotional, wir sind doch noch gar nicht bei Deutscher Geschichte! Ich dachte Du hättest bei Deinem Schwiegervater gelernt?"

„Ja" sagte ich. „Es ist nur gewöhnungsbedürftig, wenn das bisher als sicher geglaubte Weltbild, an allen Ecken gleichzeitig bröselt."

Andreas entgegnete: „Ich kann Dich trösten. Es ging mir nicht anders.

Wenn man ganz ehrlich ist: Die anfängliche Wut, richtet sich immer gegen einen selbst, weil man falschen Theorien aufgesessen ist. Das ist schon ärgerlich, weil man sich irgendwie missbraucht fühlt.

Was willst Du tun? Die Vogel-Stauß-Methode?

Wir müssen auch hier wieder ganz genau hinschauen. Ich habe vor Jahren einmal Vorträge gehalten, mit denen ich mich entsprechend meiner Art über den CO^2 Unsinn lustig gemacht hatte. Damals hatte ich eben auch nicht so genau hingeschaut und die spätere Bedeutung erkannt, was für ein dicker Hund hier eigentlich vorbereitet wird.

Im November letzten Jahres schrieb ein Kommentator des einflussreichen Boston Globe:

„Ich möchte sagen, dass wir an einem Punkt angelangt sind, an dem es unmöglich ist, die globale Erwärmung zu leugnen. Leugner der Erwärmung sollen mit Leugnern des Holocaust auf eine Stufe gestellt werden, jene leugnen die Vergangenheit, diese leugnen die Zukunft.“

Andreas weiter: „Instinktiv wusste ich, hier geht es um etwas ganz Großes. Denn leugnen, heißt ja wider besseren Wissens etwas zu behaupten. Nun wussten es tausende Wissenschaftler besser. Selbst, wenn man alte Schulbücher der Physik, Biologie oder Chemie durchgeht, dann seinen eigenen Verstand benutzt, könnte man von selbst darauf kommen, dass die CO^2-Geschichte ein Schwindel ist“

Ich sagte: „Das will ich aber jetzt genau wissen.“

Darauf Andreas. „Das lenkt uns etwas vom Thema ab. Aber ich gebe Dir ein paar Hausaufgaben. Kläre den Unterschied zwischen den 3 Wärmearten: Leitung, Strömung, Strahlung. Aus welchen Molekülen setzt sich unsere Luft zusammen. Wie ist ihr Verhalten hinsichtlich der Wärmearten? Verschaffe Dir einen Überblick über die verschiedenen Molgewichte der Moleküle in der Luft und überlege Dir die Bedeutung hinsichtlich aufgestellter Behauptungen und Theorien.

Welche Kreislaufprozesse in der Natur haben Einfluss auf das Wetter und das Klima?

Untersuche deren Bedeutungen und Wechselwirkungen!

Du kannst Dich sehr gut auf der Internetseite von Ernst Georg Beck (www.biokurs.de/treibhaus/) informieren. Hier findet man die aus meiner Sicht beste Aufbereitung des Themas mit vielen Verlinkungen zu Pro- und Contra-Seiten.

Unter http://video.google.de/videoplay?docid=8655966364251013448&q=Klimaschwindel&total=21&start=0&num=10&so=0&type=search&plindex=0 gibt es eine guten BBC_Film zum Thema The Global Warming Swindle. Allein schon der Begriff „Treibhaus-Effekt“ ist irreführend. Im Treibhaus steigt die Temperatur nämlich an, weil die Luftzirkulation unterbrochen wird. Die von *der Sonne aufgeheizte* Luft kann wegen des Glases nicht entweichen, weshalb es im Gewächshaus wärmer ist als draußen. Eine allenfalls erhöhte CO2-Konzentration unter dem Glas ist für diesen (echten) Treibhauseffekt völlig unerheblich. Da, wo das CO^2 in der Analogie die Glasscheibe ersetzen soll, ist das gar nicht vergleichbar, denn dort sind nur Gase. Aufgrund des höheren Molgewichtes ist CO^2 dummerweise gerade oben so gut wie gar nicht mehr vorhanden, wobei in der Durchschnittskonzentration der gegenwärtigen Luft auf 3000 Moleküle ein einziges Co^2 ist. Das ersetzt natürlich als Schirm das Glas im echten Treibhaus. CO^2 ist unten in Erdnähe, wo es auch hingehört, zwecks Aufnahme über die Photosynthese. Es ist einfach nur lächerlich.
Informiere Dich selbst.

Kommen wir nun aber zum wirtschaftlichen Aspekt der Geschichte.

Ich stelle während meinen Vorträgen gern die Frage, was man denn als Mensch so alles braucht. Hier die Antworten in der Reihenfolge ihrer materiellen Dringlichkeit:

Luft zum Atmen (bleibt sie aus, wird es schon nach Minuten sehr eng).

Wasser zum Trinken (nach wenigen Tagen fangen die Probleme an).

Nahrung zum Essen (ohne Lebensmittel kommen wir einige Wochen aus, aber spätestens dann macht es keinen Spaß mehr). *Ein Dach überm Kopf* usw.

Man könnte jetzt viele zusätzliche Dinge aufzählen, die man wirklich braucht – und wird feststellen: Geld gehört eigentlich nicht dazu. Da man aber dieses zum Gott erhoben hat, weil man sich damit vermeintlich alles kaufen kann, muss man sich über die Abkehr vom Beobachten und Nutzen universeller Prinzipien nicht wundern.

Warum reite ich immer wieder darauf herum?

Weil es Jahrzehnte brauchte, bis man die breite Bevölkerung in den Industriestaaten zur Akzeptanz gebracht hat, dass Wasser, die zweitwichtigste Lebensgrundlage von uns allen, kommerzielles Wirtschaftsgut wurde, welches man sich privat zur Vermarktung aneignen kann.

Um Wasser könnten künftig sogar Kriege geführt werden.

Heute kostet eine Flasche *San Pellegrino* beim Italiener mehr als ein Bier. Wir nehmen das inzwischen als selbstverständlich hin. Solches geschieht immer schleichend; es sind unterschwellig laufende Prozesse. Denn die Waren produzierende kapitalistische Gesellschaft ist eben keine Überflussgesellschaft, wie sie sich in den Köpfen der Menschen gern darstellt. Sie ist viel eher eine auf künstliche Erzeugung von Mangel ausgerichtete Gesellschaft. Warum? Weil man erst bei Mangel über das Spiel von Angebot und Nachfrage sowie über den Besitz von Ressourcen Macht ausüben und Geld machen kann. Geld wird in der Regel nicht mit etwas gemacht, sondern *auf Kosten von* etwas. Von „Verdienen" kann man in diesem Zusammenhang sowieso nicht sprechen. Auch das haben wir wieder zugelassen!"

Ich hakte ein und fragte, ob sich die Propagandisten der CO2-Klimaerwärmung ihres Schwindels bewusst wären?

Andreas: „Ich behaupte ja, denn die Stimmen ernsthafter Wissenschaftler, viele Untersuchungen und der gesunde Menschenverstand sollten eigentlich ausreichen, um die Wahrheit zu erkennen. Doch zu viele profitieren von der Klimalüge. Schon vor über zehn Jahren warnte Professor Hans Hompesch in der FAZ[1]:

„Ein mit Umweltschutzgedanken angetriebenes Klimakatastrophenkarussell wird in Fahrt gehalten: Unter anderem von Politikern, die keine Gelegenheit zur Profilierung auslassen; von verschiedenen Forschungsinstituten, bei denen Kosten und Personalstopp nun weniger Themen sind, ganz zu schweigen von Profilierungsmöglichkeiten; durch Ökoinstitute, bei denen die Klimakatastrophe einen nicht unwesentlichen Anteil an ihrer Existenz ausmacht, durch Meteorologen und andere Wissenschaftler, die vom Frust früherer Jahre erlöst und zum begehrten Fachmann werden mit wesentlich erweitertem Messgerätepark. Hinzu kommen Gesellschaften, Vereine und Stiftungen, die ein zusätzliches Identifikationsobjekt gefunden und damit weitere Argumente für Mitglieder- und Spendenwer-

[1] Leserbrief vom 18. Mai 1996.

bung haben, sowie nicht zu vergessen – Journalisten, die zu gefragten und beachteten Fachreportern geworden sind. Gegenkräfte gibt es kaum. Jeder wird durch den anderen bestätigt, angesteckt, gedeckt, rückgekoppelt, in Resonanz versetzt."

Es geht um viel Geld. Nach den Worten des Chefs vom Umweltbundesamt (UBA) müssen allein in Deutschland jährlich vier Milliarden Euro aufgewandt werden, um die Folgen des Klimawandels abzumildern.[2] Dementsprechend langfristig und strategisch wurde dieser CO_2-Schwindel auch geplant. Das folgende Zitat stammt von Al Gore und erschien bereits am 5.August 1990 im *Memphis Commercial Appeal*:

„*Die Tatsache, dass wir eine in historischen Zeiten bisher nicht da gewesene Umweltkrise haben, braucht nicht mehr diskutiert zu werden... Und diejenigen, die um einer ausgewogenen Debatte willen der Ansicht sind, dass es beachtliche Ungewissheiten gibt, ob der Treibhauseffekt real ist, schränken unsere Fähigkeit ein, darauf zu reagieren.*"

Es kommt noch besser. Dixy Lee Ray zitiert in ihrem Buch *Trashing the Planet* (1990) den damaligen Präsidenten des nationalen Umweltinstituts der USA, Richard Benedick, mit den Worten: „*Ein weltweiter Klimaschutzvertrag muss geschlossen werden, auch wenn es keinen wissenschaftlichen Beweis für die Existenz des Treibhauseffektes gibt.*"

Gewisse Leute wollen also unbedingt auf etwas reagieren, was es ihren eigenen Aussagen gemäß eventuell gar nicht gibt – warum bloß? Da erhält doch eine Aussage von einem Experten im BBC Film „*The Great Global Warming Swindle*" eine ganz andere Stossrichtung:

„*Ein Satz wäre tödlich: Vielleicht gibt es kein Problem.*"

Mehr als genug Probleme malt jedoch der Weltklimarat – das *Intergovernmental Panel on Climate Change* (IPPC) an die Wand. Dieses aus 650 Wissenschaftlern bestehende und von der UNO getragene Gremium gilt als die unfehlbare Stimme Gottes in Sachen CO2-Klimaerwärmung. Warum, ist nicht unbedingt nachvollziehbar. Denn das IPPC wurde nach politischen, nicht nach wissenschaftlichen Gesichtspunkten zusammengesetzt. Mehr als hundert

[2] Pressekampagne vom 11. April 2007

Länder wollten unbedingt vertreten sein, und so wurde auf die Nationalität höher gewichtet als die wissenschaftliche Qualifikation. Manche Forscher, die für das IPPC gearbeitet haben, können sich nicht länger mit dessen Aussagen und Schlussfolgerungen identifizieren und wollen deshalb aus der Mitarbeiterliste gestrichen werden. Doch offiziell erscheinen sie nach wie vor als Mitarbeiter an den veröffentlichten Dokumenten, was gerade bei renommierten Wissenschaftlern ein völlig falsches Bild bezüglich des Aussagegehalts dieser Studien zeigt.

Wie sagte doch Prof. John Christy vom Weltklimarat IPPC:

„*Man muss eine gewisse Panik schüren, und dann fließt das Geld.*"

Ach – übrigens, da fällt mir ein, wo ist denn der Saure Regen geblieben? Es haben sich die Umweltparameter gegen den Sauren Regen nicht zum Besseren gewendet.

Ich fragte nun Andreas: „Wie aber bringt man das Geld hier zum Fließen? Schließlich kann ich nicht wie beim Wasser daher kommen und sagen: Deine Atmung kostet Geld! Das wäre zu plump. Ich kann auch nicht sagen: Die Luft gehört mir! Dies würde niemand akzeptieren."

„Da hast Du wieder völlig recht", sagte Andreas. „Das muss man intelligenter, indirekter und über Umwege versuchen. Luftkurort – den Namen gibt es schon. Da könnte man z.B. wegen der besseren Luft eine höhere Kurtaxe erheben. Absurd? Nun, diese Idee ist nicht von mir. Vor etwas mehr als 18 Monaten äußerte sich unsere Kanzlerin mit genau diesem Vorschlag. (PLAT – Privater Luftabnahme Tarif)

Ist nicht gut angekommen.

Man kann jetzt nicht einfach mit der Luft Geld verdienen, aber mit ihren Bestandteilen geht das schon besser. Zu diesem Zweck haben wir uns einen richtig schönen Sündenbock gebastelt, das Kohlendioxid. Wie praktisch! CO_2 entsteht wie gesagt schon bei der Atmung – und flugs sind wir alle Sünder (6,5 Milliarden Menschen sind eh zuviel für diese Welt). Dann fahren wir auch noch Autos, heizen unsere Häuser usw. – und in den Urlaub wollen wir auch mal fliegen.

Da fühlt man sich langsam richtig schlecht und die Bereitschaft steigt, einen positiven Beitrag für unsere Umwelt zu leisten. Wer möchte das nicht? Da der Mensch aus meiner Sicht im Grunde edel, hilfreich und gut ist, kann man diese Potentiale gut für die eigenen profitablen Zwecke nutzen. Vor allem dann, wenn man die Macht über Medien, Meinungen und Information hat.

In diesem Falle fließt nun das Geld nicht über den Verbrauch eines Produktes an sich, sondern über die Emission vermeintlich schädlicher Substanzen (CO_2), die durch den Gebrauch dieser Produkte entstehen. Richtig clever wird es, wenn man den Leuten vorher sämtliche Verbrennungs- und Explosionstechnologien verkauft, so dass Otto- Normalverbraucher mit seinem Ottomotor mittel- bis langfristig sowieso schlechte Karten hat, entscheidende Veränderungen mit gängigen Technologien herbeizuführen.

Was auch immer ich dann mache, ich produziere CO_2. Werden die Dinge jetzt in Raten verändert, kann man immer etwas Neues verkaufen (und damit Geld machen). Obwohl es das Auto schon über hundert Jahre gibt, scheint man jetzt erst festzustellen, dass die Verbrennung im Motor CO_2 produziert.

Die angebotenen Lösungsansätze gehen stets in Richtung „Den Gürtel enger schnallen“ oder beinhalten im Grunde Deindustrialisierungsprozesse – einen energetischen Rückschritt, der letztlich viele Menschen und Völker in unserer globalisierten Welt in eine noch größere wirtschaftliche Abhängigkeit vom Establishment bringen wird oder sie im wahrsten Sinne des Wortes verhungern lässt. Die Gefahr durch abhängig machende Monopole steigt vor allem bei der Energie und auch bald bei Lebensmitteln, denn die werden ja jetzt verfeuert, während das Saatgut durch Gentechnik so verändert wird, dass es nicht mehr keimfähig ist.“

„Kannst Du das beim CO^2 mit Zahlen unterlegen?“ fragte ich.

„Ich habe nicht alles im Kopf, aber wozu gibt es eine Festplatte. Schauen wir einfach mal nach.“ sagte Andreas. Und weiter:

„Mit „Klimagift“ lässt sich ganz gut Geld machen. So möchte London gerne die Vorreiterrolle spielen und Zentrum für den globalen CO2-Markt, d.h. für den CO2-Handel sein. Dies kündigte Premierminister Gordon Brown schon in einer Rede vom 12. März 2007 vor der Umweltlobbygruppe Green Alliance an. Bezug nehmend auf einen Bericht über die globale Erwärmung von Sir Nicolas Stern erklärte Brown: „*Wie Stern argumentierte, kann der Emissionshandel erhebliche Investitionsflüsse in Entwicklungsländer leiten. Mein Ehrgeiz ist es, auf Grundlage der EU-Emissionsrichtlinien einen globalen CO2-Markt mit Sitz in London zu schaffen. Vom heutigen Volumen von 9 Milliarden Dollar könnte der Emissionshandel auf 50 bis 100 Milliarden Dollar anwachsen. Daher werden wir dies nun mit einer internationalen Konferenz in London vorantreiben, um zu diskutieren, wie wir existierende Vorgaben in verschiedenen Ländern zusammenführen und Handel mit den Entwicklungsländern ausweiten können, um dieses wachsende System in eine globale Kraft der Veränderung zu verwandeln.*“

Na, das ist doch einmal ein Wirtschaftswachstum: von 9 auf 100 Milliarden Dollar. Da wundert es nicht, wenn Al Gore zum persönlichen Sonderberater der britischen Regierung in Sachen Klimawandel aufstieg. Gleichzeitig ist er Chef eines Investmentfonds *Generation Management*.

(Siehe http://www.generationim.com/) Auch sitzt Gore im Vorstand des *World Resources Institute*, das mit CO2-Emissionen handelt. In seinen Vorträgen rät er zudem, in das „Kohlenstoffgeschäft (ODER KOHLENDIOXID-GESCHÄFT?)“ vielleicht besser in den „CO2-Handel“ einzusteigen.

Er geht übrigens mit gutem Beispiel voran und soll in seinem Privathaus mit seiner Familie mehr als 200.000 KWh pro Jahr verbrauchen. Ich möchte darüber nicht urteilen, es ist seine Sache, aber findest Du das jetzt authentisch?

Auch hier: Was tut man nicht alles für den Friedensnobelpreis?

Auf diesen Umstand angesprochen, soll er geantwortet haben, dass er sich selbst diese Verschmutzungszertifikate kauft. Da fällt mir jetzt nichts mehr zu ein.

Das kannst Du übrigens auch schon tun.

Neulich habe ich einen Flug bei easyjet im Internet gebucht. Die rechnen Dir in der Tat Deinen zusätzlichen CO^2 Anteil für diesen Flug aus und wenn Du Dein Gewissen beruhigen möchtest, kannst Du das dazugehörige Zertifikat kaufen. Praktisch als Gewöhnungsphase, denn noch ist das freiwillig. Noch!

Die Leute, die das tun, dass sind die, die ich als Gutmenschen bezeichnen würde.

Innerlich gefestigt, so unwahrscheinlich stolz auf ihre edle Tat und von nichts eine Ahnung, aber von guter Bildung.

Die Londoner City begann den „CO2-Handel“ im Jahr 2002 mit einem Emissionshandelsfonds, der 215 Millionen Pfund Einlagen aufwies. Der Handel kam in Gang, nachdem die Europäische Emissionshandelsplattform (ETS) eingeführt wurde. Die ETS umfasst über 60 Prozent des Volumens und 80 Prozent des Wertes des weltweit gehandelten CO2. Man schätzt, dass dieses Jahr 2,4 Milliarden Tonnen CO2 gehandelt werden könnten. 2006 waren es 1,6 Milliarden Tonnen, 2005 noch 799 Millionen. Der gesamte Emissionshandel lag 2006 in der Größenordnung von 20 Milliarden Euro. Wahrlich ein gutes Geschäft.

Wie's geht, ist ganz einfach: Seit 2005 vergibt die EU Berechtigungsscheine zur Luftverschmutzung – „Emissionswerte" genannt. Diese werden international von Banken und Börsen gehandelt und können per Dekret verknappt werden, was ihren Wert steigen lässt und die Konkurrenz ins Abseits drängt. Denn wer nicht genug von solchen Zertifikaten hat, um zu produzieren, der muss sie teuer kaufen oder die Produktion drosseln. Die Firmen haben die Wahl: Entweder investieren sie in den Abbau ihrer CO2-Emission oder sie kaufen Verschmutzungsrechte.

Die großen europäischen Energieversorger haben es da leichter. Sie bekommen Emissionszertifikate im Wert von ungefähr zehn Milliarden Euro kostenlos von der EU zugeteilt. Das reicht ihnen nicht. Die Konzerne haben den Wert der geschenkten Zertifikate auf die Stromkosten aufgeschlagen und holen sich diese Summe so noch einmal von ihren Kunden.

Finanzkräftige Unternehmen können außerdem in Entwicklungsländer investieren. Tun sie dies mit alternativen Energiequellen, lohnt sich das doppelt: Einerseits verdienen sie am dort produzierten Strom Geld, andererseits werden ihnen CO2-Guthaben gutgeschrieben, obwohl sie im eigenen Land gar keinen CO2-Ausstoß verringert haben.

Besitzen Länder viel Wald oder Meer – so genannte „Kohlenstoffsenken" – wo Kohlendioxid gespeichert wird, dann erhalten sie höhere Verschmutzungsrechte. Auch diese lassen sich dann meistbietend verkaufen, zum Beispiel an die USA. Klar, dass gerade Entwicklungsländer auf solch leicht verdientes Geld nicht verzichten möchten und deshalb die Gefahr des angeblichen Treibhausgases CO2 hochspielen.

Die vorherrschende (Verbrennungs-)Technologie der industrialisierten Welt produziert notgedrungen CO2. So braucht man nur Grenzwerte zu definieren und Sanktionen bei deren Überschreitung zu verhängen, damit alle Marktteilnehmer prima damit handeln können. Gleichzeitig wurden Technologien, die dank anderer physikalischer Prinzipien echten Fortschritt bringen und zudem dezentral, d.h. für Menschen autark eingesetzt werden könnten, erfolgreich verhindert.

Zusätzlich hat man mit der Hysterie Investitionen in Arten der Energieerzeugung gelenkt, die vom technologischen Standpunkt noch gar nicht reif dafür waren (z.B. Windenergie und Photovoltaik, deswegen müssen sie ja auch subventioniert werden) und für ein Industrieland wie Deutschland vom Standpunkt der Gesamtheit der Stoffumwandlungsprozesse, Energiedichten und der Autarkie eine Katastrophe darstellen. Traurig aber wahr: Gerade die Windkraft schneidet in der CO_2-Bilanz ziemlich schlecht ab. Das wird jetzt den einen oder anderen wundern, denn wenn man auf so ein Windrad schaut, sagt man sich oberflächlich betrachtet: Raucht nicht, also CO_2-frei.

Wir müssen uns aber folgende Fragen stellen: Woraus bestehen die teilweise über 100 Meter hohen Dinger? Wieviel CO_2 wird allein im Produktionsprozess freigesetzt? Und wieviel Diesel ist allein von den Schwerlastern in die Umwelt geblasen worden, um in Deutschland mehr als 16'000 dieser Mühlen aufzustellen? Diese stehen dann naturgemäß an Stellen, wo die Infrastruktur noch erschlossen werden muss. Wieder Energieaufwand und Ausstoß von CO_2. Die Krönung aber ist, dass es nach dem Gesetz über den Vorrang Erneuerbarer Energien EEG nach § 4 eine Abnahme- und Übertragungspflicht durch die Netzbetreiber gibt. Technisch gibt es dabei gerade bei der Nutzung der Windenergie ein kleines Problem. Was, wenn plötzlich kein Wind weht, denn Windräder haben nun einmal in der Versorgung Vorrang? Der Verbraucher macht das Einschalten seiner Herdplatte dummerweise nicht abhängig von der Windgeschwindigkeit. So müssen die Netzbetreiber in Ihren konventionellen Kraftwerken sozusagen immer ein paar Turbinen im Leerlauf haben, um plötzlich auftretende Defizite, auszugleichen.

Erst wenn man diese finanziellen und materiellen Kosten alle einrechnet, die gesamte Erstellung, Stoffumwandlung, sowie Netzmanagement und Folgekosten und sie dann ins Verhältnis zur kalkulierten Lebensdauer und erzeugten Stromleistung setzt, kann man den vor allem ökologischen Schaden ermessen. Von Ökonomie rede ich erst gar nicht.

Nur gut für die Windräder, dass CO2 kein Treibhausgas ist. Warum ich das Beispiel trotzdem bringe?

Weil ich Dir zeigen möchte, dass nicht alles Gold ist, was glänzt. Allzu oft werden uns nämlich Birnen für Äpfel verkauft, wenn wir nicht lernen, selber über die eigene Nasenspitze hinaus zu denken.

Übrigens: 16'000 Windmühlen decken etwas mehr als 4 Prozent des Energiebedarfes in Deutschland. Rechne selbst weiter! Immerhin ein Lichtblick ist, dass sich die Technik verbessert und, wenn die Windräder schon mal stehen, damit ein Stück regionaler Autarkie verwirklicht wird.

Nun rate einmal, wer das alles bezahlt? Wie haben sich bei Dir die Energiepreise in den letzten Jahren entwickelt? Komisch, wenn wir doch angeblich immer produktiver werden, müsste der Preis für eine Kilowattstunde sinken. Zumindest sollte er nicht steigen und man dürfte erwarten, dass die riesigen Gewinne in eine gute Energieinfrastruktur gelenkt werden. Fehlanzeige!

Aber vom Schlagwort „CO2“ ganz umnebelt, merken wir es nicht so schnell – und für den gesunden Ökostrom greifen wir gerne tiefer in die Tasche. Richtig?

Das ist schon alles sehr geschickt eingefädelt. Ich komme da nicht um ein Kompliment herum.

Wie Du nun langsam erkennst, geht es beim Thema CO2 um alles Mögliche, nur nicht um Umweltschutz. Das ist bloß das voran getragene Fähnchen, denn wer ist schon gegen Umweltschutz, Schonung von Ressourcen etc.? Mit diesen Schlagworten lassen sich die Massen in ihrem angeborenen Streben nach Glück, Geborgenheit und dem Gefühl, etwas Gutes für die Welt zu tun, vereinen.

Bemüht man dann noch ein paar Rock- und Popidole, die in Mega-Events weltweit für Aufmerksamkeit sorgen, ist in unserer Spaßgesellschaft, in der die Leute immer weniger herzhaft lachen, die Manipulation schon perfekt.

Auf die Essenz eingekocht, sind die ökonomischen Fakten um den Schwindel mit dem CO2 sehr einfach und damit bin ich auch wieder beim eigentlichen Thema, bei meinem Thema: Physische Ökonomie:

Entweder wir erforschen die grundlegenden Gesetzmäßigkeiten des Universums auf eine Weise, damit unsere Produktivität ausreicht, in Würde, Humanismus und Freude mehr als sechs Milliarden Menschen ein sinnvolles Leben im Einklang mit der Natur zu ermöglichen – oder wir passen die gegenwärtig auf der Erde lebende Menschenmenge der vorhandenen Produktivität an.

Das genau ist es worum es heute geht. Wir haben jetzt und ich wiederhole jetzt die letzte Möglichkeit die Weichen zu stellen.

Das Erkennen universeller Prinzipien und ihre Anwendung im Einklang mit der Schöpfung sollten den Menschen ausmachen. Doch die programmatischen Aussagen gewisser Regierungen, Verbände und Gruppierungen wie dem *Club of Rome*, *des Council on Foreign Relations (CFR)3, der Trilateralen Kommission oder den Bilderbergern* zeugen von einem ganz anderen Gedankengut. Selbst manche Umweltschützer sind davon nicht ausgenommen. Ich will hier nur einige wenige Zitate anführen, die an Deutlichkeit kaum überboten werden können: Miss Ann Thropy (ein Pseudonym) bekannte im Mai 1987 im *Earth First Journal*, einem führenden Umweltmagazin in den USA: „*Als radikale Umweltschützer können wir AIDS nicht als Problem sehen, sondern als notwendige Lösung.*“*4* John Davis, Herausgeber des Earth First Journal, blies ins gleiche Horn: „*Ich vermute, daß die Ausrottung der Pocken falsch war. Sie spielten eine wichtige Rolle im Gleichgewicht des Öko-Systems.*“*5*

Der berühmte Meeresforscher Jacques Cousteau sagte in einem Interview mit dem Unesco Courier:

„*In den ersten 1'400 Jahren des christlichen Zeitalters waren die Bevölkerungszahlen relativ stabil. Mit Hilfe von Seuchen kompensierte die Natur die überschüssigen Geburtenraten, d.h. durch höhere Sterberaten. Was können wir heute gegen Krankheiten und Armut ausrichten? Es ist schlimm, dies zu sagen: Aber die Weltbevölkerung muss stabilisiert werden, und dazu müssen wir pro Tag 350'000 Menschen umbringen.*“*6*

Und Prinz Philip, der Gatte der Queen und Mitbegründer des *World Wildlife Fund* (WWF) soll gegenüber der Nachrichtenagentur dpa sinngemäß gescherzt haben, er möchte als gefährlicher Killervirus wiedergeboren werden, um die Überbevölkerung zu bekämpfen.“

---

[3] (Rat für auswärtige Angelegenheiten)
[4] Zitiert von Lynn Wallis in *Vital Speeches of the Day*, November 1991.
[5] Zitiert in *Organization Trends*, Capital Research Center, Januar 1991.
[6] Zitiert aus der *Executive Intelligence Revue* ‚Geopolitischer Malthusianismus.

Andreas wurde nun doch ernster und bestimmter. Mit fester Stimme fuhr er fort:

„Gott sei Dank funktioniert das Universum anders, weil es keine Killerviren gibt, nur Killergedanken. Doch die Träger solcher Gedanken haben momentan zuviel Gewicht, weil sie im Besitz der Geldschöpfung, der Medien und der Ämter dieser Welt sind.

Und wie Du wieder siehst, geht es nicht um Geld, aber mit Geld geschieht es!

Weil wir gerade bei Killerviren sind. Bekämpfe sie nicht, sondern siehe zu, dass Du dein Milieu in Ordnung hältst, dann können Sie Dir nichts anhaben.

Es wird dich nun auch nicht mehr wundern, dass die Schulmedizin den anderen Weg geht, oder sollte ich besser sagen die Pharmaindustrie. Warum wohl?

Es geht jetzt und heute darum, ob wir unter einer Weltregierung mit ihren „Experten" wie ein Haufen blökender Schafe gehalten werden wollen, oder wie es Paul Robert Watson am 25. Oktober 2007 auf der Internetseite *PrisonPlanet.com* formulierte: *„Der Mythos der durch Menschen verursachten globalen Erderwärmung wird von den Massenmedien hochgespielt, um dadurch neo-feudalistische Kontrolle zu erlangen. Die Leute sollen davon überzeugt werden, dass jede Handlung durch den Staat reguliert werden muss, um damit angeblich den Planeten zu retten, während wirkliche Umweltkrisen ignoriert werden."*

Der britische Premier Gordon Brown gab unverhohlen zu, die nun zu verfolgende Klimapolitik habe das Ziel, eine „Neue Weltordnung" zu erzwingen. Ein Begriff, den Präsident Bushs Vater prägte, als er ins Weiße Haus einzog. Und schon wieder fallen wir auf diese Masche rein. Bush junior macht's ja nicht anders, wenn er mit eindringlichen Worten den „Kampf gegen den Terrorismus" beschwört.

Es ist immer das Gleiche und es geht immer um das Gleiche!

Wollen wir das wirklich?

Oder wollen wir unser Leben, unser Schicksal selbst in die Hand nehmen, frei, selbst bestimmt und in Übereinstimmung mit den Prinzipien des Universums? Denn schließlich sind wir Menschen doch im Grunde edel, hilfreich und gut – wenn wir uns nicht gerade zu blökenden Schafen haben deformieren lassen. Jeder hat es selbst in der Hand – Eigenverantwortlichkeit!

Am Endes des Films „*The Great Global Warming Swindle*" kommt einer der Aktivisten und Mitbegründer von *Greenpeace*, der Ökologe Dr. Patrick Moore, zu Wort:

„*Aus der Umweltschutzbewegung ist die stärkste Kraft geworden, welche die Entwicklung der Drittweltländer verhindert. Ich denke, es ist legitim, wenn ich sie als menschenfeindlich bezeichne.*"

Moore ist mittlerweile bei *Greenpeace* ausgetreten, so wie auch ich meine Spenden dorthin eingestellt habe.

Verabschiede Dich bitte mental und real auch von diesem Schwindel.

Um den Faden zum Thema Geld wieder aufzunehmen:

Übersetzt in die Wirkungsweise von Finanzinstrumenten geht es fast um das Gleiche wie im Subprime Markt.

Nur ist die Basis, das in der Finanzsprache „Underlying" heißt, der Wert- bzw. Sicherheitshinterlegung keine Immobilie, sondern gleich reine Fiktion. Es ist ein Gas – CO^2, der angebliche Klimakiller. Es gibt gewaltige Veränderungen auf der Erde, mit Sicherheit auch im Klima, nur hat dies mit CO^2 nichts zu tun. Dieses wird nur Basis für ein handelbares Zertifikat, nicht etwa, um es zu reduzieren, nein, um damit Handel zu betreiben, Ablasshandel im wahrsten Sinne des Wortes.

Im Angesicht der Zahlen würden die päpstlichen Ablasshändler des Mittelalters vor Neid erblassen.

Unterstellt man einen Anfangspreis, wie durch die Initiatoren angedacht, von 14 Dollar pro Tonne Kohlenstoff, die die „Emissionsrechte" nach Kyoto-Protokoll ermöglichen, so kommen Experten am Ende auf Zahlen im Billionenbereich, die natürlich positiv in die Bruttosozialstatistik eingehen werden. Was soll das? Mir fällt kein anders Wort ein – es ist ein Verbrechen. Vorreiter und Hauptaktivist spielt eine angeblich deutsche Regierung. Wie deutsch die ist, weißt Du schon durch deine Recherchen in den Staaten. Produziert wurde Kredit und Geld und heiße Luft, diesmal ganz direkt. Wenn wir permanent Produktivitätssteigerungen hätten, dann wäre es doch für ein standardisiertes Produkt, wie z.B. eine Kilowattstunde Strom, die überall auf der Welt gleich ist, normal, dass bei höherer Produktivität, die Kosten für Herstellung und Verteilung permanent sinken und somit auch die Endverbraucherpreise. Tun Sie das? Irgendeiner muss das wieder bezahlen! Du darfst jetzt wieder raten, wer das sein wird."

Andreas setzte noch eins drauf: „Es wird langsam dunkel und wir sind schon 3 Stunden dabei. Deswegen hast du diesmal nur noch einen Versuch!"

Er sah mich an und ich merke, wie er wusste, dass das nicht nötig war.

Ich sagte: „Ich sehe auch in dem Treffen mit Dir, dass die wichtigsten Mittel sich gegen die Methoden der Hochfinanz zu wehren, Informationen jenseits des Mainstream sind.

Ich hoffe inständig, wie Du, dass die Planer mit dieser Nummer nicht mehr durch kommen."

Meine Privatfinanzen

Ich fragte nun: „Andreas: Können wir aus dem geschilderten Makrokosmos wieder auf den Mikrokosmos kommen, denn ich spüre gerade konkreten Handlungsbedarf. Ich möchte auch erst einmal bei mir anfangen. Du hast mir in deiner Art auf eindrucksvolle Weise nahe gebracht, dass das Wort Wertpapier sich aus 2 Substantiven zusammensetzt, Wert und Papier. Ich habe nun wirklich begriffen, dass die gerade getrennte Wege gehen. Da ich nicht will, dass irgendjemand über meine Werte verfügt, habe ich neben meinem Deutschlandprotokollordner auch gleich den meiner Privatfinanzen mitgebracht, bin ich doch bei einem Finanzdienstleister."

„Was willst Du nun konkret damit anfangen?" fragte Andreas.

„Ich dachte Du sagst mir das jetzt." entgegnete ich.

Ich habe Dir ein paar nachdenkenswerte Ansichten und Überlegungen gegeben. Es ist Dein Finanzordner. Wie war das doch gleich – Eigenverantwortlichkeit!"

Meine Antwort war. „Ich verkaufe sofort meine Lebensversicherungen, Bausparverträge und Bundesschatzbriefe. Es ist nicht viel. Ich dachte ich habe eine Risikostreuung und stelle gerade fest, es ist alles Papier. Also weg damit!

Vielleicht behalte ich ein paar Aktien und Aktienfonds, da ich mit deren Kauf ja in die Wirtschaft investiert habe?"

„Wer hat dir denn das Märchen erzählt?" fragte Andreas

„Wenn du heute über die Börse eine Aktie kaufst, dann kommt die von Schulze oder Meier oder einem Investmentfonds, halt irgendjemand, der das Ding aus welchen Gründen auch immer, gerade verkauft. Die Firma bekommt davon keinen Cent. Hier müsstest du eine Emission zeichnen, dann fließt Geld in ein Unternehmen. Die Aktie ist auch bloß Papier, das den gleichen Manipulationen unterliegt, wie alles andere auch. Ich kann Dir anhand einiger Statistiken nachweisen, dass in die Börse immer dann investiert wird, wenn in der realen Wirtschaft nicht mehr so viel zu verdienen ist. Dann steigen Aktien, in der Regel unbegründet, bar jeder Realität, weil man einen vielfachen Jahresertrag im Preis sofort verdient oder verdienen kann, den das Unternehmen vorhat in den nächste 10 – 20, manchmal 50 Jahren zu verdienen.

Diese Zahl drückt das KGV aus. Kurs-Gewinn- Verhältnis. Hier liegt die geschürte Phantasie oder lockt man die Gier. Wenn eine Firma, mit Zinseszins jedes Jahr gigantische Gewinnzuwächse verbuchen kann, sinkt deren KGV dramatisch, was dann bezogen auf die Kaufpreise der Aktie zu einer Vervielfachung der Kurse führen kann und sicher auch wird. Aber wie heißt es aber so schön: „Bäume wachsen nicht in den Himmel.“ Nur auf der Erfolgsleiter merken das die meisten nicht mehr.

Immer wenn es eine Hysterie gibt und in den Zeitungen und Nachrichten erscheint, dass alle Welt Aktien kauft, da die die ja um 30 % p.a. steigen, dann wundere ich mich über die Meldung, da es zu jedem Kauf exakt einen Verkauf geben muss, denn an der Börse wird nur gehandelt. Was müssen das für Idioten sein, die bei 30 % Gewinn p.a. ihre Aktien verkaufen. Deswegen ist bei einem Börsenboom immer die Frage:

Wer ist der Verkäufer. Beim Recherchieren stellt man meist fest, dass das keine Idioten waren. Man hat zur Ablenkung diverse Bewertungsfaktoren und Strategien entwickelt, die vom Wesen ablenken, der beste Indikator ist meiner Meinung der GMV.“

„GMV - Was ist das für ein Indikator?“ fragte ich. Andreas: „Gesunder Menschen Verstand“.

Ich lachte. „O.K., Andreas. Du hast mich durch die Kürze noch nicht überzeugt, es interessiert mich, wie Du das siehst, warum ich mich auch von meinen Anteilsscheinen in Form von Aktienfonds trennen soll.“

Andreas erwiderte, das ich mit meinen Aktien tun und lassen könne, was ich wolle, dass es die alte Welt sei, die wir nun langsam hinter uns lassen sollten, selbst wenn er alles erklärte, weiß ich dann besser, was ich nicht mehr wolle, wir sollten uns langsam auf die Zukunft konzentrieren. Ich ließ an dieser Stelle nicht locker und als Andreas bemerkte, dass ich meine tollen Aktienfonds immer noch wollte, sagte er zu, aber nur ganz kurz, denn eigentlich sollten ca. 30 % Wertverlust bei fast allen Flagschiffen der Aktienfonds auf Jahresbasis Okt. 07 – Okt. 08 Grund genug sein.

„Ich möchte Dir also das Prinzip kurz darstellen", begann Andreas.

„Nehmen wir beispielsweise und fiktiv an, uns gehört ein Eisenbahnunternehmen, besser, ich habe es, mir gehören 60 % der Aktien, also die Mehrheit, der Rest ist Streubesitz, Du hast auch 1000 Aktien. Nehmen wir an, es gibt 100 Mio. Aktien, die Aktie kostet gerade 10.- €.

Pro Aktie wird momentan ein Gewinn von 1.- € gezahlt, d.h. 10 % oder Kurs-Gewinn-Verhältnis (KGV) 10.

Wem der Laden in den nächsten 10 Jahren genauso läuft, wäre der Gewinn des Investments drin. Es ist sogar fair bewertet. Marktkapitalisierung (alle Aktien mal Kurs macht 1 Mrd. €) ist sehr günstig, denn wir verfügen über Triebfahrzeuge, Waggons, Schienen, Grundstücke, Bahnhöfe mit Infrastruktur etc. die in der Summe momentan sogar mehr Wert sind, als die momentane Marktkapitalisierung (Summe aller Aktien mal Preis).

Ein Schnäppchen sozusagen.

Nun beschließe ich, mehrfacher Milliardär zu werden. Die Bahn interessiert mich aber überhaupt nicht mehr, die langfristige Zukunft sehe ich auch nicht rosig. Persönlich habe ich Autos, Helicopter und einen Privatjet. Wie die anderen Leute an Ihr Reiseziel kommen, ist mir egal. Ich selbst habe auch „nur" 600 Mio. zum gegenwärtigen Preis. Wenn ich die jetzt einfach alle auf den Markt werfen würde, wären die 10.- € pro Aktie mit Sicherheit nicht zu halten.

Wenn ich zum Schluss 300 Mio mache, wäre ich gut dran. Ich will aber Milliarden, nicht nur eine. Die können aber nur von den anderen, von der Masse, kommen. Auf return über die Gewinne müsste ich zu lange warten, außerdem bin ich mir durch die Kenntnis des Marktes gerade im Klaren, dass sie sinken werden. Was ist zu tun?

Ich sehe also zu, dass ich, koste es, was es wolle, also auch mit Bilanztricks, den Gewinn erhöhe. Bei Substanzunternehmen bietet sich an, nötige Abschreibungen nicht mehr seriös und vorsichtig zu kalkulieren und zu Lasten der Substanz den Gewinn zu erhöhen. Merkt ja keiner, wenn ich die Gleise nicht mehr erneuere oder adäquate Rückstellungen dafür bilde, denn die halten ja bestimmt 50 Jahre und länger. Die Rennstrecken zwischen den Ballungszentren baue ich aus, währenddessen mir egal ist, wie die Oma in ihr Dorf kommt. Gleichzeitig erhöhe ich die Frequenz der Züge auf den profitablen Cityverbindungen, biete Pseudodienstleistungen, die mit dem Transport nicht viel zu tun haben, aber bei minimalem Kapitaleinsatz, höhere Preise gerechtfertigen usw.. Die erste Klasse bekommt jetzt Farbdisplays in die Sitze, womit man sich jetzt auch während des Zug fahren Hollywood anschauen kann oder Info's die keiner braucht auf 20 Kanälen. Am besten natürlich Börseninformationen und noch besser super „objektive" Analysen über die Kennzahlen unseres ach so schönen Unternehmens.

Nehmen wir an, ich kann mich als Vorstand und Hauptaktionär hinstellen und den Gewinn sagen wir um 25 % p.a. erhöhen. Ich tue dies auch und kann mehr als plausibel darlegen, dass wir dass auch noch die nächsten 5 Jahre schaffen. Wie sieht dann die Gewinnreihe aus:

1. Jahr 1,25 € pro Aktie
2. Jahr 1,56 € pro Aktie
3. Jahr 1,95 € pro Aktie
4. Jahr 2,44 € pro Aktie
5. Jahr 3,05 € pro Aktie.

So sieht, mal so nebenbei, der Zinseszinseffekt bei 25 % nach nur 5 Jahren aus.

Es ist ja nur ein Beispiel.

Diese Aktie kostet heute 10 €. Bei 3.- € möglichen Gewinn pro Aktie, wären das zum heutigen Preis 30 %, oder KGV fast 3. Was glaubst Du, was der Kurs machen wird, wenn ich jetzt noch ein paar Experten kaufe, die das Wort anal im Namen führen und in allen einschlägigen Zeitungen positiv über unser (mein) Unternehmen berichten?

Alle „Welt" kauft jetzt Aktien und der Erfolg, gibt ihnen Recht, denn die Aktie steigt um Hunderte von Prozent. Das durchschnittliche KGV in den Hauptindices liegt heute zwischen 10 und 20, das heißt, ohne große Übertreibungen ist hier ein Potential, wohlgemerkt der Aktie, nicht des Unternehmens, von bis zu 60,- € pro Aktie drin.

Und während alle den Traum vom Wohlstand ohne Arbeit träumen und im Angesicht dieser Zahlen, sich auch noch verleiten lassen, Aktien auf Kredit zu kaufen, verkommt das Unternehmen auf seiner physischen Seite. Merkt ja gerade keiner.

Doch, einer schon – ich – denn ich verkaufe gerade in diese Euphorie meine Aktien.

Da fällt mir noch ein: Wenn ich richtig gut bin, trenne ich den Fahrbetrieb, also das operative Geschäft, von der Substanz und behalte die Grundstücke, Gleise, Immobilien etc. und verhökere den Rest über die Börse.

Huch – was sage ich da gerade?

Mit diesen Sätzen kann ich mir aus Spaß einen so genannten Haftungsausschluss nicht verkneifen.

Ich fragte: „Was für einen Haftungsausschluss."

Darauf Andreas. „Na der so genannte Disclaimer wie auf Internetseiten oder beim Filmabspann, der da lautet:

Meine theoretischen Ansichten und Postulate zum Thema Geld, Aktien und die hier besprochene Wirkungsweise der Börse oder von Handelsinstrumenten, wie Subprimes sowie deren wirklicher Funktionsweise im Markt sind natürlich eine reine Verschwörungstheorie.

Ähnlichkeiten mit dem tatsächlichen Verlauf der Geschichte oder tatsächlichen Kursverläufen oder handelnden Personen oder Firmen sind demzufolge rein zufällig und sollten keinen beunruhigen.

Natürlich distanziere ich mich an dieser Stelle von sämtlichen Zitaten, Verweisen, angegebenen Quellen und Internetlinks. Das ist ja auch der tiefe Sinn, von Verweisen, dass man sich davon distanziert.

Es ist ja schon schlimm genug, dass ich Dir jetzt die Verantwortung in die Schuhe schiebe, für alles das, was Du hörst, siehst, liest oder mit der Maus irgendwo anklickst."

Andreas sah mich dabei verschmitzt an und fuhr fort:

„Übrigens können die Leute nach dem Zusammenbruch des Wertes Ihrer Aktie noch zufrieden sein, denn sie haben ja immer noch eine Substanz, aus der sich was machen lässt.

Das Internetunternehmen Google hat beispielsweise momentan eine Marktkapitalisierung von ca. 90 Mrd. €. Dabei ist die vom

Höchstwert schon einmal um 50 % eingebrochen, d.h. die hatten schon einmal währungsbereinigt eine Marktkapitalisierung in der Spitze von ca. 170 Mrd. €.

Das ist überspitzt gesagt eine Internetseite. Natürlich haben die ein unendliches Potential, bei fast 6,5 Mrd. Menschen auf der Welt. Übrigens, wusstest du, dass nur ca. 1 % aller Menschen auf der Erde einen eigenen Computer mit Internetanschluss haben. 8 % der Menschen auf der Welt verfügen in diesem Moment über Geld oder ein Konto.

Ich erwiderte: „O.K. - es reicht. Ich sehe, es ist ohnehin ein Nullsummenspiel, was der eine gewinnt, muss ein anderer verlieren. Obendrein ist es dadurch ethisch nicht sauber, selbst, wenn ich gewinne, da der Realwirtschaft wertvolles Kapital entzogen wird."

„Sehr gut erkannt!" sagte Andreas. „Das halten wir auch unbedingt für später fest."

„So, da bin ich aber froh. Also gut: alles weg, nebenbei sehr übersichtlich. Ich gehe einmal davon aus, dass Du mir ähnliche Gruselgeschichten über Lebensversicherungen, Bausparverträge, Bundesschatzbriefe erzählen könntest."

Andreas: „Da kannst Du Gift ´drauf nehmen, nein, Du hast es ja schon. Z.B. die Bundesschatzbriefe in Deinem Vermögensordner – suggerieren im Wort, dass es da irgendwo irgendeinen Schatz gäbe. Deren Schatz ist die Druckerei. Da kaufe ich mir aus meinem versteuertem Einkommen oder Vermögen nun diese Briefe, deren Sicherheit mein eigenes Steueraufkommen ist. Nach allen Gebühren Provisionen der verschiedenen Institutionen, landet ein Teil dieses Zinses (er kann ja nur das Ergebnis von Arbeit sein, also auch meiner Arbeit, also meiner Steuern) auch wirklich wieder bei mir. Aber diesen Gewinn muss ich natürlich wieder versteuern. Wenn ich das Ergebnis jetzt nicht nur nominal betrachte, sondern nur die stinknormale getürkte Inflationsrate über die Zeitachse in die Betrachtung einbeziehe, bin ich immer zweiter Sieger. So blöd wird man eigentlich gar nicht geboren. Aber es ist ein Billionenmarkt.

„Zweiter Sieger ist eine milde Bezeichnung für Looser", sagte ich deprimiert mit Blick auf meine Bundesschätzchen.

„Ja – es gibt natürlich auch einen garantierten Winner in dem Spiel, sonst gäbe es das Spiel nicht. Der stand übrigens fest, bevor das Spiel startete.

Du darfst jetzt als Fortgeschrittener wieder nur einmal raten – nein jetzt solltest du es wissen.

Ich fügte nahtlos, ohne groß nachzudenken an. „ Das Kartell mit der Druckermaschine und der Lizenz zur Ausgabe von Kredit, Geld und all dieser besagten Papiere."

„Na bitte", entgegnete Andreas. „Diejenigen, die so viel in diesen Papieren angelegt haben, dass der Ertrag nach Steuern und Inflation höher ist, als deren Einkommen aus irgendeiner wirtschaftlichen selbständigen oder unselbständigen Tätigkeit profitieren auch, muss man der Fairness halber dazusagen. Gehörst Du dazu?"

„So genug: Haken wir also alles ab, was wir nicht mehr wollen. Ich will nichts weiter wissen. Ich verkaufe alles - Private Probleme fürs erste gelöst?" sagte ich.

Andreas: „Wieso? Du hast erst einmal alles verkauft. Was hast Du erhalten. Jetzt hast Du das ganze Übel konzentriert auf Deinem Konto, alles Geld, die Schulden der Anderen, die sich gerade in Luft auflösen, wie wir den ganzen Nachmittag besprochen hatten."

Schlimmer noch, Du hast ja nicht einmal die Scheine. Das wäre wenigsten Liquidität. Liquidität ist das, was man in der Tasche hat oder darauf zurückgreifen kann, ohne einen anderen fragen zu müssen oder von dessen Handlung abhängig zu sein.

Die meisten Leute werden den Unterschied erst merken, wenn Sie Ihre Plastikkarte in

den Schlitz des Automaten schieben, nur sie kommt nicht mehr heraus und Geld auch nicht.

Die schauen auf Ihren Kontoauszug, da steht beispielsweise, 5.000.- € HABEN

und sie denken, sie haben 5.000.- €.

Das ist leider nicht so. Sie haben eine Forderung gegen die Bank in Höhe von 5.000.- €, die ihnen das mit dem Auszug gerade bestätigt.

5.000.- € habe sie, wenn sie hineingehen und sich die Scheine auszahlen lassen.

Diese Forderung auf dem Auszug, als 5.000.- im HABEN zu sehen, bedeutet ein Zahlungsversprechen der Bank, zur jederzeitigen Einlösung.

Jedes Versprechen gilt solange bis es gebrochen wird.

Wie das endet, darüber haben wir die ganze Zeit gesprochen. Ich gebe Dir noch zu

Lesen, was in den Statuten der Einlagensicherung im § 6 steht.

Ich las: „*Ein Rechtsanspruch auf ein Eingreifen oder auf Leistungen des Einlagensicherungsfonds besteht nicht.*“

Andreas legte mir noch einen Monatsbericht der Deutschen Bundesbank vom Juli 1992 auf den Tisch. Zum Thema: Die Einlagensicherung in der Bundesrepublik Deutschland, las ich folgenden bemerkenswerten Satz:

„*Die Sicherungseinrichtungen greifen nicht ein im Fall einer allgemeinen Krise der Kreditwirtschaft.*“

„Als was würdest du das jetzt bezeichnen, was hier gerade läuft?“ fragte Andreas und:

„Bleiben wir beim Thema, von mir aus bei Deinem Geld auf deinem Konto.

Was tust Du jetzt?“

Ja gute Frage ich schaute Andreas Hilfe suchend an.

„Andreas - Was tue ich nun gegen den möglichen Verfall meiner Finanzanlagen? Was kann ich überhaupt dagegen tun?“ fragte ich nun.

Darauf hin er: „Mein Freund, es ist fast die beste Frage des Tages. Lenkt sie doch nicht mehr auf ein Problem und seine Beschreibung, sondern auf die Lösung.

Ich dachte schon, Du fragst nicht mehr. Jetzt solltest Du aus dieser Frage noch die Negation herausnehmen, denn es ist nicht empfehlenswert, gegen etwas zu sein, schon weil durch die Formulierung „gegen“ automatisch Kampf eingebaut und programmiert wurde. Außerdem ist es leicht, gegen etwas zu sein. Fast alle sind gegen die Regierung, gegen zu hohe Steuern, gegen Armut, gegen Arbeitslosigkeit etc. Aber: Wofür sind wir eigentlich?“

Nun sprach ich das erste Mal sichtlich emotional erregt ein paar zusammenhängende Sätze zum behandelten Themenkomplex. Dabei war ich selbst über meine Entschlossenheit und Worte erstaunt.

„Andreas ich werde jetzt mit meinen Worten zusammenfassen, was bei mir bisher hängen geblieben ist. Also:

In diesem System wird Geld aus Geld statt aus nützlicher und kreativer Arbeit gewonnen.

Die Ursachen aller Probleme dieses Geldsystems liegen auf der einen Seite in einem auf NICHTS begründeten Zinsanspruch, der mit dem Kreditgeld niemals mit entsteht und zusätzlich erwirtschaftet werden muss. So wie ich es aber gerade verstehe, liegt das Hauptproblem aber in der Monopolstellung eines kleinen privaten Konsortiums Kredit und Geld auf diese Weise zu erschaffen und über diesen verschleierten Umweg andere auszubeuten.

Mit welchem Recht eigentlich?

Der Homo sapiens wurde zum Homo Economicus. So wurde der Mensch selbst zur Ware, hat damit nicht nur einen Preis, sondern auch einen Tauschwert. Er ist damit auch austauschbar. Barschaft ist besser als Nachbarschaft, Rechenschaft ist Dummheit und Fairness ist Schwäche. Land degeneriert zur bloßen Materie und zum Produktionsfaktor. Gemeinsinn ist Unsinn. Folglich bestimmen Angst, Neid und Gier den Alltag in unserer globalisierten Spaßgesellschaft, in der die Schaufenster voll, die Lager aber leer sind – physisch, wie seelisch. Das will ich nicht mehr!

Du sagst, ich soll formulieren, was ich will. Ich versuche es einmal so:

Ich will, dass unser Land wieder unsere Heimat wird, Natur und Kulturboden und auch so begriffen wird.

Ich will eine Schule, die die Kreativität, die Individualität und die Einzigartigkeit eines jeden Menschen wieder erkennt und fördert. Ich will, dass sich Technologien in Harmonie und in Übereinstimmung mit der Umwelt und den universellen Gesetzen entwickeln. Gemeinsinn soll wichtiger als Eigensinn sein.

Ich will, dass sich die Menschen mit Liebe und Achtung begegnen, dass sie respektvoll und verantwortungsbewusst miteinander und mit der sie umbebenden Welt umgehen. Ich will wieder Vertrauen in die Zukunft haben."

Mein Gott, was habe ich aus meinem Innersten ohne groß darüber Nachzudenken alles gesagt. Jetzt rufe ich auch noch Gott an. Ich erschrak, denn allein das „wieder" in dem letzten Satz, zeigte mir selbst an, dass ich es verloren hatte.

Was? Vertrauen, Gottvertrauen, Glaube Zuversicht. Das kommt davon, wenn man in den Problemen oder Gedankenlosigkeit versinkt.

In dem Moment des Sprechens manifestierte sich bei mir nicht nur der Wunsch, sondern gleichzeitig auch der Wille und die unabänderliche Entschlossenheit, genau dafür zu sorgen, dass das, was ich will, auch eintritt.

Andreas hatte völlig Recht. Und so fragte ich:

„Was wollen und was werden wir jetzt tun. Ich bin dabei."

Andreas nachdenklich und überlegt: „Das ist gut, das ist wirklich sehr gut. Es ist großartig! Ich bin beeindruckt! Nun - zunächst sehen wir zu, dass wir etwas zu essen bekommen."

Ich sah ihn erstaunt an.

Andreas schmunzelnd: „Ja – das war zufällig aber passend doppeldeutig. Ich meine im Augenblick erst einmal unser Abendbrot. Hier ist ein Telefon."

Ich fragte, was ich damit jetzt soll.

Er antwortete: „Ruf deine Sandra an. Man soll seine Frau nicht warten lassen. Du wolltest zum Abendbrot zu Hause sein. Frag meine Frau Christiane. Was hätte ich mir an Ärger und Missmut erspart, hätte ich einfach öfter angerufen. Den Fehler mache ich heute noch. Einfach nur - hallo sagen, mir geht es gut, ich liebe Dich, es wird später. Ich weiß, dass es so ist, Du weißt, dass es so ist, die Frauen glauben, dass es so ist, wollen es aber hören und zwar öfter als wir es wahrscheinlich selbst brauchen.

Ich korrigiere mich. Wir brauchen es genauso, haben nur den falschen Eindruck. Warum? Weil es die Frauen öfter tun und uns so die Defizite nicht auffallen, wie umgekehrt, da wir es nicht so häufig tun. Und „… ich Dich auch" zählt nicht. Das führt zu falschen Schlüssen. Und wieder einmal – genau beobachten!"

Ich erwiderte: „Du hast recht und außerdem ist einer der ersten klassischen Fehler, von sich auf andere zu schließen. Das sollten wir bei der Erarbeitung der Lösungen unbedingt berücksichtigen."

Andreas verließ unterdessen den Raum, um sich um unser leibliches Wohl zu kümmern und mit Christiane zu sprechen.

Als ich das Telefon in die Hand nahm, wusste ich, in welche Richtung sich unser Gespräch fortsetzen wird. Ich hatte es eben noch gesagt - liebevoll, respektvoll, man kann gleich authentisch nahtlos anfügen.

Das ist es, man muss es einfach nur tun, jetzt und sofort. Na das ist ja einfach, dachte ich vergnügt. Dann aber fielen mir meine eigenen Marotten, lieb gewonnene Laster, auch Gewohnheiten ein. Dazu addieren sich die noch nicht entdeckten Vorurteile.

Den Bruchteil einer Sekunde später dachte ich nun das Gegenteil:

„Mein Gott, ist das schwer."

Sandras liebe Stimme riss mich aus diesem Gedanken – Gott sei Dank.

Andreas holte mich aus dem Büro und sagte, dass wir in seiner Küche essen. Sie entpuppte sich mehr als Wohnküche. Seine komplette Familie war zugegen und es war eine gute Abwechslung, da wir uns über alles Mögliche unterhielten, nur eben nicht über Wirtschaft, Finanzen und Recht. Als wir so langsam gesättigt waren und es mittlerweile nach 20.00 Uhr war, legten er und Christiane ein paar Scheite in den Kamin.

Andreas holte eine Flasche Rotwein und sagte: „Gönnen wir uns einen Schluck, schauen in die Flammen und lassen wir uns auf ein paar Inspirationen ein, was man nun in dieser geschilderten Ausgangslage unternehmen könnte.

Die Flammen prasselten beruhigend, wärmend. Wir blickten abwechselnd in unsere Gläser und in die Flammen und es breitete sich eine behagliche Gemütlichkeit aus. Nach dem wir schweigend ein paar Minuten so einfach da saßen, fragte ich ruhig und gelassen Andreas: „So – nun schieß los, Du hast Dir sicher ein paar Gedanken gemacht, wie es weiter gehen könnte, oder besser, was Du zu tun gedenkst.

Andreas: „Ja, das habe ich. Aber damit möchte ich mich jetzt zurückhalten, aus 2 Gründen:

1. Wenn ich Dich jetzt damit konfrontiere, wirst Du es, mangels Alternative, da Du selbst noch nicht richtig darüber nachdenken konntest, leichter annehmen und ich schiebe Deine Gedanken automatisch in diese Richtung. Das wäre nicht gut.

Vielleicht hast Du unbelastet der Vorgeschichten durch das Gehörte eigene gute Ideen. Damit sind wir auch bei Punkt 2:

Eventuell drehen sich auch meine Gedanken hin und wieder um das Gleiche. Ich habe oft erlebt, dass jemand Außenstehendes daherkam, völlig unbeleckt sich eine Sache, von der er eigentlich keine Ahnung hatte, anschaute und spontan sagte: mach das doch mal so und so. Und siehe da, man tat es, er hatte Recht und man wundert sich, warum man auf das Nahe liegende nicht selbst gekommen ist. Man nennt das - im eigenen Saft schmoren. Also, was würdest Du tun?"

Ich fing also an, die Aktivitäten zu formulieren, die sich aus unserem Gespräch für mich nun ergeben: „Ich halte zunächst mein kleines und bescheidenes Vermögen ausschließlich in Dingen, die ich wiegen und messen kann. Ich bin zwar damit nicht viel besser als die Hochfinanz und ich habe im Vergleich zu denen sowieso nichts.

Es ist deren Geldsystem und leider immer noch unsere Akzeptanz und unser Nichtverstehen, was denen die Macht gab und immer noch gibt.

Ich fange in der Formulierung mit der Verneinung an. Die Umkehrung ist eigentlich sehr einfach, nur habe ich genau dafür mal eben keine Idee. Die Lösung in diesem Ansatz lautet:

Benutze deren Zahlungsmittel, also deren Geld nicht!

Weder kaufe und noch verkaufe ich deren Papiere und Finanzprodukte, gleich welcher Art und schon gar nicht die, deren Begrifflichkeit, Sinn und Wirkungsweise uns trotz mehrfachen Nachfragen von dem freundlichen Banker nicht zur Zufriedenheit beantwortet werden konnte.

Ich denke ab heute weniger in Geld und Prozente, sondern mehr in Lebensgrundlagen:

physische und seelische.

Eigentlich ist diese Konsequenz als Lösung aus dieser Abwärtsspirale ganz einfach und zugleich in der Durchführung unendlich schwer.

Schon mit der Formulierung kriege ich einen Schreck, denn mein Problem und nicht nur meines ist: Ich erkenne etwas als richtig und muss ein paar Minuten später dagegen verstoßen, denn wenn ich irgendwann von Dir aufbreche, ich glaube, ich nehme nach dem Wein ein Taxi, dann will der Fahrer mit Sicherheit Euro für seine Fahrt. Ob er will oder nicht, er muss sie sogar nehmen und verlangen, denn irgendwann muss er zur Tankstelle und hätte spätestens da ein Problem, denn der Tankwart als Absatzarm irgendeines Ölmultis will Euro."

Also muss ich mir nun permanent Gedanken machen, wie ich Euros verdiene, nur um meinen normalen Lebensunterhalt zu bestreiten.

Ich schwieg betroffen, denn je mehr ich darüber nachdachte, umso mehr wurde mir bewusst, dass fast mein gesamtes Leben auf Austauschprozessen basiert, deren Grundlage der Euro ist, unabhängig davon, ob ich ihn mag oder nicht.

Andreas brach das Schweigen und wiederholte fast wortgetreu meine Gedanken:

„Wenn Du lange und konsequent darüber nachdenkst, wirst Du feststellen, dass die Lösung wirklich so einfach ist. Bei Ausschluss der Negation lautet die Lösung:

Wir machen uns unser eigenes Geld. Wir brauchen eigene Zahlungs- und Austauschmittel. Die „Zentralbank“ samt Satzung und AGB´s sollte von der Gemeinschaft gewählt sein und ihr gehören. Gewinne sind ausschließlich im Dienste des Gemeinwohls und der Gemeinschaft einzusetzen. Das Zahlungsmittel muss zinsfrei sein. Vor allem sollte die Geldkreation, dezentral (regional) und jedem Menschen möglich sein.

Das ist die logische Konsequenz. Und noch etwas. Es wird keinen Messias geben, der kommt und der Menschheit dieses Geschenk in den Schoß legt. Dies müssen wir selbst tun. Denn diejenigen, denen alle Besitzkarten auf dem Monopolyspielfeld gehören, werden Sie nicht einfach so abgeben.

Man darf sie ihnen auch übrigens nicht versuchen, wegzunehmen, dass bedeutet Kampf und Krieg. Ich denke, dass man dies sogar beabsichtigt, zu provozieren, um aus dem Chaos die neue Weltordnung entstehen zu lassen. Dafür hätten wir richtig schlechte Karten.

Man wird dann versuchen, uns Monopoly unter einem anderen Namen mit anderen Straßen und anderem Geld zu verkaufen. Die Begrifflichkeiten ändern sich, das Spiel nicht. Es gilt das Spiel zusammenzuwerfen, weil es auch an sein mathematisches Ende kommt. Alle müssen auf Los, mit neuem Geld. Nur die Besitzkarten bleiben verteilt. Das ist doch eigentlich unsportlich und unfair, selbst unter Monopolybedingungen.

Wir könnten aber sagen: Monopoly ist ein tolles Spiel, ich habe die Regeln begriffen und das Spiel ist nichts für mich, mache ich also nicht mehr mit.

Denn wenn man nichts mehr hat, wo ist auf dem Spielfeld Monopoly dann der sicherste Platz?“ Andreas sah mich an.

Ich überlegte und sagte: „Auf dem Fragezeichen- oder Gemeinschaftsfeld.“

Andreas konterte: „Sicher? Du musst eine Karte ziehen, es könnte auch dabei sein:

Rücke vor bis Opernplatz oder Zahnarztrechnung.“

Ich überlegte weiter, eins blieb übrig und ich hörte mich sagen:

„Im Gefängnis, zumal man dann auch noch glücklicherweise aussetzen muss.“

Andreas: „Richtig! Aber glaubst Du, dass es unsere Bestimmung als Mensch ist? Wir brauchen für uns ein völlig neues Spiel mit neuen Regeln, für die Menschen die es wollen. Wir dürfen darüber auch nicht nur Pläne schmieden, wir müssen es einfach tun. Gleichzeitig entlastet dies auch das kaputte und kranke System. Für den Anfang können es Menschen ein bisschen hier und ein bisschen dort versuchen, um herauszubekommen, womit es ihnen besser geht.

Man kann auch bestimmte Teilbereiche ausprobieren etc., d.h. unser neues Spiel sollte modular aufgebaut sein. Prüfe dabei Deine Möglichkeiten in einem konkreten Umfeld! Wenn Du am Ende eines Jahres Bilanz ziehst, könnte ein persönlicher Gradmesser für Erfolg folgende Frage sein:

Wieviel mehr an Lebensfreude und materiellen Werten konnte ich für mich und meine Mitmenschen verbuchen, ohne den Weg über Dollar, Euro, Yen und Schweizer Franken gegangen zu sein?

Mit viel Geld kann es übrigens jeder. Das ist keine Kunst.

Je weniger Du nun Kreditgeld dafür benötigst, umso weniger musstest Du in deren Hamsterrad nach deren Regeln laufen, umso höher wird der Grad Deiner persönlichen Freiheit. Kreieren wir mit gleich gesinnten Menschen neue eigene Austauschsysteme und von mir aus eigenes Geld und zwar nach unseren Bedingungen!

Warum können souveräne Menschen nicht Ihre eigenen Leistungsversprechen gegenüber anderen Menschen abgeben und diese verbriefen?

Was anderes ist dieses Kreditgeld auch nicht, nur noch verbunden mit Zins und Zinseszins und damit Ausbeutung und leistungslose Aneignung fremder Arbeit und Werte, da deren Zentralbanken am Ende private Eigner haben.

Um Austausch von Werten, Leistungen und Leistungsversprechen geht es, in einer arbeitsteiligen Welt. Der Mittler ist Geld. Da ist per se nichts Schlechtes ´dran, wenn hinter jedem Leistungsversprechen dann auch eine konkrete Leistung steckt und nicht wie im alten System, Teile davon, leistungslos kassiert werden. Deswegen sollte sich der Vergleichsmaßstab an geleisteter Arbeit gleich Energieaufwand messbar z.B. in Kilowattstunden orientieren.

Das wäre doch einmal eine echte Währung!

Wann immer ich Ware gegen Ware tauschen kann, brauche ich kein Geld und sollte es auch nicht verwenden.

Geld und deren Nutzung war eine sehr sinnvolle Erfindung des Menschen.

Es erlaubte einen wahren Sprung in Richtung Produktivität u.a. durch Arbeitsteilung."

Ich sagte. „Andreas, das mit der Koppelung an Energie, bzw. an die Kilowattstunde ist sicher eine revolutionäre Idee."

„Habe ich auch einmal gedacht." entgegnete Andreas. Irgendwann kam ich von selbst auf die Idee, dass das zerstörerische Element im Geldsystem der Zins ist. Ich war wirklich so naiv, zu denken, dass es sich um eine revolutionäre Idee handelte und ich der Sache unbedingt nachgehen sollte. Das habe ich dann auch getan und habe nicht schlecht gestaunt, denn um als revolutionär auf dem Gebiet zu gelten, hätte ich Jahrhunderte früher aufwachen müssen.

Bei Muslimen gelten Zinsen als Geld ohne Leistung und damit als Wucher.

Hier sind beispielsweise ein paar Textstellen aus dem Koran:

„0 die ihr glaubt, verschlinget nicht Zins, der (die Schulden) übermäßig mehrt; und fürchtet Allah, auf dass ihr Erfolg habt." (3:131)

„... Dies, weil sie sagen: ‚Handel ist gleich Zinsnehmen', während Allah doch Handel erlaubt und Zinsnehmen untersagt hat." (2:276)

„0 die ihr glaubt, fürchtet Allah, und lasset den Rest des Zinses fahren, wenn ihr Gläubige seid. Tut ihr es aber nicht, dann erwartet Krieg von Allah ..." (2:279,280)

„Allah wird den Zins abschaffen und die Mildtätigkeit mehren." (2:277).

„Was immer ihr auf Zinsen verleiht, damit es sich vermehre mit dem Gut der Menschen, es vermehrt sich nicht vor Allah; doch was ihr an Zakât gebt -, ... sie sind es, die vielfache Mehrung empfangen werden." (30:40)

Deutliche Worte! Nach Bush junior sind das ja alles Terroristen und was soll man von denen schon anderes erwarten. So polarisiert man!

Also schauen wir in die Bibel, in Bush´s Bibel.

So lesen wir im 5. Buch Mose unter Gebote für das Leben des Volkes:

„Du sollst von deinem Bruder nicht Zinsen nehmen: weder Zinsen für Geld noch Zinsen für Getreide noch Zinsen für sonst etwas, wofür man Zinsen nimmt. (21)

... von deinem Bruder darfst du keine Zinsen nehmen, damit der Herr, dein Gott, dich segnet in allem, was deine Hände schaffen, in dem Lande, in das du hineinziehst, um es zu bestellen... !!!

Der Prophet Ezechiel (Hesekiel) äußerte sich zu den Zinsen ganz drakonisch:

„Wer auf Zins leiht und Zuschlag nimmt, sollte der am Leben bleiben? – Er wird nicht am Leben bleiben!... Er muß sterben! Sein Blut komme über ihn!“ (18,13) (5).

In der berühmten Bergpredigt sagte Jesus nach Lukas (6,35):

„...vielmehr liebet eure Feinde und tut Gutes und leihet, ohne etwas zurückzuerwarten. Dann wird euer Lohn groß sein und ihr werdet Söhne des Höchsten sein... „

Das es keine Zinsen geben darf, wird hier sogar stillschweigend vorausgesetzt.

Auch Aristoteles hatte zum Thema Zinsen etwas zu sagen:

„So ist der Wucher hassenswert, weil er aus dem Geld selbst den Erwerb zieht und nicht aus dem, wofür das Geld da ist. Denn das Geld ist um des Tausches willen erfunden worden, durch den Zins vermehrt es sich dagegen durch sich selbst. (...) Durch den Zins (Tokos) entsteht Geld aus Geld. Diese Art des Gelderwerbs ist also am meisten gegen die Natur“ (Politik, 1. Buch, 1258 b).

Was ist nur aus den Grundsätzen aller Religionen geworden? Wenn sich z.B. ein paar Reiche heute in der Kirche treffen, dann sprechen die zum Schluss auch das Vaterunser, wie Du es kennst, denken tun die wahrscheinlich dieses:

Kapital unser, das du bist auf Erden amortisiert werde deine Investition.

Dein Profit komme Deine Kurse steigen, wie an der Wallstreet, so auch in Europa.

Unseren täglichen Umsatz gib uns heute. Und verlängere unsere Kredite, wie auch wir sie stunden unseren Schuldnern.

Und führe uns nicht in Konkurs, sondern erlöse uns von den Gewerkschaften, denn Dein ist das Geld, die Gier, der Geiz, die Macht und der Reichtum in Ewigkeit Mammon.

„Sehr treffend diese Analogie, aber irgendwie bedrohlich." sagte ich, trotzdem schmunzelnd.

„Darum nehmen wir aus diesem Gebet die Ewigkeit und ersetzen es mit: ... bis heute und ab morgen nicht mehr. Das Kreditgeld gab es auch nicht immer, also ewig. Das Zinsverbot wurde auch im Frühmittelalter erfolgreich gelebt, erreichte dadurch seine höchste Blüte. Hier wurden auch die Grundlagen zu den prächtigsten Kathedralen gelegt. Wodurch war das möglich?

In Zeiten der Wirtschaftskrise hatte man mit zinsfreiem Regionalgeld Versuche aus der Not geboren. Zum Beispiel in Österreich (Wörgl) und auch an anderen Orten war das real sehr erfolgreich. Das Ganze nennt sich Freiwirtschaft und der hervorstechende Vertreter heiß Silvio Gsell, der Anfang unseres Jahrhunderts lebte. Das Internet und viele Bücher sind mit Beispielen voll davon. Es entstanden viele Regionalwährungen.

Die Versuche waren so erfolgreich, das Sie von der Hochfinanz unterbunden werden mussten, bevor ein regelrechtes neues System entstehen konnte und es Allgemeingut wurde. Deswegen wenden wir uns jetzt dem zweiten revolutionären Themenkomplex zu, den ich für fast noch wichtiger halte. Es ist die Art und Weise der Geldschöpfung und was sie bedeutet. Wenn ich sage, eine Währungseinheit könnte Kilowattstunde heißen, steckt doch als Idee nichts weiter dahinter, als Geld und die Geldemission an den Wert geleisteter Arbeit zu binden. Wenn diese Geldschöpfung dann noch dem Gemeinwohl unterstellt oder jedem Individuum (Wechsel) direkt ermöglicht wird und zinsfrei ist, wäre schon fast alles perfekt. Das haben auch schon andere festgestellt.

Es ist in Deutschland momentan noch sehr empfehlenswert auf alliierte Quellen in dieser Geschichte zurückzugreifen.

Denn diejenigen, die das auf moderne Weise entdeckt hatten, waren Deutsche. Diejenigen, die das in einem offenen Feldversuch intuitiv probiert hatten, waren auch Deutsche, von denen man heute lieber alles tilgen würde. Vielleicht sogar aus diesem einen Grunde, dass das nicht bekannt wird.

Der englische Geschichtsforscher P.H. Nicoll wusste in seinem Buch „Englands Krieg gegen Deutschland" S. 89 folgendes zu berichten:

„Der nordamerikanische Finanzexperte Harry Dexter White, seinerzeit Assistent im US-Schatzamt, äußerte kurz vor Kriegsausbruch 1939

zu einem prominenten Mitarbeiter in Washington: „Das nationalsozialistische Deutschland sei zweifellos das wohlhabendste Land der Welt.““

Nanu – da staunt der Fachmann und der Laie wundert sich. Wie ging das denn, gab es da nicht noch vor 6 Jahren eine verheerende Wirtschaftskrise mit fast 7 Mio. Arbeitslosen, Hunger, Elend und Perspektivlosigkeit?

Dann dieses Land - mehr als 200 Menschen auf den Quadratkilometer, mehr Sand als Acker und darunter außer ein bisschen Kohle nicht einmal Bodenschätze. Mit mehreren Fruchtfolgen im Jahr war unter den klimatischen Bedingungen auch nicht zu rechnen. Um es kurz zu machen: die bis dato wirtschaftlichen, historischen, geografischen und klimatischen Voraussetzungen lassen diese beobachtete Tatsache nun wirklich nicht zu.“

Jetzt war ich aber gespannt und mir entschlüpfte. „Na ja, wahrscheinlich durch die gigantische Aufrüstung?“

Andreas: „Habe ich auch einmal gedacht oder besser, damit habe ich mich auch einmal abspeisen lassen. Meine Nachforschungen haben ergeben, dass das Argument nicht nur sachlich falsch, sondern zudem völlig unlogisch ist. Kein Mensch ist und fühlt sich wohlhabender, wenn er an seinen Weihnachtsbaum statt Kugeln und Kerzen Handgranaten hängt. Egal aus welchem Grunde die da nun hängen, es sieht nicht nur leidvoll aus, es hat eventuell sogar die Ressourcen zur Herstellung der Weihnachtskugeln verzehrt. Und diese wollten die Menschen eigentlich haben, denn darüber definieren sie ihren materiellen Wohlstand, ihre Lebensfreude, ihren Glauben und eben nicht über die Menge der Handgranaten. All die Energie die durch Rüstung abgezogen wurde, muss eine Volkswirtschaft also zusätzlich schultern. Wenn dem, wie Du sagst, so wäre, was es nicht war, dann wäre das Ergebnis in der Aussage des amerikanischen Finanzexperten umso erstaunlicher.

Aber lassen wir doch in dieser Frage lieber unsere alten Gegner und heutigen Freunde sprechen.

So lieferte der Amerikaner Gregory Douglas, Autor des Buches, „Geheimakte Gestapo Müller“, Band 2 auf Seite 156 auch gleich einen Teil der Gründe dafür:

„Der Haß, der durch die amerikanische und britische Propagandamaschine vor dem Ausbruch des Zweiten Weltkrieges gegen Hitler geschürt wur-

de, hatte seine Ursache in der erfolgreichen Wirtschaftspolitik von Hitler. Er hatte nichts zu tun mit seinem persönlichen Haß auf die Juden oder der von ihm ausgehenden vermeintlichen Gefahr für die Demokratien Zentraleuropas. Nach dem Ersten Weltkrieg stand Deutschland ohne Kolonien und Goldreserven da. Es mußte daher in den Vereinigten Staaten und England umfangreiche, hochzinsige Anleihen aufnehmen, um überhaupt die notwendigen Importe zahlen zu können. Nach der Machtergreifung zahlte Hitler die Anleihen zurueck und fuehrte dafür ein System multilateraler Tauschgeschäfte ein. So bekam zum Beispiel Deutschland für seine Lokomotiven Rindfleisch und Getreide aus Argentinien. Zuvor hatten beide Länder bei den großen internationalen Banken Anleihen mit hohen Zinssätzen aufnehmen müssen, um die jeweiligen Importe zahlen zu können.

Das Tauschsystem stellte daher für die internationalen Banken eine ungeheure Bedrohung dar. Kein Wunder, daß sich die großen Banken bei ihren jeweiligen Regierungen laut und deutlich beschwerten und ein Eingreifen verlangten. Zahlreiche Wissenschaftler bezeichnen den darauf folgenden Boykott deutscher Erzeugnisse durch die Vereinigten Staaten und England als Wirtschaftkrieg!"

Das Todesurteil des Dritten Reiches war also nicht der Antisemitismus, der in den meisten anderen Staaten noch viel stärkerer ausgeprägt war, sondern die Umsetzung des Parteiprogramms der NSDAP. Vor allem Punkt 11: „Wir fordern die Abschaffung des arbeits- und mühelosen Einkommens und die Abschaffung der Zinsknechtschaft..."

Ein anderes zeitgeschichtliches interessantes Dokument, das wie kaum ein anderes wirtschaftspolitische Hintergründe dieser Zeit erhellt, ist ein Protokoll eines Verhörs des Trotzkisten Kristjan Jurjewitsch Rakowskij, vormals Botschafter der UdSSR in Frankreich durch einen Beamten der stalinistischen Geheimpolizei GPU. Zusammengefasst in dem Buch: Josef Landowsky, „Rakowskij Protokoll" - über die Vernehmung des Sowjetbotschafters und Hochgradfreimaurers Kristian Jurjewitsch Rakowskij durch den Beamten der GPU Gabriel G. Kuzmin am 26. Januar 1938 in Moskau.

Als Schlüsselstellen für unsere Betrachtungen möchte ich nur eine entscheidende Passage herausgreifen.

Zwischen dem verhörenden Beamten der GPU, Gabriel G. Kuzmin und dem in Ungnade gefallenen ehemahligen Botschafter der Sowjetunion Kristian Jurjewitsch Rakowskij entspann sich ein Zwiegespräch, in dessen Verlauf Rakowskij, immerhin 1 ½ Jahre vor Ausbruch des 2. Weltkrieges mögliche Gründe darlegte, weshalb die Hochfinanz das Dritte Reich vernichten werde, wahrscheinlich den Fahrplan dafür selbst gelegt hatte.

Andreas legte mir einen Text vor, den ich nun laut zu lesen begann:

„Rakowskij: „Einer (der Gründe) ist, daß Hitler, dieser ungebildete Elementarmensch, aus natürlicher Intuition und sogar gegen die technische Opposition von Schacht (Hochgradfreimaurer), ein höchst gefährliches Wirtschaftssystem geschaffen hat. Als Analphabet in jeder Wirtschaftstheorie, nur der Notwendigkeit gehorchend, hat er die internationale wie die private Finanz ausgeschaltet. Das heißt, er hat sich selbst wieder das Privileg Geld zu machen, angeeignet, und zwar nicht nur physisches Geld, sondern auch Finanzgeld. Er hat die intakte Maschine für die Falschgeldherstellung an sich genommen und läßt sie nun für den Staat laufen! Er hat uns überholt, denn wir haben dies in Rußland unterdrückt und lediglich durch einen groben Apparat, genannt Staatskapitalismus, ersetzt. Das war ein sehr teurer Sieg für die notwendige vorrevolutionäre Demagogie. Das sind die beiden Wirklichkeiten, wenn man sie vergleicht. Das Schicksal hat Hitler sogar begünstigt; er besaß fast kein Gold und so konnte er gar nicht in Versuchung geraten, es zu seiner Währungsgrundlage zu machen. Da er als einzige Sicherheit für sein Geld über die technische Begabung und die machtvolle Arbeitskraft der Deutschen verfügte, wurden Technik und Arbeit sein Goldschatz! Etwas so wesenhaft Gegenrevolutionäres, daß es, wie Sie wissen, radikal, wie durch Zauberkunst jene Arbeitslosigkeit von mehr als sieben Millionen Arbeitern beseitigte“.

Kuzmin: „Durch die beschleunigte Aufrüstung.?“

Rakowskij „Ach keine Spur! Wenn Hitler dazu gekommen ist, im Gegensatz zu allen bürgerlichen Wirtschaftlern, die ihn umgaben, könnte er sehr wohl fähig sein, ohne Kriegsgefahr sein System auf die Friedensproduktion anzuwenden. Können Sie sich ausmalen, was dieses System bedeuten würde, wenn es eine Anzahl Völker ansteckt, die einen wirtschaftlich autarken Kreis bilden? Etwa beispielsweise das Britische Commonwealth! Stellen Sie sich vor, es funktioniert in seiner contrarevolutionären Art. Die Gefahr ist nicht drohend, noch nicht, denn wir haben das Glück gehabt, daß Hitler sein System nicht auf eine ihm vorausgegangene Theorie aufgebaut hat, sondern ganz empirisch, in keiner Weise wissenschaftlich formuliert. Das heißt, daß es keinen rational-deduktiven Prozeß durchlaufen hat. Es gibt darüber keine wissenschaftliche These, man hat auch keine Lehre davon formuliert! Aber die Gefahr ist latent, jeden Augenblick kann auf dem Wege der Induktion sich eine Formel ergeben. Das ist sehr ernst, ernster als alles Theater und die Grausamkeiten beim Nationalsozialismus! Unsere Propaganda greift das nicht auf - denn aus der polemisierenden Kontroverse könnte die Formulierung und Systematisierung der Gegenrevolution Wirtschaftslehre erwachsen! – Da gibt es nur eine einzige Rettung: den Krieg!"

Rakowskij weiter: „Hier ist der Fahrplan: Abkommen mit Hitler, um die Tschechoslowakei oder Polen zu teilen. Am besten dieses. Wenn er in seinem Eroberungsspiel des Bluffs fähig ist, etwas zusammen mit der Sowjetunion zu unternehmen, wird er (Hitler) das für die untrügliche Garantie halten, daß die Demokratien verhandeln werden... Die Demokratien werden Hitler und nicht Stalin angreifen!"

Als ich mit dem Lesen am Ende war, sagte Andreas:

„Das mit dem ungebildeten Elementarmenschen ist ein Eindruck Rakowskijs und die gesamte Wortwahl lässt wirklich nicht zu, dass dieser Mensch ein Freund der Nazies oder Hitlers war. Der bis zum Kriege Direktor des britischen Ministeriums für Informationen und nach 1945 Direktor von Reuters, Viscount Rothermere, mit Sicherheit auch kein Freund der Nazis, äußerte sich zur Person Hitlers wie folgt:

„Er (Hitler) besitzt höchste Intelligenz. Ich kenne nur zwei Männer, die ich dahingehend vergleichen könnte - Lord Northcliffe und Lloyd George. Wenn jemand Hitler eine Frage stellt, kommt sofort eine brillante und klare Antwort zurück. Es gibt keine lebende Person auf der Welt, deren Versprechungen ich im Zusammenhang mit wichtigen Dingen eher glauben würde, als dem Wort von Adolf Hitler."

Das sagt derjenige der für die britische Presse einer der Hauptverantwortlichen in Sachen Propaganda gegen Deutschland war. Findest Du nicht auch, dass hier irgendetwas nicht passt? Allein diese Aussagen sind für sich genommen mit unserem Geschichtsbild über diese Zeit nicht kompatibel."

Ich schwieg. Ich erinnerte mich an das, was ich im Flugzeug auf dem Rückweg nach Deutschland dachte, an die anderen Zitate, an Eva Hermanns Äußerungen und die Reaktionen. Ich verstand langsam immer mehr.

Ich wusste, es gibt einen Zusammenhang und der hat auch etwas mit der völkerrechtlichen Situation zu tun und darum, warum wir immer noch keinen Friedensvertrag haben.

Es wurde und es wird alles versucht, die Menschen über negative Emotionen rational davon abzuhalten, sich vorurteilsfrei mit der eigenen Geschichte insbesondere der von 1933 – 45 auseinander zu setzen.

Ich dachte an den weiteren Geschichtsverlauf, wie er selbst mir bekannt war. Präziser konnte man nicht orakeln, wie in diesem Verhör.

Ich war zutiefst erschrocken und mir war etwas mulmig zumute.

Ich befragte dazu Andreas. „Ich glaube, wenn ich das in meinem Protokoll veröffentliche, auch das, was Du hier auf den Tisch gelegt hast, wird man uns in die rechte Ecke stellen."

Andreas: „Ja, das wird man wohl. Ist das Dein Problem? Es ist das Problem von wissensresistenten Menschen, von Vogel-Strauß-Menschen, von Polarisierten, von „ach zerstöre mir nicht mein Weltbild" - Menschen, von Angsthasen! Die passen ohnehin nicht in unser Umfeld. Was willst Du mit solchen Menschen anfangen? Jeder Mensch hat seinen freien Willen. Wenn ein Mensch mit seinem Kopf unbedingt unter die Tischplatte möchte, dann solltest Du das respektieren.

Glaube bitte nicht, dass Du mit deinen Protokollen irgendjemanden missionieren kannst. Du darfst es sogar nicht. Du kannst auch nicht allen alles recht machen. Everybodys darling is everybodys depp, sagen die Briten.

Dem Demokraten in Dir möchte ich mit Friedrich Schiller aus seinem unvollendeten Demetrius ein paar Zeilen zum Nachdenken geben:

„Mehrheit? Was ist Mehrheit?
Mehrheit ist Unsinn!
Verstand ist stets bei wen´gen nur gewesen.
Bekümmert sich ums Ganze, wer nichts hat?
Hat der Bettler eine Wahl?
Er muß dem Mächtigen, der ihn bezahlt,
für Brot und Stiefel seine Stimm´verkaufen.
Man soll die Stimmen wägen und nicht zählen.
Der Staat muß untergehen, früh oder spät,
wo Mehrheit siegt und Unverstand entscheidet."

Dein Protokoll spricht nur Menschen an, die in einer ähnlichen Schwingung leben. Das reicht völlig. Keine Werbung, oktroyiere es niemanden, dann finden die Gedanken von allein ihre Bestimmung. Sie sollen diejenigen erreichen, die sie aufnehmen, die sie selbständig und vorurteilsfrei überprüfen und dann etwas tun.

Erinnere Dich an heute Nachmittag. Es geht nicht um rechts oder links. Es geht maximal um wahr oder unwahr. Selbst hier muss man wieder genau aufpassen, dass man nicht in ein „entweder oder" Schema verfällt. Glaube mir, man fährt besser mit „sowohl als auch."""

Jesus sagte das so: „Richtet nicht, auf dass ihr nicht gerichtet werdet"

So einfach ist das und so schwer.

Das gibt übrigens jedem und jeder Meinung Raum. Das Kriterium für den Wahrheitsgehalt eine Theorie, eine Annahme, eine Aussage etc. ist die Praxis. In der Medizin würde man sagen, wer heilt hat Recht. Ich mache das mit Dir hier mit Absicht. Sind es doch alles Aussagen unserer ehemaligen Gegner, die so überhaupt nicht in das uns verordnete offizielle Geschichtsbild passen. Wenn es Dich interessiert, forschst Du weiter, wenn nicht, auch gut. Dann war es in dem Moment für Dein Leben nicht relevant.

Für meines war es das schon.

Denn wenn Du Gegenentwürfe zur gegenwärtigen Wirtschaftspolitik studieren willst, kannst Du sie u.a. hier finden, erst einmal unabhängig jeglicher Bewertung.

Genau deswegen solltest Du ja dort nicht suchen.

Die Leute entgegnen mir oft: „Wir haben es heute mit der Globalisierung zu tun. Da kann man ja sowieso nichts machen."

Warum kommt resignierend oft diese Äußerung? Ich habe auf Vorträgen nachgefragt. Was sind unabhängig von der Bewertung nur die möglichen Gegenbegriffe zur Globalisierung und Multikultur?

Außer große Augen kam da oft sehr wenig. Der Gegenbegriff zur Multikultur war dann bei einigen schon Fremdenfeindlichkeit. Wenn die Begrifflichkeiten und Ihre Bedeutungen nicht klar sind, dann kannst du niemals Alternativen denken. Ich kann mir vorstellen, Du kennst jetzt die Gegenbegriffe zur Globalisierung.

Ich antwortete, nach einem halben Tag mit Dir, sollte das jetzt nicht schwer fallen: Regionalwirtschaft, Nationalstaatlichkeit und Protektionismus." Etwas zögerlich fragte ich zurück:

Meinst Du etwa, die nationalsozialistische Wirtschaftspolitik ging in diese Richtung?" Andreas: „Wenn ich nun sage: Es ist verboten, in diese Richtung zu forschen. Was wirst Du tun?"

Ich antwortete nicht. Darauf Andreas: „Richtig! So funktioniert es nicht, weil gerade Verbotenes reizt. Du musst es selbst nicht wollen! Alles klar!

Wie man das macht, haben wir Nachkriegsdeutsche am eigenen Leibe erfahren, ohne es bisher richtig zu merken und zwar in Ost und West. Du spürst es gerade selbst. Du hast ein mulmiges Gefühl. Das reicht."

Ich schaute etwas betreten drein.

Andreas entspannte die Atmosphäre indem er sagte:

„So - jetzt gehe ich erst einmal in den Keller und hole eine neue Flasche Wein. War der Rioja gut? Ist mein Lieblingswein." Ich bejahte seine Frage und legte in seiner Abwesendheit ein paar Scheite Holz in den Kamin und bemerkte dabei, dass es auf Mitternacht zuging.

Nachdem Andreas die Flasche geöffnet hatte, ließ er sich auch noch Zeit fürs Dekantieren. Als ob wir gerade nichts Besseres zu tun hätten.

Er bemerkte meinen missbilligenden und vorwurfsvollen Blick und fragte:

„Findest Du das jetzt dekadent?"

Ein wenig verunsichert sagte ich: „Etwas schon. Für mein Gefühl passt das nicht."

Andreas: „Warum? Das Leben findet immer im hier und jetzt statt. Das einzige, was zählt, ist jetzt. Das haben die Manipulateure unserer Sinne auch gut hinbekommen. Entweder - wir sind in der Vergangenheit, da sieht man die Dinge verklärt, weil ja eh alles besser war oder man produziert Schuldgefühle aus vergangenen Handlungen. Auf der anderen Seite richtet man unseren Fokus auf die Zukunft. Hier suggeriert man uns, dass dort sowieso alles unbestimmt, unsicher und ungewiss ist. Das produziert Unbehagen und Angst. Kaum sind die Osterhasen aus den Schaufenstern verschwunden, weil nämlich Ostern ist, kann ich mich nicht mehr auf Ostern konzentrieren, weil mich die Weihnachtsmänner in den Auslagen erinnern, mich auf Weihnachten vorzubereiten. Bloß – keine Ruhe, bloß keine innere Einkehr, immer wieder Ablenkung durch äußere Reize und immer schneller drehen wir uns im eigenen Hamsterrad.

Trauer und/oder Schuldgefühle aus der Vergangenheit gepaart mit Zukunftsängsten und dem Gefühl, keine Zeit zu haben oder etwas zu verpassen, sind natürlich beste Voraussetzungen, um in der Gegenwart klarzukommen und um den Moment richtig zu genießen. Stimmt's?"

Da war es wieder – seine Ironie und Sarkasmus!

Andreas sinnierte: „Wie oft stand ich auf einem wunderschönen Flecken Erde, den ich schon immer gern besuchen wollte. Und was tat ich da. Ich studierte die Karte, wo man den noch so hinfahren könnte. Idiotisch! Entschleunigen und den Augenblick genießen, ich muss das immer noch trainieren! Das Dekantieren ist so eine Krücke. So nebenbei wird der Wein wirklich besser. Er atmet. Auch er braucht Luft und Raum.

Jetzt trinken wir in aller Ruhe unseren Wein und damit wir das zelebrieren, lassen wir uns so richtig Zeit, um diesen Moment zu genießen. So gleiten wir stiel- und genussvoll in den neuen Tag. Bist Du schon müde?"

„Nein" kam sofort zurück von mir.

Ich ließ das also zu. Und siehe da, ich kam zu mir, das hieß, weniger äußere Reize, bessere innere Wahrnehmung. Der Wein, obwohl äußerer Anreiz, tat sein Übriges.

„So" scherzte nach ein paar Minuten Andreas. „Gruseln wir uns ein wenig, denn es ist bald Halloween.

Kommen wir zurück zu unser aller jetzigen Situation – Gegenwart.

Es geht um Erkennen, Erfühlen, Planen und schließlich um Tun und Handeln!

Wenn Du Dir nun Deine Einbindung in ganz normale Alltagsabläufe anschaut, dann scheinen Wege in Richtung Autarkie in der Umsetzung fast schon unmöglich.

Hier erkennst Du den Grad Deiner momentanen Abhängigkeit vom System.

Als ich mir so nach und nach selbst darüber klar wurde, bin ich fast in Panik verfallen, da ich als Städter eine fast völlige Abhängigkeit auf allen Gebieten sah. So gut wie keinen Tag würde ich ohne Euros auskommen. Ergo bin ich auch den größten Teil des Tages damit beschäftigt, welche zu verdienen. Ein Teufelskreis.

Eine Lösung in Richtung völlige Askese und „Gürtel enger schnallen" erschien mir weder für mich privat noch für die Gesellschaft als

Lösung. Meine Familie hätte mich sicher auch mit großen Augen angeschaut und gefragt, ob es da nicht einen anderen Weg gäbe.

Warum soll man denn auch nicht materiell erfolgreich sein? Ich habe keine Lust zu darben. Warum soll ich einen schlechten Wein trinken?

Da sich viele Menschen über ihren materiellen Erfolg definieren, ist es sogar wichtig, am eigenen Beispiel zu beweisen, dass sich Gemeinwohl, Solidarität und privater Wohlstand nicht ausschließen. Im Gegenteil!

Die Natur ist Fülle, ist Freude, ist Überschwänglichkeit und Reichtum in jeder Beziehung.

Jesus soll zu seinen Jüngern einmal gesagt haben:

„Sehet die Vögel des Himmels an. Sie säen nicht und ernten nicht und sammeln nicht in Scheunen. Und eurer himmlischer Vater ernährt Sie doch. Seid ihr nicht viel mehr Wert als sie. Betrachtet die Lilien des Feldes, wie sie wachsen. Sie arbeiten nicht und spinnen nicht. Ich sage Euch aber, dass auch Salomo in all seiner Pracht nicht gekleidet war, wie einer von diesen.“

Hier sehen wir eine interessante Aussage. Denn wenn sie wahr ist, dann ist in unserer Entwicklung als Menschheit nicht nur beim Thema Geld einiges in die falsche Richtung gelaufen, besser gelaufen worden. Dass dem so ist, kann man an der Natur beobachten.

Warum müssen wir uns als angebliche „Krone der Schöpfung“ permanent abmühen, obwohl wir doch im Gegensatz zur Tierwelt, in der Lage sind, universelle Prinzipien und Gesetze zu erkennen und zu formulieren? Was Jesus beschreibt und ohne weiteres auf uns als Teil der Natur übertragbar wäre, ist eigentlich das höchste ökonomische Prinzip.

Wenn wir dieses für uns momentan nicht reklamieren können, bleiben nur 2 Schlüsse übrig:

Wir haben die richtigen universellen Prinzipien noch nicht erkannt oder wenden sie nicht richtig an.

Irgendjemand streicht permanent die Früchte unserer Arbeit ein.

Ich denke beides ist der Fall.

Das System ist sicher strategisch clever eingefädelt worden, aber es ist nicht klug und schon gar nicht ethisch und entspricht mit Sicherheit nicht dem universellem Auftrag des Menschen oder dem Sinn des Lebens im Allgemeinen.

Es ist gegen die Natur, gegen universelle Gesetze und gegen jedes Naturrecht der Völker und wird folglich keinen Bestand haben, egal, was noch alles passiert.

Wahrheit und Vernunft werden gewinnen. Im Gegensatz zu allen Unkenrufen sage ich: „Der Mensch ist edel, hilfreich und gut. Er muss sich nur wieder daran erinnern."

Lass uns also die wichtigsten Punkte herausarbeiten.

Man kann immer irgendwo beginnen.

Was wären den für Dich, aus Deinem ersten Empfinden heraus, die wichtigsten Punkte, mit denen man beginnen sollte?"

Ich antwortete nach einer kurzen Pause:

„Mit Erschrecken ist mir gerade mit dem Jesuszitat bewusst geworden, dass wir mehr ein Produktivitätsproblem als ein Verteilungsproblem haben müssen. Wenn viele Menschen täglich Löcher schaufeln, die Sie jeweils am nächsten Tag wieder zuschaufeln, ist zwar eine Menge Arbeit verrichtet worden, wir sind aber kein Stück weiter. Noch dazu hat sich um die Schaufler ein erheblicher Wasserkopf aufgebaut, nämlich die Berufsgruppen, die Du eingangs vom physisch ökonomischen Standpunkt schon als fast nutzlos bezeichnet hast, die versuchen, den dort erzeugten Kuchen, der nicht einmal ein Keks ist, zu ihrem Gunsten umzuverteilen, bewusst oder unbewusst ist im Ergebnis unrelevant.

Die neuralgischen Punkte sind meiner Meinung nach eine eigene autarke Energie- und Lebensmittelversorgung und zwar deswegen, weil ich als energetisches Wesen, gerade dieses täglich selbst brauche. Hier sollten wir Ansetzen."

Darauf Andreas: „So sehe ich das auch und deswegen haben meine Partner und ich diese Stiftung ins Leben gerufen, ganz bewusst der Autarkie und dem ganzheitlichen Leben gewidmet. Wir sollten zudem Antworten zur Gesundheit von einem ganzheitlichen Standpunkt aus formulieren und unseren Willen der sich daraus ergibt, in eigenen Bedingungen für Gesundheitsfonds formulieren.

Denn das gegenwärtige Krankensystem, von Gesundheit kann man hier nicht sprechen, liegt auch in den letzten Zügen und steuert auf jeden Fall in eine Sackgasse, gleich dem Finanzsystem. Wir können es nun wieder in dem Maße einsetzen, wie es uns dient und nicht als Mittel andere über diesen Umweg auszubeuten oder zu übervorteilen.

Dafür ist die gemachte Erfahrung mit diesem System sogar von Vorteil. Aus dieser Beobachtung heraus gehört aus meiner Sicht eine zentrale „Geldversorgung" genauso abgeschafft, wie eine zentrale Energieversorgung.

Genau diese Entscheidung müssen diejenigen, die das wollen, ganz bewusst für sich treffen, die wird Ihnen auch keiner abnehmen. Auch hier gilt, wie immer und überall - Eigenverantwortung. Aus dieser Sicht der Dinge, versuche ich auch mit Hilfe dieser Stiftung Projekte im Bereich Neue Energie und Lebensmittelversorgung anzuschieben.

Ziel: höhere Autarkie aller Beteiligten von diesem Finanzsystem.

Es gibt verschiedenen Möglichkeiten. Ich beobachte momentan in Deutschland das entstehen verschiedener Regionalwährungen und Tauschringe. Dort finde ich viele gute Ansätze. Viele sind sehr löblich, aber ich komme mit ihnen über das tauschen von Äpfel und Birnen nicht hinaus. Was ich brauche, ist eine sagen wir produktive Kreditschöpfung. Ich brauche schon so etwas, wie Finanzkapital, um größere Investitionen oder Infrastrukturprojekte zu stemmen. Einen aus meiner Sicht sinnvollen Weg geht Peter aus Wittenberg.

Er hat über eine gemeinnützige Kooperationskasse eigenes Geld kreiert und ist dabei, über Kooperationen, die gesamte Wertschöpfungskette vom Bauer mit dem Korn bis zum Bäcker mit den Brötchen in einen geschlossenen Kreislauf einer autarken Versorgung zu bringen. Das finde ich sehr gut. Ich gebe Dir für Dein Protokoll die Internetadressen. (www.engelgeld.de www.kooperationskasse,de www.der-gesundheitsfonds.de)

Wir setzen innerhalb unserer Stiftung auf einen anderen Weg, der aber das identische Ziel hat. Viele Wege führen nach Rom und wir sollten auch mehrere versuchen.

Denn auf diese Weise Netzwerke entstehen zu lassen, kennt keine umfassende historische Referenz. Mit diesem System überlegenen Produkten und Verfahren auf den Gebieten Energiegewinnung, Lebensmittelversorgung und neue Verfahren und Anwendungen auf dem Gebiet der Gesundheitsvorsorge und Heilung kann man mit anderen Menschen, die das auch möchten, in Austauschbeziehungen treten und zwar nicht gegen Euro etc. sondern Zahlungsmittel, die wir auch selbst herausgeben werden, dass Zins- und Zinseszinsfrei ist. Dabei müssen wir vom Prinzip gar nicht so viel anders machen, als die gegenwärtigen Zentralbanken, nur die Intention ist eine andere. Wir werden das Stiftungskasse nennen, nur gehört die Stiftung automatisch sich selbst und ist dem Gemeinwohl verpflichtet.

Hier können und sollen sogar richtige Gewinne gemacht werden.

Sie müssen nur durch echte Werte physisch gedeckt sein. Die Gewinne werden dann für die gemeinnützigen Projekte im Sinne der Stifter, im großen Maßstab wären das Infrastruktur, Schulen, Kindergärten etc. verwendet. Wenn man das richtig gut macht, braucht ein solches Gemeinwesen keine Steuern, maximal eine Mehrwertsteuer. Das ist letztlich eine Frage, wie viel und was alles über das Gemeinwesen finanziert werden soll und welche Aufgaben man insgesamt einem Gemeinwesen im Dienste aller zuordnet.

Überlege Dir, wie viel echte Produktivität allein dadurch entsteht, dass alle diese von mir heute Nachmittag aufgezählten nutzlosen Berufsgruppen wieder einer sinnvollen Beschäftigung zugeführt werden könnten, denn die braucht man ja eigentlich nicht.

Wollen das diejenigen, die dort arbeiten?

Die Potentiale wären traumhaft. Ideen gibt es viele, von vielen Mensche, die ich kenne, von mir. Das würde jetzt zu weit führen. Sei in Deinen Visionen selbst kreativ!

Oft heißt es: Tolle Idee, fange doch bitte schon einmal an.

Ich schaue aus sicherem Abstand schon einmal zu.

Diese Reaktion ist nicht nur menschlich, sondern verständlich, wenn man mit Neuem, Unbekanntem und Außergewöhnlichem konfrontiert wird.

Man kann nicht missionieren. Deswegen fange ich also zuerst bei mir an, denn ich bin der erste, den ich habe. Dann tue ich genau das, was ich sage. Mit meinem Handeln erziele ich Resultate. Keine guten, keine schlechten – Resultate eben, keine Wertungen. Wenn meine Handlungen liebevoll und respektvoll den Interessen anderer gegenüber umgesetzt werden, kann ich per se keinen Fehler machen. Die Ergebnisse gleiche ich ab, mit meinem gegenwärtigem Zustand und meinem gewünschtem Zustand. Dementsprechend werden die Aufgaben, Pläne und Taten angepasst.

Fahre ich damit besser. O.K., dann macht der eine oder andere mit.

Es müssen sich Menschen finden, die das umsetzen. Da ist immer die Frage:

Will ich das?

Das geht aus meiner Sicht nur über die Region.

Eine fernöstliche Weisheit besagt:

Wenn Du das Land in Ordnung bringen willst, musst Du die Provinzen in Ordnung bringen. Wenn Du die Provinzen in Ordnung bringen willst, musst Du die Städte in Ordnung bringen. Wenn Du die Städte in Ordnung bringen willst, musst Du die Familien in Ordnung bringen. Wenn Du die Familie in Ordnung bringen willst, musst Du Deine eigene Familie in Ordnung bringen. Wenn Du Deine eigene Familie in Ordnung bringen willst, musst Du Dich in Ordnung bringen."

Ich sagte darauf: „Es ist in der Tat die radikale Formulierung des regional-wirtschaflichen Gedankens und ein einfach formulierter Gegenentwurf zur Globalisierung."

Darauf Andreas: Und weil das so ist, wird die EU niemals funktionieren, da sie genau anders herum aufgesetzt wurde, dass auch noch gegen die vitalen Lebensinteressen der Völker. Deswegen erscheint in den Regionen, vieles von dem, was aus Brüssel kommt, als unsinnig und wesensfremd.

Die Kurzform lautet, wenn jeder vor seiner eigenen Tür kehrt, ist überall gekehrt.

Mir fällt so nebenbei auch kein besserer Weg ein.

Es ist sinnvoller und stressfreier, als sich darüber aufzuregen, wie es bei den anderen aussieht.

Selber fegen, es bleibt nichts weiter übrig, deswegen gehe ich diesen Weg.

Ein Gemeinwesen, das über ein höheres Bewusstsein ohnehin eine Solidargemeinschaft darstellt, braucht in der Tat mit einer gut funktionierenden „Zentralbank" genannt: Stiftungskasse oder Kooperationskasse keine Steuern. Das kann sich heute kaum einer vorstellen, bei den Steuerarten, die wir haben, bei deren Aufzählung die Finger beider Hände nicht ausreichen."

Ich sagte zu Andreas: „Bis wir uns selbst darüber im Klaren sind, was genau wir als eine Gruppe wollen und uns dadurch noch immer auf dem Monopolyspielfeld bewegen müssen, könnten wir schon einmal unser Kreditgeld in echtes Geld auf tauschen. Du sagtest doch Wiegen und Messen.

Gold und Silber kann ich wiegen und ich habe hier die Lösung für mein Geld, dass momentan noch auf meinem Konto ist.

Was hältst Du davon?"

„Gold ist nicht die Lösung, das haben wir am Beispiel der Geschichte schon gesehen", entgegnete Andreas. „Noch wichtiger aber ist, auch Gold kann man nicht Essen und das bisschen Gold, das noch frei zirkuliert, kann niemals die vorhandenen Warenströme auf der Welt sinnvoll oder werthaltig ersetzen und lenken. Die Motivation der meisten Menschen, die dort investieren, ist im Vergleich zum Papier einen höheren Preis zu erzielen und trägt dadurch wieder eine spekulative Komponente in sich. Im Zuge der Ressourcensicherung ist sicher ein Großteil des Goldes und des Silbers in den Händen der Hochfinanz. Gold und Silber sind nur aber immerhin das bessere und ultimative „Geld" innerhalb dieses verrückten Systems. Auch das war geschichtlich immer so.

Es repräsentiert immerhin einen physischen Tauschwert, weil zu seiner Herstellung eine echte Leistung erbracht werden musste.

Letztlich bleibt aber auch Gold und Silber im Tausch gegen wirkliche Lebens-Grundlagen eine Frage der Akzeptanz durch die Gegenseite.

Es setzt voraus, dass Menschen den Gebrauchswert von Edelmetallen als Wertspeicher sehen und anerkennen. Auch dies ist nur eine Form von Übereinkunft. Doch in turbulenten Zeiten wie diesen mag es uns trösten, dass Gold nicht Pleite geht!

Eine Tatsache ist nicht von der Hand zu weisen. Ich habe historisch noch nie gehört, dass irgendjemand Gold weggeworfen hat.

Währenddessen soll es öfter vorgekommen sein, dass man Papiergeld zum Heizen verwendet hat.

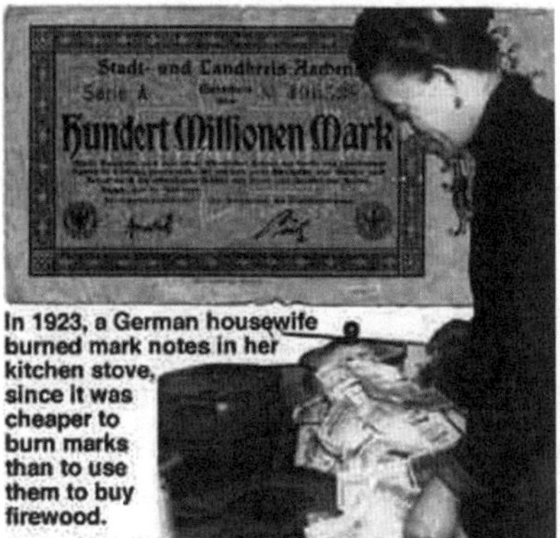

Gold ist das ultimative Zahlungsmittel auf dem Monopolyspielfeld. Nicht mehr und nicht weniger. Und sollte durch Lenkung der Umverteilung durch die Hochfinanz der nicht unwahrscheinliche Fall eintreten, dass man für Edelmetalle als Tauschwert, nicht gegen Papiergeld, sondern gegen andere physische Waren, auf einmal für eine kurzen Zeitraum sehr viel bekommt, haben diejenigen, die Edelmetalle ihr Eigen nennen, eine hohe Verantwortung. Die sollten das in einem Anfall von Größenwahn nicht konsumieren, sondern die sollten Saatgut kaufen.

Wenn wir uns ein neues Spielfeld basteln, können wir auf Grund des Vertrauensverlustes natürlich Gold und Silber als Zahlungsmittel vereinbaren.

Es ist aber nicht zwingend und warum sollten wir das tun?

Hast du dich einmal mit der Goldproduktion beschäftigt - unter welchen unmenschlichen und entbehrungsreichen Bedingungen, unter welchen umweltunverträglichen Bedingungen Gold gefördert wird? Nachdem das Gold der Erde entrissen wurde, nehmen wir einen großen Teil davon, gießen es in Barren oder Münzen und schließen es, weil es so wertvoll ist, in meterdicken Tresoren weg.

Was ist daran rational, logisch und vernünftig.

Noch einmal: Wir können und sollten Gold noch einmal verwenden. Als ultimatives Zahlungsmittel auf dem Monopolyspielfeld zum Tausch gegen echte Lebensgrundlagen, die wir auf unserem eigenen Spielfeld benötigen.

Nur dann war eine Edelmetallinvestition aus meiner Sicht segensreich, Angst als Investitionsgrund, um geronnene Arbeit und Werte in Form von Edelmetallen festzuhalten, verstärkt sogar wirtschaftliche Blockaden, ist langfristig mit Sicherheit ein schlechter Ratgeber.

Das Leben ist Fluss. Bringen wir Gold zur Reproduktion von Lebensgrundlagen und zur Entwicklung von Hochtechnologien zum Fließen, gehen wir goldenen Zeiten entgegen. Genau so verstehe ich unser Edelmetallhandelsgeschäft, dass ich mit meinen Partnern, mit denen ich schon die Stiftung habe, betreibe.

Das neue Geld und der Umgang damit sind an ein neues Bewusstsein gekoppelt und diejenigen, die es haben, sollten sofort damit beginnen, denn Übung macht den Meister. Diese Dinge sind eigentlich nicht kompliziert, wir werden und aber hin und wieder über die Komplexität stolpern. Übung macht den Meister!

Wir dürfen in der Einführung und Anwendung von Hochtechnologien, die in Richtung „Freie Energie laufen, nicht in den Fehler verfallen, sie gegen Euro, auf dem Monopolyfeld anzubieten und zu verkaufen. Das geht, glaube ich, nur im eigenen System, mit eigenem Geld, dass mit einer anderen Intention als Macht und Ausbeutung herausgegeben wurde.

Das käme ansonsten einem Tausch der Energie Gottes mit dem Geld des Teufels gleich. Das kann nicht funktionieren. Vielleicht gibt es deswegen auf diesem Gebiet bisher keine bahnbrechenden Fortschritte."

Lösungsansätze zur Überwindung der gegenwärtigen völkerrechtlichen Situation in Deutschland

„Das ist eine sehr nachdenklich stimmende Überlegung finde ich", kam von mir. Irgendwie war dadurch der Gedankenfluss unterbrochen. Es war eigentlich alles gesagt. Es war für´s Erste o.k. für mich, denn die wichtigsten Anregungen, hatte ich. Wir schauten beide in den Kamin, wo die angehäufte Glut dazu überging, mehr Wärme zu spenden. Dafür gab es weniger heftig züngelnde Flammen.

Alles schien sich zu beruhigen. Die Nacht war auch schon weit fortgeschritten. Auch die zweite Flasche Wein hatte mehr Luft als diese schöne rote Flüssigkeit zum Inhalt. Ich spürte, dass wir langsam zum Ende kommen sollten. Ich fing an, etwas müde zu werden. So stellte ich nur der Neugier wegen noch eine letzte Frage, die dazu führte, dass es dann doch fast hell werden sollte.

Nach weiteren 10 Minuten war ich auf einmal hellwach und aufs Äußerste konzentriert.

Denn auf einmal schloss sich der Kreis. Auf einmal gab es eine Verbindung zu den Dingen, die mir mein Schwiegervater mitgegeben hatte, auf einmal waren wir mitten in dem Thema, das der Auslöser meines Protokolls war.

Diese lapidare Frage war:

Warum hast Du eigentlich eine schottische gemeinnützige Stiftung. Gemeinnützig habe ich verstanden, aber warum schottisch. Willst Du damit in Mel Gibson Manier „Braveheart" spielen? Wenn ich mich an den tollen Film erinnere - so liebevoll und weise liefen die Dinge seinerzeit nicht ab?

Deine Identifikation und deine definierten wichtigsten Werte für Deine Stiftung lauten, wenn ich das hier einmal vorlesen darf, was ich von Deiner Internetseite kopiert habe:

verantwortungsbewusst
Autarkie heißt sich soweit unabhängig zu machen, dass man in der Lage ist, jeden Machtanspruch, der gegen einen erhoben wird, ignorieren zu können. Ökonomische sowie spirituelle Unabhängigkeit sind die solide Basis, sind gleichzeitig Ziel und Voraussetzung aller anderen Eigenschaften, die zu unserer Entwicklung beitragen. Deswegen werden wir alle Handlungen, Überlegungen etc. darauf prüfen, ob sie zu einem mehr an Autarkie führen. Dies ist unser Gradmesser für Erfolg.

authentisch
Wir meinen, was wir sagen. Wir sagen, was wir tun und vor allem: Wir tun, was wir sagen.

liebevoll
Wir sind überzeugt, dass die Liebe ist die stärkste universelle Kraft und Schwingung im Universum ist. Wenn wir in, durch und mit dieser Kraft handeln, werden alle möglichen Probleme gelöst und Barrieren überwunden.

weise
Wir vertrauen immer mehr auf unsere innere Stimme und Führung, weniger auf Ratio und Analyse, weil wir wissen, das alles, was wir brauchen, in uns ist. Denn, Wissen kann man erlernen, Weisheit nicht.

entschlossen
Wir sind von der universellen Gültigkeit vorangestellter Normen für uns und unsere Entwicklung derart überzeugt, dass wir diesen Weg konsequent verfolgen wollen."

Ich sah Andreas an und war gespannt.

Andreas antwortete: „Der Grund ist ein juristischer, denn ein nicht unwesentlicher Punkt ist die rechtliche Autarkie. Ich möchte mit dem, was wir tun, weitestgehende Ruhe vom System haben. Ich will nichts von denen, möchte denen aber auch nicht unsere Früchte der Arbeit zukommen lassen. Ich komme noch einmal auf die Analogie des Monopolyspiels zurück. Wer die Würfel in die Hand nimmt, muss die Konsequenzen tragen, denn die Spielregeln sind bekannt. Das kann tun, wer will. Wenn man also über Los geht, die 4.000.- ohne lamentieren und selbstverständlich einsteckt, sich dann aber beschwert, wenn man zahlen muss, weil man auf einmal auf dem besagten Opernplatz steht, der demjenigen nicht gehört, so sollte man damit leben und sich nicht beschweren. So ist das Spiel. Etwas anderes ist es, wenn man erklärt, ich spiele nicht, ich würfele nicht mehr und wird nun gezwungen zu würfeln. Genau für diesen Punkt sollten wir vorbeugen.

Natürlich wollen die so viel Schafe wie möglich auf dem Spielfeld halten, denn nur durch das Spiel und die Anerkennung der Regeln, kann ich die Schafe scheren. Ich habe ähnlich wie Du diese Dinge um Deutschland erfahren und mich eingelesen. Ich konnte nicht glauben, was ich las, ich musste selbst etwas unternehmen. Heute halte ich diese untragbare Situation fast für einen Segen.

Damals dachte ich noch, mit dem Grundgesetz selbst zu argumentieren und Recht zu bekommen. Ich war so naiv und ging davon aus, dass das hier ein Rechtsstaat ist und wenn man alle Argumente auf seiner Seite hat, man dann auch gewinnen müsse. Denn das eigentlich untergegangene Grundgesetz legitimiert und bietet hier eine Lösung und zwar im und mit dem Artikel 20.

Dort steht unter 1) „*Die Bundesrepublik Deutschland ist ein demokratischer und sozialer Bundesstaat.*"
Nicht nur, dass die gegenwärtige Bundesregierung in krimineller Weise die Reste von Demokratie abschafft und den Sozialstaat in einen Fürsorgestaat umgebaut hat. Schlimmer – In einer Grundsatzrede auf dem Festakt zum 50. Jahrestag der Gründung der CDU am Donnerstag 16.06.2005 in Berlin sagten Sie Frau Dr. Merkel laut Redeprotokoll u.a. folgenden Satz:

„*...Deutschland habe keinen Rechtsanspruch auf Demokratie und soziale Marktwirtschaft für alle Ewigkeit....*" Quelle dpa Meldung 18.06.2005

Eine eklatantere gegensätzliche Haltung zum und damit Bruch des Artikel 20 (1) GG lässt sich schwer formulieren. Als Kanzlerin steht diese Frau fest an der Seite Ihres amerikanischen Freundes. Dies kann man einschlägigen Pressemeldungen immer wieder entnehmen. Das Ganze natürlich wohl wissend, was dieser Mann bei der Verabschiedung von Stabschef Andrew Card schon am 28.3.2006 in Washington sagte:

„*Die nächsten drei Jahre werden wir viel von denen verlangen, die unserem Land dienen. Wir müssen einen Weltkrieg führen und gewinnen!*"

Hier verbietet es fast alle Ethik und Moral überhaupt noch mit Artikeln und Paragraphen zu operieren. Warum unternimmt der Verfassungsschutz nicht einmal etwas in diese Richtung. Ach – ich vergaß, welche Verfassung? Diese Jungens richten Ihre Aktivitäten oft gegen die, die genau auf Erfüllung Artikel 146 drängen oder sich für eine Verfassung stark machen.

Unter Artikel 20 (2) finden wir: „*Alle Staatsgewalt geht vom Volke aus. Sie wird vom Volke in Wahlen und Abstimmungen und durch besondere Organe der Gesetzgebung, der vollziehenden Gewalt und der Rechtsprechung ausgeübt.*"

Grundgesetzbruch aller Bundesregierungen – noch niemals ging die Staatsgewalt vom Volke aus, sie geht permanent weg von demselben. (siehe Wahlen, Fraktionszwang etc.).

Dieses wollte ich mit meiner Selbstverwaltung in Anspruch nehmen! Denn unter Artikel 20 (4) finden wir:

„*Gegen jeden, der es unternimmt, diese Ordnung zu beseitigen, haben alle Deutschen das Recht zum Widerstand, wenn andere Abhilfe nicht möglich ist.*"

Man könnte Seiten füllen, die beweisen, was diese BRD selbst unternommen hat, die zur Beseitigung dieser Ordnung führen, vor allem, wenn man die wirtschaftlichen Aspekte berücksichtigt. Wenn es um die rechtliche Würdigung geht, ist seit Deinem Besuch in den USA allein durch Deinen Schwiegervater der Ordner voll. Dies habe ich auch alles nachvollzogen. Durch diesen Umstand kam unser Kontakt zustande. Die gröbsten Verstöße gegen 20 (2) und 20 (4) möchte ich hier nur kurz erwähnen und exemplarisch auflisten:

- Vorenthaltung des Rechts auf Volksentscheide **gegen den Willen des Volkes**

- Abschaffung der eigenen Währung **ohne Befragung** und wie aus Umfragen klar und eindeutig ersichtlich **gegen den Willen des Volkes**

- Unterordnung der eigenen Streitkräfte unter fremden Oberbefehl **ohne Befragung des Volkes** und damit Übernahme des Risikos des indirekten Führens von Angriffskriegen

- Waffenlieferungen in Spannungsgebiete unter eindeutigem Verstoß gegen Artikel 26 GG und das Kriegswaffenkontrollgesetzes **ohne Befragung des Volkes.**

- Abschließen der Verträge von Maastricht etc. **ohne Befragung des Volkes**

- Versuchte Einführung der EU-Verfassung **ohne Befragung des Volkes**

- Einführung der Rechtschreibreform **ohne Befragung des Volkes**

- versuchte hinterhältige Einführung des Lissabon-Vertrages als verkappte Eu-Verfassung **ohne Befragung des Volkes**

Ich könnte das fast beliebig fortsetzen. Hier ist das Grundgesetz."

Er legte es mir vor. Lies doch bitte nur einmal die Präambel.

Ich nahm die Broschüre und begann zu lesen:

„Im Bewußtsein seiner Verantwortung vor Gott und den Menschen, von dem Willen beseelt, als gleichberechtigtes Glied in einem vereinten Europa dem Frieden der Welt zu dienen, hat sich das Deutsche Volk kraft seiner verfassungsgebenden Gewalt dieses Grundgesetz gegeben.

Die Deutschen in den Ländern Baden-Württemberg, Bayern, Berlin, Brandenburg, Bremen, Hamburg, Hessen, Mecklenburg-Vorpommern, Niedersachsen, Nordrhein-Westfalen, Rheinland-Pfalz, Saarland, Sachsen, Sachsen-Anhalt, Schleswig-Holstein und Thüringen haben in freier Selbstbestimmung die Einheit und Freiheit Deutschlands vollendet. Damit gilt dieses Grundgesetz für das gesamte Deutsche Volk."

Nachdem ich fertig war, sagte Andreas: „Es ist ein sehr schöner Text. Leider lullt er den Leser ein. Schaut man genau hin, haben es die Autoren geschafft, 5 Unwahrheiten in 3 Sätzen unterzubringen.

1. Allein Bestimmungen des Überleitungsvertrages und all das,was Du schon in deinem Ordner hast, zeigen ganz eindeutig, dass wir eben kein gleichberechtigtes Mitglied in einem vereinten Europa sind.
2. Das Deutsche Volk hat sich eben nicht dieses Grundgesetz gegeben, sonst würde es nicht heißen Grundgesetz **für** die Bundesrepublik und es bedürfte des Schlussartikels nicht, der da lautet:

„Dieses Grundgesetz, das nach Vollendung der Einheit und Freiheit Deutschland für das gesamte Volk gilt, verliert seine Gültigkeit an dem Tage, an dem eine Verfassung in Kraft tritt, die von dem deutschen Volke in freier Entscheidung beschlossen worden ist.“

3. Somit hat das Volk auch keine verfassungsgebende Gewalt und sie nie gehabt.
4. Aus den gleichen Gründen ist somit auch die freie Selbstbestimmung und die Einheit und Freiheit nicht gegeben.
5. Das Grundgesetz gilt auch **nicht** für das gesamte Volk, weil in der Länderaufzählung schlicht die Ostgebiete fehlen, denn Deutschland ist in allen Gesetzen nach wie vor definiert in den Grenzen vom 31.12.1937.

Den Autoren muss das alles auch genau bewusst gewesen sein, denn sie hatten extra den Artikel 146 einlullender umformuliert, denn der bis 1990 gültige, lautete wie folgt:

„Dieses Grundgesetz verliert seine Gültigkeit an dem Tage, an dem eine Verfassung in Kraft tritt, die von dem deutschen Volke in freier Entscheidung beschlossen worden ist.“

Was bitteschön, soll man von solchen Leuten, von solch einem Staat halten?“

Ich konterte und fragte, weil ich jetzt endlich auch einmal etwas wusste:

„Welchen Staat?“

Andreas lachte jetzt leicht gequält und sagte.

„Ich weiß, es rutscht mir selbst immer wieder heraus, weil es fast das ungeheuerlichste an dieser ganzen Geschichte war. Man kann es nicht glauben, selbst wenn man es schwarz auf weiß liest. Deswegen musste ich mir über meine eigenen Prozesse auch Gewissheit verschaffen. Außerdem bekommt man Kompetenz durch's tun, wie immer.

Ich habe die verschiedensten Dinge im Rechtsverkehr mit dieser BRD versucht. Einiges mit Erfolg, einiges ohne. Ich habe mir auch angeschaut, was andere auf diesem Gebiet erreicht oder auch nicht erreicht haben. Ich will dabei nicht lange bei den Problemen verweilen. Man kann es in zwei wichtige Erfahrungswerte zusammenfassen.

Erstens war anhand der Reaktion oder Nichtreaktion von Richtern, Beamten etc. deutlich zu erkennen, das wir im Recht sind. Noch niemals ist mir meine juristische Argumentation zerlegt worden. Nein – entweder man setzt sich einfach unter Bruch allen Rechts darüber hinweg oder stellt Verfahren ohne Angabe von Gründen ein, oder man hört gleich gar nichts mehr von denen. Leider haben die momentan noch die Macht. Recht und Macht gehen in einem Unrechtsstaat getrennte Wege.

Wenn ich DIE sage, meine ich vornehmlich die Justiz, die Ministerialbürokratie und die Spitzen der Parteiapparate, hinter denen man die Täter vermuten kann. Das vermutete auch schon der Vater Friedrich des Großen. Mit dem so genannten Spitzbubenerlass von Friedrich I. von 15.12.1726 hegte der Soldatenkönig sicher nicht ohne Grund einen gewissen Argwohn gegenüber der Kaste von „Richtern“ und „Rechtsanwälten“ Wir lesen dort folgendes:

„Wir ordnen und befehlen hiermit allen Ernstes, daß die Advocati wollene schwarze Mäntel, welche bis unter das Knie gehen, unserer Verordnung gemäß zu tragen haben, damit man diese Spitzbuben schon von weitem erkennt.“

Die Tragepflicht galt auch außerhalb des Gerichtsgebäudes. Dafür plädiere ich auch wieder. Leider werfen die Ihre Talare nur zur Verhandlung über, um Menschen einzuschüchtern. Es sind Draußen die Falschen uniformiert, die von diesen Spitzbuben missbraucht werden.

Diese prallen dann im Leben mit den Resultaten der Spitzbuben aneinander. Leider verfügt unsere Exekutive über immer weniger Rechtskenntnis. Das kommt erschwerend hinzu. Die wenigsten können sich vorstellen, dass das Recht gerade im Gerichtssaal gebrochen oder mit Füßen getreten wurde.

Damit sind wir bei Punkt Zwei, Recht haben und Recht bekommen, es also durchsetzen können. Es gibt Recht und es gibt Macht. Recht wird in diesem Lande dann oft zugunsten der Macht gebeugt. Die BRD hat rechtsstaatliche Elemente in ihren Gesetzen, ist aber kein Rechtsstaat, schon deswegen nicht, weil sie kein Staat ist.

Im Briefverkehr stellst Du auch immer wieder fest, dass, wenn Du Apfel schreibst, die Birne antworten oder sie ignorieren alles, was Du schreibst und machen einfach weiter. Bestes Beispiel das Ordnungswidrigkeitengesetz (OWiG), mit dem sicher fast jeder zu tun hatte und die Bürger drangsaliert werden.

Da gibt es ein Bundesverwaltungsgerichtsurteil aus dem Jahre 1964 (BVerwGE 17, 192 = DVBl 1964, 147) Das lautet wie folgt.

„Jedermann muß, um sein eigenes Verhalten darauf einrichten zu können, in der Lage sein, den räumlichen Geltungsbereich eines Gesetzes ohne weiteres feststellen können. Ein Gesetz das hierüber Zweifel aufkommen läßt, ist unbestimmt und deshalb wegen Verstoßes gegen das Gebot der Rechtssicherheit ungültig." (BVerwGE 17, 192 = DVBl 1964, 147). „Hierbei hat der Normgeber überdies zu beachten, daß sich eine derartige Norm in aller Regel nicht an einen fachlich qualifizierten Personenkreis wendet, er mithin nicht davon ausgehen kann, jedermann könne Karten oder Texte mit überwiegendem juristischen Inhalt lesen." (BVerwG a.a.O)

Die Konsequenzen auf eine laufende Rechtsprechung in der Anwendung dieses Urteils sind zweifelsfrei, dass Gesetze ohne klar definierte räumliche Geltung wegen Verstoßes gegen das Gebot der Rechtssicherheit ungültig und nichtig sind. Das kann eigentlich jeder Mensch ohne jegliche Rechtskenntnis einfach verstehen. Selbst, wenn ich heute wohlwollend unterstellen würde, das OWiG existiere noch, dann finden wir über den Geltungsbereich im § 5 (Räumliche Geltung) folgende Aussage:

„Wenn das Gesetz nichts anderes bestimmt, können nur Ordnungswidrigkeiten geahndet werden, die im räumlichen Geltungsbereich dieses Gesetzes oder außerhalb dieses Geltungsbereichs auf einem Schiff oder in einem Luftfahrzeug begangen werden, das berechtigt ist, die Bundesflagge oder das Staatszugehörigkeitszeichen der Bundesrepublik Deutschland zu führen."

Eine andere Aussage zur räumlichen Geltung findet sich nicht und das Gesetz bestimmt nichts anderes, außer, dass die räumliche Geltung im räumlichen Geltungsbereich liegt und dieser wurde (vermutlich mit Absicht) nicht bestimmt. Da die meisten Leute weder mit einem Schiff bzw. ein Luftfahrzeug auf unseren Straßen unterwegs sind, frage ich Dich, wie die das OWiG jetzt anwenden wollen. Manchmal nimmt der Spaß groteske und lustige Formen an. Das kann eigentlich auch jeder verstehen.

Was habe ich alles so zusammengeschrieben und was wurde das alles ignoriert?

Die wichtigsten Punkte kann man juristisch, wie folgt zusammenfassen:

Entscheidend in einer Auseinandersetzung sind nicht Selbstverwaltungserklärungen, eigene Ausweise, Reichsausweise etc. Wichtig ist die Nichtvorlage des Personalausweises. Das ist der entscheidende Punkt.

Mit der Vorlage des PA anerkennst Du, dass Du deren Personal bist. Damit unterwirfst Du Dich stillschweigend der freiwilligen Gerichtsbarkeit. Jetzt bist Du im Privatrecht. Ab hier braucht diese Privatjustiz, die rechtlich nur Verwaltungsorgane sind, weder Geltungsbereiche noch sonst etwas. Das gleiche gilt für das Finanzamt oder irgendeine andere Behörde. Deswegen gibt es von denen auch keine Amtlichen Zustellungen, sondern nur förmliche. Was bitte schön ist eine „Förmliche Zustellung?"

Es ist wie beim Fußball. Für alle die Jungs, die auf den Platz auflaufen, gelten die Regeln von Fußball. Sie unterwerfen sich damit dem Schiedsrichter. Das ist freiwillig, denn sie müssen ja nicht Fußballspielen. Wenn der Schiedsrichter sie mit der Roten Karte vom Platz stellt, dann müssen sie gehen, auch wenn die Zeitlupe etwas anderes zeigt. So sind die Regeln. Wenn der Schiedsrichter pfeift, ist dass immer relevant und zwar für die und ausschließlich für die, die auf dem Rasen stehen. Sie dokumentieren damit, dass sie Fußball spielen. Für all die tausenden von Menschen, die auf den Rängen sitzen, ist es zwar interessant zu sehen, was passiert, wenn der Schiedsrichter pfeift. Aber dieses Pfeifen ist für Sie und Ihr Leben völlig unrelevant, denn sie spielen gerade keinen Fußball.

Auf der anderen Seite sollte man immer Urkundsbeweis verlangen. Um die Analogie aufzugreifen. Man will uns zum Fußballspielen zwingen, weil sie eben nur Schiedsrichter sind und keine staatlichen Richter. Den Urkundsbeweis können BRD-Organe nie erbringen. Der wichtigste Punkt zum Verständnis dafür ist das Begreifen der Tatsache, dass die BRD kein Staatsrecht kennt. Sie simuliert es aber.

Deswegen wurde auch schon lange vor Streichung der Geltungsbereiche in 2006 der wichtigsten Gesetze, wie z.B. in der Zivilprozessordnung (ZPO), Strafprozessordnung (StPO) und im Gerichtsverfassungsgesetz (GVG), der § 15 im besagten GVG gestrichen. Dieser war ganz kurz und lautete:

„Gerichte sind Staatsgerichte."

Wenn die Gerichte nun mehr keine Staatsgerichte sind, sind sie Schiedsgerichte oder Standgerichte, sie sind somit privat und freiwillig. Schon wundert man sich auch nicht mehr, dass es ein Freiwilliges Gerichtsbarkeitsgesetz (FGG) gibt. Gleichzeitig sollte man auf die Einhaltung GVG § 16 bestehen:

„Niemand darf seinem gesetzlichen Richter entzogen werden."

Sollte sich also ein so genannter Richter an Dich wenden, dann verlange doch von ihm entsprechend der Vorlagepflicht nach § 99 VwGO, §§138, 139 ZPO, sowie gemäß §§16, 21 GVG, Art. 101 GG, eine eidesstattliche Versicherung darüber, dass er nach Deutschem Recht, Deutscher Richter mit wirksamer Ernennung ist und in seinen Entscheidungen unabhängig. Weiterhin hättest Du gern eine eidesstattliche Versicherung darüber, dass das Gericht ein Staatsgericht ist, dass das GVG in der Anwendung als Staatsgericht und nicht als Schiedsgericht nach Geschäftsordnung (Kontrollratsgesetz 35 und/oder des BRD-Unternehmens nach Art. 133 GG) gilt.

Dann sieh Dir an, was passiert. (Texte in der Anlage)

Hin und wieder, erlebt man dann die Arroganz der Macht. Aber wenn man jetzt weiter macht, haben die Handelnden schon eine schwere Hypothek für die Zukunft geschultert, denn das ist jetzt eine schwere Straftat. Und sie sind alle persönlich haftbar.

Das Wesentliche ist immer wieder, dass die BRD kein Staat, sondern eine Firma ist. Dazu gibt es viele sogar offensichtliche Hinweise. So ist in Art. 65 GG niedergeschrieben, dass die „Regierung" nur ein Geschäft ist. Bundesminister haben keinen „Regierungsbereich", sondern einen Geschäftsbereich.

Der Bundeskanzler leitet auch keine „Regierung", sondern ein Geschäft und der Bundespräsident genehmigt die Geschäftsordnung und nicht die „Regierungsordnung". So werden unter Besatzungsrecht nach Art. 120 GG auch heute noch Besatzungskosten bezahlt.

Die Bundesrepublik Deutschland ist somit kein Staat, sondern nach Art. 133 GG eine Wirtschafts- und Verwaltungseinheit, wo die Bürger keine Staatsbürger, sondern nur Personal sind. (siehe Personalausweis). Weiteres ergibt sich aus dem Art. 146 GG, den es deswegen gibt, weil es eben keine Verfassung gibt.

Laut einer Konvention von Montevideo vom 26,12,1933 wurden dort 3 Voraussetzungen für einen Staat als Wesensmerkmale definiert.

- Staatsvolk
- Staatsgebiet, Territorium oder Hoheitsgebiet
- eine Staatsgrundlage, also eine Regierung, die aufgrund einer Verfassung eine Staatsgewalt ausübt.

Diese Kriterien sind in allen 3 Punkten bei der BRD offenkundig nicht gegeben:

- 1. durch Reklamation einer Staatsangehörigkeit „DEUTSCH", in Pässen und Ausweisen, die es nicht gibt, (arglistige Täuschung)
- 2. durch Streichung und Aufhebung des Artikel 23 GG usw. (Geschichte dazu liest sich in Deinen schon jetzt vorhandenen Protokollen, wie ein Krimi)
- 3. dadurch, dass wir ein Grundgesetz und nach wie vor keine Verfassung haben. Beweis Artikel 146 GG
- 4. Deutschland hat bis heute keinen Friedensvertrag. Die BRD kann für Deutschland keine völkerrechtlichen noch sonstigen Verträge schließen, da sie kein Völkerrechtssubjekt ist. Was wir sehen, ist Show!

Dass dem so ist, siehst Du in der folgenden Ungeheuerlichkeit. Dazu führe ich noch einmal den SECHSTEN TEIL, Artikel 3, Absätze 1 und 3 des Überleitungsvertrages von 1954, der ausdrücklich in Kraft bleibt, an. In diesem heißt es:

„(1) ***Die Bundesrepublik wird in Zukunft keine Einwendungen*** *gegen die Maßnahmen* ***erheben****, die gegen das deutsche Auslands- oder*

sonstige Vermögen durchgeführt worden sind oder werden sollen, das beschlagnahmt worden ist für Zwecke der Reparation oder Restitution oder auf Grund des Kriegszustandes oder auf Grund von Abkommen, die die Drei Mächte mit anderen alliierten Staaten, neutralen Staaten oder ehemaligen Bundesgenossen Deutschlands geschlossen haben oder schließen werden."

„(3) ***Ansprüche und Klagen*** *gegen Personen, die aufgrund der in Absatz (1) und (2) dieses Artikels bezeichneten Maßnahmen Eigentum erworben oder übertragen haben, sowie Ansprüche und Klagen gegen internationale Organisationen, ausländische Regierungen oder Personen, die auf Anweisung dieser Organisationen oder Regierungen gehandelt haben,* ***werden nicht zugelassen.***"

Dieser Überleitungsvertrag ist nach Bundesrecht eindeutig geltend und Bestandteil des 2 + 4 Vertrages. Er verstößt eindeutig gegen geltendes Völkerrecht (Haager Landkriegsordnung 23h) und somit auch gegen das Grundgesetz Artikel 25. Schlimmer noch: Grundgesetz Artikel 56 Amtseid für Präsident, Kanzler sowie alle Minister lautet: *„Ich schwöre, daß ich meine Kraft dem Wohle des deutschen Volkes widmen, seinen Nutzen mehren, Schaden von ihm wenden, das Grundgesetz und die Gesetze des Bundes wahren und verteidigen, meine Pflichten gewissenhaft erfüllen und Gerechtigkeit gegen jedermann üben werde. So wahr mir Gott helfe."*

Mit ihrer Unterschrift unter all diese Verträge im Jahre 1990 haben die dafür Verantwortlichen nicht nur gegen geltendes Recht verstoßen, sondern dem deutschen Volk schweren Schaden zugefügt. Ein klarer Bruch des Amtseides manifestiert in den Verträgen. Und jetzt kommt es! Das Problem oder die Ungeheuerlichkeit ist die Lösung. Mitten in der Nacht fuhr ich vor kurzem hoch und ich wusste: Das ist es. Jahrelang habe ich mich über dieses Ding aufgeregt, dabei steht hier die Lösung schwarz auf weiß."

Ich konnte nicht folgen und fragte nach.

Andreas fragte zurück: „Na was heißt das denn auf deutsch, wenn Du Dir die Passagen des Überleitungsvertrages genau anschaust.

Ich überflog die Zeilen noch einmal und sagte: „Rechtlos gegen alliiertes Unrecht und ohne Friedensregelung! Der Hauptsatz lautet: *„Ansprüche und Klagen... werden nicht zugelassen."* Diese Festlegungen bedeuten damit, dass sich die ehemaligen Siegermächte hiermit außerhalb jeder Rechtsverfolgung stellen. Interessant ist zudem die Formulierung am Ende des Artikels 3, Absatz 1: „... *geschlossen haben oder schließen werden*".

Dies heißt nichts anderes, als dass die Siegermächte auch heute noch und für die Zukunft zeitlich unbegrenzt deutsche Auslands- oder sonstige Vermögen zum Zwecke von Reparationen, Restitutionen oder aus anderen Kriegsgründen beschlagnahmen und sich aneignen dürfen und sogar das Recht haben, hierzu auch in Zukunft noch spezielle Abkommen zu treffen. (siehe in meinem Ordner SHAEF 52).

In Artikel 1, Satz 1 wird ausdrücklich festgeschrieben:

„*Die Bundesrepublik wird keine Einwendungen erheben...*".

Das heißt im Klartext: „Deutschland hat keine internationale Klagefähigkeit."

Andreas sagte: Nicht ganz, die BRD hat keine internationale Klagefähigkeit. Deswegen: Bei wem willst Du Dich nun wegen Willkür und Rechtsbeugung als Deutscher beschweren. Es kommt noch besser. In den Gesetzen der Alliierte Hohen Kommission haben sich die Besatzungsmächte verpflichtet, für Besatzungsschäden die durch eine wirtschaftliche Tätigkeit in Deutschland entstehen, zu regulieren und zu ersetzen. Natürlich nicht gegenüber Deutschen, gegen die geht es ja."

Im Gegensatz zu den Fernsehdokus „Good by Deutschland" bleibe ich physisch hier, verschwinde aber virtuell, besser rechtlich. Wir wechseln juristisch auf die Seite der Alliierten, werden sozusagen selbst Besatzer. Wir sind und bleiben Deutsche. Aber alle Aktivitäten entfalten wir aus unseren Stiftungen, die noch dazu gemeinnützig sind, aber ansässig bei den Besatzern. Die juristische Rechtspersönlichkeit ist demnach britisch. Damit zahlen wir unsere Erträge schon einmal nicht mehr in dieses System.

Die schottischen gemeinnützigen Stiftungen unterstehen als wahrscheinlich einzige in der Welt der Sozialgesetzgebung, da hat nicht einmal der Fiskus einen Einblick. Es gibt in diesem kleinen Volk über 23.000 Stiftungen und wenn man sich die anschaut, findet man viele Kommunen, Schulen, fast das gesamte Gemeinwesen. Außerdem operieren diese auf Basis von Staatsrecht. Ich fragte: Wir importieren also deren System.

Andreas: „Nicht ganz – wir re-importieren es."

Partner von mir haben herausgefunden, dass im Heiligen Römischen Reich Deutscher Nation das Gemeinwesen genauso funktionierte. Ich würde mich nicht wundern, wenn das Reich und ich spreche von dem, das 1806/07 unterging oder untergegangen wurde, auch eine Stiftung war. Deswegen gab es die wirtschaftliche Blüte in der Gotik. Es ist also eine deutsche Erfindung. Schlimm genug, dass wir es nicht einmal mehr wissen.

Die selbst-, traditionsbewusst und ihre Freiheit liebenden Schotten konnten sich das selbst gegenüber den Engländern und damit gegenüber der EU bis jetzt immer bewahren. Insofern sind wir schon bei „Braveheart". Wo sind unser Nationalbewusstsein und unser Stolz geblieben? Diese Frage müssen wir uns nun von den Schotten gefallen lassen. Darüber kann man wirklich einmal nachdenken!

Hier in der BRD haben wir es heute nur noch mit Handels- und Privatrecht zu tun. Es ist nicht kompatibel. Genau das ist unser Vorteil. Das ist die Entwicklungschance, wenn man wirklich etwas für das Gemeinwohl erreichen will, wenn man echte Entwicklungen vorantreiben will. Das BRD-System hat keine internationale Klagefähigkeit. Juristisch arbeiten wir unter dem Mantel gemeinnütziger schottischer Stiftungen. Alle Vermögenswerte sind in diesen Stiftungen, damit sozusagen auf alliierter Seite und wirklich sicher.

Mit einem Angriff gegen diese, haben wir jetzt eine Klagemöglichkeit, nicht in Berlin, sondern in London. Dadurch, dass es in der BRD keine Staatshaftung gibt, sind die Vertreter aus der Justiz, den Finanzämter, Ordnungsämtern etc. für Ihre juristischen Handlungen persönlich verantwortlich. Bisher konnten sie schalten und walten, wie sie wollten, brauchten sie selbst keine Sanktionen zu fürchten, da wir alle keine internationale Klagefähigkeit hatten und haben. Einsprüche, Widersprüche und höhere Instanzen haben keinen Wert, bedeutet es doch, sich bei den Tätern zu beschweren. Zu deinen Unterlagen gebe ich Dir einen Zeitungsartikel eines Richters im Ruhezustand. Dem ist nichts hinzuzufügen.

Mit einer ausländischen Stiftung insbesondere einer schottischen ändert sich das. Wenn man sagt, einer geht stiften, wird meist etwas Negatives assoziiert, fast wie Steuern hinterziehen. Das mag in einigen Lichtensteiner Modellen auch eine Motivation gewesen sein. Der wahre Grund von Stiftungen ist der Schutz von Vermögenswerten und bei einer gemeinnützigen Stiftung steckt ein edler Zweck beim Einsatz der Vermögenswerte dahinter.

Auf der anderen Seite meint man, dass man Steuern zahlen muss. Wie kommt man nun wieder auf eine solche Idee? Zeige mir bitte irgendein Gesetz, in dem steht, dass ein Staat Steuern erheben kann. Er kann Steuern verwalten (siehe Artikel 108 GG) Das ist ein nicht unerheblicher Unterschied. Es heißt auch, man wird zum Fiskus gebeten wird. Das hat sich in der Sprache überliefert.

Diese Aussage ist übrigens völlig korrekt. Denn Fiskus in der deutschen Übersetzung bedeutet so viel wie freiwillige Abgabe. Hast Du irgendwie das Gefühl zu einer freiwilligen Abgabe gebeten zu werden? Das ist der Trick und zwar überall, Zwang durch das Abgleiten ins Privat- und Handelsrecht.

Deswegen gibt es auch kein Recht, sondern Rechtsgeschäfte. Es sind Dienstleistungen, zu denen wir gezwungen werden, besser, uns haben zwingen lassen. Stelle Dir bitte folgendes vor: Viele rechtlich, energetisch und versorgungstechnisch autarke Inseln, organisiert in gemeinnützigen Stiftungen, mit eigenem dem Gemeinwohl dienendem Geld, die immer weiter wachsen, die zudem das alte System entlasten, Menschen die Möglichkeit zu geben, es zu probieren, dann langsam herüber zu gleiten, das wäre doch einmal eine Aufgabe, zu der man sagen könnte:

Ja – dafür lohnt es sich zu leben und zu arbeiten. Das Widererstarken dieser Idee, wäre nichts Geringeres als der Gegenentwurf zum Lissabonvertrag, der bei seiner Durchsetzung juristisch alle Völker Europas auf das Niveau des Privat- und Handelsrechts der BRD senkt, was die Versklavung Europas zur Folge hätte. Deswegen sind auch die so genannten deutschen Politiker die Hauptverfechter dieses so genannten Reformvertrages, weil er es ihnen ermöglichen könnte, aus ihrem Legitimationsdebakel herauszukommen. Obwohl wir 27 Mitgliedsstaaten sind, zahlen wir fast 25 % der Beiträge in der EU. Mit Ihren fast 200 Staaten ist es in der UNO nicht anders. Deutschland ist zwar immer noch „Feindstaat" der UNO, die BRD zahlt aber fast 10 % der Beiträge.

Es ist der Punkt inne zu halten und dankbar zu sein, vielleicht auch ein wenig Stolz. Schau Dir unser Land an, die Infrastruktur, alle physischen Bilanzen. Nehmen wir diesmal nur die materielle Ebene. Vergleiche das mit unseren Nachbarn und der Welt.

In Deutschland wurde der 30 jährige Krieg ausgefochten, zwei verheerende Weltkriege im letzten Jahrhundert, Versailler Vertrag, im letzten Krieg wurde dieses Land fast in die Steinzeit gebombt, dann die Reparationen, (Wir zahlen immer noch für den 1. WK), dann der Raub der Patente, „Wiedergutmachungen“ ohne Ende, Zahlmeister der Welt, kein höchst fruchtbares Land, wenig Bodenschätze

Das alles – und trotz alledem. Schau Dir genau das Land an!

Es ist an der Zeit das Haupt wieder aufzurichten, sich seiner Stärke, seiner Fähigkeiten und seiner Rolle in der Welt wieder bewusst zu werden.

Sie war und ist eine andere, als man uns einzureden pflegt.

Das wusste auch schon Friedrich Schiller als er zur Feier der Jahrtausendwende 1800

dieses hier dichtete:

Das ist nicht des Deutschen Größe
Obzusiegen mit dem Schwert,
in das Geisterreich zu dringen
männlich mit dem Wahn zu ringen
das ist seines Eifers wert.

Schwere Ketten drückten alle
Völker auf dem Erdenballe
as der Deutsche sie zerbrach,
Fehde bot dem Vatikane
Krieg ankündigte dem Wahne
der die ganze Welt bestach.

Höheren Sieg hat der errungen,
der der Wahrheit Blitz geschwungen,
der die Geister selbst befreit.
Freiheit der Vernunft erfechten
heißt für alle Völker rechten,
gilt für alle ewge Zeit.

Die Iren konnten gerade den Lissabonvertrag verzögern, verhindern können ihn aufgrund geschilderter Tatsachen nur die Deutschen. Sie müssen es nur noch wissen, oder wieder wissen.

Das Zeitfenster dafür ist nicht mehr lange offen.

Dazu wäre es nicht unerheblich, wenigstens wahrzunehmen, dass die angeblich „deutsche“ Regierung alles Mögliche ist, nur keine Deutsche Regierung.

Lies folgende Worte von Jean-Jacques Rousseau aus dem „Extrait du projet de la paix perpétuelle“ von 1752 :

„Was in Wirklichkeit das europäische Staatensystem zusammenhält …, ist in der Hauptsache das Spiel der Verhandlungen, die sich nahezu allzeit im Gleichgewicht halten: Aber dieses System hat noch eine andere wirksame Stütze, nämlich das Deutsche Reich, das vom Herzen Europas aus alle anderen Mächte im Zaume hält und vielleicht der Sicherheit der anderen noch mehr dienen kann als seiner eigenen; durch seine Größe und die Zahl und Tapferkeit seiner Völker ein achtunggebietendes Reich, dessen Verfassung allen von Nutzen ist, die, indem sie ihm die Mittel und den Willen zu Eroberungen unterbindet, es zugleich zu einer Klippe der Eroberer macht. Ungeachtet der Fehler dieser Reichsverfassung ist es doch gewiss, dass, solange sie besteht, das Gleichgewicht Europas nicht verletzt werden kann, dass kein Herrscher zu fürchten hat, von einem anderen entthront zu werden, und dass der westfälische Friedensvertrag vielleicht für immer die Grundlage des politischen Systems unter uns

bleiben wird. Das öffentliche Recht, das die Deutschen so gründlich studieren, ist somit noch weit wichtiger, als sie glauben, denn es ist nicht allein das germanische öffentliche Recht, sondern in gewissem Sinn das von ganz Europa.“

Wenn Rousseau 1752 vom Deutschen Reich spricht, dann meint er das Heilige Römische Reich Deutscher Nation. Auch diese Informationen darüber hält man uns vor, passt sie genauso wenig in das Geschichtsbild, wie das davor besprochene. Schaue Dir einmal diese Karte des Heiligen Römischen Reiches deutscher Nation an.“

Andreas zeigte mir verschiedene Karten:

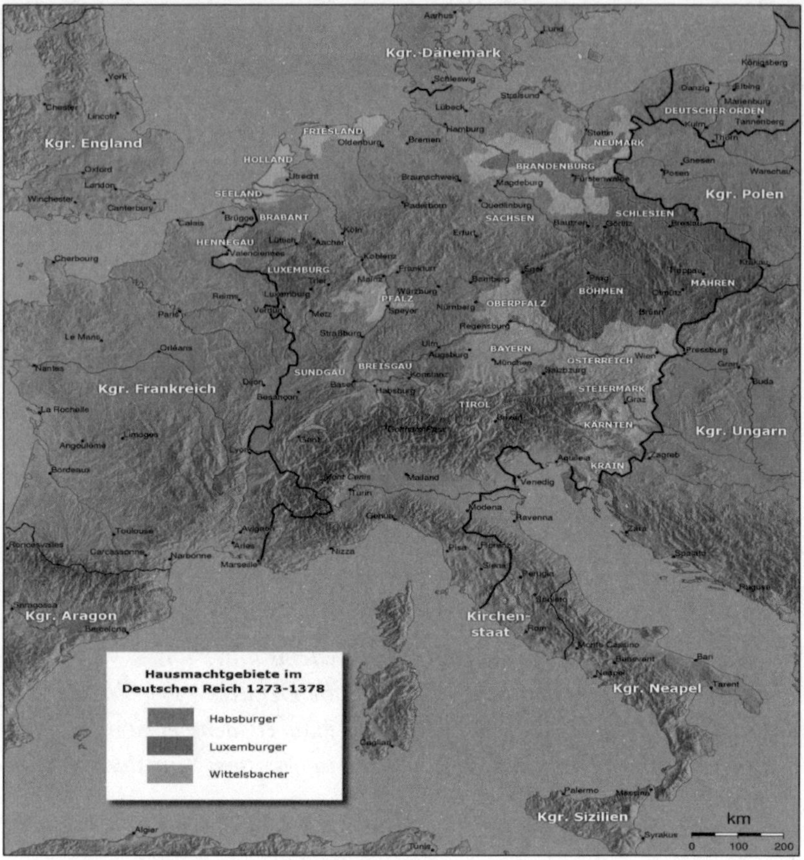

Karte der Reichskreise
des Heiligen Römischen Reichs (ca. 1512)
Nordsee
Dänemark
Ostsee
Holstein
Pommern
Mecklenburg
Polen
Brandenburg
Holland
Münster
Braunschweig-Lüneburg
Flandern
Brabant
Köln
Hessen
Sachsen
Schlesien
Luxemburg
Pfalz
Böhmen
Mähren
Württemberg
Lothringen
Bayern
Österreich
Frankreich
Gft. Burgund
Salzburg
Steiermark
Schweizerische Eidgenossenschaft
Tirol
Kärnten
Trient
Savoyen
Krain
Mailand
Venezianische Rep.
Ungarn
Reichskreise
Bayerischer
Burgundischer
Fränkischer
Kurrheinischer
Niederrheinisch-Westfälischer
Niedersächsischer
Oberrheinischer
Obersächsischer
Österreichischer
Schwäbischer
kreisfrei

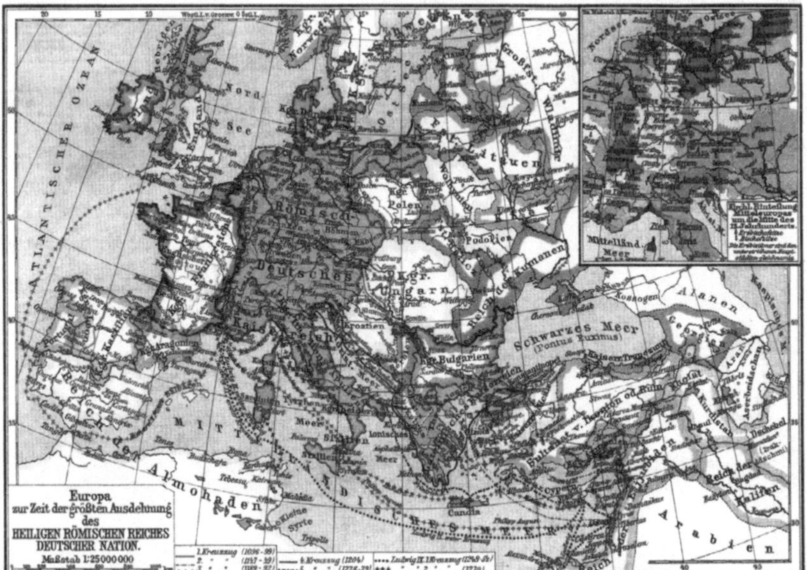
Atlantischer Ozean
Nord-See
Polen
Böhmen
Deutsches
Kgr. Ungarn
Podolien
Schwarzes Meer
(Pontus Euxinus)
Bulgarien
Alanen
Mittelländ. Meer
Arabien
Almohaden
Europa
zur Zeit der größten Ausdehnung
des
HEILIGEN RÖMISCHEN REICHES
DEUTSCHER NATION.
Maßstab 1:25000000

Wie du siehst, es ist fast Europa. Es geht um nichts Geringeres und wir haben eine Verantwortung, eine Perspektive und eine Tradition unserer Urahnen, die es neu zu entdecken gilt.“
Andreas schwieg nun.

Obwohl man mittlerweile die Nacht als Morgen bezeichnen musste, leuchteten seine Augen. Der Gedanke schien ihn zu beflügeln. Im Angesicht der Dimensionen war ich auch aus dem Häuschen, gleichzeitig war mir auch etwas flau in der Magengegend. Ich musste schlucken.

Andreas schien es zu bemerken und fragte:

„Na – Du schaust etwas ängstlich ´drein?“

Darauf ich: „Kann ich nicht so genau sagen. Ja, vielleicht ein wenig.

Das ist ein Ding. Es ist der Weg. Es ist eine Alternative zur Globalisierung, nicht nur für uns Deutsche, für Europa, vielleicht für die Welt.

Du siehst mich einfach sprachlos.“

Andreas erwiderte: „Ob es der Weg ist, weiß ich nicht.

Wir werden es erfahren, wenn wir ihn gehen.“

Epilog

Ich möchte Dir zum Abschluss unserer Zusammenkunft ein Zitat einer Marianne Williamson mit auf den Weg geben, die Ich nicht kenne, Du wahrscheinlich auch nicht. Ich habe es wieder irgendwo im Internet aufgeschnappt und weiß nicht einmal wo. Ich möchte unbedingt, wenn du Deine Protokolle veröffentlichst, dass es erscheint. Ihre Gedanken sind dadurch bekannt geworden, weil sie Nelson Mandela bei seiner Antrittsrede als Präsident zitiert hatte:

„Unsere tiefste Angst ist es nicht, dass wir unzureichend sind. Unsere tiefste Angst ist, dass wir unglaublich kraftvoll und schöpferisch sein können. Es ist unser Licht, dass wir fürchten, nicht unsere Dunkelheit“. Wir fragen uns: „Wer bin ich denn schon, dass ich, talentiert, leuchtend, und kreativ sein darf?“ Aber wer bist Du denn, dass Du es nicht sein darfst? Du bist doch ein Teil eines unbegreiflich schöpferischen Universums, ein Kind der Natur und seiner unbegrenzten Möglichkeiten! Wenn Du Dich und Deine Fähigkeiten verleugnest, dient das bestimmt nicht der Welt. Es ist nichts Erleuchtendes dabei, wenn Du Dich begrenzt, nur damit Andere sich in ihrer eigenen Begrenztheit bestätigt fühlen. Du wurdest geboren, um das Licht der wunderbaren Schöpfung strahlen zu lassen, welches in uns allen ist. Und wenn wir unser Licht erstrahlen lassen, geben wir anderen Menschen die Erlaubnis, dasselbe zu tun. Wenn wir uns von unserer sinnlosen Angst befreien, werden wir allein durch unsere Gegenwart auch Andere befreien!“

Ist das nicht schön! schwärmte Andreas. „Als ich das las, standen mir die Tränen in den Augen, berührte es mich tief. Es traf, glaube ich, auch meinen wunden Punkt. Angst. Angst vor der eigenen Courage. Als ich mir darüber bewusst wurde, war sie weg, einfach weg.

Ich bin mir dessen bewusst, was ich tue. Das Zitat hatte die Wirkung einer Befreiung auf mich. Es gibt keine Grund Angst zu haben.

Wir sind schon sehr viel mehr, als wir selbst denken. Es ist bereits alles vorhanden,

das Recht, auch von einem höheren universellen Standpunkt aus.

Es ist alles in uns, alle Ideen, alle neuen Technologien, alle Potentiale. Es ist an der Zeit, sie jetzt frei zu lassen.

Wir sollten sie verknüpfen. Wir müssen jetzt die neuen Strukturen schaffen, keine Pyramiden und dem alles überwachendem Auge, wie auf dem Dollarschein, sondern Netzwerke.

Gleich den Spinnen bilden wir diese Netze, mit der gleichen Elastizität und Festigkeit und ihrer Geometrie und Schönheit.

In einem Netz gibt es auch keinen Kopf, den man abschlagen kann. Alle wissen alles, na gut, zumindest das Wesentliche und noch besser, sie wenden es auch an.

Die jeweils Besten, Integersten avancieren zu den Führern in den jeweiligen Netzknoten, wie in König Artus Tafelrunde."

Als ich Andreas die Hand gab, sagte ich:

„Ich danke Dir für deine Zeit. Ich habe viel gelernt."

Andreas erwiderte darauf: „Das glaube ich nicht. Wir sind erstens nicht in die Tiefe der Dinge eingetaucht. Es was auch zweitens nicht meine Absicht. Drittens kann ich nichts lehren. Man kann immer nur selbst lernen, am besten dadurch, indem man es einfach tut. Mir reicht es, Dich neugierig gemacht zu haben. Gib das bitte genauso weiter. Der griechische Philosoph Aristophanes sagte einmal:

„Menschen bilden, bedeutet nicht ein Gefäß zu füllen, sondern ein Feuer zu entfachen."

Ich wollte mit diesem Gespräch ganz bewusst keine wirtschaftswissenschaftlichen Abhandlungen halten. Deswegen hast Du so viel Material und Buchempfehlungen, Linklisten auch von mir bekommen. Ich danke Dir für Deine Geduld, Dein vorurteilsfreies Zuhören und Dein Mitdenken. Das ist heute nicht mehr selbstverständlich. Deswegen glaube ich, sehen wir uns wieder, nicht um zu reden, sondern um zu arbeiten.

Wissen, Denken, Fühlen und Handeln sind in permanenter Interaktion, aber erst durch seine Tat offenbart der Mensch, was er wirklich weiß und kann. Wenn du also etwas veröffentlichst, dann mache die Menschen neugierig, auf das, wie die Vergangenheit wirklich war, mache sie staunend, erwartungs- und hoffnungsvoll über unsere schöne Zukunft, dann lösen wir unsere gegenwärtigen Probleme spielend. Bringe Ihnen Verständnis und Liebe entgegen. Das reicht eigentlich schon."

Mit diesen Worten, dieser Idee und dieser Aufgabe verabschiedeten wir uns. Ich musste mir doch kein Taxi nehmen, denn unweit von

Andreas Büro und Haus gab es eine Straßenbahnstation und der morgendliche Berufsverkehr setzte bereits ein. Ich saß in der Tram. Später stieg ich in die S-Bahn um. Ich muss sicher noch ein paar Dinge überschlafen. Das ist auch ganz gut so.

Andreas werde ich gleich wieder sehen, denn ich will ohnehin mein Auto abholen. Meine Uhr zeigte mir an, dass ich pünktlich zum Frühstück bei Sandra sein würde.

Der Bäcker liegt auf dem Weg und so könnte ich mich mit frischen Brötchen und duftendem Kaffee für die durchgemachte Nacht bei Ihr entschuldigen.

Für mein Protokoll habe ich wieder eine Unmenge Materialien gesammelt, die ich nach dem Schlafen sofort sichten und ordnen werde.

Das wichtigste beim Besuch von Andreas aber war: Ich sah Licht am Ende des Tunnels und ich hatte das erste Mal das Gefühl, dass es nicht der entgegenkommende Zug war.

Als ich aus der S-Bahn ausstieg, schien bereits die Sonne und ihre ersten Strahlen wärmten die Erde. Eigentlich völlig leer und ausgepowert kam mir plötzlich der Gedanke: Es scheint so, dass die Sonne scheint. Vielleicht trügt auch hier der Schein?

Wenn ein Raumschiff bei Tage in den Weltraum fliegt, sozusagen der Sonne entgegen, wird es dunkel. Der Weltraum ist schwarz, trotz Sonne und Milliarden anderer Sterne. Wo ist denn das Licht hin? Komisch.

Wie kann die Sonne Wärme schicken, wo doch der Weltraum ratze putze leer sein soll? Um Wärme zu leiten, braucht es ein Medium. Komisch. Na ja, wer weiß, welche Verschwörungstheorie dieses Mal dahinter steckt, wird man behaupten, wenn ich das irgendwo in den Raum stelle.

Es ist aber auch zu blöd, wenn man Dinge, die allgemein als ausgemacht gelten, wirklich in Frage stellt. Wie unangenehm! Selbst Denken ist schon eine gewöhnungsbedürftige Sportart. Anfangs führt es zu ungewöhnlichen seelischen Krämpfen. Für heute reicht es mir auch. Das werde ich jetzt nicht mehr klären. Aber auch in der Physik und der Medizin scheint es mir ratsam, sich fachkundigen Rat von Nichtexperten zu holen, denn wie heißt es treffend:

Experten haben die Titanic gebaut und Laien die Arche Noah.

Ich nahm mir vor, weniger fern zu sehen, um einfach besser

durch zusehen. Ich war plötzlich doch hundemüde und zugleich voller Tatendrang...

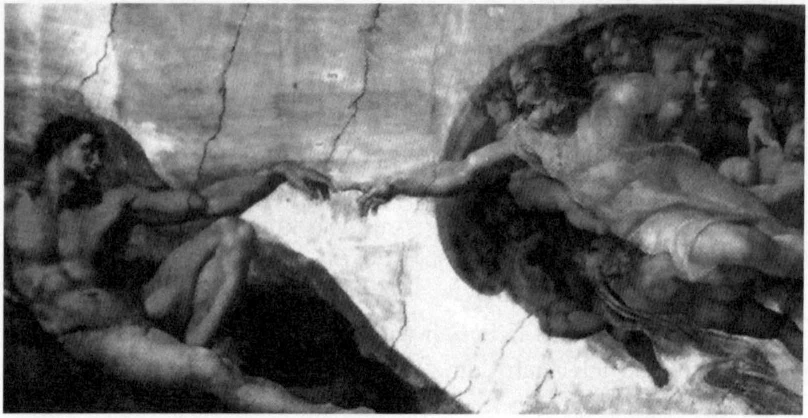

Heiliges Römisches Reich Deutscher Nation - Rom – Vatikan – Sixtinische Kapelle
Michelangelo – Die Erweckung Adams – 1502 – 1512 - Zeit der Renaissance.

Als allgemeiner Begriff einer Epoche wird das Wort Renaissance auch verwendet, um die Wiedergeburt der Werte, Bauwerke, Kunstwerke usw. eines vergangenen Zeitalters oder einer Werteordnung zu bezeichnen.

Renaissancemensch: Dies ist Dein Weckruf!

Protokolle / ergänzende Texte /

Fundstellen Recht bezogen auf den Gesprächstext:

Thema Unterschriften:

Oft werden Unterschriften von BRD-Verwaltungsbehörden verweigert oder „vergessen". Hier finden sie den roten Faden, der sich durch die Gesetzeshierarchie zieht und eine rechtsverbindliche eigenhändige Unterschrift zwingend macht:

Grundgesetz für die Bundesrepublik Deutschland
Artikel 1 (Menschenwürde - Menschenrechte - Rechtsverbindlichkeit der Grundrechte)
(1) „*Die Würde des Menschen ist unantastbar Sie zu achten und zu schützen ist Verpflichtung aller staatlichen Gewalt.*"
Bürgerliches Gesetzbuch BGB § 126 Gesetzliche Schriftform
(1) „*Ist durch Gesetz schriftliche Form vorgeschrieben, so muss die Urkunde von dem Aussteller eigenhändig durch Namensunterschrift oder mittels notariell beglaubigten Handzeichens unterzeichnet werden.*"
Zivilprozessordnung ZPO § 315 Unterschrift der Richter
(1) „*Das Urteil ist von den Richtern, die bei der Entscheidung mitgewirkt haben, zu unterschreiben.*"
Zivilprozessordnung ZPO § 317 Urteilszustellung und -ausfertigung
(2) „*Solange das Urteil nicht verkündet und nicht unterschrieben ist, dürfen von ihm Ausfertigungen, Auszüge und Abschriften nicht erteilt werden.*"

Die kommentierende Fassung geht dabei im Detail sogar auf die Form ein, wie eine

derartige Unterschrift erfolgt sein muss. Hier heißt es: „***Unterschriften von Richtern müssen stets mit dem Namen*** *oder zumindest so wiedergegeben werden, dass über ihre Identität kein Zweifel aufkommen kann.* ***Denn für den Zustellempfänger muss nachprüfbar sein, ob die Richter, die an der Entscheidung mitgewirkt haben, das Urteil auch unterschrieben haben.***"

Deshalb genügt die Angabe „gez. Meier, Richter am Landgericht" ohne dessen eigenhändige Unterschrift nicht.

Strafprozessordnung StPO § 275 Frist und Form der Urteilsniederschrift; Ausfertigungen

(2) *„Das Urteil ist von den Richtern, die bei der Entscheidung mitgewirkt haben, zu unterschreiben."*

Verwaltungsverfahrensgesetz VwVfG § 34 Beglaubigung von Unterschriften

(3) *„Der Beglaubigungsvermerk ist unmittelbar bei der Unterschrift, die beglaubigt werden soll, anzubringen. Er muss enthalten:*
1. die Bestätigung, dass die Unterschrift echt ist,
2. die genaue Bezeichnung desjenigen, dessen Unterschrift beglaubigt wird, sowie die Angabe, ob sich der für die Beglaubigung zuständige Bedienstete Gewissheit über diese Person verschafft hat und ob die Unterschrift in seiner Gegenwart vollzogen oder anerkannt worden ist,
3. den Hinweis, dass die Beglaubigung nur zur Vorlage bei der angegebenen Behörde oder Stelle bestimmt ist,
4. den Ort und den Tag der Beglaubigung, die Unterschrift des für die Beglaubigung zuständigen Bediensteten und das Dienstsiegel."

Weitere §§ die die Unterschriften regeln: BGB § 126a (Elektronische Form), ZPO § 130a (Elektronisches Dokument), ZPO § 435 (Vorlegung öffentlicher Urkunden in Urschrift oder beglaubigter Abschrift).

Thema Vorlagepflicht, eidesstattliche Versicherung:

Grundgesetz
Artikel 101

(1) Ausnahmegerichte sind unzulässig.
Niemand darf seinem gesetzlichen Richter entzogen werden.
(2) Gerichte für besondere Sachgebiete können nur durch Gesetz errichtet werden.

Gerichtsverfassungsgesetz
§ 16

Ausnahmegerichte sind unstatthaft.
Niemand darf seinem gesetzlichen Richter entzogen werden.

§ 21

Die §§ 18 bis 20 stehen der Erledigung eines Ersuchens um Überstellung und Rechtshilfe eines internationalen Strafgerichtshofes, der durch einen für die Bundesrepublik Deutschland verbindlichen Rechtsakt errichtet wurde, nicht entgegen.

Vorlagepflicht nach Verwaltungsgerichtsordnung § 99

(1) Behörden sind zur Vorlage von Urkunden oder Akten, zur Übermittlung elektronischer Dokumente und zu Auskünften verpflichtet. Wenn das Bekanntwerden des Inhalts dieser Urkunden, Akten, elektronischen Dokumente oder dieser Auskünfte dem Wohl des Bundes oder eines Landes Nachteile bereiten würde oder wenn die Vorgänge nach einem Gesetz oder ihrem Wesen nach geheim gehalten werden müssen, kann die zuständige oberste Aufsichtsbehörde die Vorlage von Urkunden oder Akten, die Übermittlung der elektronischen Dokumente und die Erteilung der Auskünfte verweigern.

ZPO §§ 138, 139

§ 138 Erklärungspflicht über Tatsachen; Wahrheitspflicht

1) Die Parteien haben ihre Erklärungen über tatsächliche Umstände vollständig und der Wahrheit gemäß abzugeben.

(2) Jede Partei hat sich über die von dem Gegner behaupteten Tatsachen zu erklären.

(3) Tatsachen, die nicht ausdrücklich bestritten werden, sind als zugestanden anzusehen, wenn nicht die Absicht, sie bestreiten zu wollen, aus den übrigen Erklärungen der Partei hervorgeht.

(4) Eine Erklärung mit Nichtwissen ist nur über Tatsachen zulässig, die weder eigene Handlungen der Partei noch Gegenstand ihrer eigenen Wahrnehmung gewesen sind.

§ 139 Materielle Prozessleitung

(1) 1Das Gericht hat das Sach- und Streitverhältnis, soweit erforderlich, mit den Parteien nach der tatsächlichen und rechtlichen Seite zu erörtern und Fragen zu stellen. 2Es hat dahin zu wirken, dass die Parteien sich rechtzeitig und vollständig über alle erheblichen Tatsachen erklären, insbesondere ungenügende Angaben zu den geltend gemachten Tatsachen ergänzen, die Beweismittel bezeichnen und die sachdienlichen Anträge stellen.

(2) 1Auf einen Gesichtspunkt, den eine Partei erkennbar übersehen oder für unerheblich gehalten hat, darf das Gericht, soweit nicht nur eine Nebenforderung betroffen ist, seine Entscheidung nur stützen, wenn es darauf hingewiesen und Gelegenheit zur Äußerung dazu gegeben hat. 2Dasselbe gilt für einen Gesichtspunkt, den das Gericht anders beurteilt als beide Parteien.

(3) Das Gericht hat auf die Bedenken aufmerksam zu machen, die hinsichtlich der von Amts wegen zu berücksichtigenden Punkte bestehen.

(4) 1Hinweise nach dieser Vorschrift sind so früh wie möglich zu erteilen und aktenkundig zu machen. 2Ihre Erteilung kann nur durch den Inhalt der Akten bewiesen werden. 3Gegen den Inhalt der Akten ist nur der Nachweis der Fälschung zulässig.
(5) Ist einer Partei eine sofortige Erklärung zu einem gerichtlichen Hinweis nicht möglich, so soll auf ihren Antrag das Gericht eine Frist bestimmen, in der sie die Erklärung in einem Schriftsatz nachbringen kann.

BBG § 58 Eidespflicht, Eidesformel:
„Der „Beamte" hat folgenden Diensteid zu leisten:
„Ich schwöre, das Grundgesetz für die Bundesrepublik Deutschland und alle in der Bundesrepublik geltenden Gesetze zu wahren und meine Amtspflichten gewissenhaft zu erfüllen,....""
BBG § 61 Amtsgeheimnis; Aussagegenehmigung
(4) *„Unberührt bleibt die gesetzlich begründete Pflicht des Beamten, Straftaten anzuzeigen und bei Gefährdung der freiheitlichen demokratischen Grundordnung für deren Erhaltung einzutreten."*
StPO § 152 Anklagebehörde, Legalitätsgrundsatz
(2) *„Sie (die Staatsanwaltschaft) ist,..., verpflichtet, wegen aller verfolgbaren Straftaten einzuschreiten, sofern zureichende tatsächliche Anhaltspunkte vorliegen."*
StGB § 154. Meineid
(1) *„Wer... falsch schwört, wird mit Freiheitsstrafe nicht unter einem Jahr bestraft."*
StGB § 239a. Erpresserischer Menschenraub.
(1) *„Wer einen anderen entführt oder sich eines anderen bemächtigt, um die Sorge des Opfers um sein Wohl oder die Sorge eines Dritten um das Wohl des Opfers zu einer Erpressung (§ 253) auszunutzen,... wird mit Freiheitsstrafe nicht unter fünf Jahren bestraft."*
StGB § 323c. Unterlassene Hilfeleistung. *„Wer bei... Not nicht Hilfe leistet, obwohl dies erforderlich und ihm den Umständen nach zuzumuten, insbesondere ohne erhebliche eigene Gefahr... möglich ist, wird... bestraft.*

Thema Menschenrechte

Das Grundgesetz sagt im Artikel 25:
„Die allgemeinen Regeln des Völkerrechtes sind Bestandteil des Bundesrechtes. Sie gehen den Gesetzen vor und erzeugen Rechte und Pflichten unmittelbar für die Bewohner des Bundesgebietes."

Bestehendes Völkerrecht ist die Allgemeine Menschenrechtserklärung der Vereinten Nationen:
Der Artikel 20 Satz 2 der Erklärung der Menschenrechte lautet:
„Niemand darf gezwungen, werden einer Vereinigung anzugehören."
Alles in beiden Büchern behandelte zeigt eindeutig, dass die Bundesrepublik kein Staat sondern eine Vereinigung ist, oder wie es Carlo Schmid formulierte, die „Organisationsform einer Modalität der Fremdherrschaft".

Artikel 15 Satz 2 der Erklärung der Menschenrechte lautet:
„Niemandem darf seine Staatsangehörigkeit willkürlich entzogen, noch das Recht versagt werden, seine Staatsangehörigkeit zu wechseln."
Zu keinem Zeitpunkt wurden die Menschen in diesem Lande gefragt, ihre Staatsangehörigkeit Deutsches Reich zu wechseln in „deutsch" einer Bundesrepublik Deutschland. Das hier durch diese Verwaltungsorganisation unrechtmäßige Verwirrspiel ist ein eindeutiger Verstoß gegen die Menschenrechte, insbesondere der beiden genannten Artikel 15 und 20

Artikel 15 Satz 1 der Erklärung der Menschenrechte
„Jeder hat das Recht auf eine Staatsangehörigkeit."

Artikel 6 der Erklärung der Menschenrechte lautet:
„Jeder hat das Recht, überall als rechtsfähig anerkannt zu werden."
Der durch die BRD-Justiz behauptete Anwaltszwang ist ein direkter Verstoß gegen Artikel 6 der Menschenrechtserklärung der UNO.

Artikel 13 der Erklärung der Menschenrechte
„1. Jeder hat das Recht, sich innerhalb eines Staates frei zu bewegen und seinen Aufenthaltsort frei zu wählen.
2. Jeder hat das Recht, jedes Land, einschließlich seines eigenen, zu verlassen und in sein Land zurückzukehren"

Der Europäische Gerichtshof für Menschenrechte (EGMR) hat im Urteil EGMR 75529/01 SÜRMELI gegen GERMANY am 08.06.2006 die Menschenrechtsverletzungen nach Art. 6 und 13 der Menschenrechtskonvention in der BRD festgestellt. Dieses Urteil des EGMR zu Art. 6 und 13 MRK besagt im Tenor, dass ein wirksames Rechtsmittel gegen Rechtsmissbrauch und Billigkeitsrecht für die Einhaltung des Rechts auf ein rechtsstaatliches Verfahren in der BRD nicht gegeben ist. Die Bundesrepublik Deutschland hat zugegeben, dass Staatsaufbaumängel vorliegen.

Zum Thema Menschenrechte äußerte sich der ehemalige Botschafter Singapurs und brillianter Intellektueller Asiens Professor Kishore Mahbubani im Spiegel, Nr.:21 vom 19.05.2008 S. 62 wie folgt:

„Deutschland hat all seine moralische Glaubwürdigkeit verloren und sollte andere nicht über Menschenrechte belehren."

In weiteren Ausführungen konnte der ansonsten im diplomatischen Umgang geübte Politiker dann nicht einmal mehr an sich halten und äußerte sich aufgebracht noch so:

„BRDler, wenn's um Menschenrechte geht, dann müsst ihr das Maul halten!"

Das lasse ich dann einmal unkommentiert so stehen. AC

Kein Mensch beginnt zu sein, bevor er seine Vision empfangen hat.

Spruch der Ojibway
Worte von Lame Deer, er lebte von 1890 bis 1974 und war Medizinmann der Dakotas, einem Unterstamm der Sioux Indianer:

„ICH BIN EIN MEDIZINMANN -- ein wicasa wakan. Medizinmann das ist ein Wort, das die Weißen erfunden haben. Ich wünschte, es gäbe ein besseres Wort, um auszudrücken, was „Medizinmann" für uns bedeutet, aber ich finde keines und du auch nicht, und so müssen wir uns wohl damit zufrieden geben. Ein wicasa wakan muss viel und oft mit sich allein sein. Er will weg von der Menge, weg von den kleinen, alltäglichen Dingen. Er liebt es zu meditieren, sich an einen Baum oder an einen Felsen zu lehnen und zu fühlen, wie sich die Erde unter ihm bewegt und wie über ihm das Gewicht des weiten flammenden Himmels lastet. Auf diese Weise lernt er zu verstehen. Er schließt die Augen und beginnt klarer zu sehen. Was du mit geschlossenen Augen siehst, das zählt. Der wicasa wakan liebt die Stille, er hüllt sich in sie ein, wie in eine Decke -- eine Stille, die nicht schweigt, die ihn mit ihrer donnergleichen Stimme vieles lehrt. Solch ein Mann liebt es, an einem Ort zu sein, wo er nur das Summen der Insekten hört. Er sitzt, das Gesicht gegen Westen, und bittet um Beistand. Er redet mit den Pflanzen, und sie antworten ihm. Er lauscht den Stimmen der wama kaskan -- der Tiere. Er wird einer von ihnen. Von allen Lebewesen fließt etwas in ihn ein, und auch von ihm strömt etwas aus. Ich weiß nicht, was und wie, aber es ist so. Ich habe es erlebt. Ein Medizinmann muss der Erde angehören, muss die Natur lesen können wie ein weißer Mann ein Buch.

ALLES, WAS IHR ESST, wird in eine Plastikhülle gepackt, ist sauber zerteilt und vorbereitet für die Pfanne, hat keinen Geschmack und erweckt in euch keineSchuldgefühle. Wenn ihr eure Pelz- oder Ledermäntel tragt, wollt ihr nicht daran erinnert werden, wie viel Blut und Schmerz sie gekostet haben. Wenn wir einen Büffel töteten, dann wussten wir, was wir taten. Wir baten seinen Geist um Vergebung und sagten ihm, warum wir es tun mussten. Wir ehrten mit einem Gebet die Gebeine derer, die uns ihr Fleisch als Nahrung gaben, wir beteten, dass sie wiederkommen sollten, wir beteten für das Leben unserer Brüder, des Büffelvolkes, genauso wie für unser eigenes Volk. Für uns ist alles Leben heilig.

Der Staat Dakota hat eigene Beamte für die Schädlingsbekämpfung. Sie setzen sich in ein Flugzeug und erschießen die Kojoten von der Luft aus.

Sie führen Buch darüber, jeder tote Kojote wird in ihr Notizheft eingetragen. Die Vieh- und Schafzüchter bezahlen sie dafür. Kojoten ernähren sich von Nagetieren, von Feldmäusen und anderem kleinem Getier. Gelegentlich fressen sie ein Schaf, das sich verlaufen hat. Sie sind die natürlichen Abfallverwerter, sie säubern das Land von allem, was faulig ist und stinkt.

Wer sich die Mühe macht und sie zähmt, für den sind sie gute Spielgefährten. Doch wenn sie am Leben bleiben, haben einige Leute Angst, ein paar Cent zu verlieren -- und deshalb tötet man sie vom Flugzeug aus. Die Kojoten waren in diesem Land, bevor die Schafe hierher kamen, aber sie sind euch im Weg, denn ihr könnt aus ihnen keinen Profit schlagen. Mehr und mehr Tiere sterben aus. Die Tiere, die der Große Geist in dieses Land gesetzt hat, müssen fort. Nur die Haustiere, nur die vom Menschen gezüchteten Tiere dürfen leben -- zumindest so lange, bis man sie in den Schlachthof treibt. Dieser entsetzliche Hochmut des weißen Menschen, der sich anmaßt, mehr als Gott zu sein, mehr als die Natur! Der Weiße sagt: „Ich lasse dieses Tier leben, denn es bringt mir Geld"; und er sagt: „Jenes Tier muss sterben, ich kann an ihm nichts verdienen, den Platz, den es braucht, kann ich besser verwenden. Nur ein toter Kojote ist ein guter Kojote". Die Weißen behandeln die Kojoten fast so schlimm wie sie einst uns Indianer behandelt haben.

ICH HABE DEN EINDRUCK, die weißen Menschen fürchten sich so sehr vor der Welt, die sie selbst geschaffen haben, dass sie diese nicht mehr sehen, fühlen, riechen oder hören wollen. Regen und Schnee auf dem Gesicht zu spüren, von einem eisigen Wind wie erstarrt zu sein und an einem rauchenden Feuer wieder aufzutauen, aus einer heißen Schwitzhütte zu kommen und in einen kalten Fluss zu tauchen -- diese Erfahrungen zeigen dir, dass du lebst. Aber ihr wollt das gar nicht mehr empfinden. Ihr wohnt in Kästen, die Sommerhitze und Winterkälte aussperren, ihr lebt in einem Körper, der seinen Geruch verloren hat, ihr hört den Lärm aus der Hi-Fi-Anlage anstatt den Klängen der Natur zu lauschen, ihr seht den Schauspielern im Fernsehen zu, die euch Erlebnisse vorgaukeln, euch, die ihr längst verlernt habt, irgendetwas selbst zu erleben. Ihr esst Speisen, die nach nichts schmecken. Das ist euer Weg. Er ist nicht gut.

BEVOR UNSERE WEISSEN BRÜDER KAMEN, um zivilisierte Menschen aus uns zu machen, hatten wir keine Gefängnisse. Aus diesem Grund hatten wir auch keine Verbrecher. Ohne ein Gefängnis kann es keine Verbrecher geben. Wir hatten weder Schlösser noch Schlüssel und deshalb gab es bei uns keine Diebe. Wenn jemand so arm war, dass er kein Pferd besaß, kein Zelt oder keine Decke, so bekam er all dies geschenkt.

Wir waren viel zu unzivilisiert, um großen Wert auf persönlichen Besitz zu legen. Wir strebten Besitz nur an, um ihn weitergeben zu können. Wir kannten kein Geld und daher wurde der Wert eines Menschen nicht nach seinem Reichtum bemessen. Wir hatten keine schriftlich niedergelegten Gesetze, keine Rechtsanwälte und Politiker, daher konnten wir einander nicht betrügen. Es stand wirklich schlecht um uns, bevor die Weißen kamen, und ich kann es mir nicht erklären, wie wir ohne die grundlegenden Dinge auskommen konnten, die -- wie man uns sagt -- für eine zivilisierte Gesellschaft so notwendig sind.

AUCH DER MENSCH BESTEHT AUS VIELERLEI. Woraus immer die Luft ist, die Erde, die Kräuter, die Steine, all das ist auch Teil unserer Körper. Wir müssen wieder lernen, wir selber zu sein und die Vielfalt in uns zu fühlen und zu entdecken. Wakan Tanka, das Große Geheimnis, lehrt Tiere und Pflanzen, was sie tun sollen. In der Natur gleicht nichts dem anderen. Wie verschiedenartig sind die Vögel! Einige bauen Nester, andere nicht. Manche Tiere leben in Erdlöchern, andere in Höhlen, andere in Büschen. Wieder andere kommen überhaupt ohne Behausung aus. Sogar Tiere derselben Art -- zwei Hirsche, zwei Eulen -- verhalten sich unterschiedlich. Ich habe viele Pflanzen aufmerksam betrachtet. Von den Blättern einer Pflanze, die alle auf demselben Stängel wachsen, ist keines ganz wie das andere. Auf der ganzen Erde gibt es keine zwei Blätter, die einander völlig gleichen. Der Große Geist hat es so gewollt.

Für alle Geschöpfe auf der Erde hat er den Lebenspfad bloß im Großen vorgezeichnet; er zeigt ihnen die Richtung und das Ziel, lässt sie aber ihren eigenen Weg dorthin finden. Er will, dass sie selbständig handeln, ihrem Wesen gemäß und ihren inneren Kräften gehorchend. Wenn nun Wakan Tanka will, dass Pflanzen, Tiere, sogar die kleinen Mäuse und Käfer, auf diese Weise leben -- um wie viel mehr werden ihm Menschen, die alle dasselbe tun, ein Gräuel sein: Menschen, die zur selben Zeit aufstehen, die gleichen im Kaufhaus erstandenen Kleider anziehen und dieselbe U-Bahn benützen, die im selben Büro sitzen, die gleiche Arbeit verrichten, auf ein und dieselbe Uhr starren und -- was am schlimmsten ist -- deren Gedanken einander zum Verwechseln ähnlich sind. Alle Geschöpfe leben auf ein Ziel hin. Selbst eine Ameise kennt dieses Ziel -- nicht mit dem Verstand, aber irgendwie kennt sie es. Nur die Menschen sind so weit gekommen, dass sie nicht mehr wissen, warum sie leben.

Sie benützen ihren Verstand nicht mehr und sie haben längst vergessen, welche geheime Botschaft ihr Körper hat, was ihnen ihre Sinne und ihre Träume sagen. Sie gebrauchen das Wissen nicht, das der Große Geist jedem von uns geschenkt hat, sie sind sich dessen nicht einmal mehr bewusst, und so stolpern sie blindlings auf der Straße dahin, die nach Nirgendwo führt -- auf einer gut gepflasterten Autobahn, die sie selber ausbauen, schnurgerade und eben, damit sie umso schneller zu dem großen leeren Loch kommen, das sie am Ende erwartet, um sie zu verschlingen

Aus »Recht und Wahrheit«

Was ist ein Staatsstreich? Hören wir dazu die regierungseigene Publikation „Das Parlament“ des Bundestages:..Als Staatsstreich oder Putsch bezeichnet man den irregulären Transfer der Regierungsgewalt. Oft ohne den Einsatz militärischer Mittel, meist aber unter Androhung dieser. üblicherweise durch das Militär oder mit dessen Hilfe.“
(www.bundestag.de/dasparlamcnt/2007/16-17/Beilage/002.html)
Das heißt: Wenn die Macht an Instanzen Übertragen wird, die im Grundgesetz dafür nicht vorgesehen sind, und diese Machtübertragung außerdem ohne demokratische Legitimation erfolgt, dann handelt es sich um einen Staatsstreich, auch wenn er ohne sichtbare Gewalt stattfindet.

Genau das passiert derzeit in der BRD und in anderen Ländern Europas: Die Regierung gibt „freiwillig“ (?) den größten Teil ihrer Kompetenzen in fremde Hände, nämlich an EU-Behörden, die weder demokratisch gewählt noch kontrolliert sind. Das sogenannte EU-Parlament hat dabei keine wesentlichen Kompetenzen und dient nur als Feigenblatt. Die vom Grundgesetz vorgeschriebene Machtverteilung sowie das Zustandekommen der Gesetze wird somit unterlaufen, was de facto eine Aushebelung desselben bedeutet. Eine solch grundlegende „Entmachtung“ des Grundgesetzes ist aber laut Artikel 146 nur dann gestattet, wenn es I. durch eine Verfassung ersetzt wird, die 2. in freier Volksabstimmung angenommen werden muß.

Beides ist bei dem neuen „EU-Reformvertrag“ nicht gegeben. Dieser nennt sich zwar nicht mehr „Verfassungsvertrag“, um die in vielen Ländern erforderliche Volksabstimmungen zu umgehen, unterwirft aber die nationalen Kompetenzen noch stärker dem Diktat des „Zentralkomitees“ der EU als es ohnehin schon der Fall ist. Die Umbenennung zum „Reformvertrag“ und der Verzicht auf EU-Staatssymbolik sind hierbei als reine Kosmetik zu werten mit dem Ziel, die europaweite Kritik an der geplanten EU-Verfassung zu unterlaufen. Alle Verantwortlichen in und außerhalb der BRD-Regierung, die diesen Vertrag gutheißen, auf den Weg bringen und durchsetzen, beseitigen somit die grundgesetzliche Ordnung, das Fundament der BRD. Ob man das nun als.. Hochverrat“,.. Putsch“ oder als.. Staatsstreich“ bezeichnen möchte, ist letztlich unwesentlich.

Ich benutze letzteres Wort deshalb, um die enorme Tragweite dieses Vertragswerkes zu illustrieren, das man so euphemistisch-harmlos „Reformvertrag“ genannt hat. In Wahrheit liefert es das, was vom Grundgesetz noch übrig ist, einer gut abgeschirmten Clique in Brüssel aus. Dazu sind die Abgeordneten in Berlin aber weder befugt noch gewählt worden. Sie haben ihr Mandat zur treuhänderischen Verwaltung des Staates bekommen, also zum Regieren, aber nicht dafür, die ihnen geliehene Regierungsgewalt für alle Zeiten an fremde Mächte zu verschachern, die sich demokratischem Zugriff systematisch entziehen! Dieses Mandat hat ihnen niemand erteilt, und weil ihnen das bewußt ist, vermeiden sie auch panisch jede Volksbefragung dazu. Sie verhalten sich wie ein Hausmeister, dem wir die Schlüssel zwecks Instandhaltung der Wohnung überlassen haben, und der während unserer Abwesenheit die Wohnung an Fremde verkauft.

Gegen solche Bestrebungen gibt es nicht nur ein Recht, sondern sogar die moralische Pflicht zum Widerstand.
Der Artikel 20, Absatz 4 GG sagt dazu eindeutig:

„ Gegen jeden. der es unternimmt. diese Ordnung zu beseitigen. haben alle Deutschen das Recht zum Widerstand. wenn andere Abhilfe nicht möglich ist. „ Dieses Recht darf nunmehr jeder einzelne BRD-Bürger in Anspruch nehmen, um den geplanten EU-Staatsstreich zu verhindern, freilich nach Ausschöpfung der wenigen legalen Mittel, die noch bleiben, wie etwa einer Klage beim BVG. Bis zu diesem Punkt ist die Rechtslage eindeutig. Doch wie sieht ein solcher Widerstand konkret aus? Welche Maßnahmen sind durch Artikel 20 gedeckt und welche nicht? Die Online-Enzyklopädie Wikipedia meint dazu:

.. Das Widerstandsrecht (von Artikel 20 GG) umfasst sowohl passiven Widerstand durch Gehorsamsverweigerung als auch aktiven Widerstand durch Gewalt, steht aber unter absolutem Subsidiaritätsvorbehalt durch die im gleichen Satz genannte Voraussetzung, d(ifJ andere Abhilfe nicht möglich ist. Mit diesem Recht soll verhindert werden. daß eine Machtübernahme durch nichtdemokratische Handlungen der Exekutiven oder Legislativen (insbesondere die Feststellung des Spannungs- oder Verteidigungsfalls) das politische System in Deutschland gleichsam aushebelt und es damit zu einer Diktatur kommen kann. bei der eine wirkliche Kontrolle der ausführenden Organe durch das Volk nicht mehr gegeben ist... Genau das wäre aber mit Annahme des „Reformvertrages" gegeben, wie wir in einem entsprechenden Artikel noch näher ausführen werden. Nach Artikel 20 wären also auch Gesetzesübertretungen im Widerstand rechtens, da die Gesetze dem GG nachgeordnet sind, vorausgesetzt, daß dadurch andere Grundrechte nicht verletzt werden.

Aber was heißt das konkret? Ein Steuerboykott zum Beispiel? Ohne Zweifel wäre das ein äußerst wirksames Mittel, wenn er denn von breiten Bevölkerungskreisen getragen würde. Allerdings ist damit zu rechnen, daß ein solcher von den Staatsbeamten der Exekutive und Jurisdiktive versucht würde zu kriminalisieren. Die meisten deutschen Beamten folgen halt eher den Weisungen von „oben" als ihrem Gewissen. Besser gesagt: Das Hemd ihres Postens ist ihnen näher als der Rock des Grundgesetzes - ein oft beklagtes Thema.

Natürlich könnten auch Massendemonstrationen, Blockaden oder Streiks durchaus Wirkung zeigen. Das jedoch hätte die Sensibilisierung breiter Schichten des Volkes zur Voraussetzung. Genau daran hapert es derzeit noch, dafür sorgt vor allem die einseitige Berichterstattung der Medien, die jede Kritik totschweigt. Was zeigte man uns denn von der EU-Konferenz in Lissabon, wo dieses Machwerk beschlossen wurde? Freudige Eintracht der Mächtigen, Küßchen von Merkel mit Barroso, allenfalls ein wenig unwürdiges Geschacher des polnischen Gernegroß um noch mehr Einfluß.

Daß aber vor den verschlossenen Toren mehr als 200.000 Menschen gegen das Vertragswerk demonstrierten - eine der größten Demonstrationen in der Geschichte Portugals - das verschwieg man dem deutschen Michel, damit er bloß nicht ins Grübeln kommt. Muß es erst zu Krawallen kommen, damit sich die Medien dazu herablassen, davon Notiz zu nehmen?

Randalierende Demonstranten zeigt man gerne, um ihr Anliegen schlecht zu machen - siehe Rostock - friedliche hingegen werden ignoriert, sofern sie nicht die gewünschte Meinung vertreten.

Der wichtigste Schritt zur gewaltfreien Verhinderung eines Staatsstreiches ist immer die Offenlegung der beteiligten Personen, ihrer Mittel und ihrer Ziele. Die Personen sind bekannt, es sind fast alle Entscheidungsträger der BRD, von wenigen Ausnahmen abgesehen.

Ihre Mittel ebenso: Formal legale Abstimmungen in Bundestag und Bundesrat. Ihre Ziele sind es hingegen weniger, denn sie verstecken sich absichtlich in einem schwer lesbaren, umfangreichen Konvolut politischer Fachsprache. Um nur die herausragendsten Punkte zu nennen:

- die Priorität Brüsseler Gesetze in allen wesentlichen Belangen des Staates, o die Möglichkeit, diese jederzeit zu erweitern und zu ändern, wobei das EU-Parlament lediglich „angehört" zu werden braucht, o das Fehlen einer echten Gewaltenteilung,
- die Aushebelung des deutschen Verbotes von Angriffskriegen ohne Einspruchsmöglichkeit des Parlamentes oder des Europäischen Gerichtshofes, o die Pflicht zur Aufrüstung, o die indirekte Wiedereinführung der Todesstrafe, o das Recht, in eine protestierende Menge zu schießen, „U11 einen Aufruhr oder Aufstand rechtsmäßig niederzuschlagen „, o die Aufhebung der Mitbestimmung in deutschen Betrieben, wenn diese im Ausland residieren o eine lebenslange Immunität fiir EU-Beamte und „sonstige Bediensstete der Union", o die Einschränkung der Unverletzlichkeit der Wohnung und des Fernmeldegeheimnisses via EU etc.pp..

Das hört sich an wie ein Fahrplan zur Diktatur, und genau das ist es auch. Nur die Unwissenheit der Masse des Volkes über dieses unglaubliche Machwerk verhindert bisher, daß das Volk aufbegehrt. All jene, die nicht müde werden zu bejammern, daß der Reichstag 1933 freiwillig seine Rechte an den Reichskanzler abgetreten hat, können sich nun bewähren, indem sie gegen das aktuelle Ermächtigungsgesetz, denn nichts anderes ist der „Reformvertrag", Sturm laufen, um es zu Fall zu bringen. Für ein „Wehret den Anfangen" ist es schon zu spät, aber die Vollendung eines neuen Sklaventums unter demokratischem Deckmantel läßt sich vielleicht noch verhindern. Man muß die Machenschaften aufdecken, sie beim Namen nennen, sie vor aller Augen sichtbar machen. Wir dürfen nicht weiter die vernebelnden Begriffe des regierungsamtlichen „Neusprech" verwenden, sondern müssen unsere Worte wieder selbst finden, zu unserer eigenen Sprache zurückkehren. Nur so werden die Mächtigen enttarnt, wie im Märchen vom „Rumpelstilzehen", das seine Macht dann verlor, als man seinen Namen aussprach. Es ist höchste Zeit, daß man den Bürgern Europas vor Augen führt, was da gegen sie vorbereitet wird. Dazu gehört, den Versuch der Politführer als das zu bezeichnen, was er ist: ein Staatsstreich.

Armin Mühlbauer

Aus Recht und Wahrheit

„Es kann doch nicht sein, daß eine Minderheit einer Mehrheit von Menschen Angst macht!“ So tönte die BRD-Kanzlerin Merkel am 4. Januar in die TV-Kameras über die jüngsten Überfälle ausländischer Jugendlicher auf Deutsche. So, das kann also nicht sein? Das ist aber so, Frau Merkel, und zwar deshalb, weil Sie und Ihresgleichen es so wollen. Wer holt denn seit Jahrzehnten „ausländische Mitbürger“ millionenfach hierher, wer erklärt denn dieses dicht besiedelte Land im Herzen Europas frech zum „Einwandererland“, und das angesichts über 8 Millionen Arbeitsloser? (Vergessen Sie die offizielle Statistik - die ist gefälscht.) Es ist doch Ihre Partei, die CDUSPDFDPGRÜNELINKE-Einheitspartei, die einmütig für die multikulturelle Gesellschaft eintritt, wie immer gegen den Willen der Mehrheit des Volkes! Die von Ihnen derzeit geführte Einheitspartei hat unter Brandt/Schmidt/Kohl/Schröder/Merkel konsequent an diesem Ziel gearbeitet, dabei Hunderte Wahlversprechen immer wieder gebrochen - gell, Herr Koch? - um nun am Scherbenhaufen einer völlig verfehlten „Integrationspolitik“ den Ahnungslosen zu mimen und Empörung zu heucheln.

„Empörung“ scheint die einzige Emotion zu sein, zu der die Kaste der BRD-Verwalter überhaupt noch fähig ist, wobei sich vor allem Thierse und Roth als Betroffenheitsspezialisten hervorgetan haben. Doch auch Merkel gefällt sich zunehmend in der Rolle der Internatsleiterin, die ständig ungefragt irgend etwas „anmahnt“. Zum Beispiel Meinungsfreiheit für Dissidenten. Nein, nicht bei uns, sondern in China. Oder mehr Engagement gegen Kinderarmut - in Indien. Als Pfarrerstochter und ex-“FDJ-Sekretärin für Agitation und Propaganda“ hat sie dafür die besten Voraussetzungen. Ihre liebsten Mahnbescheide erteilt sie zum „Klimaschutz „, wie der neueste Betrug derzeit genannt wird. George W. Bush war so beeindruckt, daß er sofort den Grill abschaltete und seine T-Bone-Steaks „englisch“ servierte. Das unsägliche „Kyoto-Protokoll“ hai er dennoch nicht unterschrieben. Vermutlich das einzig Vernünftige, das dieser notorische Versager in seiner Amtszeit je zustandebrachte.

Merkel, die moralisierende „Mahnerin“, ständig im Einsatz rund um den Globus, nur nicht daheim, wo derweil die Springer-Hofpresse die“ Mahnerin“ als“ Macherin“ lobpreist - zumindest auf dem Papier. Selbst grönländische Eisberge sollen vor ihrem verkrampften Charme schon dahingeschmolzen sein, so wie weiland George W.. Wie schrieb Michael Winkler treffend? Es ist völlig in Ordnung, wenn die Kanzlerin oft und weit verreist. Das Problem ist, daß sie jedesmal wieder zurückkommt und uns hier mit ihren ständigen Mahnungen und" Bekenntnissen" (zur „Demokratie", zu „Eurapa", zum „Rechtsstaat" etc. - wählen Sie selbst eine Floskel) auf die Nerven geht.

„Und immer wenn du denkst, dümmer geht s nicht mehr, kommt irgendwo ein Merkel her." Das ist heute der Standardsatz im deutschen Kabarett. Legt man die Behauptung zu Grunde, jedes Volk habe die Führung, die es verdient, dann steht es schlecht um die BRD.

Selbst wenn man sich einreden ließe, wir Deutsche wären „auf ewig schuldig" und „zur Sühne verdammt", selbst dann hätten wir eine derart unfähige und selbstgerechte Staatsverwaltung nicht verdient.

„Staatsführung" wäre zu hoch gegriffen, denn geführt wird die BRD längst von anderswo. Die heutigen Politiker sind nur noch willige Erfüllungsgehilfen dessen, was von Brüssel, New York oder Tel Aviv diktiert wird - hochbezahlte Türöffner des Globalismus, trojanische Pferde der Hochfinanz. Nicht mehr und, leider, auch nicht weniger. Abgeschottet vom Volk und der Realität wie weiland Honecker und Mielke in Wandlitz, der eigenen Propaganda auf den Leim gegangen, benebelt vom Weihrauch einer verlogenen Jubelpresse, halten sie sich für die „Macher", fähig und auserwählt, dieses geschundene Land weiter den Plünderern auszuliefern - und nennen das „regieren". Doch was tun sie wirklich, außer durchs Land zu reisen und die Platitüden ihrer Ghostwriter schlecht und recht in Kameras und Mikrophone zu stammeln? Wenn über 80% der Gesetze nur noch die Umsetzung der Vorgaben der EUKommission sind und der verbliebene Rest Pfusch und Flickwerk, die Reform der Reform der Reform? Wenn die, die sich anmaßen, über unser Schicksal zu entscheiden, nicht einmal wissen, wie hoch die BRD verschuldet ist, wieviel Sterne die EU-Flagge hat oder wie viele Nullen eine Billion? Dafür wissen wir, wie viele Nullen in den Parlamenten ihr Unwesen treiben, falls sie überhaupt einmal anwesend sind: Viel zu viele.

Wie dumm muß ein Volk überhaupt sein, dieses Desaster vor aller Augen zu ertragen und mit dem eigenen Geld wieder und wieder zu sponsern? Immer in der Illusion, es ginge uns ja nichts an, und wenn wir denen ihr Wolkenkuckucksheim üppigst finanzieren, dann lassen sie uns vielleicht in Ruhe und richten weiter keinen Schaden an. Leider falsch gedacht. Je mehr man solchen Typen in den Rachen wirft, um so gieriger werden sie und genehmigen sich mal eben eine weitere Gehaltserhöhung von über 10%, während für die Rentner oder die Bekämpfung der Armut von fast zwei Millionen Kindern in Deutschland „leider kein Geld da ist". Natürlich nicht, es wandert ja zunehmend nach Brüssel, Israel oder an den Hindukusch zur Unterstützung zweifelhafter Militärabenteuer der US-Demokratiebringerbrigaden.

Es ist leider wahr: Die Mehrheit des deutschen Volkes ist mittlerweile entweder zu feige oder zu verblödet, um auch nur den Hauch einer Veränderung zu wagen. Wer kauft denn Tag für Tag millionenfach die „BILD-Zeitung" und liest den Schmarren auch noch, obwohl inzwischen jeder weiß, daß die Redakteure auf die Treue zur USA und Israel eingeschworen wurden, daß vieles Lüge und der Rest Propaganda ist? Millionen lassen sich jeden Abend von der „Tagesschau" oder „Heute" hypnotisieren und diskutieren erregt die Untaten von Bin Laden und seiner AL-Quaida, ängstigen sich vor dem „Klimawandel" und schämen sich für jegliche deutsche Politik in all den Jahrhunderten vor 1945, aber nicht für die heutige, obwohl das naheliegender wäre - und von vitalem Interesse für uns und die (hoffentlich) kommenden Generationen. Armes Deutschland! Arm im Geiste, arm an Zivilcourage, es sei denn, sie wird von oben verordnet. Insofern ist die derzeitige Politikerkaste durchaus ein Spiegel der Gesellschaft!

Die wenigen Aufrechten, die es dennoch gibt, werden nicht etwa für ihren Mut bewundert, an dem es der Mehrheit mangelt, sie werden ausgegrenzt, stigmatisiert, ruiniert und eingesperrt, sollten sie weiter störrisch bleiben. Ja - sie bekommen ihre Chance zu widerrufen, zu Kreuze zu kriechen, Beispiele sind Legion.

Eva Herman wurde mehrmals von Kerner gefragt, ob sie nicht doch ihre Formulierung bereue, bevor sie aus der Sendung geworfen wurde. Der Entdecker Dr. Ryke Geerd Hamer bekam kurzerhand Berufsverbot als Arzt und wurde dadurch mehrmals eingekerkert wegen - so wörtlich! -" Nicht-Abschwörens" der von ihm entdeckten Zusammenhänge. Das Prinzip ist dasselbe, die Inquisition lebt, nur die Folter ist subtiler geworden, und auf die Scheiterhaufen verzichtet man vorläufig. Und das Publikum? Es empört sich ein wenig, um sich bald wieder zu beruhigen und gespannt dem Geschwätz in der nächsten „Tagesschau“ zu lauschen. Diese Nicht-Reaktion der Deutschen ist seiner Herrschaft seit altersher bekannt, und deshalb ziehen sie die Schraube immer mehr an und leisten sich immer dreistere Unverschämtheiten. Selbst Vergehen, für die der Normalbürger für viele Jahre hinter Gittern wandern würde, bleiben in jenen Kreisen ungestraft oder werden mit lächerlichen Bußgeldern „aus der Welt geschafft“. Weil wir es ihnen erlauben.

Der Leser mag mir verzeihen, daß ich hier vom gewohnten Schema, nämlich das Volk nur als Opfer Übler Machenschaften seiner UnterdrÜcker zu sehen, abgewichen bin. Natürlich ist es wahr: das Volk ist Opfer, das war es immer. Es ist aber auch Opfer seiner eigenen Trägheit, seiner Bequemlichkeit, den Weg des vermeintlich geringsten Widerstandes zu wählen, lieber einmal mehr den Mund zu halten, das Empfinden für Gerechtigkeit zurückzustellen, den Diebstahl seiner angeborenen Freiheit hinzunehmen, auf die Würde zu verzichten, wenn sie wieder und wieder in den Staub getreten wird. Doch wer sich nicht wehrt, der wird um so mehr getreten, das ist Naturgesetz. Ausländische Jugendliche, die ganz selbstverständlich Rentner verprügeln, sind „nur“ das Symptom einer kranken Geisteshaltung, die sich quer durch das Deutschland von heute zieht: Die Schreckstarre, die fast alle Deutschen wie auf Knopfdruck befällt, wenn man sie als „Rassisten“ oder Schlimmeres bezeichnet, selbst dann, wenn sie nur ihr legitimes Recht auf Selbstverteidigung wahrnehmen.

Mügeln war da nur ein Beispiel unter vielen, daß wir zu Robotern degeneriert sind, die sich von geistlosen Schlagwörtern sofort zum Schweigen bringen lassen.

Wie im Kleinen, so im Großen: Ein Volk ohne Selbstachtung kann noch so viele Milliarden an alle Länder der Welt verschenken, man wird es dafür nicht achten, nein, man dankt es ihm nicht einmal. Im Gegenteil: Man lacht über solche Deppen. Damit werden nur weitere Begehrlichkeiten geweckt, und der Verdacht kommt auf: „Die müssen ja verdammt viel Dreck am Stecken haben. wenn sie glauben. sich mit so viel Geld Feikaufen zu müssen!“ Haben wir das gewollt? Nein - aber wir sind auf bestem Weg dahin, zum nützlichen Idioten für den Rest der Welt zu werden. Ich plädiere keineswegs für eine Ellbogen-Mentalität oder einen Wirtschaftsimperialismus. Ich plädiere für ein faires und korrektes Geben und Nehmen, etwas, für das wir Deutsche früher weltweit geachtet wurden.

Das gilt nicht nur in der internationalen Politik oder im Handel, sondern auch in der Einwanderungspolitik. Die Frage ist erlaubt und sie ist fundamental: „Fremde/; der du hier leben willst. was bist du bereit. einzubringen?

Nicht Geld ist gefagt, das haben wir selbst. sondern eine Bereicherung und ein konstruktives Miteinander.

Wer das aufbringt, wie die meisten der ersten Generation von Gastarbeitern, der sei willkommen, wenn auch nicht in unbeschränkter Menge. Ich meine, einen begrenzte und kontrollierte Zahl Fremder, konstruktive zumindest, kann jedes Volk gut integrieren. Wer aber nur auf Kosten unserer Sozialkassen zu leben gedenkt oder gar gewalttätig wird, der hat hier nichts verloren.

Oder erlaubt man Jugendlichen etwa in Anatolien, Ältere oder Wehrlose zu überfallen und zu mißhandeln?

Die deutsche Polizei tut zwar ihr bestes - und muß den Kopf dafür hinhalten -, wird aber von der Justiz kaltgestellt, die dafür sorgt, daß Täter mit „Migrationshintergrund" meist schneller die Wache wieder verlassen als der Polizist, der noch den Bericht schreiben muß. Wenn der BRD-Staat (bzw. seine Justiz) in ideologischer Verblendung gewalttätige Verbrecher trotz langem Vorstrafenregister nicht ausweisen oder sicherstellen kann bzw. will, dann gefährdet er seine Bürger. Das Justizsystem wird somit zur Gefahr für das eigene Volk. Juristisch gesehen ist solches Verhalten eine „Gefährdung der öffentlichen Sicherheit", begangen von denen, die dafür bezahlt werden, sie zu schützen. Das wird Konsequenzen haben, wenn auch leider noch nicht sofort.

Damit komme ich zur Frage an den deutschen Mitbürger:

Bist du bereit. solche Wahrheiten auszusprechen, auch wenn du deshalb kritisiert wirst? Hast du genügend Mut. deine Meinung frei zu sagen und danach zu handeln? Widerstehst du aufrecht den Anfeindungen der Verblendeten und Gehirngewaschenen? Erst wenn genügend Deutsche wieder zu ihrem Mut und zur Wahrheit zurückgefunden haben werden, dann wird sich etwas ändern.

Wir Wenige kommen zwar nicht an gegen die Masse der Heuchler und der denkfaulen B1LD-Zeitungs-Konsumenten. Aber wir können denen, die vielleicht ähnlich empfinden, aber noch nicht den Schneid haben, dazu zu stehen, ein Beispiel geben. Es geht auch anders - und das werden solche Typen wie Merkel und ihre Helfershelfer zur Kenntnis nehmen müssen. Ich bin zuversichtlich: Der Tag ist näher als die meisten glauben. Denn daß sich die Situation zunehmend verschärft, dafür sorgen schon die Verwalter des Systems. Weil sie ahnen, was auf sie zukommt.

Armin Mühlbauer

Der Lissaboner Vertrag der EU bedeutet Diktatur

Von Lord Christopher Monckton

Lord Christopher Monckton, ehemaliger Berater der Regierung Margaret Thatchers und prominenter Gegner des Schwindels der „globalen Erwärmung“, nahm am 19. März mit der folgenden Erklärung Stellung gegen den Vertrag von Lissabon.

Nach dem Fall der Berliner Mauer breitete sich die kommunistische Spezies des Faschismus heimlich nach Westen aus und infizierte die Europäische Union, deren komplizierte Verträge - die heute bei den mit Steuern und Vorschriften überladenen Völkern Europas verhaßt und gefürchtet sind - der sowjetischen Verfassung mehr gleichen als irgendeiner freiheitlichen und demokratischen Verfassung. In den gewandten Worten eines dänischen Mitglieds der Europäischen Duma: Würde sich die Europäische Union um Aufnahme in die Europäische Union bewerben, so würde dies mit der Begründung abgelehnt, sie sei nicht demokratisch. [Siehe das Interview mit Jens-Peter Bonde in der letzten Ausgabe. - d. Red.]

Der neue „Präsident Europas“ (das könnte durchaus Tony Blair sein, der sein Möglichstes getan hat, sich diesen Job auf Kosten des Steuerzahlers zu erkaufen, indem er Großbritanniens Tribut an das finstere Brüsseler Weltreich auf atemberaubende 50 Milliarden Dollar im Jahr erhöhte) wird dieselbe Macht erhalten wie der Generalsekretär der Kommunistischen Partei der Sowjetunion. Die Europäische Kommission hat, wie das Politbüro, mit dem es von der Funktion her identisch ist, die alleinige Befugnis, europäische Gesetze vorzuschlagen oder entsprechend abzulehnen. Wie das Politbüro wird sie nicht gewählt und pflanzt sich aus sich selbst heraus fort. Jeder Kommissar (nicht zufällig ist das Wort identisch mit dem kommunistischen „Kommissar“) hat die Macht, ein Edikt zu erlassen, das unmittelbar die Kraft obersten Gesetzes in den beherrschten Gebieten annimmt, die man nun nicht mehr „Mitgliedstaaten“ nennt, sondern „Regionen“ - gewissermaßen regionale Sowjets, die dem obersten Sowjet in Brüssel vollständig nachgeordnet und unterworfen sind. Das Europäische Parlament besitzt, ähnlich der

Duma oder dem Volkskongreß der Sowjetunion, keine Gewalt, Gesetze vorzuschlagen, und seine Entscheidungen können von den Kommissaren außer Kraft gesetzt werden (was auch oft geschieht).

Die Parlamente der „Regionen“, wie z.B. das britische Parlament, haben nicht die Macht, irgendwelche von den Kommissaren erlassenen Edikte, deren Name - „Direktiven“ - bereits auf ihren undemokratischen Charakter schließen läßt, zu ändern oder abzulehnen. Allein in den vergangenen zehn Jahren hat der Gesetzesprüfungsausschuß des Unterhauses in 200 Fällen europäische Direktiven abgelehnt, doch die Herren in der Funktion der kommunistischen regionalen Gauleiter, Blair und Brown, setzten ohne Rücksicht auf den Willen der gewählten Vertreter des Volkes sämtliche Direktiven um.

Getretene Menschenrechte

Im vergangenen Dezember entzog man mir auf Befehl eines Kommissars die Befugnis, die ich zuvor als Deputy Lieutenant von London hatte, Truppen als Hilfskräfte für Not- und Katastropheneinsätze auf die Straße zu beordern; Großbritannien ist rechtlich nicht mehr befugt, ohne ausdrückliche Erlaubnis eines Kommissars seine Armee auf seine eigenen Straßen zu schicken. In diesem Jahr wurde in Großbritannien unter dem Vorwand der Umsetzung einer europäischen Anti-Terror-Direktive das Recht auf eine faire Verhandlung vor einem rechtmäßig eingesetzten, unparteiischen Gericht für alle als „schwer“ eingestuften Rechtsbrüche abgeschafft - und selbst so triviale Vergehen wie das Wegwerfen von Müll an öffentlichen Plätzen werden jetzt von den regionalen Gauleitern als „schwer“ behandelt. Die Gauleiter können jeden britischen Bürger ohne Anhörung und ohne das Recht auf juristischen Beistand für fünf Jahre ins Gefängnis sperren, sein Haus beschlagnahmen, seine Konten einfrieren, sein Geschäft schließen oder zwangsweise übernehmen, ihn in jedes fremde Land ausweisen (die entsetzlichsten Diktaturen eingeschlossen), und das auch, wenn keinerlei Augenscheinbeweis gegen ihn vorliegt.

Die Medien erwähnen das alles selten, weil es heute fast schon als Verbrechen gilt, seine Stimme gegen die Gauleiter oder gegen die EU-Diktatur zu erheben, während diese über ein jährliches Propagandabudget von 2,5 Milliarden Dollar verfügt - ein Betrag, von dem Dr. Goebbels nur träumen konnte. Allein die BBC erhielt im letzten Jahr von den Kommissaren 300 Millionen $. Dort fällt kaum ein kritisches Wort über die Europäische Union. Und was hält das britische Volk davon? Die wenigen, die bescheid wissen, sind entsetzt - und es ist kein Zufall, daß es dieselben wenigen sind, die wissen, welch ein übler, verlogener Betrug die Panikmache der „globalen Erwärmung" ist.

Dem Volk im allgemeinen ist das, was passiert, inzwischen dermaßen unbehaglich, auch wenn nur wenige alle Einzelheiten kennen, daß es in jeder Meinungsumfrage klarstellt, daß es den Lissaboner Vertrag nicht will. Inzwischen steht fest, daß der Vertrag eine vernichtende Niederlage erlitte, wenn es in Großbritannien einen Volksentscheid darüber gäbe. Die Parteien mit KP-Funktion in der regionalen gesetzgebenden Versammlung in Westminster - die regierende Labour Partei und die „Liberalen" „Demokraten" - gaben in ihren Programmen zur letzten Parlamentswahl beide schriftlich das Versprechen ab, dem britischen Volk ein Referendum über den Vertrag zuzugestehen, bevor dieser ratifiziert wird. Vor kurzem haben jedoch die Führungsriegen beider Parteien in dem Bewußtsein, daß der Vertrag in einem Referendum mit überwältigender Mehrheit abgelehnt würde, ihr Wahlversprechen gebrochen; nun gibt es Samisdat-Debatten über die Frage, ob der Bruch dieser Versprechen und die Übertragung der Macht unserer gewählten Volksvertreter auf die ungewählten Hände einer fremden Macht, wie es die EU geworden ist, Landesverrat darstellt.

Es ist in der Tat Landesverrat - doch die britischen Gerichte sind mittlerweile reine Jasager für die Diktatoren. In der britischen Verfassung hieß die größte Gruppe der nicht zur Regierung gehörenden Parlamentsmitglieder immer „die loyale Opposition Ihrer Majestät".

Aber die Konservative Partei hat unter ihrer gegenwärtig schwachen, schalen und politikscheuen Führung beständig darin versagt, sich der unerbittlichen, bald endgültigen Auslöschung unserer ehemaligen Demokratie entgegenzustellen. Angesichts des Mangels jeglicher parlamentarischen Opposition sind schon Millionen der besten Köpfe Großbritanniens ins Ausland geflüchtet und haben ihren Wohlstand und ihre Begabungen mitgenommen - ein „Brain Drain", wie wir ihn nicht mehr seit den schrecklichen Tagen der Regierung von Harold Wilson und den kommunistisch dominierten Gewerkschaften gesehen haben. Ich selbst habe zehn Jahre im Ausland verbracht, bin jedoch kürzlich zurückgekehrt und werde mein bestes tun, zu kämpfen, um die Unabhängigkeit und die demokratischen Freiheiten meiner Nation zurückzugewinnen.

Großbritannien ist jetzt ein Polizeistaat

Großbritannien ist heute ein Land unter Verschluß - ein Polizeistaat mit einer Geheimpolizei, die dem KGB Konkurrenz macht. Unsere Geheimpolizei wurde von der gegenwärtigen Regierung im Jahre 1998 gegründet, und heute machen deren privilegierte und unantastbare Mitglieder wie der KGB Razzien im Morgengrauen und lügen dann unverhohlen vor Gericht, damit jeder Bürger, der die regionalen Gauleiter oder die europäischen Kommissare angegriffen hat, verurteilt wird. Alle paar Zoll stehen „Sicherheitskameras" - mehr als in jeder anderen Nation. Bei der gegenwärtigen Zunahme kommt in einem Jahrzehnt auf jeden britischen Bürger eine Kamera. In einer unheimlichen Serie von mehr als 90 Strafgesetzänderungen innerhalb von zehn Jahren beseitigte die gegenwärtige Regierung alle die Rechte und Freiheiten, auf die Großbritannien einst mit recht stolz war. Wir dürfen nicht einmal mehr vor dem Parlament demonstrieren. Es war das neunzigste dieser Gesetze - das gegen sehr geringen Widerstand verabschiedet wurde -, das uns das Recht auf ein angemessenes Gerichtsverfahren raubte.

Heute umschwänzelt unsere „Führung" die neuen, düsteren, europäischen Herrscher, ähnlich wie einst ihre Vorgänger in der langen, törichten Periode der Beschwichtigungspolitik, die Hitler in Versuchung brachte, ohne Widerstand wiederaufzurüsten und dann den Zweiten Weltkrieg vom Zaun zu brechen. Diesmal jedoch ist die Kriecherei heimlich. Vor nicht allzu langer Zeit wurde einem britischen Minister, der sich weigerte, eine europäische „Direktive" zu unterzeichnen, von seinen eigenen Beamten deutlich gemacht, daß er des Amtes enthoben würde und man seinen gesamten Besitz beschlagnahmen könnte, wenn er nicht unterzeichnete. Statt seinen Rücktritt einzureichen und an die Öffentlichkeit zu gehen, unterzeichnete er heimlich und feige die Direktive. Die Geschichte kam niemals an die Öffentlichkeit. Ein anderer Minister, der einer Direktive zustimmte und den Kommissaren schrieb, um ihnen dazu zu gratulieren, wurde nach Brüssel einberufen, wo man ihm mitteilte, obwohl alle „Regionen" und das Europäische Parlament ihr zugestimmt hätten, seien die Kommissare Europas (die die Direktive vorgeschlagen hatten, da sie allein dazu berechtigt sind) zu dem Beschluß gekommen, diese sei ohne Belang und werde daher nicht zum Gesetz gemacht. Als der erstaunte Minister fragte, warum, wurde ihm von den Kommissaren mitgeteilt, sie wollten den gewählten Ministern in allen „Regionen“ deutlich machen, wo die wirkliche Macht in Europa heute liege - und das seien nicht deren gewählten Hände.

Er sagte mir: „Früher war ich mit ganzem Herzen für die Europäische Union. Aber in dem Augenblick fiel es mir wie Schuppen von den Augen.“ Er starb als unerbittlicher Gegner des neuen Europa.

Und meine eigene Ansicht? Ich bin für europäische Demokratie und daher ein entschlossener Gegner der atheistisch-humanistisch, bürokratisch-zentralistischen Diktatur, die aus der Europäischen Union, für die ich einst stimmte, auf diese Weise heimlich entstanden ist.

In Schottland, wo der gegenwärtige „regionale“ Gauleiter möchte, daß wir vom Parlament in Westminster (das ein Zehntel unserer Gesetze macht) unabhängig sind, aber dem trüben Imperium Brüssels (das neun Zehntel unserer Gesetze macht) untertan bleiben, leite ich eine kleine, aber schnell wachsende Bewegung in den Highlands und auf den Inseln für die Unabhängigkeit von Edinburgh wie auch von Brüssel, bei bleibender Treue zur Krone. Wir wollen unsere Freiheit zurück, und wir planen im Stillen, sie uns zurückzuholen, ob das den Gauleitern Großbritanniens oder Diktatoren Europas gefällt oder nicht.

Wir werden aufstehen und wieder eine Nation sein. Laßt den Ruf der Freiheit erschallen!

Rede des fraktionslosen Abgeordnetem Henry Nitzsche im „deutschen“ Bundestag zum EU-Reformvertrag

„Frau Präsidentin! Meine Damen und Herren!

Weil wir in Deutschland unserem eigenen Volk nicht mehr trauen, sitzen die Abgeordneten des Deutschen Bundestages heute hier, um über seine Zukunft zu entscheiden. Es ist aber nicht nur so, dass wir unserem Volk nicht mehr zutrauen, selbst über seine Zukunft zu entscheiden, wir halten es anscheinend auch für dämlich und vergesslich. Das scheint mittlerweile Konsens in Europa zu sein. Da das Volk in Frankreich und in den Niederlanden die geplante EU-Verfassung abgelehnt hat, fragt man es im zweiten Durchgang einfach nicht mehr und winkt das Kind unter einem anderen Namen durch: Reformvertrag.

So eine Verhöhnung des Volkswillens brauchen wir uns zum Glück nicht vorwerfen zu lassen. Bei uns in Deutschland werden die Bürger prinzipiell nicht gefragt, schon gar nicht in Europaangelegenheiten - siehe Einführung des Euros oder Erweiterung des Schengen-Raums im vergangenen Dezember. Für beide Entscheidungen hätte es im Volk nie eine Mehrheit gegeben, und das wissen Sie alle.

Dieser Vertrag von Lissabon, der in beschönigender Weise Reformvertrag genannt wird, unterscheidet sich im Wesentlichen nicht vom gescheiterten Verfassungsvertrag, von jenem Vertrag, der dank des aufrechten Politikers Peter Gauweiler und seines Anwalts Professor Schachtschneider

(Zurufe von der SPD: Oh!)

auch von Deutschland nicht ratifiziert wurde. Das Bundesverfassungsgericht untersagte es dem Bundespräsidenten nicht ohne Grund, diesen Vertrag zu unterschreiben. Daher wird nun peinlichst genau das Wort Verfassung gemieden. Mit diesem Reformvertrag wird eine verbindliche Verfassung für über 500 Millionen Menschen geschaffen. Allerdings ist das eine Verfassung, die nicht demokratisch legitimiert ist, die von einem europäischen Volk ausgeht, das es gar nicht gibt, und deren Inhalte zutiefst demokratiefeindlich sind. Der Europäische Rat wird durch das vereinfachte Änderungsverfahren ermächtigt - ermächtigt! -, fast das gesamte bestehende Unionsrecht zu ändern. Davon betroffen sind Wirtschafts-, Währungs-, Sozial-, Landwirtschafts-, Umwelt-, Arbeits-, Steuer-, Justiz-, Verkehrs- und Kulturpolitik. Eine Zustimmung des Europäischen Parlaments ist nicht mehr notwendig.

Wo bleibt die Mitsprache der nationalen Parlamente? Wo bleibt die Volkssouveränität? Ein angehängtes Protokoll gibt es bloß über die Anwendung der Grundsätze der Subsidiarität und der Verhältnismäßigkeit. Danach können der Bundestag usw. die Flut von Entwürfen von Europavorschriften dahin gehend prüfen, ob diese Grundsätze verletzt wurden. Wenn ja, können sie innerhalb von acht Wochen, aber nicht später, eine Stellungnahme abgeben. Dass in dieser Zeit auch die Landtage die Vorlagen geprüft haben und der Bundesrat darüber beschlossen hat, ist wohl eher illusorisch.

Wo wir das Europäische Parlament ansprechen: Deutschland hat derzeit ein Sitzkontingent von 99. Das wird reduziert auf 96. Angesichts der Tatsache, dass Deutschland 20 Prozent der Bevölkerung Europas stellt, stünden Deutschland mindestens 150 Abgeordnete zu. Dieses Parlament wird aber nicht durch das Prinzip gewählt, das Bismarck 1871 in Deutschland eingeführt hat: das gleiche Wahlrecht. Künftig wird die für Deutschland entscheidende Politik von 27 Staats- und Regierungschefs bestimmt, von denen mindestens 26 nicht deutsch sind. Wie sich das mit dem Leitsatz aus Art. 20 Abs. 2 des Grundgesetzes - ?Alle Staatsgewalt geht vom Volke aus? - verträgt, ist mir schleierhaft.

Was wird noch verschwiegen? Zum Beispiel, dass der Reformvertrag ermöglicht, europäische Steuern zu schaffen. Wenn ein Staat die Möglichkeit hat, Steuern zu erheben, dann tut er dies auch. Das Milliardengrab EU und die finanzielle Belastung für uns Deutsche werden damit eine noch gewaltigere Dimension annehmen. Das wird ein neues Versailles für Deutschland.

(Widerspruch bei der SPD)

Genau diese Tatsache verschweigen Sie dem deutschen Volk. Durch diesen EU-Reformvertrag legitimieren Sie Brüssel, allmächtig und ungehindert über deutsche Interessen zu entscheiden. Dieser Vertrag ist ein neuerliches Ermächtigungsgesetz.

(Widerspruch bei der SPD und beim BÜNDNIS 90/DIE GRÜNEN)

Gerade wir in Deutschland sollten hier ganz vorsichtig sein.

(Klaus Uwe Benneter (SPD): Raus hier! - Mechthild Rawert (SPD):

Das ist unverschämt!)

Ich würde Ihnen empfehlen, einmal durch das Portal dieses Gebäudes zu gehen. Dort steht in Stein gemeißelt ?DEM DEUTSCHEN VOLKE?. Hören Sie auf diese Inschrift!

(Zuruf von der SPD: Unerträglich! - Abg. Dr. Barbara Hendricks (SPD) meldet sich zu einer Zwischenfrage)

Entscheiden Sie sich für Deutschland! Sichern wir die Zukunft und die Souveränität Deutschlands! Nicht weniger erwarten die Bürger heute von uns.

Vizepräsidentin Dr. h. c. Susanne Kastner: Herr Kollege, die Kollegin Hendricks würde gerne eine Zwischenfrage stellen.

Henry Nitzsche (fraktionslos): Deutsche, Christen und Demokraten können diesem Vertrag nicht zustimmen.

(Dr. Carl-Christian Dressel (SPD): Gerade Sie müssen von Christen sprechen! Dass ich nicht lache! - Michael Roth (Heringen) (SPD): Ach du Gütiger! Was sind denn deutsche Christen?)"

Mitschrift aus:
http://www.youtube.com/watch?v=21MlrowJqqc

Brisante Vorwürfe gegen Regierung Kohl

O-Ton einer Fernsehsendung von „Report Mainz“ mit Constanze Paffrath

Jetzt möchten wir Sie mit dieser jungen Frau bekannt machen. Sie heißt Constanze Paffrath, ist 35 und sitzt für die CDU im Stadtrat von Mühlheim. Bald ist Frau Paffrath Frau Doktor Paffrath. Die Dame hat promoviert. Sie hat sich intensiv mit der deutschen Geschichte befasst. Sie hat Enteignungen untersucht und zwar die, die in der sowjetisch besetzten Zone Deutschlands zwischen 1945 und 1949 stattgefunden haben.

Besonders interessiert hat sie die Frage, warum diese Enteignungen mit der deutschen Wiedervereinigung nicht rückgängig gemacht wurden? Ein Thema, noch heute brisant, wie Oliver Merz und Tom Michel erfahren haben.

Bericht:

Zwischen 1945 und 1949 enteigneten die Kommunisten in der sowjetischen Beatzungszone etwa 40.000 Grundbesitzer. Die sogenannte demokratische Bodenreform sollte landlosen Flüchtlingen und Kleinbauern eine Existenzgrundlage bringen. Doch was bis heute wenig bekannt ist: Es ging nicht nur um Grund und Boden. Mit dieser Aktion wurden auch Zehntausende mittelständische Betriebe enteignet. Unternehmer, Handwerker, Kleinindustrieelle.

Diese Enteignungen wurden 1990, mit der deutschen Einheit, ausdrücklich nicht rückgängig gemacht, die Rückgabe oder Restitution ausgeschlossen. Dies sei eine Bedingung der Sowjetunion für die Einheit gewesen.

O-Ton, Helmut Kohl, Ehem. Bundeskanzler (Januar 1991):

»Der Fortbestand der Maßnahmen zwischen 1945 und 1949 wurde von der Sowjetunion zu einer der Bedingungen über die Wiedervereinigung gemacht. Und ich sage klar: Die Einheit Deutschlands konnte an dieser Frage nicht scheitern.«

Sieben Jahre später musste der Kanzler erleben, wie sein Partner bei der Einheit eben diese Bedingung dementierte.

O-Ton, Michail Gorbatschow, Ex-Präsident UdSSR (März 1998):

»Für mich klingt es einfach absurd, wenn man mir unterstellt, ich hätte die Forderung nach Verbot der Restitution als Vorbedingung für meine Zustimmung zur Wiedervereinigung gemacht. Und die Frage nach Restitution des enteigneten Besitzes wurde auf der höchsten Führungsebene niemals angesprochen.«

Dieser Widerspruch zwischen den beiden Staatsmännern ist ungeklärt.

Constanze Paffrath hat diesen Widerspruch nun akribisch aufgearbeitet. Die Politikwissenschaftlerin hat zu diesem Thema eine Doktorarbeit geschrieben. Jahrelang hat sie alle verfügbaren Dokumente der Wendezeit ausgewertet und die Verhandlungen um die deutsche Einheit rekonstruiert. Protokolle, Vertragstexte, Medienberichte, Akten über die Zwei-plus-vier-Verhandlungen und die Verhandlungen zwischen der DDR und der Regierung Kohl analysiert. Ihr Ergebnis:

O-Ton, Constanze Paffrath, Politikwissenschaftlerin:

»Es gab diese sowjetische Bedingung nicht, die da, wie immer behauptet wurde, sagte, wenn ihr nicht diesem Rückgabeverbot zustimmt, stimmen wir der Wiedervereinigung nicht zu, das ist eine Lüge.«

Frage: Warum wurde diese Lüge in die Welt gesetzt, aus ihrer Sicht?

O-Ton, Constanze Paffrath, Politikwissenschaftlerin:

»Ja, sie wurde in die Welt gesetzt, weil man relativ früh bemerkt hat, dass man die eigenen Absichten, die da ja hießen, wir bringen dieses

Vermögen in unsere Hand, um es dann zu verkaufen, über die Treuhand im übrigen, nicht einfach so durch das Parlament bekommen würde. Weil das ja gegen das Eigentumsrecht verstößt. Und dann hat man gedacht, was könnte man als gutes Argument bringen, und dann hat man eine ausländische Forderung erfunden.«

Constanze Paffrath hat die Dissertation an der Universität Duisburg eingereicht. Sie ist mit der bestmöglichen Note bewertet worden: Summa cum laude. In den Gutachten zu ihrer Arbeit ist die politische und historische Bedeutung hervorgehoben worden.

Udo Madaus kämpft seit Jahren gegen diese Enteignungen. Der Unternehmer, dessen Firma seit 1946 in Köln ansässig ist, ist einer von vielem sogenannten Alteigentümern, die sich als Opfer der Regierung Kohl fühlen.

O-Ton, Udo Madaus, Unternehmer:

»Nach der Wende und zwar auch nach diesem Einigungsvertrag habe ich mich gemüßigt gefühlt natürlich an die Politiker und an alle möglichen Institutionen Briefe zu schreiben, um meiner Empörung da Luft zu machen über die Regelung. Das sind also alles Briefe an Politiker, dann Briefe an das Bundesverfassungsgericht, Briefe an diverse Juristen, es sind natürlich auch Briefe von den entsprechenden...«

Frage: Wie viele Briefe haben Sie denn geschrieben?

O-Ton, Udo Madaus, Unternehmer:

»Ein paar tausend.«

Die Arzneimittelfabriken Madaus und Co., 1919 gegründet. Das Unternehmen war führend in der Penicillinherstellung. Das Schicksal der Firma ist beispielhaft für viele der nach 1945 aus ideologischen Gründen enteigneten Betriebe. In der sowjetischen Besatzungszone nutzten kommunistische Funktionäre jede Möglichkeit Unternehmer zu enteignen. In der DDR wurde die Firma als Arzneimittelwerke Dresden im Volkseigentum weitergeführt.

Das alte Madaus-Werk heute, eine Industrieruine. Bis heute werden solche Immobilien zugunsten des Staates verkauft. Die Alteigentümer bekommen nur eine minimale Entschädigung. Die Nicht-Rückgabe enteigneter Unternehmen, wie im Falle Madaus, eine gewaltige Hypothek für den Aufbau im Osten. So sehen es viele der Alteigentümer. Tausende vertriebene Mittelständler, die sich vom deutschen Staat betrogen fühlen, fehlen im Osten als Investoren, so eines der Argumente.

O-Ton, Udo Madaus, Unternehmer:

»Durch diese Unwahrheiten der Bundesregierung ist mein Rechtsgefühl natürlich aufs tiefste verletzt worden. Weil damit ja auch die Nicht-Rückgabe oder die Nicht-Rückkehr in die Heimat verbunden war. Das war ja ausschlaggebend. Wir wollten ja in Radebeul-Dresden, an dem ursprünglichen Standort investieren und Arbeitsplätze schaffen und da drüben Flagge zeigen. Das erwarteten auch die alten Radebeuler noch. Die konnten sich ja an die Firma Madaus noch erinnern, ja. Und das wurde alles verhindert.«

Doch warum soll die Regierung Kohl 1990 den Bruch eigener konservativer Grundpositionen begangen haben? Warum sollte sie die Rückgabe verhindert haben?

O-Ton, Constanze Paffrath, Politikwissenschaftlerin:

»Sie hat es getan, um womöglich erst einmal diese Volkskammerwahlen 1990 zu gewinnen, weil das ein sehr gutes Argument war, man würde an der demokratischen Bodenreform nicht rütteln, dass man das den ostdeutschen Wählern verkaufen konnte. Und man hatte das Argument in der Hand, dass man sagen konnte, die Einheit Deutschlands wird keine Steuererhöhung nach sich ziehen.«

Frage: Welche Rolle spielten dabei die Ländereien, um die es ging?

O-Ton, Constanze Paffrath, Politikwissenschaftlerin:

»Ja, man hatte die Vorstellung, dass man, wenn man dieses Vermögen der Enteignung 1945-1949 in Hand des Staates bringen würde über die Treuhand und es dann wieder verkaufen würde, ungefähr eine Summe von 600 Milliarden D-Mark in die Hand bekommen würde, die man dann eben in den Haushalt einstellen könnte und damit die Einheit Deutschlands finanzieren könnte.«

Einen letzten Beweis in Form eines Kronzeugen oder eines Dokuments gibt es für ihre Thesen nicht. Die Arbeit rekonstruiert einen schwierigen politischen Prozess. Sie fügt Indizien zu einer anklagenden Hypothese zusammen. Sie wird nun von interessierter Seite in die juristischen Auseinandersetzungen eingeführt. Am Max-Planck-Institut für Völkerrecht in Heidelberg berät Professor Karl Doehring, einer von Deutschlands renommiertesten Staatsrechtlern, mehrere Anwälte, die vor dem Europäischen Gerichtshof für Menschenrechte in dieser Sache geklagt haben.

Die Arbeit von Constanze Paffrath ist den Richtern dort vorgelegt worden.

O-Ton, Prof. Karl Doehring, Staatsrechtler:

»Ich habe die Dissertation gelesen. Ich halte sie für hervorragend, sie ist voller Genauigkeit und Akribie und mich hat sie überzeugt in ihrem Ergebnis.«

Frage: Was für eine juristische Auswirkung kann sie haben?

O-Ton, Prof. Karl Doehring, Staatsrechtler:

»Sie könnte immerhin doch auch das jetzt, das Straßburger Menschenrecht, den Straßburger Menschenrechtsgerichtshof davon überzeugen, dass unsere Regierung rechtswidrig gehandelt hat.«

Der Europäische Gerichtshof für Menschenrechte in Straßburg wird in zehn Tagen mit den mündlichen Verhandlungen zu den Klagen der Alteigentümer beginnen. Dies ist juristisch die letzte Chance für die Alteigentümer nachdem das Bundesverfassungsgericht schon mehrfach Klagen abgewiesen hatte.

Doch unabhängig vom Straßburger Urteil. Das Thema ist politischer Sprengstoff, der nicht zuletzt die Politologin Paffrath nachhaltig erschüttert hat.

O-Ton, Constanze Paffrath, Politikwissenschaftlerin:

»Ja ich muss sagen, ich habe mich immer wieder geprüft, ob ich auch seriös arbeite, ob die Quellen auch alle stimmen, weil man sich schon bewusst ist, dass man eine große Verantwortung hat, wenn man so etwas schreibt und wie man auch mit dem Ergebnis umgeht. Und ich muss sagen, ich bin persönlich auch sehr enttäuscht, weil ich Unionsmitglied bin und mir so etwas nicht vorstellen konnte, bevor ich diese Forschungen angefangen habe. Jetzt kann ich mir aber fast alles vorstellen.«

Maßgebliche Politiker der Deutschen Einheit haben sich zu ihr bislang nicht geäußert.
Diese Taktik heißt totschweigen und aussitzen. (Anmerkung, der Autor.)

Das Buch zum Bericht:
Macht und Eigentum: Die Enteigungen 1945 - 1949 im Prozess der deutschen Wiedervereinigung (Gebundene Ausgabe)

Gebundene Ausgabe: 431 Seiten
Verlag: Böhlau
ISBN-13: 978-3412181031

Buchinformation:

Während der Zeit der Teilung Deutschlands bestand kein Zweifel: die entschädigungslosen Enteignungen 1945-1949 in der Sowjetischen Besatzungszone würden nach Beseitigung des SED-Unrechtsregimes wieder gutgemacht werden. Doch zur Überraschung vieler hob die Bundesregierung Kohl diese Unrechtsmaßnahmen im Prozess der Wiedervereinigung 1989/1990 nicht nur nicht auf, sondern legitimierte sie vielmehr, unter anderem durch eine Änderung des Grundgesetzes. Zur Rechtfertigung ihres Verhaltens berief sie sich auf eine angebliche Forderung der Sowjetunion und der

DDR-Regierung, die damaligen Konfiskationen um den Preis der Wiedervereinigung nicht wieder rückgängig machen zu dürfen: ohne Erfüllung jener Forderung sei die Einheit Deutschlands nicht zu haben gewesen. Dieser Wiedervereinigungslegende setzt die Autorin durch eine gründliche Auswertung aller verfügbaren Quellen ein Ende. In ihrem Buch weist sie überzeugend nach, dass es weder eine unverhandelbare Bedingung für die Wiedervereinigung gegeben hat, noch dass die Bundesregierung eine solche, möglicherweise irrtümlich, habe annehmen müssen oder können. Mit der Darstellung eines der wesentlichen Komplexe der Wiedervereinigung ist das Buch von Constanze Paffrath sowohl von prinzipieller Bedeutung für die Politikwissenschaft als auch von aktueller Brisanz.

Rezensionen:

Das Buch von Constanze Paffrath wirft ein neues Licht auf die im Prozeß der deutschen Wiedervereinigung legitimierten Enteignungen 1945-1949 in der Sowjetischen Besatzungszone. [...] Mit der Darstellung eines der wesentlichen Komplexe der Wiedervereinigung ist [dieses] Buch von aktueller Brisanz.
Buchreport Mittelstand, Ausgabe 6, Mai/Juni 2004

Die Untersuchungen von Paffrath setzen nicht plump an ein oder zwei Aussagen von Politikern an, die sich im nachhinein als falsch erwiesen haben. Sie geht an dieses Thema in begrüßenswerter Grundsätzlichkeit heran [...].Allgemein ist bemerkenswert, dass trotz der Breite der ausgewerteten Literatur und der wissenschaftlichen Tiefe – die Arbeit ist nicht umsonst mit summa cum laude bewertet worden – der Leser nie das Gefühl hat, eine wissenschaftliche Ausführung zu lesen, sondern sich stets wie in einem historisch-politischen Krimi fühlt, was nicht zuletzt dem klaren, verständlichen und nie polemischen Sprachstil der Autorin zu verdanken ist. Das umfangreiche Stichwortverzeichnis erlaubt allerdings auch, die Arbeit zu bestimmten Einzelfragen als Nachschlagewerk zu konsultieren [...].Neu und geradezu sensationell sind die wissenschaftliche Fundierung und die daraus abzuleitenden politischen und rechtlichen Konsequenzen. [...] Es muss dabei stets gesagt werden, dass Paffrath selten Spekulationen anstellt, sondern sich an eine Fülle von sorgfältig ausgewerteten Materialien hält. Wenn sie dennoch Hypothesen wagt, [...] so werden diese deutlich als solche gekennzeichnet. [...] Das Buch ist eine spannend geschriebene, brillant recherchierte und nicht nur deswegen uneingeschränkt lesenswerte, dennoch auf hohem wissenschaftlichem Niveau angesiedelte Reise in die Abgründe der Politik. Das Werk stellt auch für den Juristen eine Fallstudie des politisch instrumentalisierten Rechts dar.

Dr. jur. Peter Ruess, Zeitschrift für offene Vermögensfragen, Nr. 2 / 2004

Mit ihrer provokativen Studie hat Constanze Paffrath [...] die Debatte belebt [...].
Arnd Bauerkämper, Die Zeit 06.05.2004, S. 46

Sie hat eine Dissertation geschrieben und sich mit den Mächtigen angelegt. Es geht um die Wiedervereinigung und die Rückgabe von DDR-Eigentum. Constanze Paffrath, 35, CDU-Stadträtin, kommt zu dem Schluss: Helmut Kohl hat die Öffentlichkeit getäuscht. Er war einmal ihr großes Vorbild.
Torsten Hampel, Tagesspiegel, 10.03.2004, S. 3

Dieses Buch enthält eine umfassende dokumentengestützte Argumentation der Enteignungsgegner. Betroffene sollten es kennen und sich damit auseinandersetzen.
Manfred Ibold, Neues Deutschland, 05.03.2004, S. 13

Die Autorin geht [...] einer Frage nach, die viele im Land bis heute bewegt.[...] Das Buch wirft ein Licht hinter die Kulissen der deutschen Einigung – und es ist überaus aktuell.
Landwirtschaftliches Wochenblatt Westfalen-Lippe, 04.03.2004, S. 4

Die Mühlheimer Politikwissenschaftlerin Constanze Paffrath hat in einer mit summa cum laude bewerteten Dissertation [...] auf mehr als 550 Seiten die Dokumente dieses wohl erstaunlichsten Verfassungsbruchs der deutschen Nachkriegsgeschichte mit wissenschaftlicher Akribie und detektivischem Spürsinn zusammengetragen – lauter Indizien einer empörenden Manipulation.
Michael Naumann, Die Zeit, 29.01.2004, S.1

Das Thema ist politischer Sprengstoff
Oliver Merz und Thomas Michel, ARD, Report Mainz, 19.01.2004

Richter a. D. Frank Fahsel
in der Süddeutschen Zeitung vom 09.04.2008

„Ich war von 1973 bis 2004 Richter am Landgericht Stuttgart und habe in dieser Zeit ebenso unglaubliche wie unzählige, vom System organisierte Rechtsbrüche und Rechtsbeugungen erlebt, gegen die nicht anzukommen war/ist, weil sie systemkonform sind. Ich habe unzählige Richterinnen und Richter, Staatsanwältinnen und Staatsanwälte erleben müssen, die man schlicht „kriminell" nennen kann. Sie waren/sind aber sakrosankt, weil sie per Ordre de Mufti gehandelt haben oder vom System gedeckt wurden, um der Reputation willen.....In der Justiz gegen solche Kollegen vorzugehen, ist nicht möglich, denn das System schützt sich vor einem Outing selbst - durch konsequente Manipulation. Wenn ich an meinen Beruf zurückdenke (ich bin im Ruhestand), dann überkommt mich ein tiefer Ekel vor ‚meinesgleichen'."

Hans-Joachim Selenz` Kommentar 22. Mai 2008
www.hans-joachim-selenz.de

Justiz-Sumpf Deutschland

Ein Richter im Ruhestand lässt die Republik erbeben. Die Wellen schlagen immer höher. Dabei berichtete der Mann nur von seiner Arbeit. Seiner Arbeit innerhalb der deutschen Justiz. Es ist ein Rückblick mit Brisanz. Der Blick in einen kriminellen Sumpf *. *„Wenn ich an meinen Beruf zurückdenke, dann überkommt mich ein tiefer Ekel vor „meinesgleichen""*. Frank Fahsel, früher Richter am Landgericht in Stuttgart, gibt tiefe Einblicke in das, was Tausende Bürger täglich vor deutschen Gerichten erleben: „Ich habe unzählige Richterinnen und Richter, Staatsanwältinnen und Staatsanwälte erleben müssen, die man schlicht „kriminell" nennen kann". Würde dies ein einfacher Bürger behaupten, der von einem dieser kriminellen Gesetzeswächter gerade seiner Rechte beraubt wird, säße er - mit hoher Wahrscheinlichkeit - alsbald hinter Gittern. Es sei denn, es ist die Wahrheit - siehe *„Selenz` Kommentar - Kriminelle Staatsanwälte"*. Ex-Richter Fahsel berichtet weiter: *„Ich war von 1973 bis 2004 Richter am Landgericht Stuttgart und habe in dieser Zeit ebenso unglaubliche wie unzählige, vom System organisierte Rechtsbrüche und Rechtsbeugungen erlebt, gegen die nicht anzukommen war/ist, weil sie systemkonform sind.*" Kriminelle Richter und Staatsanwälte waren trotzdem *„sakrosankt"*, wie Ex-Richter Fahsel es formuliert, *„weil sie per Ordre de Mufti gehandelt haben oder vom System gedeckt wurden, um der Reputation willen.*" Besser kann man den Zustand in den Teilen der deutschen Justiz nicht auf den Punkt bringen, mit Hilfe derer Politik und Wirtschaft den Rechtsstaat missbrauchen. Explizit kriminelles Justizhandeln gibt es zuhauf. Einige Beispiele aus Niedersachsen. Die Vor-gehensweise ist immer gleich: Um die deutsche Justiz auszuschalten, muss man Prominente ab-hängig machen. Denn deutsche Staatsanwälte sind weisungsgebunden. Sie sind nicht dem Gesetz verpflichtet, sondern hängen an der Leine von Politikern. Hatte man bei VW Betriebsratschef Volkert auf unsägliche Weise abhängig gemacht, so war es im Fall der kriminellen Vorgänge in der WestLB/Preussag/TUI-Gruppe NRW-MP Rau. Den machte man später - trotz oder wegen der auch in diesem Fall unsäglichen Hintergründe - gleich zum Bundespräsidenten. Denn dessen juristischer Windschatten reicht weit. Um sich vor Nachstellungen zu schützen, verteilte die Preussag/TUI AG zudem jährlich 20 Mio. DM an Schwarzgeld. Teile davon gingen an Politiker und Beamte *„in Umschlägen unter den Tisch mit wg."*. Das räumte Preussag/TUI-Pressechef Zumpfort im „Bericht aus Berlin" zur besten Sendezeit ein. Offen und entwaffnend ehrlich. In Niedersachsen wurde kürzlich ein weiterer Fall von Organisierter Kriminalität bekannt, der alle bisherigen Vorstellung sprengt. Die Landesbank NordLB betätigte sich dabei in dreist-kriminel-ler Weise und plünderte die Aktionäre einer Firma aus, die sie zuvor an die Börse gebracht hatte. Die darob im Detail informierten Staatsanwälte schauen seit Jahren zu. Völlig teilnahmslos! Viele deutsche Politiker, Manager und Juristen handeln daher nach dem Motto: *„Ich bin für den Sumpf nicht verantwortlich - ich suhle mich nur darin"*. Wegen der weisungsgebundenen Staatsanwälte brauchen unsere Politiker und ihre fördernden Freunde aus der Wirtschaft nicht einmal zu befürchten, juristisch belangt zu werden. Der Bürger fragt sich angesichts einer immer stärker ausufernden Kriminalität, ob dieser Polit/Justiz-Sumpf jemals trocken zu legen ist. Ex-Richter Fahsel ist auch da pessimistisch:

„In der Justiz gegen solche Kollegen vorzugehen, ist nicht möglich, denn das System schützt sich vor einem Outing selbst - durch konsequente Manipulation". In Deutschland sind in der Tat alle Bemühungen zum Scheitern verurteilt. Der Sumpf schließt die höchsten deutschen Gerichte ein. Daher gibt es praktisch keine Verurteilung wegen Rechtsbeugung, Strafvereitelung im Amt und Begünstigung. Selbst schwerste Wirtschaftskriminalität wird gegen Zahlung geringer Beträge eingestellt. Die einzige Chance, rechtsstaatliche Verhältnisse zu erreichen, ergibt sich über die EU-Kommission. Die kann es sich zulassen, dass in einem EU-Kernland Zustände herrschen wie in einer Bananenrepublik. Um dem Recht doch noch zu seiner Geltung zu verhelfen, rate ich daher allen von Justiz-Kriminalität betroffenen Bürgern, in einem ersten Schritt Fakten und beteiligte Justiz-Mitarbeiter per Strafanzeige festzuhalten. In einem zweiten Schritt sind dann die Unterlagen der EU-Kommission und dem EuGh offen zu übersenden. Nur so lässt sich der kriminelle Justiz-Sumpf in Deutschland trocken legen.

* Süddeutsche Zeitung 9. April 2008 „Konsequente Manipulation"

Peine, den 22. Mai 2008

Die Welt, 27.3.2007 - Auszug
Essay

Ein Staat ohne Legitimation

Von Karl Albrecht Schachtschneider

Nach einem halben Jahrhundert europäischer Integration hat Deutschland gänzlich andere politische Strukturen, als sie das Grundgesetz verfasst hat. **Die Republik ist keine Demokratie im freiheitlichen Sinne mehr. Sie ist kein Rechtsstaat mehr,** in dem durch Gewaltenteilung und Rechtsschutz die Grundrechte gesichert sind. Sie ist **kein Sozialstaat mehr, sondern unselbstständi-**

ger Teil einer Region des globalen Kapitalismus. Sie ist auch kein Bundesstaat mehr, weil Bund und Länder ihre existenzielle Staatlichkeit eingebüßt haben. **Die Strukturprinzipien des Grundgesetzes,** welche die Integration in die Europäische Union nach dessen Artikel 23 Absatz 1 respektieren muss, **sind entwertet.**

In einer solchen Union darf Deutschland nach seiner Verfassung nicht Mitglied sein.

Demokratie ist die politische Form der allgemeinen Freiheit. Die Gesetze müssen der Wille aller Bürger sein. Wenn sie nicht das Volk unmittelbar durch Abstimmungen beschließt, müssen sie im Parlament (eingebettet in den öffentlichen Diskurs) beraten und beschlossen werden. Die meisten Rechtssätze, die in Deutschland gelten, sind aber von den exekutiven Organen der Union als Richtlinien und Verordnungen beschlossen worden, insbesondere im Wirtschaftsrecht.

Das Europäische Parlament hat nur begrenzten Einfluss auf diese Rechtsetzung, vor allem aber ist es kein wirkliches Parlament, das die demokratische Legitimation auch nur stärken könnte. Das Stimmgewicht seiner Wähler weicht krass voneinander ab. Die Rechtsetzung der Union kann nicht von den nationalen Parlamenten verantwortet werden, um dem demokratischen Prinzip zu genügen; denn deren Abgeordnete können die Unionspolitik schlechterdings nicht voraussehen.

Das demokratische Defizit der Rechtsetzung der Union ist nicht behebbar. Die Union hat, wie alle zentralistischen Bürokratien, ihre Befugnisse auf alle wirtschaftlich wichtigen Bereiche ausgedehnt, vielfach entgegen dem Text der Verträge. Das ist vor allem **das Werk der Kommission und des Europäischen Gerichtshofs,** welche die Verträge nicht etwa eng, wie es das Subsidiaritätsprinzip gebietet, handhaben, sondern denkbar weit, oft **ohne Rücksicht auf den Wortlaut,** aber im Interesse der Integration. **Verschiedentlich haben die Mitgliedsstaaten, die „Herren der Verträge", Texte nachgereicht, um den „gemeinschaftlichen Besitzstand" zu festigen.** Die Judikatur der unmittelbaren Anwendbarkeit der Grund- oder Marktfreiheiten hat **die an sich völkerrechtlichen Pflichten der Mitgliedsstaaten zu subjektiven Rechten der Unternehmen gewandelt, gewissermaßen zu Grundrechten.** Das hat die Gemeinschaft der Sache schon nach

1963 zum Staat gemacht, ein **Staat freilich ohne legitimierendes Staatsvolk. Die Mitgliedsstaaten haben sich gegen diesen Umsturz nicht gewehrt, auch nicht deren Gerichte. Seither ist der mächtigste politische Akteur der Europäische Gerichtshof.** Sein Leitbegriff ist das Gemeinschaftsinteresse. **Die Mitgliedsstaaten können ihre Interessen nur behaupten, wenn der Gerichtshof diese als zwingend anerkennt. Das tut er fast nie.** Diese Judikatur hat die weitreichende Deregulierung erzwungen, auch der Daseinsvorsorge (Energie usw.).

Der Wettbewerb soll Effizienz und Wohlstand steigern, wird aber von der Kommission ohne rechtsstaatsgemäßen Maßstab, meist im Kapitalinteresse administriert. Marktmächtige Oligopole sollen weltweit wettbewerbsfähig sein. **Das Sozialprinzip hat keine Entfaltungschance mehr.** Die Gerechtigkeit soll ausgerechnet der Markt herstellen - ohne soziale Ordnung ein globales Ausbeutungsszenario. Das Herkunftslandprinzip, vom Gerichtshof entgegen dem Vertrag entwickelt, ist ein wesentlicher **Hebel der Entdemokratisierung und Entmachtung der Völker.** Die Gesetze aller Mitgliedsstaaten entfalten in allen Mitgliedsstaaten Geltung und Wirkung, im Lebensmittelrecht, im Arbeitsrecht, im Gesellschaftsrecht usw. **Die Völker können ihre Politik nicht mehr durchsetzen, vielmehr müssen sie ihre Standards nach unten anpassen,** um die Wettbewerbsfähigkeit zu wahren. Die Handhabung der Niederlassungsfreiheit etwa macht es möglich, der deutschen Unternehmensmitbestimmung auszuweichen. Der Gerichtshof hat die ausschließliche Zuständigkeit der Gemeinschaft dekretiert, Abkommen mit dritten Staaten über den Handel mit Waren und Dienstleistungen zu schließen. Nach dem Vertrag sollte die Gemeinschaft lediglich „einheitliche Grundsätze" der „gemeinsamen Handelspolitik" gestalten. Die Folgen sind verheerend.

Handelspolitik kann nicht allein dem Freihandel oder allein der Protektion verpflichtet sein. Sie **muss der Lage einer Volkswirtschaft gerecht werden. Die Zuständigkeitspolitik der Union macht die Völker gegenüber der Globalisierung wehrlos.**

Hinzu kommt die grenzenlose Kapitalverkehrsfreiheit, welche seit 1994 gilt. Sie ermöglicht im Verbund mit den Verträgen der Welthandelsordnung den rücksichtslosen Standortwechsel der Unternehmen in Billiglohnregionen und damit den Verlust von Arbeitsplätzen und des erwirtschafteten Kapitals, das woanders investiert wird.

Die **wettbewerbsverzerrende Währungsunion** nimmt zudem den Euroländern die Hoheit über die Auf- oder Abwertung ihres Geldes, durch welche sie sich leistungsgerecht am Binnen- und am Weltmarkt behaupten könnten. **Im Übrigen leistet Deutschland erheblichen finanziellen Transfer in die Euroinflationsländer,** denen wiederum durch die notwendig undifferenzierte Währungspolitik der Europäischen Zentralbank die Wettbewerbsfähigkeit verloren geht.

Die Gewaltenteilung, welche gegen die übermäßige Machtentfaltung der Exekutive gerichtet ist, **ist im Unionsstaat nicht verfasst**, wenngleich der Vielheit der Mitgliedsstaaten gewisse machthemmende Wirkungen nicht abgesprochen werden können. **Die eigentliche Macht haben außer den Staats- und Regierungschefs die Kommission und der Gerichtshof, beide ohne demokratische Legitimation.** Im Gerichtshof judizieren Richter, von denen allenfalls einer eine mehr als schmale Legitimation aus seinem Land hat. **Diese mächtigen und hoch bezahlten Richter werden ausgerechnet im Einvernehmen der Regierungen ernannt,** auch nur für sechs Jahre, aber mit der Möglichkeit der Wiederernennung. **Das schafft keine Unabhängigkeit.**

Einen größeren Tort [Kränkung, Unbill] kann man dem Rechtsstaat kaum antun, zumal diese Richter alle rechtlichen Grundsatzfragen für etwa 500 Millionen Menschen entscheiden. Der Grundrechteschutz leidet schwere Not, seitdem die Gemeinschaftsordnung unser Leben weitestgehend bestimmt. **Seit seinem Bestehen hat der Gerichtshof, der, gedrängt vom Bundesverfassungsgericht, die Grundrechteverantwortung an sich gezogen hat, nicht ein einziges Mal einen Rechtssatz der Gemeinschaft als grundrechtswidrig erkannt.**

Der Verfassungsvertrag, der in Frankreich und in den Niederlanden gescheitert ist, den die Bundeskanzlerin als Ratspräsidentin aber wieder beleben will, **hat den Wechsel der Union von der völkerrechtlichen Organisation, dem Staatenverbund, zum Bundesstaat mit fast allen existenziellen Staatsbefugnissen auch textlich vollzogen.** Er benutzt die **Sprache des Staatsrechts, nicht mehr die des Völkerrechts.** Freilich wird die demokratische Legitimation, die nur ein existenzieller Staat, nämlich ein Staatsvolk, einer solchen Staatsgewalt geben könnte, nicht gestärkt, **weil**

es das Volk „Europas" nicht gibt. Ohne Referenden aller beteiligten Völker kann ein europäisches Volk nicht entstehen. Diese Referenden aber fürchtet die „Elite" der Parteipolitiker, welche die Union führt, mehr denn je. **Der Vertrag hat die Kompetenz-Kompetenzen der Union noch über die geltenden Generalklauseln hinaus ausgeweitet. Die Staats- und Regierungschefs können gar im vereinfachten Änderungsverfahren durch Europäischen Beschluss die Verfassung der „internen Politikbereiche" ganz oder zum Teil ändern, ohne dass der Bundestag und der Bundesrat zustimmen müssten.** Betroffen wären die gesamte Wirtschafts-, Währungs- und Sozialpolitik, aber auch der „Raum der Freiheit, der Sicherheit und des Rechts". **Das ist der Versuch eines neuen Ermächtigungsgesetzes. Dass der Vertrag „in Kriegszeiten oder bei unmittelbarer Kriegsgefahr", aber auch, um „einen Aufruhr oder einen Aufstand rechtmäßig niederzuschlagen", die Todesstrafe wieder ermöglicht,** ist kaum bekannt. Sonst hätten unsere Abgeordneten sicher nicht mit Begeisterung zugestimmt.

Wer das Recht verteidigen will, muss aus der Union ausscheiden. Das gäbe die Chance, durch neue Vereinbarungen eine Rechtsgemeinschaft zu begründen, ein europäisches Europa. Der Autor ist Professor für Öffentliches Recht an der Universität Nürnberg-Erlangen

Das einstmalige Mord-Kommissaren-System der UNION (SU) setzte im gekaperten Rußland das Abartige, Häßliche, Mörderische - und vor allem die Christenverfolgung durch. Bei den damaligen Sowjet- Kommissaren handelte es sich zum allergrößten Teil leider um Juden. Kaganowitsch ging als größter einzelner Massenmörder in die Menschheitsgeschichte ein. In der Kommissaren-Union des ehemaligen Russlands färbten sich die Ströme rot vom Blut der Millionen ermordeten Russen. Als dann nach dem 2. Weltkrieg der jüdische"Philantrop" Paul Lévy die Staatschefs Adenauer und de Gaulle von der Idee eines vereinten Europas, heute EU, überzeugt hatte, setzte er gleichsam durch, daß das neue System auf ein Kommissaren- Fundament gestellt werde. Die **SU** und ihre Kommissare sind Vergangenheit. Heue gibt es etwas schönes, die **EU** und ihre Kommissare.

Paul Lévy, dem Erfinder der neuen Kommissaren-Union verdanken wir die wunderbare Tatsache, daß auf der Europa-Fahne von Anfang an 12 Sterne prangten, obwohl nur sechs Staaten die Europäische Gemeinschaft gründeten. Heute gibt es 27 EU-Mitgliedsländer, doch die Flagge zeigt immer noch 12 Sterne:

„Die Zwölfzahl der Sterne ist ein Hinweis auf die zwölf Stämme Israels und somit auf das auserwählte Volk Gottes," so erklärt DIE WELT (26.9.1998, S. 12) die 12- Sternenflagge der Kommissaren-EU.

Ein Staat, der nicht die Menschenrechte und die Grundprinzipien der Demokratie zur Grundlage seiner Verfassung und Gesetzgebung macht, kann zwar Gesetze haben, aber er ist kein Rechtsstaat.

J. Rovan, in FAZ, 2. 1. 1996, S. 6

Der Marshallplan-Schwindel und die Zukunft Europas

Richtigstellungen zum 50. Jahrestag

Diplomvolkswirt Karl Baßler

In diesem Sommer wurde des 50. Jahrestages des Beginns des Marshallplans für Westeuropa gedacht. Besonders deutsche Politiker überboten sich in Dankesbezeugungen und rühmten die US-Hilfe als die „Initialzündung“ für das anschließende deutsche Wirtschaftswunder. Die Wirklichkeit war jedoch eine ganz andere. Einmal liefen die Zahlungen für Deutschland im Gegensatz zu denen für die anderen westeuropäischen Länder erst 1949 an, zum anderen wurde damals noch viel mehr von den Siegern aus Deutschland entnommen, als im Marshallplan gegeben. Als einziges Land mußte Deutschland alle Gelder hochverzinst zurückzahlen, so daß die USA daran noch gut verdienten. Im folgenden werden die wirklichen Verhältnisse dargestellt.

Im Rahmen des sogenannten Marshallplans wurden nach Westdeutschland als Kredit in den Jahren 1949 bis 1952 1,4 Mrd.$ im Gegenwert von rund 6,4 Mrd. DM gegeben. Andere westeuropäische Länder erhielten schon ab 1947 weit mehr und als Geschenk, ganz Europa rund 12 Mrd. $. Nur Deutschland mußte die Gelder zurückzahlen. Dieser Kredit an Westdeutschland wurde aufgrund des Londoner Schuldenabkommens vom 12. Februar 1953 mit Zins und Tilgung bis 1962 in Höhe von 13 Mrd. DM zurückgezahlt.

Diese 13 Mrd. DM müssen - entgegen offizieller Deutung - ausschließlich als Rückzahlung für den Marshallplan angesetzt werden. Nach dem Londoner Schuldenabkommen sollten sie auch der Rückzahlung von sogenannten ›Gario‹-Mitteln dienen, die für Lebensmittelhilfen an die Westzonen in den Hungerjahren 1945 bis 1948 von den Besatzern gezahlt worden sein sollen. Angeblich haben in diesen Jahren - also vor dem Marshallplan - die Westalliierten ›Wirtschaftshilfe‹ (Nahrungsmittel) in Höhe von 3,386 Mrd. Dollar an Westdeutschland geleistet [1]. Es läßt sich aber nachweisen, daß es sich bei den ›Gario‹-Mitteln um einen gigantischen Betrug der Engländer und Amerikaner handelt.

Selbst Ludwig Erhard, Bundeswirtschaftsminister ab 1949, schreibt in seinem Buch *Deutschlands Rückkehr zum Weltmarkt*, daß es von deutscher Seite keinerlei Kontrolle oder Bestätigung für diese angebliche Lebensmittelhilfe gibt.

Daß die alliierten Angaben zu den ›Gario‹-Mitteln nicht stimmen können, läßt sich auch folgendermaßen leicht errechnen. Beim damaligen Weizenpreis von rund 60 $ für die Tonne hatte man damit 55 Mill. Tonnen Weizen kaufen können. Die Westzonen (später BRD) hatten damals 4045 Mill. Einwohner. 55 Mill. Tonnen Weizen hätten also für jeden Bürger der Westzonen rund 1200 kg bedeutet, eine Menge, die für dreieinhalb Jahre für jeden Westdeutschen 1 kg Weizen je Tag (= rund 4000 Kalorien) ergeben hätte. 1400 Kalorien waren uns aus eigenen Bestanden (Reichsnährstand [2]) noch möglich gewesen; das heißt, es hätten für jeden Einwohner rund 5400 Kalorien je Tag also die Ration für einen Schwerstarbeiter - zur Verfügung stehen müssen. In Wirklichkeit gab es in den Westzonen aber nur 1000 bis 1400 Kalorien, die vom Reichsnährstand noch sichergestellt waren. Die angebliche ›Gario‹-Hilfe ist also nie in Deutschland angekommen.

Dennoch wurde diese angebliche Hilfe beim Londoner Abkommen mit dem Marshallplan ›verrechnet‹. Die gegenwärtige Bundesregierung veröffentlichte in einem ganzseitigen Demuts- und Dankbarkeitsartikel in völliger Verzerrung der Wirklichkeit unter anderem [3]:

»... Einmalig in der Weltgeschichte: Amerikas Staatskasse und die Vorratslager öffneten sich auch dem in Trümmern liegenden ›Feindstaat‹ Deutschland! (»Feindstaat« vier Jahre nach Kriegsende? »In Trümmern liegend« statt völkerrechtswidrig durch alliierte Bomben zerstört, d.V.) Bundeskanzler Kohl in seiner Dankrede: ›Wir Deutsche werden das niemals vergessen... danke Amerika.‹ Es gebe kein anderes welthistorisches Beispiel, in der die siegreiche der besiegten Nation so großzügig aufgeholfen und sie dabei unterstützt habe, in den Kreis der Völker zurückzukehren... Westdeutschland erhielt rund 3,3 Milliarden Dollars aus US-Hilfen. 1953 erließen die USA der Bundesrepublik zwei Drittel der Schulden. Aus den so freigewordenen Mitteln wurde der sogenannte ERP-Sonderfonds zur weiteren Unterstützung der deutschen Wirtschaft gebildet...«

Dagegen steht die Tatsache, daß Deutschland das einzige Land war, das die ›Marshallplan-Hilfe‹ zurückzahlen mußte und zurückgezahlt hat. Daher ist die Behauptung, die angebliche Marshallplan-Kredithilfe in Höhe von 6,4 Mrd. DM sei ein ›Geschenk‹ der USA gewesen, eine Lüge Bonner Politiker. Aus dieser Lüge wurde bekanntlich die weitere Lüge abgeleitet, daß aus diesem - angeblichen Geschenk der ERP-Kreditfonds gebildet worden sei, aus dessen Rückzahlungen und Zinsen der heutige Fonds in Höhe von 23 Mrd. DM - verwaltet von der bundeseigenen Kreditanstalt für Wiederaufbau - als amerikanisches ›Geschenk‹ nach wie vor der deutschen Wirtschaft zugute komme: »Er dient vor allem der Mittelstandsforderung und ist eine wichtige Finanzquelle für den Aufbau Ost.« [4]

Den genannten Beträgen für den voll zurückgezahlten Mashallplan-Kredit sind für eine ausgewogene Betrachtung die Werte der Ausraubung Deutschlands durch die Westalliierten in der Nachkriegszeit gegenüberzustellen.

I. Die Ausraubungen und Zerstörungen von 1945 bis 1952

1. Raub aus dem Volksvermögen

Der direkte Raub aus dem Sachvermögen betrifft Demontagen, Sachgüter, Geld, Gold, Wertpapiere, Auslandsguthaben, Auslandsvermögen, militärisches Gut (Beute), Patente, Besatzungsdiebstahl, Kunstdiebstahl (Zerstörung zahlloser Kunstwerke der Epoche 1933-1945), Bücherdiebstahl und vieles mehr und ist in TABELLE 1 aufgelistet

TABELLE 1: AUSRAUBUNG SACHVERMöGEN

	Mrd. RM/DM
Ausraubungen von 1945 bis Ende 1947	49.75
Nach den Berechnungen von Rumpf zusätzlich	37.00
Summe Rumpf und Harmssen (inklusive Demontagen)	87.00
Weitere Ausraubungen bis 1952	Mrd. RM/DM
Ausraubung der sowjetischen Besatzungszone von 1948 bis 1950 (inklusive Demontagen)	70.00
Militärisches Gut, von Russen und Westalliierten erbeutete deutsche Waffen	50.00
Raub der Patente	20.00
Raub an Bargeld	25.00
Besatzungsdiebstahl, Kunstdiebstahl, Bücherdiebstahl,	1.00
Im Grunde unschätzbar, aber mindestens	10.00
Summe: Raub aus Volksvermögen	**263.00**

2. Raub/Erpressung durch laufende Entnahmen aus der Produktion 1945-1952

Hierunter fallen Wegnahme von Rohstoffen, Besatzungskosten, Demontagekosten, Verlust an Lizenzeinnahmen, Bargeld, Gegenwert der Arbeitsleistung der deutschen Kriegsgefangenen und Zivilverschleppten und weiteres.

Diese ›laufenden Ausraubungen‹ müßten in den acht Jahren von 1945 bis 1952 durch schwerste Steuerbelastungen der verarmten und verelendeten deutschen Bevölkerung aufgebracht werden. TABELLE 2 gibt eine Übersicht.

TABELLE 2: AUSRAUBUNG DURCH LAUFENDE ENTNAHMEN

	Mrd. RM/DM
Für den erzwungenen Export von deutscher Kohle	4.00
Für sogenannte Restitutionen	2.00
Durch den vollständigen Raub der deutschen Flotte: Verlust an Frachteinnahmen und Kosten für Frachtzahlungen an die Alliierten	2.50
Demontagekosten	11.00
Ausraubung des Saargebietes (Kohle)	5.00
Wert der Zwangsarbeit der völkerrechtswidrig zurückgehaltenen deutschen Kriegsgefangenen und Zivilverschleppten [5]:Kriegsgefangene	35.00
Zwangsverschleppte	38.00
Verlust an Lizenzeinnahmen (bis 1955) aus Patenten,Warenzeichen u.a.	10.00
Besatzungskosten nach Angaben der Bundesregierung (Zeittafel 1949-1969) allein für die Westzonen 1945 bis 1952	50.00
Für die Ostzone mindestens (nach Harmssen)	40.00
Summe: Laufende Ausraubung	**197.50**

3. Volkswirtschaftlicher Schaden durch die Zerreißung Deutschlands

Der katastrophale volkswirtschaftliche Niedergang für Deutschland nach 1945 hat seine alleinige Ursache im Vernichtungswillen der Feinde des deutschen Volkes, die sich damit auch als Feinde Europas erwiesen. Denn jede Schwächung Deutschlands hat unausweichlich eine Schwächung Europas zur Folge. Das gilt besonders für die Wirtschaft. Deutschland lieferte seit seiner Industrialisierung bis in die Gegenwart rund 70 Prozent seiner hochwertigen Industrieerzeugnisse an seine europäischen Nachbarn (Die Größenordnung dieser Verflechtung hat also mit EG/EU gar nichts zu tun.). Diese Leistung Deutschlands, vor allem die Ausstattung mit modernster Technik, hat Europa bis 1914 an die Spitze des technischen Fortschritts gebracht und selbst nach dem Ersten und Zweiten Weltkrieg Europa befähigt, noch mit den USA und Japan Schritt zu halten.

1945 kam es zunächst tatsächlich zur Durchführung des Morgenthauplans mit der Zerstörung der Produktionsanlagen durch Demontagen, Produktionsverbote (z. B. im Flugzeugbau, Strahltriebwerkbau, der in Deutschland erfunden war), Forschungsverbote (z.B. Elektronik, Kernphysik bis 1955), Zerschlagung deutscher Großunternehmen, weitgehende Zerstörung der Eisen- und Stahlindustrie, Raub aller Auslandsniederlassungen deutscher Unternehmen und vieles andere mehr.

Hinzu kam die Zerreißung Deutschlands in elf völlig getrennte Wirtschaftsgebiete, nämlich:

- Nordostpreußen (an Sowjetunion)
- Memelland (an Litauen)
- Schlesien mit Oberschlesien, Danzig, Westpreußen, Pommern, Teile von Brandenburg (an Polen)
- Österreich
- Sudetenland (an Tschechoslowakei)
- Südtirol (an Italien)
- Elsaß-Lothringen (an Frankreich)
- Saargebiet (bis 1959 an Frankreich)
- Eupen-Malmedy (an Belgien)

- Sowjetische Besatzungszone, später DDR
- Westzonen, später BRD.

Ab 1945 waren diese von Deutschen bewohnten Gebiete [6] durch Zollgrenzen getrennt, also wirtschaftlich vollkommen auseinandergerissen. Oft war jahre- oder jahrzehntelang keine wirtschaftliche Zusammenarbeit möglich. Die politische Zerreißung bedeutete für viele Großunternehmen eine völlige Zerstörung ihres Produktionsverbundes (z.B. für Siemens, Daimler-Benz, Bosch, IG.-Farben, Vereinigte Stahlwerke).

Großer wirtschaftlicher Schaden entstand zudem durch die Zerstörung des Außenhandels. Der Schaden durch die politische Zerreißung Deutschlands wirkt bis heute ununterbrochen und mit wachsenden schädlichen Folgen für ganz Europa fort. Im einzelnen gibt TABELLE 3 die betreffenden Zahlen wieder.

TABELLE 3: SCHADEN DURCH DIE ZERSTöRUNG DEUTSCHLANDS 1945-1952

	Mrd. RM/DM
Schaden durch die politische Zerreißung (zwischen 240 und 2400 Mrd. DM.; siehe Folgendes)	400.00
Der wirtschaftliche Wert der Demontagen = Ausfall an Produktion	65.00
Verlust an Wertsteigerung durch das 10jährige Verbot deutscher Spitzenforschung	70.00
Verluste durch Zerstörung des Osthandels	10.00
Verluste durch die Zerschlagung deutscher Großunternehmen	35.00
Summe: Schaden durch Zerreißung	580.00

4. Verluste in den Vertreibungsgebieten

Durch den Raub der deutschen Ostgebiete, des Sudetenlandes sowie des Vermögens der Volksdeutschen entstanden weitere große Verluste. Allein das geraubte deutsche Vermögen (reproduzierbares Sachvermögen, ohne Bodenwert) in Ostdeutschland, Danzig, Memelland, Sudetenland und an den sechs Millionen Volksdeutschen in Osteuropa und auf dem Balkan beträgt mindestens 300 Mrd. DM. Damit ergeben sich als Gesamtsumme (s. Tab.1 bis 3) für Gesamtdeutschland 1350 Mrd. DM.

Zu beachten ist dabei noch, daß diese Summe nur einen Näherungswert darstellt. Alle Ausraubungen und Zerstörungen konnten gar nicht erfaßt werden. Die Auswirkungen reichen bis weit über das Jahr 1952 - dem Ende des Marshallplans - hinaus und sind heute noch spürbar, Deutschland und damit ganz Europa wurden dadurch im weltweiten Wettbewerb unaufholbar zurückgeworfen.

II. Der Verlust durch Minderleistung der DDR

Zu den oben berechneten Verlusten durch direkte Ausraubung, Zerstörung und Landraub muß noch der Verlust an Wirtschaftsleistung durch die 45 Jahre lange Zerstörung der Wirtschaft in der DDR hinzugezählt werden. Dadurch konnte ein Viertel Deutschlands nur mit etwa einem Drittel bis zur Hälfte seiner Leistungsfähigkeit arbeiten.

Die dadurch entstandene Minderleistung, Veralterung des Produktionsapparates, Zerfall der Bausubstanz usw. müssen heute von allen Deutschen in jahrzehntelanger Arbeit bei stark erhöhter Steuerlast wieder aufgeholt werden.

Wäre in der sowjetischen Besatzungszone und anschließend in der DDR mit einer freien, sozialen Marktwirtschaft gearbeitet worden und wäre dieses deutsche Land nicht 45 Jahre lang von den Kommunisten ausgeraubt worden, dann hätte die dortige Bevölkerung bis 1990 ein doppeltes bis dreifaches Sozialprodukt erarbeiten können. Das entspricht einem Verlust von rund 5500 Mrd. DM. Diese Summe ergibt sich aus folgendem Überschlag: Die Bundesrepublik (West) hatte 1990 ein Bruttosozialprodukt (BSP) von rund 2500 Mrd. DM. Die Leistung der DDR betrug etwa ein Zehntel davon, also rund 250 Mrd. DM. Nimmt man im Durchschnitt von 45 Jahren je Jahr die Hälfte dieses Betrages - also 125 Mrd. DM - als mögliche zusätzliche Leistung an, dann ergibt sich die verhinderte Leistung mit einem Gesamtverlust zwischen 5 und 6 Billionen DM (45 x 125 Mrd.DM).

Der Marshallplan für ganz Europa - rund 50 Mrd. DM - entsprach nur etwa einem Hundertstel, die Marshallplan-Hilfe für Deutschland etwa einem Tausendstel dieses Betrages.

Entsprechendes, nur in noch größeren Dimensionen, gilt für ganz Osteuropa, das 1945 von Roosevelt und Churchill dem millionenfachen Mörder Stalin ausgeliefert wurde.

Die erzwungene Minderleistung in der DDR durch die Kollektivierung der gesamten Wirtschaft war begleitet von einem ständigen fortschreitenden Zerfall des reproduzierbaren Sachvermögens (Verkehrsanlagen, Bauten, Ausrüstungen, Vorräte u.ä.). Heute, 1997, muß man, nachdem bei der Treuhandgesellschaft für die Abwicklung des gesamten Wirtschaftsvermögens in Mitteldeutschland ein Minuswert von rund 275 Mrd. DM aufgelaufen ist, für das Vereinigungsjahr 1990 demnach für das gesamte reproduzierbare Sachvermögen der ehemaligen DDR einen Wert von 0 ansetzen.
Für die BRD betrug der Wert des reproduzierbaren Sachvermögens 1990 rund 10 Bill. DM.

Die DDR umfaßte räumlich und bevölkerungsmäßig ein Gebiet von etwa einem Drittel der BRD, so daß selbst bei halbfreier deutscher Leistungsentfaltung, wie diese in der BRD nach 1955 (damals fielen die letzten wesentlichen Erzeugungsverbote, die allerletzten für die Herstellung schwerer Waffen erst 1986, die Tributlast an laufenden Barzahlungen an die Siegermächte blieb bis heute sehr hoch) möglich war, in Mitteldeutschland ein reproduzierbares Sachvermögen von rund 3,3 Bill. DM hätte vorhanden sein müssen.

Der Zerfall und die wegen des Sowjetsystems nicht mögliche Entfaltung und Erneuerung des Sachvermögens sind ein Verlust durch Zerstörung und Behinderung, der bekanntlich jetzt nach der kleinen Wiedervereinigung von ganz Deutschland wiedergutgemacht werden muß. Das heißt, daß wir rund 3,3 Billionen DM in die neuen Länder investieren müssen, wenn sie den Stand der alten Bundesrepublik erreichen sollen. Die Größe dieses notwendigen Aufwandes wird jedoch in der öffentlichen Diskussion unterschlagen, damit die daraus erwachsende Dauerbelastung nicht bewußt wird.

Die öffentliche Feststellung der ungeheuren Größe dieses Schadens aus der DDR-Zeit wäre besonders für die deutsche Politik in der EU zwingend geboten, denn daraus müßte die unabweisbare Forderung abgeleitet werden, daß die EU für diesen Schaden aufkommen muß, vor allem Frankreich und England, die wesentlich mit Schuld daran tragen, daß Mitteldeutschland den Bolschewisten 1945 zur Ausraubung, Zerstörung und Unterdrückung ausgeliefert wurde. Schon aus diesem Grunde hätten ab 1990 alle deutschen Zahlungen an die EU (1997 rund 40 Mrd. DM je Jahr) eingestellt und diese Gelder zusätzlich in den Wiederaufbau Mitteldeutschlands investiert werden müssen.

Dieser Verlust an Sachvermögen (Volksvermögen) muß in die gesamte Rechnung gegenüber dem Marshallplan mit aufgenommen werden. Das ergibt:

C. Bilanz

In den acht Jahren 1945 bis 1952 wurden Deutschland damit geraubt (s. II 1.-4.) 1350 Mrd. RM/DM.

In den Jahren 1949 bis 1952 wurde als sogenannte Marshallplan-Hilfe ein später zurückgezahlter Kredit gegeben von 6,4 Mrd. DM.

Das heißt, daß in derselben Zeit 200mal mehr geraubt und zerstört wurde, als rückzahlbarer Kredit gegeben wurde. Das ist die Wahrheit über die sogenannte Marshallplan-Hilfe.

Heute zahlt Deutschland jährlich das Sechs- bis Siebenfache dessen an die EU, was die USA in den vier Jahren 1949-1952 insgesamt als angebliche Marshallplan-Hilfe nach Westdeutschland als Kredit gegeben haben. Insgesamt hat Deutschland seit 1957 (Gründung der EG/EU) mindestens das Hundertfache des US-Marshallplan-Kredits bar nach Brüssel für die ›armen‹ Länder der EU gezahlt.

Der Marshallplan wurde ›European recovery program‹ - ›Europäisches Wiederaufbauprogramm‹ - genannt. Deutschland hat bisher für die EG/EU mindestens das Zehnfache dessen bezahlt, was die

USA nach 1947 für den gesamten Marshallplan für Europa aufwandten. Wer hat dann mehr für Europa geleistet? Hat darüber schon einmal eine Dankesfeier stattgefunden, bei der ein Ministerpräsident der EU-Empfängerländer (Spanien erhält - zu 65 Prozent von Deutschland bezahlt - seit seiner Aufnahme in die EU vor rund zehn Jahren jährlich so viel wie Deutschland 1949-1952 in vier Jahren als Kredit bekam) eine Träne des Dankes vergossen hat?

Heute geht innerhalb der EU jedes Jahr mindestens so viel an Korruption und Schiebung (von Deutschland zu 65 Prozent bezahlt) verloren, wie Deutschland an Marshallplan-Kredit erhalten und zurückbezahlt hat.
Bei der Betrachtung der Ausraubung des Deutschen Volkes nach 1945 ist auch stets daran zu erinnern, daß dieser Raub von bestialischen Mordorgien der ›Befreier‹ begleitet war, denen nach Kriegsende - also im ›Frieden‹ noch über 5 Millionen Deutsche, meist Frauen, Kinder und Alte, zum Opfer fielen. [7]

D. Die Zerstörung der europäischen Kultur

In der Feststellung der ungeheuren Verluste, die durch die Westalliierten Deutschland und Europa zugefügt wurden, darf die Zerstörung der deutschen Städte, der steingewordenen Kultur unserer Menschenart, durch den alles Völkerrecht mißachtenden Bombenterror nicht fehlen.

Denn in keiner anderen Form wird das Eigene der Kultur eines Volkes stärker und deutlicher sichtbar als in den Bauwerken der Vorfahren, in den Städten, deren alte, große, schöne menschliche Art uns das Innerste Wesen der Ahnen als ›steingewordene Musik‹, als Ausdruck des innersten Seins überliefert.

Es besteht kein Zweifel, daß die Zerstörung der Städte unmittelbarer seelischer und geistiger Mord an einer ›Menschengruppe‹ ist, wie es in der Völkermordkonvention der UNO als Völkermord-Verbrechen festgestellt wird. Wie sollte ein Volk, dessen Eigenwert, dessen Kultur fast vollständig zerstört wurden, so wie es den Deutschen geschah, einen sicheren Weg in die Zukunft finden können? Alle politischen Schwierigkeiten, vor denen das deutsche Volk heute

steht und unvermeidbar in der Zukunft stehen wird, ergeben sich aus seiner seelischen Zerstörung, wobei die Zerstörung des sichtbaren, eigengeschichtlichen Hauses, des Oikos, des Hauses der geistig-seelischen Geborgenheit, am schwersten wiegt.
Dieser geistige Wert der Baukultur ist materiell nicht bewertbar, er hat einen unermeßlichen, unersetzbaren Wert, er ist ein bestimmender Lebenswert. Entsprechend groß ist der Verlust.

Man muß die Zerstörung der deutschen Städte mit einem materiellen Verlustwert von mindestens 300 Mrd. RM (damaliger Zeitwert) ansetzen, was einem heutigen Zeitwert - nach dem Ansteigen des Baukosten-Index seit 1950 um das 15fache - von rund 4500 Mrd. DM entspricht. [8]

Die so hoch gefeierte Marshallplan-Hilfe beträgt also höchstens ein Fünfzigstel an Wert (1950) dessen, was allein der angelsächsische Bombenterror an Schaden angerichtet hat.

E. Die deutsche und europäische Dimension der Zerstörung

Die oben nachgewiesenen Ausraubungen und Zerstörungen sind unbestreitbar, sie können in allen Einzelheiten objektiv nachgewiesen werden, vor allem in den Veröffentlichungen von Harmssen.

Dieser Feststellung ist hinzuzufügen, daß die Politik der Bundesregierungen den Polen und Tschechen seit der Regierung Brandt (1972) noch einmal rund 50 Mrd. DM hinterher geworfen hat, ohne große sinnvolle wirtschaftliche Wirkung, wie dies für jeden Kenner ›polnischer Wirtschaft‹ von vornherein klar war.

Ähnliches gilt für die Verschwendung von mehr als 100 Mrd. DM für Zahlungen an die Sowjetunion und Rußland nach 1990. Dabei ist zu betonen, daß die Sowjetunion (Gorbatschow) mit bereits wenigen Milliarden zufrieden gewesen war, daß aber Bundeskanzler Kohl die Zahlungen von sich aus um ein Mehrfaches erhöhte und so den deutschen Finanzhaushalt in größte Schwierigkeiten brachte. Der ehemalige CSU-Bundestagsabgeordnete Dr. Lowack (Bayreuth), damals der Vorsitzende der betreffenden Bundestagskommission, hat diese fast unglaublichen Vorgänge dokumentarisch belegt. Selbstverständlich wird eine Verbreitung dieser Tatsachen von Bonn unterdrückt.

Hinzugefügt werden muß noch, daß seit der Wende 1990 Deutschland von westalliierter Seite massiv aufgefordert, ja unter Druck gesetzt wurde, den wirtschaftlichen Aufbau Osteuropas und Rußlands ohne politische Gegenwerte finanziell zu unterstützen, während sich die USA, England und Frankreich - mit Ausnahme der Ausbeutung der russischen Ölvorkommen - außerordentlich zurückhalten. Von Bonn werden derartige Zumutungen willfährig aufgenommen. Man bedenkt dabei nicht, daß es vor dem und im Ersten Weltkrieg England und vor allem Frankreich waren, die die russische Aufrüstung zum Angriff auf Deutschland und Österreich mit zahlreichen Milliarden finanzierten und daß im Zweiten Weltkrieg die USA Moskau Rüstungsgüter im Wert des gesamten Marshallplans von rund 12 Mrd. $ (entspricht dem heutigen Wert von mindestens 500 Mrd. DM) zur Zerstörung Deutschlands und Europas geliefert haben, dazu ganz Osteuropa mit Mitteldeutschland den Bolschewisten auslieferten.

Das Fazit ist: Für die Zerstörung Europas war den Angelsachsen kein Betrag zu hoch, für den Frieden gab und gibt es, wenn überhaupt, nur Trinkgelder.

Für die Zukunft werden weitere deutsche Tributzahlungen in gewaltiger Höhe durch die von den USA erzwungene, gegen den Willen Rußlands und gegen eine friedliche Entwicklung Europas gerichtete NATO-Osterweiterung fällig werden, für eine NATO, deren einziger Zweck jetzt nur noch ist, »to keep the Germans down« (»die Deutschen am Boden zu halten« nach Lord Ismay, 1. Generalsekretär der NATO), nachdem Rußland keine akute Gefahr mehr bedeutet. Unbegreiflicherweise setzen auch Kohl und Rühe ihren ganzen Ehrgeiz daran, daß Polen und Tschechen Mitglieder der NATO werden und damit die Deutschen den Raub ihrer eigenen Ostgebiete für die slawischen Räuber schützen müssen.

F: Ausraubung und Zerstörung Um Vergleich zum BSP

Die volkswirtschaftliche Dimension der Ausraubung und Zerstörung des im Krieg zerstörten und dann geteilten Deutschlands in den Jahren 1945 bis 1952 erkennt man am besten, wenn man sie in den Größenordnungen des deutschen Bruttosozialprodukts (BSP) mißt. TABELLE 4 gibt die Entwicklung des deutschen Sozialprodukt und die jeweiligen Besatzungskosten wieder.

TABELLE 4: SOZIALPRODUKT UND BESATZUNGSKOSTEN

	Sozialproduktentwicklung [9/10] in Mrd. DM/Ostmark (ab 1948)			
	West/BRD		DDR	
		davon Besatzungskosten		davon Besatzungskosten
1945 geschätzt: 50% von 1949	32,3	5.00	15.00	5.00
1946 ebenso	32.3	5.00	15.00	5.00
1947 (nach Harmssen, S. 139)	43.00	6.00	16.00	6.00
1948 ebenda	57.00	5.00	18.00	6.00
1949 ebenda	73.00	4.70	21.00	5.80
1950	98.10	4.65	24.00	7.00
1951	120.00	6.49	25.00	8.00
1952	137.00	7.89	27.00	9.00
Summe: BSP 1945-1952	**592.70**	**44.73**	**161.00**	**51.80**

Die Summe des BSP von BRD (592,7 Mrd. RM/DM) und DDR (161,8 Mrd. Ostmark) ergeben 754,5 Mrd. RM/DM/ Ostmark bei 96.53 Mrd. Mark für Besatzungskosten. Allein die Besatzungskosten übertreffen also in den vier Jahren des Marshallplans dessen Leistungen um das Neunfache. Neunmal mehr haben die Sieger 1949 bis 1952 aus Restdeutschland herausgepreßt, als der ganze Marshallplan in dieser Zeit (als Kredit) brachte. Für die BRD betrugen die Besatzungskosten mit rund 24 Mrd. DM das Vierfache der Marshallplan-Hilfe für Westdeutschland: In jedem der damaligen Jahre haben die Westdeutschen also viermal mehr an die westlichen Besatzungsmächte gezahlt, als sie von ihnen als angebliche Hilfe (als Kredit) bekommen haben.

TABELLE 5 vergleicht im einzelnen die MarshallplanZahlungen und die jeweiligen Besatzungskosten mit den sozialen Aufwendungen in der BRD.

TABELLE 5: MARSHALLPLAN-ZAHLUNGEN/ BESATZUNGSKOSTEN/ SOZIALLEISTUNGEN

	Zahlungen Marshallplan Mrd. DM [11]	Anteil am BSP %	Besatzungs-kosten Mrd. DM [12]	Anteil am BSP %	Soziale Aufwendungen Mrd. DM [12]
1949	2.4	3.0	4.7	6.0	3.6 (2.34)
1950	1.3	1.3	4.7	4.7	4.7
1951	1.7	1.4	6.5	5.5	5.8
1952	0.5	0.3	7.9	5.5	7.7

Für soziale Unterstützung der 13 Millionen Flüchtlinge, der 10 Millionen durch den Bombenterror obdachlos Gewordenen, der zurückkehrenden Millionen arbeitslosen Kriegsgefangenen, der durch die Währungsreform aller Ersparnisse beraubten 40 Millionen Westdeutschen waren also 1949 nur 3,6 Mrd. DM, ›für 4,5 Millionen Kriegsversehrte, Kriegshinterbliebene und Kriegswaisen rund 2,34 Mrd. DM‹, also gerade nur die Hälfte der abgepreßten 4,7 Mrd. DM Besatzungskosten, als Hilfe möglich.

Dabei ist daran zu erinnern, daß die Anwesenheit von Besatzungstruppen vier Jahre und länger nach Kriegsende ein absoluter Bruch des Völkerrechts war.

Besatzungsstreitkräfte sind eine Kriegsmaßnahme, für sie gibt es nach Ende des Krieges keinerlei Notwendigkeit und auch keine rechtliche Grundlage. Es war seit dem Ersten Weltkrieg kennzeichnend für die Alliierten, daß sie einen ehrenvollen und vernünftigen Frieden mit aller Gewalt verhinderten.

G. Zerreißung Deutschlands verhinderte Gesundung Europas

Der Marshallplan für Europa hieß ›European recovery program‹ (ERP), Wiedergesundungsprogramm für Europa. Aber die USA und England haben nach dem Krieg alles getan, damit Europa nicht gesunde. Sie haben vor allem die entscheidende Kraft für die europäische Gesundung, Deutschland, zunächst zerstört. Sie haben in Deutschland keinen Marshallplan, sondern den Morgenthauplan verwirklicht. Deshalb muß diese angelsächsische Politik einer damals durchaus möglichen ehrlichen, vorausschauenden Europapolitik gegenübergestellt werden, die, wie sich dann was von Anfang an vorauszusehen war - in den vier Jahrzehnten der EG und EU zeigte, nur auf einer Erhaltung der deutschen Leistungskraft beruhen konnte. Doch Engländern und Franzosen war nach 1945 die Abreaktion ihres sinnlosen Hasses, der ihnen selbst, und zwar bis heute, den größten Schaden zufügte, wichtiger, als der gemeinsame Aufbau eines leistungsfähigen Europas, von dem sie dann selbst die größten Vorteile gehabt hätten.

Wenn man also von Marshallplan-Hilfe spricht, die ja angeblich zur Wiedergesundung Europas führen sollte, dann muß man auch fragen, ob in dieser Zeit alle möglichen wirtschaftlichen Kräfte Europas und insbesondere diejenigen Deutschlands mobilisiert wurden, um aus eigener Kraft die Höhe der Wirtschaftsleistung (BSP) und damit den europäischen Wohlstand der Vorkriegszeit wieder zu erreichen.

Hier ist es nun die ERP-Kommission selbst, die zugeben mußte, daß die Ausraubung und Nachkriegszerstörung Deutschlands durch die Alliierten die Erreichung dieses Zieles verhinderten, ja unmöglich machten. Bereits zur Jahreswende 1946/47 erreichte Westeuropa (ohne Westdeutschland) wieder den Stand der industriellen Erzeugung von 1938; 1949/50, also drei Jahre später, war dieses Niveau für Westeuropa (ohne BRD) schon um 30 Prozent überschritten, hatte also 130 Prozent des Basisjahres 1938 erreicht. (Das ist übrigens auch der Beweis, daß Deutschland während des Zweiten Weltkrieges die industriellen Kapazitäten der besetzten Länder geschont und ausgebaut hat, denn nur dank dieser modernen Kapazitäten war dieser rasante Aufschwung möglich.)

Ganz Westeuropa, mit Westdeutschland, erreichte 1946/ 47 aber erst 80 Prozent der Erzeugung von 1938, lag 1949/59 bei 110 Prozent. Das lag daran, daß im besetzten Deutschland die Entwicklung ganz anders verlief. Hier lag der Stand der industriellen Erzeugung 1946/47 bei 25 Prozent des Wertes von 1938, erreichte erst 1949/50 79 Prozent. Die Erzeugung von 1938 wurde in der BRD erst 1950/51 erreicht und lag 1954 bei 130 Prozent von 1938. Westdeutschland hinkte also aufgrund der Besetzung dem westlichen Europa um rund 5 Jahre hinterher.[13]

Diese unterschiedliche Entwicklung zwischen Deutschland und Westeuropa hat ihre ausschließliche Ursache in der Zerstörung und Ausraubung der deutschen Wirtschaft nach 1945 durch die Alliierten.
Deshalb ist es gerade heute, im Zeitalter der vollständigen wirtschaftlichen Vereinigung Europas, eine zwingende Notwendigkeit, die durch die Alliierten verhinderten deutschen und europäischen Möglichkeiten und deren Auswirkungen bis in die Gegenwart und die Zukunft aufzuzeigen.

H. Die möglichen Wirtschaftsleistungen Deutschlands

1. Unmittelbar nach 1945 ohne Marshallplan
Die vielfach behauptete angebliche Anschubwirkung des Marshallplans für die europäische und deutsche Wirtschaft wirft die Frage auf, ob nicht die Freigabe der deutschen Leistungskraft, anstatt sie jahrelang zu unterdrücken und zu zerstören, eine viel größere und stärkere Entfaltung der europäischen Wirtschaft ermöglicht hätte als die verhältnismäßig geringe Summe des Marshallplans.

Wenn man die Frage objektiv beantworten will, dann muß man drei gegebene Möglichkeiten betrachten, die aber sämtlich vom vernünftigen und ehrlichen Wollen der Westalliierten, insbesondere der USA. für eine Wiedergesundung Europas abhängig waren.

Die erste Möglichkeit wäre gewesen, daß man die Industrie in Westdeutschland nicht zerstörte, nicht demontierte, keine Produktions- und Forschungsverbote erließ, keine Verfolgung leitender Wirtschaftsführer durchführte, sondern den Deutschen den freien Gebrauch ihres vorhandenen Produktionsapparates gestattet hätte. Denn die wirtschaftlichen Kapazitäten waren trotz der Bombenangriffe, die sich ja hauptsächlich auf Wohngebiete erstreckt hatten, weitgehend erhalten geblieben. Dafür gelten die Zahlen der TABELLE 6.

TABELLE 6: KRIEGSSCHÄDEN UND DEMONTAGEVERLUSTE[14]

	in % der 1936 vorhandenen Kapazitäten			
	Ost-zone	Ost-berlin	West-berlin	West-zone
Kriegsschäden in % der Kapazität 1936	0	23	24	8.1
Demontageverluste in % Kapazität 1936	45	25	53	7.3
Totalverluste	**45**	**48**	**77**	**15.4**

Diese Zahlen machen deutlich, daß die Zerstörungen durch Kriegsschäden, mit Ausnahme Berlins, keine allzu schweren Ausfälle zur Folge hatten. Erst die Demontagen, nach Ende des Krieges von den Siegern durchgeführt, führten zu den katastrophalen Störungen der Wirtschaft.

Die Kapazitäten und eine verbesserte Technik waren 1945, durch den starken Ausbau im Kriege noch bedeutend höher als 1938 (nach Harmssen, *Am Abend der Demontage*, S. 24, um rund 15 Prozent). Das bedeutet, daß bei vollen, nicht weiter (durch Demontage usw.) zerstörten Kapazitäten ab 1945 in kürzester Zeit die Vorkriegserzeugung und bald viel mehr möglich gewesen wäre.

Wäre Westdeutschland 1945 nicht von den Alliierten systematisch ausgeraubt, zerstört und niedergehalten worden, sondern hätte man die deutsche Leistungskraft wie in den anderen europäischen Staaten freigegeben, so wäre bereits 1945 die Wirtschaftsleistung (BSP) von 1950 möglich gewesen. Das hätte für die acht Jahre 1945 bis 1952 folgende Entwicklung bedeutet:

TABELLE 7: MöGLICHE LEISTUNGEN AB 1945 BEI UNZERSTöRTEN KAPAZITÄTEN(BSP ANGABEN)

	Mrd.DM
1945 BSP von 1950	98.1
1946 BSP von 1951	120.0
1947 BSP von 1952	137.0
1948 BSP von 1953	147.7
1949 BSP von 1954	158.6
1950 BSP von 1955	181.4
1951 BSP von 1956	200.5
1952 BSP von 1957	218.5
Summe	**1.261.8**

Dieses bei freier Leistungsentfaltung mögliche Ergebnis muß dem tatsächlichen, nach Ausraubung, Zerstörung und Unterdrückung erzielten Ergebnis von 592,7 Mrd. DM (s. Tab. 4) gegenübergestellt werden. Die Differenz ergibt: 1261,8 - 592,7 = 669,1 Mrd. DM Ausfall 1945 bis 1952.

Das ist mehr als das 100fache des Marshallplan-Kredits an Westdeutschland.

Der Lebensstandard und die Investitionsmöglichkeiten Westdeutschlands wurden also absichtlich um mehr als die Hälfte niedergehalten.

Die Auswirkungen auf die anderen westeuropäischen Staaten waren entsprechend negativ, im Durchschnitt 20 Prozent; für die Länder mit Deutschland eng verflochtenen Wirtschaften wie die Niederlande bedeutend mehr.

Die Westzone erarbeitete 1939 60 Prozent des damaligen deutschen BSP'5.

Wäre 1945 die Einheit Deutschlands, einschließlich der Ostgebiete, gewahrt worden, dann wäre dieses Verhältnis der wirtschaftlichen Leistungsfähigkeit mit Sicherheit ebenfalls geblieben, so daß unter Verwendung der oben errechneten Werte der Sozialprodukte selbst für das ausgeraubte und zerstörte Deutschland für die Jahre 1945 bis 1952 folgendes gegolten hätte (nach Tab. 4):

Leistung Westzonen (BRD) = 60% + 40% (für übriges Deutschland) = 592,7 Mrd. DM + 395,1 Mrd. DM = 987,8 Mrd. DM.

Der Verlust der Ostgebiete und die Zerreißung Deutschlands hatten also unmittelbar nach dem Kriege unter den katastrophalen Bedingungen der Verwirklichung des Morgenthauplanes innerhalb von acht Jahren von 1945 bis 1952 einen Verlust an BSP von 233,3 Mrd. DM zur Folge (= mögliche 987,8 - (tatsächliche) 754,5 Mrd. DM, diese = 592,7 (West) + 161,8 (Ost) Mrd. DM aus Tab. 4).

Diese gigantische Summe von 233,3 Mrd. DM fehlte Europa genau so wie Deutschland, im Durchschnitt der Jahre 1945-1952 also jeweils rund 30 Mrd. DM.
In den vier Jahren des Marshallplans (1949-1952), in denen die Deutschen ganze 6,4 Mrd. DM an Kredit erhielten, war ein Ausfall durch die Zerreißung Deutschlands von 120 Mrd. DM, also das Zwanzigfache des Marshallplans und das dreifache der ›Hilfe‹ für ganz Europa, festzustellen.

I. Die europäische Dimension der Zerstörung der deutschen Wirtschaftskraft

Wie oben schon angegeben, hatte Westdeutschland 1945 60 Prozent der Wirtschaftskraft des Deutschen Reiches von 1939. Wäre das Deutschland von 1943 bestehen geblieben, dann hätte dies ungefähr für das ganze Deutschland einer Verdopplung der Wirtschaftskraft entsprochen. Für das Gesamtdeutschland mit allen deutschen Gebieten hätte dies eine Verdopplung der in Tabelle 7 errechneten Summe - 1261,8 mal 2 = 2523,6 Mrd. DM für die acht Jahre von 1945 bis 1952 bedeutet.

Das wäre in den kritischen Jahren unmittelbar nach dem Kriege das vierfache BSP (s. Tab. 4: 592,7 Mrd. DM) des tatsächlichen gewesen. Es hätte dann zu rund 40 Prozent zum BSP Europas beitragen können. Das wäre genau das gewesen, was Europa damals brauchte, das einzig richtige und durchaus möglich gewesene ›European recovery program‹ (ERP), das notwendige ›Gesundungsprogramm Europas‹.

Der Marshallplan brachte 1947-1952 nur rund 12 Mrd. $ für Europa, also etwa ein Fünfzigstel oder 2 Prozent dessen, was ein freies Deutschland für Europa hätte leisten können. Das sind ganz andere Größenordnungen, kaum vergleichbar, aber es zeigt auf, wie unsinnig die westalliierte Politik damals gehandelt hat und teilweise bis heute handelt. Welch ein ungeheurer Schaden ist für ganz Europa durch die Schuld der USA und Englands seit 1945 entstanden!

Diese möglich gewesene dynamische Entwicklung hätte sich mit Sicherheit bis heute fortgesetzt.

Diese Entfaltung für ganz Europa hätte den ganzen Erdteil so mit sich fortgerissen, daß überhaupt keine wirtschaftliche ›Gefahr‹ für unseren Kontinent von außen bestanden hätte - weder von den USA noch von Asien.

In der EG/EU wird seit längerem Deutschland ständig als die wirtschaftliche Lokomotive für die Steigerung der Konjunktur gefordert. Nach 1945 hat man diese Lokomotive mit Zustimmung, ja Beifall der meisten heutigen EU-Mitglieder vernichtet, obwohl die verheerenden Folgen für jeden vernünftigen Menschen klar vorauszusehen waren. Es sei noch einmal betont, daß vor und auch nach dem Zweiten Weltkrieg wie heute der europäische Anteil am deutschen Außenhandel rund 70 Prozent betrug und beträgt, so daß jede Steigerung der deutschen Leistung unmittelbar auch Europa zugute kommt.

Die Chancen für eine große Zukunft Europas wurden also vor 50 Jahren durch die tödliche Schwächung Deutschlands zerstört. Ohne die genannte Ausraubung, Zerreißung und Zerstörung und durch den Verlust der rund 6500 Mrd. DM Tribute, die es seit 1945 bis 1996 an die Sieger entrichten mußte, hätte Deutschland heute ein BSP von mindestens der dreifachen Höhe wie das jetzige von 3506,8 Mrd. DM (Bundesbankbericht Juli 1997) [16] Es hätte heute, 1997, ein BSP von rund 10 Billionen DM. Das entspräche einem zweiten Platz in der Welt zwischen den USA mit 12 Billionen DM und Japan mit rund 6 bis 7 Billionen DM. Der Standort Deutschland wäre ungefährdet sicher. Es gäbe für Europa kein Globalisierungsproblem.

Das bedeutete, daß Deutschland heute in der Modernität (Automatisierung, Robotereinsatz, Spitzenelektronik) seiner Wirtschaft einen unanfechtbaren Spitzenplatz einnehmen könnte. Es könnte (theoretisch) dem heutigen technologischen Stand um 20 Jahre vorausliegen. Ein Vorsprung von 5 bis 10 Jahren, der heute voll zur Geltung kommen könnte, wäre ohne jeden Zweifel möglich gewesen.

Doch diese Chance ist endgültig vertan, der Rückfall Europas ist in dieser Hinsicht nicht mehr korrigierbar, es sei denn, das Nachkriegssystem der materiellen und geistig-seelischen Unterdrückung, Ausnutzung und Erpressung Deutschlands von außen würde radikal beendet und die deutschen Leistungsmöglichkeiten könnten sich im Innern wieder frei entfalten. Erinnert sei nur daran, daß in den wenigen Jahren von 1933 bis 1945 deutsche Wissenschaftler und Techniker die noch heute bestimmenden Spitzentechniken erfanden:

- die Grundlagen der Atomtechnik (Hahn, Straßmann),
- die Raketentechnik (Oberth, von Braun),
- den Strahlantrieb (Düsenmotor) für Flugzeuge (von Ohain),
- den elektronischen Rechner (Zuse).

Dabei hatte Deutschland als Ziel seiner Politik immer das Gedeihen Europas vor Augen. Die Westmächte, vor allem England, dachten dagegen immer nur an ihren engen Nationalstaat, sehr oft zum Schaden Europas. Diese Fehlrechnung ist heute offenkundig und wird mit jedem Tag schmerzlicher deutlich.

K. Die Verdammung der Deutschen

Die oben genannten Zahlen sind in ihrer Größe unglaublich und unfaßbar. Das ist der Grund, warum Bonn dem unwissenden deutschen Volk einreden kann, daß der Marshallplan der wichtigste Anschub nach dem Kriege gewesen sei. Hinzu kommt noch, daß seit rund sieben Jahren, seit der kleinen Wiedervereinigung, Bonn jedes Jahr rund 250 Mrd. DM - den Betrag unserer jährlichen Nettoinvestitionsquote, mit dem jährlich rund 500000 Hochtechnologie-Arbeitsplätze geschaffen werden könnten - für die Finanzierung der ›Integration‹ von rund 8 bis 10 Millionen Ausländern in Deutschland verschwendet. Mit diesen 8 bis 10 Millionen Fremden wird die von der Sozialhilfe abhängige Unterschicht in Deutschland verdreifacht. Damit wird die Zukunftssicherung des ›Standorts Deutschland‹ bewußt zerstört.

Diese Wahnsinnspolitik muß zudem vor der Tatsache gesehen werden, daß wir seit 1990 für 16 Millionen durch die Politik der Sieger verarmte Mitteldeutsche ein würdiges Leben aufbauen müssen, wozu für rund 3,3 Billionen DM ›reproduzierbares Sachvermögen‹ neu geschaffen werden muß. Deutschland und Europa stehen vor der Entscheidung: Wiederbelebung des ursprünglichen, schöpferischen Freiheitsgeistes der Deutschen oder Untergang. Diese Entscheidung muß jetzt fallen.

Anmerkungen

1. Deutsche Bundesbank (Hg.), *Deutsches Geld- und Bankwesen in Zahlen 1876-1975*, Fritz Knapp Verlag, Frankfurt/M. 1976, S.341.
2. Der deutsche Reichsnährstand hat noch im Frühjahr 1945 für den Herbst 1946, also für eineinhalb Jahre im voraus, eine durchschnittliche Ration von rund 1400 Kalorien je Person und Tag sicherstellen können, so daß es den Alliierten leicht hätte möglich sein müssen, durch eine Freigabe der deutschen Produktionsmöglichkeit jede Verschlechterung der Nahrungslage sofort aufzufangen. Dies galt in noch größerem Maße für das restliche Europa. Eventuell notwendige zusätzliche Hilfen (Bedarfsspitzen-Ausgleich) wären nur für die Deckung außerordentlicher Schwierigkeiten in kleinem Umfang notwendig gewesen. Doch der maßlose Vernichtungswille der Westmächte zerstörte 1945 sofort auch die deutsche Ernährungsorganisation, den Reichsnährstand. Dies war eine entscheidende Ursache für die verheerenden Hungerjahre 1946 und 1947, denen viele Deutsche zum Opfer fielen. Man muß davon ausgehen, daß es mindestens so viele Hungertote gab wie 1919, als der englischen

Hungerblockade, verbunden mit einer Grippeepidemie, 800 000 Deutsche zum Opfer fielen. Der kanadische Historiker Bacque kommt in seinem Buch *Verschwiegene Schuld*, Berlin 1995, zu dem Ergebnis, daß die Hungersnot 1945-1947 etwa fünf bis sechs Millionen Menschen das Leben kostete (vgl. Leserbrief Gerhard Hense, Tann, in *FAZ* vom 16.6.1997). -England hat bekanntlich große Erfahrung im Verhungernlassen unliebsamer Unterworfener. So ließ es 1846/47 1 bis 2 Mill. Iren, deren Land es unterworfen hatte - Nordirland bis heute -, buchstäblich an Hunger verrecken, Etwa zur selben Zeit vernichtete es die Bevölkerung Tasmaniens vollständig, so daß kein Tasmanier überlebte. Den größten Hunger-Holocaust verübten die Engländer 1943 unter Churchill in Bengalen (Indien, Pakistan), als durch Wegnahme der Ernten über 6 Mill. Menschen Hungers starben, an die kein Holocaust-Museum erinnert.

3. Presse- und Informationsamt der Bundesregierung (Hg.), *Journal für Deutschland*, August/September 1997.
4. Ebenda.
5. Auf der Grundlage der Zahlen der ›Wissenschaftlichen Kommission der deutschen Kriegsgefangenengeschichte‹ (WK) und der Zahlen von Heinz Nawratil aus *Die deutschen Nachkriegsverluste unter Vertriebenen, Gefangenen und Verschleppten*, Herbig, München-Berlin 1987, S. 37 f. Die Zahl der Gefangenen wurde multipliziert mit den Arbeitsstunden der Dauer ihrer Gefangenschaft, Wert für die Arbeitsstunde RM/DM 1.-, pro Tag 10 Stunden, 6 Tage pro Woche.
6. Die völkerrechtliche und damit rechtmäßige Zugehörigkeit dieser Gebiete zum Deutschen Reich ist bis heute unbestreitbar. Sie sind und waren vor den völkerrechtswidrigen Abtrennungen und Vertreibungen jahrhundertelang von Deutschen bewohnt. Diese haben deshalb nach dem höchsten Grundsatz des Völkerrechts, dem Selbstbestimmungsrecht, das absolute Recht, gemeinsam in dem Staat zu leben, zu dem sie sich nach ihrer Abstammung, Kultur, Sprache und Geschichte auf dem von ihren Vorfahren erworbenen und kultivierten Boden in freier Abstimmung bekennen.
7. Im einzelnen waren dies
   - 2 900 000 bei der Vertreibung Ermordete,
   - 1 500 000 in der Gefangenschaft getötete Soldaten,

- 580 000 in Gefangenschaft getötete verschleppte Volksdeutsche,
- 100 000 in sowjetischen KZs Ermordete,
- 1000 von westalliierter Siegerjustiz Umgebrachte.
- Dazu müssen noch die 700 000 durch den völkerrechts widrigen Bombenkrieg getöteten Zivilisten,
- die über 300 000 beim Einmarsch der
- Sowjets Ermordeten, überwiegend vorher vergewaltigten Frauen,
- die 800 000 (oben angeführten) Hungertoten aufgrund der Hungerblockade
- und die 50 000 vergewaltigten Frauen hinzugefügt werden, die im französischen Besatzungsgebiet des allerkatholischsten Generals de Gaulle zur Schändung durch Afrikaner freigegeben worden waren.

8. Das ist der tatsächliche, nicht auf vagen Schätzungen beruhende Holocaust des Zweiten Weltkriegs. Prof. Dr. Rolf Wagenführ gibt in seinem grundlegenden Werk *Wirtschaft und Sozialstatistik*, Band 1, Rolf Haufe Verlag, Freiburg 1 97O, S. 131, den Wert der erhalten gebliebenen Bausubstanz, Wert 1954, mit 208 Mrd. DM an.
9. Sozialprodukt BRD nach *Deutsches Geld- und Bankwesen in Zahlen 1876-1975*, Hrsg. Deutsche Bundesbank, Fritz Knapp Verlag, Frankfurt/M. 1976.- Sozialprodukt DDR geschätzt, Zunahme wie tatsächlich mit halbem %-Satz der BRD; Besatzungskosten nach tatsächlicher Inanspruchnahme.
10. Presse- und Informationsamt der Bundesregierung (Hg.) *1969 u. 1981: Politische Zeittafel 1949-1969*, S. 18 ff.; 1949-1969, S. 19 ff.
11. Rolf Wagenführ, *Wirtschaft und Sozialstatistik*, aaO., S. 341.
12. Ebenda.
13. Zahlen aus Gerhard Jentsch, *Der Marshallplan und Deutschlands Platz darin*, Frankfurt /M 1950, S. 31 u.83, Herausgeber ECA (Marshallplan)-Kommission für Westdeutschland.
14. Die Zahlen stammen aus Kurt Pritzkoleit, *Gott erhält die Mächtigen*, Karl Rauch Verlag, Düsseldorf 1953, S. 126
15. Harmssen, *Am Abend der Demontage*, S. 7
16. Alle Zerstörungen, Ausraubungen, Folgen von Produktionsverboten und Tributzahlungen von 1945 bis heute in der ehemali-

gen BRD und DDR belaufen sich von 1945 bis heute nach (hochgezinstem) heutigem Wert auf rund 16 Billionen DM, das entspricht rund fünf BSP der heutigen BRD (1996). Allein die Tribute (Barleistungen) haben bis heute einen Wert von rund 6,5 Billionen DM. Das entspricht rund der 20fachen Nettoinvestitionsquote eines Jahres, also dem Kapital zur Schaffung von Millionen neuer Hoch- und Höchsttechnologie-Arbeitsplätzen (Nettoinvestitionsquote 1996: 289 Mrd. DM *nach Bundesbankbericht* 7/1997, S.67).

Literatur und Quellen

- Ausführlichere Darlegung in Karl Baßler, *Die Ausraubung des Deutschen Volkes nach dem Ersten und Zweiten Weltkrieg und deren Auswirkung auf die deutsche Wirtschaft bis in die Gegenwart*, Deutsche Kulturgemeinschaft, Graz 1988, (Strauchergasse 23).
- Harmssen-Bericht, *Reparationen - Sozialprodukt - Lebensstandard*, 4 Hefte, Friedrich Trüjen Verlag, Bremen 1948
- Gustav Wilhelm Harmssen, *Am Abend der Demontage. Sechs Jahre Reparationspolitik, mit Dokumentenanhang*, Friedrich Trüjen Verlag, Bremen 1951
  (Der Harmssen-Bericht wurde seinerzeit im Auftrag der Ministerpräsidenten der neugebildeten deutschen Länder erstellt, er ist also ein amtliches Dokument. Die in den Tabellen gebrauchten Begriffe - Bezeichnungen des Raubes und der Zerstörungen - sind von Harmssen übernommen und bezeichnen dieselben Sachverhalte.)
- Helmut Rumpf (Professor für Staats- und Völkerrecht, vortragender Legationsrat 1. Klasse im Auswärtigen Amt Bonn), »Die deutschen Reparationen nach dem 2. Weltkriege, in Bernard Willms (Hg.), *Handbuch zur Deutschen Nation, Bd. 1: Geistiger Bestand und politische Lage*, Hohenrain-Verlag, Tübingen 1986.

Quelle: *Deutschland in Geschichte und Gegenwart*
45(4) (1997), S. 1-10

Hans-Dietrich Sander

WESEN UND VERWESEN DER BUNDESREPUBLIK

Thesen und Glossare

1

Die Bundesrepublik Deutschland ist nicht in Fortsetzung der politischen Einheiten in der Deutschen Geschichte entstanden. Sie war eine Ausgeburt der Stunde Null, gezeugt von fremden Mächten, die nichts anderes im Schilde führten als die Auslöschung des Deutschen Reiches als Subjekt der Geschichte. Das Germaniam esse delendam kündigte sich schon in den letzten Kriegsjahren an. Die Zerstörung deutscher Städte mit Bombenteppichen und die gewaltsame Vertreibung von Millionen aus den östlichen Gebieten waren absolute, aber vordergründige Schrecken. Tiefgründiger war, was sich im Hintergrund abspielte: die Absprache zwischen Roosevelt und Churchill 1943 in Quebec, nach der es keinen Friedensvertrag mit Deutschland geben sollte, sondern nur ein Abkommen der Sieger über die aufzuteilenden Reste. Stalin schloß sich an, obwohl er spätestens 1944 in Jalta merken mußte, daß der amerikanische Wirtschaftsimperialismus auch schon die Sowjetunion ins Visier nahm. Das Motiv war Rache für die Stunde, da er im Dezember 1941 vor den deutschen Truppen in Moskau mit dem Rücken an der Wand stand. Und er tobte sie mit dem Einmarsch der Sowjetarmeen auf deutschem Boden aus, der alles in den Schatten stellte, was sich seit dem Dreißigjährigen Krieg im mitteleuropäischen Raum ereignet hatte.

Glossar

Mit der Niederwerfung des Deutschen Reiches erloschen de facto das Völkerrecht und die Hegung des Krieges, welche das Ius Publicum Europaeum, einzigartig in der Weltgeschichte, hervorgebracht hatte. Das Gros der Juristen aller Länder und Couleurs debattierte freilich frenetisch fort, als wäre nichts passiert.

2

Als Folge von Quebec fixierten die Vereinten Nationen bei ihrer Gründung 1945 Deutschland und Japan als Feindstaaten, womit sich die UNO als Rahmen für das Germaniam esse delendam präsentierte. Es begann exekutiv am 8. Mai 1945 mit der bedingungslosen Kapitulation und anschließender Entrechtung. Die Reichsregierung Dönitz wurde in Mürwik verhaftet und behandelt wie eine Verbrecherbande. Die Führung des Dritten Reiches wurde, soweit sie das Kriegsende überlebte, in Nürnberg vor ein Militärtribunal gestellt, das sie hinter Gitter brachte oder aufhängen ließ, auch die Generäle, welche die Kapitulation unterzeichnet hatten. Um die Endgültigkeit zu unterstreichen, wurde den Deutschen untersagt, jemals die Nürnberger Prozesse zu revidieren. In der ganzen europäischen Geschichte hat es keinen einzigen Krieg gegeben, der auf diese Weise endete.

Glossar

Churchill hatte schon vor Kriegsende gefordert, die hohen Nazis ohne Gerichtsverfahren aufzuhängen oder zu erschießen. Adolf Hitler sollte „natürlich" sterben: auf dem „elektrischen Stuhl" als „Gangster". Er wurde erst von Washington und Moskau aus genötigt, einem ordentlichen Verfahren zuzustimmen. Churchill war wie Stalin von Rache getrieben, aber sie unterschied sich durch ein pikantes Kalkül: der britische Premier fürchtete, der Prozeß könnte eine „Farce" werden, weil sich bei ihm „alle möglichen Komplikationen" ergeben würden. Sie wurden natürlich vermieden, aber um den Preis, daß der Nürnberger Prozeß in einer Weise abgefackelt wurde wie 1936–1938 die Schauprozesse in Moskau.

3

Die Überlegungen, die sich die Reichsregierung vor ihrer Verhaftung in Mürwik für eine deutsche Nachkriegspolitik machte, gingen von drei Prämissen aus. Ein neutrales Deutschland galt als ausgeschlossen, weil es den Interessen der Machtblöcke in Ost und West widersprach. Ein Bündnis mit Rußland wurde wegen der Besatzungsgreuel als unzumutbar verworfen. Übrig blieb ein Bündnis

mit den Westmächten, das den Vorteil hatte, daß wir im heraufziehenden Ost-West-Bündnis-Konflikt wieder zu eignen Waffen kämen und eines Tages wieder eine selbständige Politik machen könnten.
Die schnelle unproblematische Gründung der Bundesrepublik wurde 1949 in dieser Stimmungslage ausgerüstet mit den noch vorhandenen deutschen Traditionsbeständen. Es kündigte sich ein eigener deutscher Weg an, für den die BRD von ihren Inauguratoren nicht aufgezogen worden war.

Glossar

Der Wille war in der ersten Nachkriegsregierung unter dem Mantel der Westbindung durchaus vorhanden. Das zeigte sich vor allem in Adenauers machiavellistischem Verkehr mit den Hohen Kommissaren, in einem mannhaften Auftreten gegenüber Chruschtschow in Moskau und Levi Eschkol in Israel. Er setzte sich leider im nächsten Politikerschub nicht fort. Das schwerste Versäumnis der ersten Politikergarde war, nicht für einen entsprechenden Nachwuchs gesorgt zu haben. Dieses Versäumnis erstreckte sich quer durch alle Bereiche: von der Wirtschaft, den Gewerkschaften über die Medien bis hin zu den Schulen, den Universitäten und den Kirchen.

4

Der Bonner Teilstaat ist als ein Provisorium konstituiert worden – nicht, wie unter den Gründern verbreitet, bis zur Wiedervereinigung, sondern bis zu einem Aufgehen in einer übernationalen Ordnung. Nicht von ungefähr gab es den Begriff der Souveränität im Grundgesetz als Subjektiv nicht. Man findet ihn nur adjektivisch bei der vorgesehenen Übertragung souveräner Rechte an überstaatliche Institutionen. Carlo Schmid hat noch vor dem Parlamentarischen Rat zur Eröffnung der Verfassunggebenden Versammlung auf Herrenchiemsee den entstehenden Staat als einen Besatzungsstaat bezeichnet, der zu geeigneter Stunde aufzuheben sei. Die Besatzungsmächte sahen den ersten deutschen Schritten nicht nur gelassen zu. Sie hielten die Durchsetzung ihrer Ziele auch für unvermeidlich – nach der Parole, man müsse den deutschen Politikern gestatten, für einige Zeit ihrem Volk gegenüber das Gesicht zu wahren. Während dieser Frist schufen sie die Grundlagen für die Durchsetzung ihres Programms der Auflösung Deutschlands als Subjekt der Geschichte.

Glossar

Wohl um das eingefleischte deutsche Legalitätsbedürfnis zu stärken, wurde ein Viermächtetreffen nach dem anderen über die deutsche Zukunft abgezogen. So wurde für die Bonner Politik das ‚Pacta sunt servanda' zur Leitformel, ohne daß die Generation nach Adenauer begriff, daß es sich dabei um eine Unterwerfungsfloskel handelte. Nachdem die Konferenzen zu nichts führten, wurde den Deutschen durch gezielte Desinformationen eingebleut, daß an ihrer Teilung ihre eigene politische Unfähigkeit schuld sei. Adenauer freilich begriff noch den Atomwaffensperrvertrag, der nach seiner Amtszeit unterzeichnet wurde, als ein „Super-Versailles", und Wilhelm Grewe, den Kennedy als deutschen Botschafter in Washington abberufen ließ, nannte ihn den „Knick im Wiederaufstieg".

5

Die Besatzungsmächte wußten, daß sie ihre Ziele gegen die Deutschen nur mit den Deutschen durchsetzen könnten. Das deutsche Volk wurde deshalb, ohne es zu merken, Stufe um Stufe umgemodelt. Diesen Zwecken diente die vertrackte Dialektik von Wohlstand und Umerziehung, die garantieren sollte, daß die Deutschen nicht aus dem Ruder laufen würden, wenn ihnen einst, wie geplant, der Wohlstand abhanden käme. So steigerte sich die Umerziehung, die gelinde ansetzte, in immer rabiateren Formen bis zu den Hexenjagden unserer Tage. Begleitet wurde dieser Prozeß von einer behutsamen aber umso gründlicher ablaufenden Senkung des deutschen Bildungsniveaus mittels sogenannter Reformen, und von einer lautlosen wie kaltblütigen Überführung der deutschen Nationalökonomie in einen Kapitalismus westlichen Stils mit dem Geld als dem Maß aller Dinge, ergänzt durch eine unablässige Unterwanderung der deutschen Wirtschaft. Mit dem Primat des Eigennutzes vor dem Gemeinwohl begann die überlieferte Volksgemeinschaft auseinanderzubrechen.

Um die Entwicklung irreversibel zu machen, wurde die BRD mehr und mehr in europäische Zusammenhänge eingebunden. Die europäische Union, anfangs die EG, ist mit aller Raffinesse propagiert worden – bis zur Einrede, sie sei doch eine erweiterte Fortführung des alten Reiches. Ich höre noch in der Mitte der 60er Jahre Carlo Schmid begeisterten westberliner Studenten entgegnen: „Wenn Sie wüßten: die EG wurde in erster Linie geschaffen, um die deutsche Wirtschaft dauerhaft unter Kontrolle zu halten." Später wurde „irreversibel" zu einer Bonner Lieblingsvokabel. Den Rest besorgte eine negative Führungsauslese, die sukzessiv jede Führungsfähigkeit zerstörte.

Glossar

Wenn die USA es überdies für nötig hielt, beendete sie, wie Henry Kissinger in seinen Memoiren mitteilte, vorzeitig die Legislaturperioden deutscher Bundeskanzler. Er nannte namentlich Adenauer und Erhard; unnamentlich Kiesinger, als Washington erkannte, daß es seine neue Ostpolitik zur Besiegelung der deutschen Teilung besser mit einem sozialdemokratischen Kanzler in Bonn durchsetzen konnte. Bedenkt man, daß alle diese Abgänge von der FDP ausgelöst wurden, kann der Sturz Helmut Schmidts ebenso vonstatten gegangen sein. Später inszenierte ein amerikanischer Manager den Wahlkampf Gerhard Schröders, und man muß sich fragen, wer wohl bewog ihn nach sieben Jahren die Vertrauensfrage zu stellen, die ihn aus der Bahn warf?

6

Unter solchen Umständen konnte die BRD nur einen Fassadenstaat bilden, der sich in Worthülsen artikulierte. Der Bundespräsident, eine Kreatur der Parlamentsparteien, hat nichts zu sagen. Die Gewaltenteilung ist eine politische Maskerade. Die Exekutive und die Legislative sind untrennbar verzahnt. Die dritte Gewalt, das Bundesverfassungsgericht in Karlsruhe, wird mit Juristen bestückt, die die Parteien bestimmen. Der Staatsrechtler Ernst Forsthoff pflegte zu sagen, es habe niemand so oft das Grundgesetz gebrochen wie das Bundesverfassungsgericht. Herbert Wehner sagte es drastischer, wenn er von den „Arschlöchern in Karlsruhe" sprach. Es war alles darauf angelegt, das Volk zu entmündigen.

Um zu verhindern, es könnte hinter den Fassaden in äußerster Not wieder eine grundfeste Struktur aufziehen, wurde, was noch Staat hieß, Stück um Stück abgebaut – unter den Bannern des Abbaus von Privilegien und Hoheiten und der Privatisierung mit den Parolen der Entbürokratisierung und der Deregulierung.

Glossar

Nicht nur Carlo Schmid hatte sich über den Fassadencharakter treffend geäußert. Der Kanzler Kurt Georg Kiesinger bezeichnete einmal die BRD, ich möchte meinen, mit spitzen Fingern, als ein „politisches Gebilde". Helmut Schmidt nannte im Kanzleramt den Staat als einen Betrieb neben anderen Betrieben. Und Olaf Henkel betrachtete als Präsident des Bundesverbandes der deutschen Industrie den Staat nur noch als ein Dienstleistungsgewerbe für die Wirtschaft. Es schien kaum jemanden zu interessieren. Um so mehr wirkte weit über das Wirtschaftswunder hinaus das Kanzlerwort des politisch naiven Ludwig Erhard: „Wir sind wieder wer!". Unter welchen Bedingungen, in welcher Einbindung, schien egal. So konnte das Gros der Juristen und Politologen die Fassaden unangefochten den Bau nennen und eine Fachliteratur produzieren, die genau besehen aus Makulatur besteht.

7

Nach dem Bau der Mauer im August 1961, von Kennedy und Chruschtschow im März 1961 in Wien beschlossen, hörten die Sonntagsreden zur Wiedervereinigung allmählich auf.

Als die Mauer stand, flog der ehemalige Militärgouverneur Lucius Clay von Washington nach Bonn, um den deutschen Politikern die neue amerikanische Ostpolitik vorzutragen: statt Wiedervereinigung eine Politik der kleinen Schritte, der menschlichen Erleichterungen, der Annäherung usw., die ein Jahrzehnt später die Ostpolitik Willy Brandts bestimmte.

Ein Jahrzehnt danach schwenkte die CDU ein, indem das Adenauer-Haus, mündlich,
verbreitete, die Wiedervereinigung stünde nicht mehr auf der Tagesordnung, man müsse zufrieden sein, wenn sich die Beziehungen zu Pankow so gestalteten wie die Beziehungen zu Wien. Als nach

einem weiteren Jahrzehnt die DDR implodierte, hätte Bonn die Fesseln mit einem Ruck abstreifen können. Das aber konnten die Bonner Politiker nicht und sie wollten es auch nicht. So vollzog sich die unerwünschte Wiedervereinigung nach alliierten
Maßen und Auflagen, von denen die folgenschwersten zur Zeit nur vermutet werden können: 1.) es dürfe mit der Wiedervereinigung kein neues deutsches Nationalgefühl entstehen und 2.) es solle nach ihr keine Stärkung der deutschen Wirtschaft stattfinden.

Tatsächlich feierte der eingefleischte Nationalmasochismus nach 1990 Urstände wie noch nie und die DDR-Wirtschaft wurde auch ratzfatz plattgemacht – zu einem Ende, an dem auch die BRD-Wirtschaft zur Disposition stehen sollte: durch Fusionen, Aufkäufe, freundfeindliche Übernahmen. Bei aller gebotenen Verachtung für die politische Szene Bonns ist unvorstellbar, daß das alles ihren Köpfen entsprungen sein sollte.

Glossar

Washington erkannte am 9. November 1989, als die Mauer fiel, blitzartig, daß nun die Stunde für die Endlösung der deutschen Frage gekommen sei. Es überzeugte Paris und London, die noch das Gegenteil fürchteten, schnell von den Chancen einer Politik der Tabula rasa. Wie 1943 in Quebec, wurde sie nur mündlich abgesprochen – wie die Auflagen an die deutsche Seite. Die nationalmasochistische Komponente, die wohl Gustaf Gründgens 1962 als erster erkannt hatte, machte die Bonner Politiker für diese Ungeheuerlichkeiten empfänglich. Geübt in der Praxis der Verdrängung, gaben sie sich alsbald der Schönfärberei hin – mit dem Etikettenschwindel der Globalisierung.

8

Anfang 1991 äußerte Heiner Geißler bei einem Vortrag in der Dresdner Semperoper, die Regierung könnte den Außenminister und den Wirtschaftsminister einsparen, denn deutsche Außenpolitik werde in Washington und deutsche Wirtschaftspolitik in Brüssel gemacht. Auch diese Zuordnung war so folgenlos wie treffend. Ein Land mit einer solchen politischen Struktur ist natürlich nicht überlebensfähig. Die erste schwere Krise zog schon vor der Wiedervereinigung herauf, als Helmut Kohl vor dem rasanten Anstieg der Arbeitslosigkeit eine Landtagswahl nach der anderen verlor. Er konnte sich daraus nur mit der Einverleibung der DDR retten. Acht Jahre später half ihm nichts mehr.

„Der Dicke muß weg!" schrieen Demonstranten in Bonn und die Wähler schickten ihn in die Wüste. Gerhard Schröder kam mit dem Versprechen an die Macht, wieder für deutsche Interessen einzutreten, ging aber nach sieben Jahren in einem Fiasko unter, in welchem alle Fehlentwicklungen von Bonn bis Berlin kulminierten. Unser Land ist nicht mehr regierbar und keine Regierung mehr regierungsfähig.

Glossar

Das Menetekel leuchtete auf, als sich im Wahlkampf 2005 Gerhard Schröder und Angela Merkel, die sich erbittert befetzten, gegenseitig der Lüge bezichtigten. Es wurde kein einziges der kaum noch lösbaren Probleme konkret thematisiert. Wie im Wahlkampf so auch bei der Koalitionsbildung der CDU/CSU mit der SPD. Der Grund: die Entwicklung ist in einer Weise eskaliert, in der konkrete Lageanalysen der Regierung einen umgehenden Sturz des Systems auslösen. Davor hütete sich auch das DDR-Establishment – bis zur Implosion.

9

Die BRD versinkt zur Stunde in Perspektivelosigkeit. Da ihr kryptototalitäres Parteienregiment, der Parteidiktatur der DDR entsprechend, alle Alternativen im Keim erstickte oder mittels Unterwanderung an die Leine nahm, wird es eines nahen Tages nicht durch eine handlungswillige und handlungsfähige Regierung abgelöst werden können. Es kann nur ein Interregnum entstehen, dessen Dauer nicht abschätzbar ist. Diese Zwischenzeit aber wird Raum geben für eine tiefgreifende Umorientierung, die unvermeidbar ist, weil alle Organisationen und Institutionen der BRD ausgelaugt und durch Unfähigkeit und Korruption ihrer Besetzung kompromittiert sind. Die Zeit der Parteienwirtschaft ist vorbei. Landauf, landab breitet sich eine tiefe Resignation aus, doch es gibt überall auch Anzeichen dafür, daß ein neuer Aufbruch gewünscht wird. Wer jammert, jammert aus egoistischen Gründen, weil er fürchtet, ihn nicht mehr selbst erleben zu können. Das kann auch der Fall sein. Denn der Neuanfang kann eine Angelegenheit von Generationen werden.

Glossar

Es werden nicht nur Notstandsregierungen scheitern müssen, sondern nach ihnen auch etliche Regierungen, die den Neuanfang erproben. Es gibt über ihn bisher keinen Konsens. Das ist die Folge der Verkettung der sogenannten vierten Gewalt mit den anderen Gewalten, in der es nie einen freien Raum für ein offenes Wort gab. So kann die Entscheidung nur in einem Kampf aller gegen alle fallen, bis er in einer übergreifenden Überzeugung endet.

10

Die Existenzkrise der BRD ist nicht einzigartig. Es kriselt inzwischen in abgründiger Quittung des Globalismus auf der ganzen Welt, vorab in der einzigen Weltmacht. Die Politik der USA, der sie selbst nicht mehr gewachsen ist, hat sich friedlich wie kriegerisch um den Erdball herum verheerend ausgewirkt. Nun muß sich jedes Land am eigenen Zopf aus dem Sumpf ziehen, in den es gestoßen wurde to make the world safe for democracy. Das heißt für uns: es wird uns eines Tages keine einzige Macht an unserem Neuanfang hindern können. Die USA ist ein Land ohne Volk. Es wird daran zerbrechen. Die BRD ist eine politische Einheit gegen das Volk. Es liegt am Boden.

Es kann sich aber wieder erheben. Die USA hatte gedacht, sie könnte die deutsche Frage biologisch lösen, und dabei den deutschen Volksgeist übersehen, weil sie selbst nie einen hatte.

Glossar

Die Voraussetzung ist allerdings, daß unser Volk die Bürgerkriegsmentalität überwindet, in die es seit dem Ende des Kaiserreiches unheilvoll verstrickt ist. Das dauerte fast ein Jahrhundert. Aber einen hundertjährigen Bürgerkrieg vermochte einst auch das alte Rom zu überwinden.

Nachtrag zur Quellenlage
Im Vergleich zur helotischen Zeitgeschichtsschreibung lesen sich diese Thesen und Glossare wie eine Geheimgeschichte der Bundesrepublik. Die meisten Punkte finden sich in der offiziellen und offiziösen Literatur nicht. Das hat verschiedene Ursachen. Es gibt Hinweise an Stellen,wo man sie nicht vermutet. So findet sich ein Beleg für die mündliche Absprache zwischen Roosevelt und Churchill 1943 in Quebec, so weit ich die Literatur überblicke, nur in der Biographie Kardinal Spellman von Robert J. Gannon, 1963, S.189 ff. Churchills Ideen zur Liquidierung der NS-Größen drangen gelegentlich in die Presse; erst jetzt kann man sie gesammelt nachlesen in den Aufzeichnungen seines Sekretärs Sir Norman Brook, erschienen in den Dokumenten des Kriegskabinetts, die Ende 2005 freigegeben wurden, wie der Münchner Merkur am 2. Januar 2006 berichtete. Kissingers Mitteilungen über die vorzeitige Beendigung Bonner Kanzlerschaften in seinen dickleibigen Memoiren sind bisher geflissentlich übergangen oder nicht entdeckt worden. Ebenso kam es nirgends zu einer Reflexion über den Bundesmasochismus, den Gründgens am 1.11.1962 in einem Brief an Maximilian Schell ansprach (Gustaf Gründgens, Briefe, Aufsätze, Reden, 1967 und 1970).

Oder Carlo Schmids Hinweis auf den entstehenden Besatzungsstaat. Er wurde erst 2005 mit der Veröffentlichung der Protokolle von den Sitzungen des Parlamentarischen Rates bekannt. In seinen Schriften kam Schmid aus wohlerwogenen Gründen darauf nicht mehr zurück.

Oder die Mission Clays nach dem Mauerbau. Sie wurde erst bekannt durch eine Rezension Andreas Hillgrubers über eine amerikanische Clay-Monographie, in der er bedauerte, dass der Verfasser sie nach der ersten Clay-Mission abschloß, und hinzufügte, Clay sei 1961 noch einmal in Bonn gewesen In seiner Geschichte der BRD, die in mehreren Auflagen erschien, nahm der Historiker diese Mitteilung nicht auf, die man wohl als eine gezielte Indiskretion auffassen kann. Über die mündlichen Absprachen und Auflagen Washingtons zur Wiedervereinigung habe ich bisher keinen Beleg. Es handelt sich um Vermutungen, die entstanden sind bei meinen fortlaufenden Analysen des Vereinigungsprozesses in den Staatsbriefen, 1990 ff. Die aufgeführten Punkte entstammen Lesefrüchten aus Jahrzehnten.

Die alliierte Nachkriegspolitik gegenüber Deutschland wäre gescheitert, wenn sie so offen verhängt worden wäre, wie nach dem Ersten Weltkrieg in Versailles. Sie kommt bei einer geduldigen Betrachtung Stück um Stück dennoch ans Licht.

Unser Wald + unser Wasser = unser Leben + unsere Zukunft

Wilhelm Kammeier Institut 2005 veröffentlicht in Deutschlandschrift für idealistische Ordnung 7/8 2005

Wer erinnert sich nicht noch an die Phrasen der Brandt-SPD vom Ende der 60-er, Anfang der 70-er Jahre, die sich um das Schlagwort von der „Steigerung der Lebensqualität" rankten. Damals wurde der politische Weg beschritten, dessen Ende wir uns heute nähern - begonnen mit der brandtschen Plünderung der Rentenkassen bei gleichzeitigem Hochfahren der Sozialausgaben, womit schon damals die langfristige Absicht verfolgt wurde, nicht nur dem Sozialsystem die finanzielle Basis zu entziehen, sondern durch gezielte Verquickung von Staats- und Sozialhaushalten beide zu überschulden und damit zu liquidieren. Das, was heute jeder überall überdeutlich sehen kann, die völlige Auflösung aller sozialen und staatlichen Systeme aus „Überschuldungsgründen", wurde von der Brandtregierung eingeleitet und unter Schmidt, Kohl und Schröder konsequent fortgesetzt. Hier von einer ungewollten oder zufälligen Entwicklung zu sprechen, setzt höchste Naivität bzw. Ignoranz voraus. Dies alles erfolgt nach einem weder in Deutschland, noch in Europa entwickelten Konzept, sondern ist ausschließlich auf angloamerikanischem Geistesmist gewachsen, womit aber kaum die Interessen der dortigen Völker verfolgt oder gar vertreten werden. Suchen wir die, welche von all dem profitieren, so haben wir damit auch die gefunden, in deren Interesse und damit Auftrag dies alles stattfand und -findet. Die Auflösung Deutschlands, die Vernichtung des Deutschen Volkes und der damit einhergehende Raub allen deutschen Gemeinschaftseigentums, ist europa- und weltweit eingebettet in eine gleichlaufende Entwicklung. Nicht nur in Deutschland, sondern im gesamten demokratischen Europa sind die Entwicklungen gleichgeschaltet, wenn auch nicht immer gleichgestaltet. Die aus dem europäischen Uradel und dem „verschwundenen" englischen Empire hervorgegangene „offene" Herrschaftsorganisation der Superreichen - auch als Plutokraten oder Oligarchen bezeichnet - ist auf dem Wege, sich auch noch die letzten Reste am materiellen Eigentum dieser Welt zu ergaunern. Das längst nicht mehr zu verkennende Ziel dabei ist es, jeden einzelnen Menschen in eine umfassende und totale Abhängigkeit zu bringen, bei der über die Existenz jedes Einzelnen nach seinem lückenlos überwachten Verhalten entschieden werden kann. Es geht um die totale Beherrschung des Planeten Erde, mit allem, was dieser ist und was auf ihm kreucht und fleucht. Die Interessen eine kleinen Gruppe von Supergaunern, die nur noch als Wahnsinnige zu bezeichnen sind, umschwirrt von einem wohlstrukturierten Heer von ideologisierten Helfershelfern und Handlangern in allen Bereichen von Politik, Wirtschaft, „Wissenschaft und Kultur" und Medien, werden in Salamitaktik tagtäglich ein Stück mehr umgesetzt. Wo die Brandt-Regierung in der „BRD" die Weichen stellte und alle Nachfolgenden ihren vorgegebenen Beitrag leisteten, da sind es längst nicht mehr nur Bundes- oder Landesregierung, die im Gleichschritt die Menschen und Völker ihrer Totalversklavung, und damit ihrem Untergang, entgegenführen. Selbst auf Kreis- und kommunaler Ebene wird nicht erst seit gestern fleißig zugearbeitet.

Wo mit betrügerischsten Mitteln und Aktionen Bund und Länder mit Schuldenbergen sich überhäuften, um sich somit die Sachzwänge und Begründungen für die folgende Plünderung und Verschiebung aller Formen von Volksvermögen überhaupt erst zu verschaffen, da wurden auch die Ausgabenkonstruktionen aller untergeordneten Struktureinheiten der „öffentlichen Hand" mit Lasten und Ausgaben so eingedeckt, daß auch hier jeder Handlungsspielraum längst so weit verspielt ist, daß selbst laufende Ausgaben nur über Neuverschuldungen noch gedeckt werden können. Auch hier geht es nicht mehr darum, nach einem ordentlichen oder gar ausgeglichenen Haushalt zu wirtschaften, sondern hier sind finanzielle Löcher, die gezielt geschaffen, gesetzlich bzw. vertraglich abgesichert und damit „gottgegeben" sind, die Grundlage und Rechtfertigung für alle nur erdenklichen Maßnahmen, die zum Stopfen dieser Löcher dienen. Diesmal wird nicht etwa nur verhökert - beschönigend als „Privatisierung" bezeichnet - was nicht niet- und nagelfest ist, sondern ganz besonders das Niet- und Nagelfeste steht auf der Liste der Plutokratenbegierde ganz obenan. Bleibt noch darauf hinzuweisen, wenn öffentlich auch immer nur Banken, Konzerne, Fonds oder sonstige Rechtspersonen agieren und auftreten, daß Eigentum immer und in allen Fällen grundsätzlich nur privates Eigentum ist. Denn alle „Rechtspersonen" befinden sich zu 100% im Eigentum von Privatpersonen, ganz gleich wie trickreich die tarnende Verschachtelung auch aufgebaut ist!

Nach den staatlichen Leistungsbereichen wie Straßenreinigung, Müllabfuhr usw., sowie Wirtschaftsunternehmen, wie beispielsweise Lufthansa, Bahn, Post und Telekom, für deren Eigentumsverschiebung die Börse gewählt wurde, rückten die kommunalen Versorgungseinrichtung in das Visier. Ihnen rückte man zunächst mit „Cross-border-leasing" auf die Pelle. Nachdem den kommunalen Helfershelfern in Ämtern und Rathäusern die Bürger immer mehr zusetzten, wurde dieses Verfahren beendet, um an dessen Stelle heute die noch nicht verscherbelten Objekte „privaten Investoren" zum Kauf anzubieten. Damit aber noch längst nicht genug.

Parallel dazu läuft seit Jahren der Zugriff auf das Wichtigste, was es für jede Form menschlichen und natürlichen Lebens überhaupt nur geben kann: das Land, der Boden und die mit ihm verbundenen Rechte auf z.B. Wasser. Ohne Boden wird selbst der autonomst gesinnteste Mensch nur noch sehr kurzfristig im eigenen Luftschloß existieren können, denn die dortige Wasserversorgung, ohne die kein Leben möglich ist, ist ganz einfach nicht herstellbar.

Selbst dort, wo Land sich noch im bäuerlichen Besitz befindet, haben die Behörden sich längst Mittel und Wege geschaffen, auch hier in großem Stil ruinierend agieren zu können, um so Zwangslagen herbeizuführen, um auch diesen Boden verschieben und verschachern zu können. Denn nach der Deindustrialisierung läuft heute die Phase der Deagrarisierung, d.h., nach der Verlagerung der Industrieproduktion in Billiglohnländer wird die Gewinnung landwirtschaftlicher Produkte in Deutschland durch eine Vielzahl von behördlichen Einschränkungen und Auflagen nicht nur künstlich verteuert, sondern letztlich fast unmöglich gemacht, um auf der anderen Seite ausländischen Nahrungsmitteln völlig ungeprüft und mengenmäßig uneingeschränkt den Weg auf den deutschen Küchentisch frei zu machen (aktuelles Beispiel im Sommer 2005 sind die Zuckerbauern).

Aber auch die deutschen, und mit ihnen viele der europäischen, Bauern sind nur Teil des großen Eigentumsspiels um Land, um Deutschland im wahrsten Sinne des Wortes, um das Land, auf dem wir Deutsche leben. Anderes haben wir nicht und werden wir auch nirgendwo finden. Denn das Spiel wird längst weltweit geführt und ist erst dann abgeschlossen, wenn weltweit die gleichen Zustände und Eigentumsverhältnisse herrschen.

Aber, wie es die Einstellung des „Cross-border-leasing"-Betruges gezeigt hat, kann manches verhindert, oft vielleicht auch nur verzögert werden. Denn solange die Interessenlage der Plutokraten, gestützt auf die damit verbundene, fast als grenzenlos zu bezeichnende Machtfülle weiterbesteht, wird auch deren Wahnsinn und Herrschaftsgier unverändert fortbestehen. Aber vielleicht ist es schon ausreichend, wenn die Menschen nur etwas Zeit gewinnen, um den sich immer deutlicher abzeichnenden, gegen jeden von uns - von der Zukunft der Kinder und Enkel überhaupt nicht zu reden – gerichteten Plan erkennen und verstehen zu können, um diesen Wahnsinn endgültig zu stoppen und um nach dauerhaften Alternativen für eine real existierende friedliche Welt zu suchen.

Wir wollen hier nur ein Beispiel von vielen vorstellen und die Methoden aufzeigen, wie sie von politischen Gremien einer Gemeinde des Hochsauerlandkreises, Winterberg, ganz aktuell betrieben werden, und wie sich ohne parteipolitischen Hintergrund Bürger zusammenfinden, engagieren und mit Widerstand ihre ureigensten gemeinsamen Interessen vertreten.

Nachdem das Vorhaben bekannt wurde, große Teile des Waldes der Gemeinde Winterberg, die vielfach an diese Flächen selbst erst durch Eingemeindungen(!) gekommen ist, an private „Investoren" zu verkaufen, formierte sich eine vielschichtige Gegenwehr, die sich sowohl in vorhandenen Vereinen als auch in neuen Bürgerinitiativen organisiert. Als mit Pressemitteilungen unter dem Titel „Waldverkauf Nein" der Weg an die breite Öffentlichkeit gefunden war, war der Plan der politischen Hinterzimmerstrategen - von manchen noch immer als Volksvertreter angesehen - im Kern, zumindest vorläufig, schon gescheitert. Die Reaktion selbst der nicht eben im Mittelpunkt des Weltinteresses stehenden „Gemeindevertreter" von Winterberg war dann die gleiche, wie sie auch der Bürgermeister von New York nicht anders aufgezogen hätte. Man setzte den Propaganda-Apparat in Gang, nicht unähnlich der Pleite, wie Winterberg sie vor 20 Jahren mit dem Bottroper „Vermarktungsinvestor" Reh, der dann im Knast landete, schon einmal erlebt hatte. Heraus kam eine an alle Bürger verteilte 4-Seiten-Schrift unter dem Titel „Die Stadt Winterberg informiert".

Diese beginnt mit der Überschrift: „Notwendige Investitionen in Schulen und Freizeit-Infrastrukturein-richtungen", und gelangt über „...Fragen, die zur Zeit an Ratsmitglieder.. gestellt werden" zur

Feststellung „Nein, es ist noch kein Wald verkauft... es ist zunächst ein sogenannter *Präventivbeschluß*... gefaßt worden."

Darüber hinaus läßt die Stadt(tt)-Information mitteilen, „Ja,.. als *nach 5 Jahren* in der Ratssitzung am 14. April 2005 endgültig klar war, daß es keine andere Möglichkeit mehr gibt, wurde *gleichzeitig und erstmalig* diese letzte Finanzierungsquelle „Waldverkauf" ins Auge gefaßt...". Läßt man sich allein diesen einen Satz auf der Zunge zergehen, sollte man dringend mit gutem Sauerländer Wasser nachspülen, um den fauligen Geschmack loszuwerden. Schon der gesunde Menschenverstand dürfte jedem, auch jedem Ratsmitglied der Gemeinde Winterberg, sagen (so denn „gesunder Menschenverstand" noch den Regeln des politisch korrekten Denkens entspricht und damit zulässig ist), daß der „Präventivbeschluß" zum Verkauf eines Objektes, also auch des Waldes, immer voraussetzt, daß der erzielbare Preis ermittelt und auch ein potenter Käufer gefunden ist, der diesen Preis zahlen will. Da solche Vorarbeiten nicht eine Sache von Tagen oder Wochen sind, muß folglich der Gedanke, den Wald als Objekt der Gegenfinanzierung zu verwenden, zeitlich weitaus früher in die Rats-Diskussion eingebracht worden sein. Um es einfach auszudrücken: hier liegt eine glatte Lüge vor; so verhält sich ein Dieb, der ertappt wurde.

Angeblich geht es, wie die Informationsschrift weiter mitteilt, um rd. 17 Mio. € offenen *Sanierungsbedarf* – bei dem guter Rat teuer ist. Nur hätte man hier besser geschrieben, daß der heutige (Gemeinde-)rat zu teuer ist, wenn er Wartungsaufgaben unterläßt und damit laufende Kosten über Investitionen finanzieren will. Die pflichtgemäße Finanzplanung ist offenbar ersetzt durch spekulatives Gewurstel. Im vorliegenden Fall aber war wohl nicht so sehr wirtschaftliche Unkenntnis der Grund für eine solch wirre Argumentation, sondern der ist mehr darin zu suchen, daß „ratende" Politstrategen meinten, eine Begründung präsentieren zu müssen, die „beim Bürger ankommt". Offen einzugestehen, daß die Interessen der Bürger die letzten sind, für die der Rat zuständig ist, würde auch nicht eben fördernde Wirkung auf die politische Zukunft der Mitglieder haben.

Am Beispiel der Machenschaften des Gemeinderates der Stadt Winterberg wird wieder einmal deutlich, mit welchem Trick weltweit die sogenannte Privatisierung – eigentlich eine Enteignung – so vor sich geht. Da werden mit Steuermitteln, oder auch gleich durch Schuldenaufnahmen, irgendwelche staatlichen Einrichtungen geschaffen, für die dann, aus welchen Gründen auch immer, die laufenden Kosten nicht aufgebracht werden können. Jeder Unternehmer würde in einem solchen Falle entweder ein wirtschaftlich sich tragendes Nutzungskonzept erstellen oder die Einrichtung schließen. Nicht so der Staat, denn dieser Zustand schafft ja nun erst die Voraussetzung, auf der die Privatisierung dann gedeihen kann (soll). Man läßt den Sanierungsbedarf zu einer gewaltigen Summe auflaufen, indem man ganz einfach die Sanierung unterläßt (s. Schulen, Kindergärten usw., die zu Ruinen verkommen). Ist der Zustand so verkommen, hat die Einrichtung den Stand des Desolaten erreicht, daß er von niemandem mehr übersehen werden kann, dann sind es die Gleichen, die durch ihre Untätigkeit diesen Zustand herbeigeführt haben, die lauthals nach einer Sanierung schreien. Nur dann ist eine solche nicht mehr mit *laufenden Ausgaben* zu bewältigen, dann sind *Investitionen* erforderlich. Jetzt wird aufgezeigt, daß entweder der Staat nicht in der Lage ist, ein solches Objekt zu betreiben, was zur Sanierung des Staatshaushalts dann den Lösungsvorschlag zur Folge hat, das gesamte Objekt zu privatisieren, oder man macht es so wie es in Winterberg geplant ist, man privatisiert alles, was man sonst noch an Staatsvermögen hat, um ein heruntergekommenes Objekt *einmalig* zu sanieren. Nur, da nach der einmaligen Sanierung wieder kein Geld für die Instandhaltung vorhanden sein wird, tritt der gleiche Effekt wie zuvor ein, das Objekt wird erneut verkommen. Wer so wirtschaftet, wirtschaftet verbrecherisch. Solches nennt man Veruntreuung und Betrug.

Wo aber Organisationen wie die EU, wo auch die Bundesregierung in immer stärkerem Maße dazu übergeht, selbst tief in das Rechtsgefüge eingreifende Gesetze nur noch in Nacht-und-Nebel-Aktionen durchzuziehen, die von den zuvor zustimmenden Abgeordneten im Nachhinein mit völliger Unkenntnis bis hin zur geistigen Umnachtung versucht werden zu entschuldigen, da darf sich doch niemand verwundern, wenn auch auf der Ebene einer Gemeinde wie Winterberg ähnlich vorgegangen wird.

Es geht also längst nicht mehr etwa nur um Arbeitsplätze - ohne die sich vielfach (oft gezwungenermaßen) auch leben läßt -, es geht um ALLES! Es geht um die Grundlage jeder menschlichen und natürlichen Existenz. Diese für uns alle zu erhalten und freizuhalten vom Zugriff irgendwelcher verwirrten Geister oder Schieber, das ist

Aufgabe eines jeden. Hier kann sich niemand mehr als unbetroffen im Sessel zurücklehnen. Dies gilt nicht nur für die Menschen in Winterberg; *denn Winterberg ist überall.* Denn der Großangriff der Plutokraten und ihrer charakter- und gewissenlosen Helfershelfer aus dem Management von Politik, Wirtschaft, Justiz und Medien läuft weltweit gleichgeschaltet.

Kleines Nahost-Quiz

Von US-General James David über den Nahen Osten

Gefunden und übersetzt von Karl Weiss in TBRNews, (http://karlweiss.twoday.net/stories/3427433/

Was US-Brigadegeneral James. J. David, ret. zu den aktuellen Problemen im Nahen Osten zu sagen hatte.

Er hat an den höchsten US-Militärschulen sein Diplom gemacht und unter anderem in Vietnam und im Nahen Osten gedient.

Ergänzt von Andreas Clauss))

Frage: Welches ist das einzige Land im Nahen Osten, das Atomwaffen hat?
Antwort: Israel
Frage: Welches Land im Nahen Osten hat sich geweigert, den Atomwaffensperrvertrag zu unterzeichnen und verbietet internationale Inspektionen?
Antwort: Israel
Frage: Welches Land im Nahen Osten hat andere souveräne Staaten militärisch überfallen und okkupiert bis heute fremdes Territorium, entgegen eindeutigen Resolutionen des Weltsicherheitsrats?
Antwort: Israel
Frage: Welches Land im Nahen Osten verletzt routinemäßig die Grenzen anderer souveräner Staaten mit Kriegsflugzeugen, Artillerie und Schiffsgeschützen?
Antwort: Israel

Frage: Welcher US-Alliierte im Nahen Osten hat wiederholt Killerkommendos in andere Länder entsandt, um seine politischen Gegner zu ermorden (ein Praxis, die auch Export des Terrorismus genannt wird)?

Antwort: Israel

Frage: In welchem Land im Nahen Osten haben hochrangige Militärs öffentlich zugegeben, unbewaffnete Kriegsgefangene exekutiert zu haben?

Antwort: Israel

Frage: Welches Land im Nahen Osten weigert sich, die eigenen Soldaten anzuklagen, die bekanntermaßen Kriegsgefangene exekutiert haben?

Antwort: Israel

Frage: Welches Land im Nahen Osten hat 762 000 Flüchtlinge geschaffen und weigert sich, diese in ihre Häuser, auf ihr Land und zu ihren Geschäften zurückkehren zu lassen?

Antwort: Israel

Frage: Welches Land im Nahen Osten weigert sich, denen Entschädigungen zu zahlen, dessen Land, Geschäfte oder Bankkonten es konfisziert hat?

Antwort: Israel

Frage: In welchem Land des Nahen Ostens wurde ein hoher UN-Funktionär ermordet?

Antwort: Israel

Frage: In welchem Land des Nahen Ostens wurde der Mann Ministerpräsident, der die Ermordung eines hohen UN-Funktionärs angeordnet hatte?

Antwort: Israel

Frage: Welches Land im Nahen Osten hat eine US-diplomatische Mission in Ägypten in die Luft gejagt und ein US-Kriegsschiff in internationalen Gewässern angegriffen, die USS Liberty, mit dem Ergebnis von 34 toten und 171 verwundeten US-Matrosen?

Antwort: Israel

Frage: Welches Land im Nahen Osten hat einen Spion beschäftigt, Jonathan Pollard, der geheime US-Dokumente stahl und hat einige dieser Dokumente anschließend an die Sowjetunion weitergegeben?

Antwort: Israel

Frage: Welches Land hat zunächst wiederholt jede Verbindung zu Pollard abgestritten, ihn anschließend zu seinem Staatsbürger gemacht und im weiteren ständig von USPräsidenten verlangt, Pollard vollständig zu amnestieren?

Antwort: Israel

Frage: Welches Land im Nahen Osten hat jüdischen Mördern aus den Vereinigten Staaten Asyl gewährt, um sie der Bestrafung in den USA zu entziehen und sich geweigert, sie der US-Gerichtsbarkeit auszuliefern?

Antwort: Israel

Frage: Welches Land im Nahen Osten predigt gegen den Hass, baut aber einen Gedenk-Schrein und ein Denkmal für Soldaten, die 29 Palästinenser ermordeten, während sie in einer Moschee beteten?

Antwort: Israel

Frage: Welches Land auf diesem Planeten hat die zweitstärkste Lobby im US-Kongress nach einer Befragung des Fortune Magazins unter Insidern in Washington?

Antwort: Israel

Frage: Welches Land im Nahen Osten hat absichtlich ein UN-Flüchtlingslager im Libanon (Qana) angegriffen und dabei 103 Männer, Frauen und speziell Kinder getötet?

Antwort: Israel

Frage: Welches Land im Nahen Osten hat 69 Resolutionen des UN-Sicherheitsrats nicht befolgt und wurde gegen weitere 29 durch ein US-Veto geschützt?

Antwort: Israel

Frage: Welches Land im Nahen Osten erhält etwa ein Drittel aller [weltweiten] USAuslandshilfen, obwohl es sich unter den 16 reichsten Ländern der Welt befindet?

Antwort: Israel

Frage: Welches Land im Nahen Osten beleidigt routinemäßig das Volk der Vereinigten Staaten, indem sein Ministerpräsident den US-Abgeordneten Lehren erteilt, dass sie die Auslandshilfe nicht kürzen dürften?

Antwort: Israel

Frage: Welches Land im Nahen Osten hat einen Ministerpräsidenten, der seine Leute anweist, sich nicht darum zu kümmern, was die US-Regierung sagt, denn man habe die USA „unter Kontrolle“?

Antwort: Israel

Frage: Welches Land im Nahen Osten wurde von Amnesty International angeklagt, die Häuser von 4000 unschuldigen Palästinensern zerstört zu haben, um eine „ethnische Säuberung“ durchzuführen?

Antwort: Israel

Frage: Welches Land im Nahen Osten hat vor einiger Zeit eine Massenvernichtungswaffe eingesetzt, eine „Eine-Tonnen-Bombe“, und damit ein dicht bewohntes Gebiet angegriffen, mit dem Ergebnis von 15 toten Zivilisten einschließlich 9 Kinder?

Antwort: Israel

Frage: Welches Land im Nahen Osten tötet routinemäßig Kinder aus keinem anderen Grund als weil sie gepanzerte Fahrzeuge, Planierraupen oder Panzer mit Steinen bewerfen?

Antwort: Israel

Frage: Welches Land des Nahen Ostens hat das Osloer Abkommen unterzeichnet und versprochen, keine Siedlungen mehr in den besetzten Gebieten zu bauen und hat seitdem mehr als 270 neue Siedlungen gebaut?

Antwort: Israel

Frage: Welches Land im Nahen Osten hat in den letzten Jahren mehr als 100 politische Repräsentanten seiner Gegner ermordet und dabei außerdem Hunderte von Zivilisten getötet, darunter Dutzende von Kindern?

Antwort: Israel

Frage: Welches Land im Nahen Osten hat wiederholt die Bestimmungen der Genfer Konvention verletzt, indem Bestrafungen ganzer Dörfer, Siedlungen oder Camps durchgeführt worden wegen der Taten Einzelner und geht sogar so weit, Siedlungen und Dörfer dem Erdboden gleichzumachen, während die Bewohner noch darin sind?

Antwort: Israel

Frage: Welches Land im Nahen Osten wird von den USA mit einem militärischen Überfall bedroht, weil man befürchtet, es könne zu einer Bedrohung der Vereinigten Staaten oder seiner Alliierten werden?

Antwort: **Iran**

Ende der Ausführungen des US-Generals,
Weiterführung des einfachen Ratespiels durch Andreas Clauss

Frage: Welches Land griff mittels Bomben erstmalig einen Atomreaktor an, obwohl nach geltenden Völkerrecht (Genfer Konvention Artikel 56) solche nicht angegriffen werden dürfen?

Antwort: Israel 1981 USA 1991 (beide Tuwailha im Irak)

Frage: Welches Land setzte zuerst Kernwaffen gegen Menschen, noch dazu gegen Zivilisten und ohne jede militärische Notwendigkeit mit weit mehr als 100.000 Toten ein?

Antwort: USA

Frage: Welches Land belog hinsichtlich von Kriegseintrittsgründen seine Bevölkerung und die Welt schon 7 mal und/oder war zumindest an der Konstruktion von vorgeschobenen Kriegsgründen beteiligt. (Maine - 1898 - US-span. Krieg, Lusitania - 1915 - WK I, Pearl Harbour - 1941 - WK II, Tonkin-Zwischenfall - 1964 - Vietnamkrieg, Krankenschwester - 1990 - 1. Golfkrieg, 9/11 - 2001 - Afghanistan, Massenvernichtungswaffen - 2003 - 2. Golfkrieg)

Antwort: USA

Frage: Welches Land erlaubt ausdrücklich nach vorherrschenden Militärdirektiven den Einsatz taktischer Nuklearwaffen auch präventiv?

Antwort: USA

Frage: Welches Land liefert unter eindeutigem Bruch des eigenen Kriegswaffenkontrollgesetzes Waffen in Spannungs- und Kriegsgebiete?

Antwort: Deutschland (Verwaltungsorganisation BRD)

Frage: Welches Land liefert modernste Waffen an Israel teilweise unentgeltlich?

Antwort: Deutschland (Verwaltungsorganisation BRD)

Frage: Verstößt der Iran mit seinem gegenwärtigen Atomprogramm nachweisbar gegen irgendeine Bestimmung des von ihm, aber nicht von Israel, unterschriebenen Kernwaffensperrvertrages?

Antwort: **NEIN**

Ich hoffe, dass mit diesem kleinen Quiz auf einfache und anschauliche Weise etwas Klarheit in die vielfältigen Diskussionen und Informationen kommt.

Bei so vielen Argumenten sieht man manchmal den Wald vor lauter Bäumen nicht

 Beitrag des Online-Flyers Nr. 146 vom 14.05.2008. Der Iran in der Bundeszentrale für politische Bildung und den „seriösen Medien"

„Von der Landkarte tilgen"

Von Anneliese Fikentscher und Andreas Neumann

Es begann im Januar 2008 mit einem offenen Brief an die Bundeszentrale für politische Bildung, lief über den Petitionsausschuss des Deutschen Bundestages und ist jetzt Ende April zu einem gewissen Ende gekommen: Die Bundeszentrale mußte in ihrem Text zum Antisemitismus-Dossier die Formulierung, der Iran wolle Israel von der Landkarte tilgen, fallenlassen und eine Übersetzung des Sprachendienstes des Deutschen Bundestages ergänzen. Seit 1948 wird ganz Palästina Schritt für Schritt von der Landkarte getilgt. Doch im Bewußtsein der allermeisten Menschen hält sich ein ganz anderer, tausendfach wiederholt wiedergegebener Satz: „Israel muss von der Landkarte getilgt werden." Den soll angeblich Mahmud Ahmadinedschad, Präsident des Iran, ausgesprochen haben. Und dieser Satz spielt eine zentrale Rolle bei der Unterstellung, der Iran plane, Israel mittels Atomwaffen auszulöschen (siehe NRhZ 135 und 137). Die Behauptung, der Iran wolle Israel von der Landkarte tilgen, findet sich auch auf der website der Bundeszentrale für politische Bildung. Speziell im so genannten Antisemitismus-Dossier dieser dem Bundesinnenministerium unterstehenden Behörde hat die Behauptung bis vor kurzem eine zentrale Rolle bei der Schaffung des Feindbildes Iran gespielt. Das war Anlaß für uns, am 17. Januar 2008 einen offenen Brief an die Bundeszentrale [1] zu richten und die Nennung der Originalquellen zu fordern. In dem Brief hieß es u.a.:

Offener Brief

„Sie schreiben in Ihrem Text dem iranischen Präsidenten das Zitat zu, das besagt, der Iran wolle Israel von der Landkarte tilgen... Irans Präsident Ahmadinedschad Foto: NRhZ-Archiv Deshalb möchten wir Sie herzlich bitten, uns die Ihren Ausführungen zugrunde liegende Quelle zu benennen... In diesem Zusammenhang möchten wir auf einen Sachverhalt hinweisen, der unserer Meinung sehr zu denken gibt. Das, was dem iranischen Präsidenten vorgeworfen wird, womit er angeblich droht, ist auf der anderen Seite bittere Realität..: Israel praktiziert genau das, was es dem Iran unterstellt zu beabsichtigen. Israel (und seine Verbündeten) erheben den Vorwurf, der Iran wolle Israel von der Landkarte tilgen. Tatsächlich aber wird Palästina durch Israel von der Landkarte getilgt. Israel (und seine Verbündeten) werfen dem Iran vor, nach Atomwaffen zu streben, verfügen selber aber längst über derartige Waffen. Israel (und seine Verbündeten) führen unentwegt das Wort vom Existenzrecht Israels im Munde. Doch es ist bittere Realität, daß... die Politik Israels de facto auf Vertreibung der palästinensischen Bevölkerung abzielt..." Palästina - wird von der Landkarte getilgt | Bild: Arbeiterfotografie Auf die Forderung nach Aufdeckung der Quellen für das Landkarten-Zitat und weitere angebliche Zitate, mit denen der iranische Präsident als Judenhasser und Holocaustleugner gebrandmarkt wird, erfolgte zunächst keine Reaktion. Dazu kam es erst, als wir uns ca. vier Wochen nach der Veröffentlichung unseres offenen Briefes mit einer Petition an den Deutschen Bundestag gewandt haben, kurz darauf auch den Vorgesetzten des für den web-Auftritt presserechtlich Verantwortlichen und das Kuratorium der Bundeszentrale für politische Bildung (21 Bundestagsabgeordnete) angeschrieben hatten, und daraufhin einzelne Abgeordnete verlangten, daß die Bundeszentrale uns doch bitte antworten möge. Schließlich, am 26. Februar 2008, reagierte der stellvertretende Präsident der Bundeszentrale, Dr. Bernd Hübinger. Bernd Hübinger von der BPB | Quelle: www. stiftungaufarbeitung.de Der machte es sich sehr einfach und verwies lediglich auf ein paar Veröffentlichungen in den von ihm so genannten ‚seriösen' Medien (Deutsche Welle [2], Spiegel [3], Tagesschau [4], FAZ [5] und Netzeitung [6]). Original-Quellen-Angaben waren in seinem Schreiben keine zu finden.

Nachgehakt

Damit konnten wir uns nicht zufrieden geben. Wir hatten auch um Berücksichtigung der Veröffentlichung von Jonathan Steele im Guardian [7] gebeten, der sich sehr eingehend mit der Thematik befaßt hat. Aber nichts dergleichen geschah. Deshalb haben wir am 3. März.2008 mit einem weiteren Brief an die Bundeszentrale und an die Mitglieder des Kuratoriums der Bundeszentrale nachgehakt. Darin machten wir deutlich, wie die Übersetzung des Zitats entsprechend unserer Recherchen und denen von Jonathan Steele tatsächlich lauten muß: „Das Besatzungsregime muß von den Seiten der Geschichte verschwinden." Oder weniger blumig ausgedrückt: „Das Besatzungsregime muß Geschichte werden." Unsere Meinung: Das sei etwas deutlich anderes als das, was weltweit in den Medien und von der Bundeszentrale behauptet werde, und beschreibe ein politisches Ziel, um das es allen am Frieden im Nahen Osten Interessierten gehen müsse. Wieder ließ eine Antwort der Bundeszentrale auf sich warten. Ein wichtiger Hinweis dafür, daß aber doch etwas ins Rollen gekommen war, war ein Artikel mit dem Titel ‚Der iranische Schlüsselsatz - Ein Übersetzungsfehler macht gefährliche Weltpolitik' von Katajun Amirpur, bekannte, sprachkundige Islam-Wissenschaftlerin, in der Süddeutschen Zeitung vom 15./16. März 2008 [8]. Islamwissenschaftlerin Katajun Amirpur Quelle: www.isoplan.de In diesem Artikel griff sie unsere Argumentation in wesentlichen Punkten auf und initiierte damit eine wesentlich breitere öffentliche Diskussion um die verfälschende Wiedergabe des Landkarten-Zitats. Auch ein zweiter Artikel (von Mariella Ourghi) [9], der kurz darauf in der Süddeutschen Zeitung am 27. März 2008 erscheint und dem anzumerken ist, daß er dazu dienen sollte, dem Artikel von Katajun Amirpur entgegenzuwirken, konnte daran nicht mehr viel ändern.

Falsche Übersetzung entlarvt

Schließlich - nachdem wir unter Berücksichtigung der neuen Situation noch einmal an den Petitionsausschuss, die Bundeszentrale, das Kuratorium und dieses Mal auch an den wissenschaftlichen Beirat der Bundeszentrale geschrieben hatten - kam am 8. April eine Reaktion der Bundeszentrale, in der diese darlegte, daß sie vom Petitionsausschuss aufgefordert worden sei, eine offizielle Übersetzung einzuholen, eine Darstellung der Kontroverse um die Übersetzung des Zitats vorzunehmen und einen Meinungsartikel zu der Auseinandersetzung zu verfassen. Ca. zwei Wochen später kam die Bundeszentrale dieser Aufforderung nach, hat den einleitenden Text zu ihrem Antisemitismus-Dossier [10] überarbeitet, hat eine Rubrik ‚Debatte um die Position Irans` [11] eingerichtet und dort die Übersetzung der Rede Ahmadinedschads [12] sowie die kommentierenden Artikel ergänzt: Der Sprachendienst des Deutschen Bundestages ist jetzt hinsichtlich des entscheidenden Satzes zu folgender Übersetzung gelangt: „Unser lieber Imam [Khomeini] sagte auch: Das Regime, das Jerusalem besetzt hält, muss aus den Annalen der Geschichte [safha-yi rozgar] getilgt werden. In diesem Satz steckt viel Weisheit." Damit waren von drei Fehlern, die in dem kurzen Satz steckten, zwei bereinigt. Aus ‚Israel' wurde ‚das Regime, das Jerusalem besetzt hält' und aus ‚Landkarte' wurde ‚Annalen der Geschichte'. Was blieb ist, ist das transitive (aktive) ‚tilgen', das nach den Erkenntnissen von Jonathan Steele, Juan Cole und Katajun Amirpur in ‚verschwinden' hätte korrigiert werden müssen. Immerhin: die Wendung ‚von der Landkarte tilgen', die im englischen Sprachraum mit ‚wipe off the map' kursiert und im übertragenen Sinne die Bedeutung von ‚dem Erdboden gleichmachen' oder ‚ausradieren' hat, war damit als eindeutig falsche Übersetzung entlarvt.

USA-Israel-Lobby

Damit ist die gegen den Iran gerichtete (Kriegsvorbereitungs-)Propaganda sicher noch lange nicht aus der Welt geschafft. „Es ist die erste Behauptung, die wirklich zählt. Alle Dementis sind völlig unwirksam.", sagte 1993 James Harff, Direktor der PR-Agentur Ruder Finn Global Public Affairs im Zusammenhang mit der Schaffung des Feindbilds ‚Die Serben'. Es ist richtig: Lügen aus der Welt zu schaffen, ist extrem schwierig. Aber immerhin ist ein wesentlicher Baustein, der Schlüsselsatz, der gefährliche Weltpolitik macht, als Propaganda enttarnt. Zu kritisieren bleibt insbesondere, daß zwei kommentierende Texte, die ergänzend auf die website der Bundeszentrale gesetzt worden sind, alles andere als wissenschaftlich und objektiv zu bezeichnen sind. Sie stammen von zwei Autoren aus dem Kreis der USA-Israel-Lobby, von Henryk M. Broder (Spiegel-Autor und Betreiber der website, die er ‚Achse des Guten' getauft hat) [13] und Matthias Küntzel (der den so genannten ‚Antideutschen' nahe steht) [14]. Henryk M. Broder und Matthias Küntzel

Foto: Günter Zint und arbeiterfotografie.com Das sei - so kommentiert Matthias Bröckers (der vor allem für die taz und telepolis schreibt) - als würde man „zum Zwecke der ‚politischen Bildung` eine Debatte über Frauenrechte von zwei Zuhältern eröffnen lassen oder eine über Vegetarismus von Vertretern der Metzger-Innung“ [15].

Stein ins Rollen gebracht

Über den ganzen Zeitraum, beginnend mit der Veröffentlichung unseres offenen Briefes, bis hin zu den Änderungen durch die Bundeszentrale, haben wir ein reges Interesse an der Auseinandersetzung feststellen können, das sich in überwiegend sehr positiven an uns gerichteten Zuschriften niedergeschlagen hat. Es sei ein ganz großer Stein ins Rollen gebracht worden, lesen wir in einer der zahllosen eMails. Es sind relativ Wenige, die uns wegen unserer Aktivitäten, mit denen wir dazu beitragen wollen, einen weiteren Krieg zu verhindern, mit unsachlichen Mitteln attackieren und uns als Antisemiten beschimpfen. Aber - und das ist erschreckend - diese Wenigen sitzen unter anderem an Schaltstellen insbesondere auch ‚linker‘ und ‚alternativer‘ Parteien, Organisationen und Netzwerke. (PK)

[1] Offener Brief an die Bundeszentrale für politische Bildung (mit anschließender Korrespondenz und Resonanz):
http://www.arbeiterfotografie.com/iran/iran-0034.shtml
[2] ‚Seriöse‘ Quelle ‚Deutsche Welle‘:
http://www.dw-world.de/dw/article/0,2144,2263137,00.html
[3] ‘Seriöse’ Quelle ‘Spiegel’:
http://www.spiegel.de/politik/ausland/0,1518,381752,00.html
[4] ‘Seriöse’ Quelle ‘tagessschau.de’:
http://www.tagesschau.de/ausland/meldung153740.html
[5] ‘Seriöse’ Quelle ‘FAZ’:
http://www.faz.net/s/RubE073BC45BF914FEAA6-F729039898A785/Doc~E7341392685F74D4F8C8267FECE300169~ATpl~Ecommon~Scontent.html
[6] ‘Seriöse’ Quelle ‘Netzeitung’:
http://www.netzeitung.de/spezial/nahost/371986.html
[7] Zusammenfassung der Analysen von Jonathan Steele im Guardian (mit Links zu seinen Artikeln):
http://www.arbeiterfotografie.com/iran/index-iran-0025.html

[8] Artikel von Katajun Amirpur in der Süddeutschen Zeitung vom 15./16.3.2008
http://www.sueddeutsche.de/kultur/artikel/858/165387/
[9] Artikel von Mariella Ourghi in der Süddeutschen Zeitung vom 27.3.2008
http://www.sueddeutsche.de/kultur/artikel/811/165340/
[10] BpB - Antisemitismus-Dossier: http://www.bpb.de/themen/GX51KQ,0,0,Antisemitismus.html
[11] BpB - Debatte um die Positions Irans:
http://www.bpb.de/themen/5FGZGI,0,Debatte_um_die_Position_Irans.html
[12] BpB - Übersetzung der Rede Ahmadinedschads durch den Sprachendienst des Deutschen Bundestages:
http://www.bpb.de/themen/MK6BD2.html
[13] BpB - Kommentar von Henryk M. Broder http://www.bpb.de/themen/5VQL0D.html
[14] BpB - Kommentar von Matthias Küntzel http://www.bpb.de/themen/Q9CB0M.html
[15] Writers Blog von Mathias Bröckers: http://www.zweitausendeins.de/writersblog/broeckers/
Kontakt:
http://www.nrhz.de
info@nrhz.de

Medienkriege –

Die Rolle der PR-Agenturen in den Kriegen der Gegenwart

von Jean Toschi Marazzani Visconti, «Il Corridoio»* (Auszug)

Mit dem Fall der Berliner Mauer verloren die westlichen Länder, insbesondere die USA, ihren «grossen Feind», den Ostblock, auf den sich alle Befürchtungen der öffentlichen Meinung des Westens konzentrierten. Es bedurfte der Schaffung anderer Feinde, um die kommenden Kriegsereignisse zu rechtfertigen und den – alles andere als idealistischen – Grund für die neuen Konflikte zu verdecken, die hauptsächlich auf wirtschaftlich-geopolitischen Interessen beruhen: Militärbasen, territorial-geschäftliche Vorherrschaft, Öl, Pipelines.

Die ausserordentliche Entwicklung der Telekommunikation in den letzten Jahren hat ein Informationssystem hervorgebracht, das so schnell ist, dass jedes Ereignis Tausende Kilometer vom Ort des Geschehens entfernt live auf dem Bildschirm gezeigt werden kann. Die Kontrolle und der Einsatz von Bildern ist von grösster Bedeutung.

Manipulation durch Medien

Unsere moderne Lebensweise, die um Arbeit und Wettbewerb kreist, hat den grössten Teil der westlichen Bevölkerung vom Fernsehen abhängig gemacht. Die Menschen kommen von der Arbeit nach Hause, drehen sofort den Fernseher an und lassen, ohne zu denken, Bilder vorüberfliessen. Diese Art des Lebens hat ein Sammelbecken von Konsumenten geschaffen, die für die Kommunikation besonders ergiebig und empfänglich sind.

In seinem Essay «Die notwendige Illusion» erklärt der amerikanische Linguist Noam Chomsky, dass es in demokratischen Regierungssystemen unerlässlich ist, die Öffentlichkeit glauben zu machen, alle Handlungen seien richtig und gerechtfertigt. Um diese «Illusion» zu schaffen, ist daher ein raffinierter Einsatz von Bildern und Kommunikation ausserordentlich wichtig.
Dies ist zweifellos die wichtigste Lehre aus all den seit 1989 produzierten Medienereignissen – nach dem Fall der Berliner Mauer und dem Zusammenbruch der UdSSR, der den USA die Führung der Welt anheimstellte.

Detalils über Grausamkeiten der gegnerischen Armee weit verbreiten

Die geopolitische Neuordnung der Welt nach US-Vorgaben erzeugte eine Intensivierung der raffiniertesten Systeme, um in der internationalen öffentlichen Meinung jene vereinfachten Bilder zu erzeugen, die als Realität wahrgenommen werden sollten, um politische Entscheidungen zu unterstützen, die unpopulär oder gegen Ethik und Völkerrecht erschienen wären, wenn sie realistisch dar-

gestellt worden wären. Die angelsächsische Mentalität jener, die in den USA von jeher die politische Macht innehatten, auferlegt ihnen, dass jede Handlung unter Achtung der Moral ausgeführt werden sollte. Ist das nicht der Fall, sollte sie erfunden werden.
Nicht zufällig war es ein britischer Diplomat, Lord Arthur Ponsonby (1871–1946), der die Hauptprinzipien der Kriegspropaganda formulierte, die auf vier Themenbereichen beruhen:

1. Es ist immer der Gegner, der den Krieg will.
2. Alle gravierenden Fehler des Feindes müssen in der Person seines Anführers oder seiner Regierung bekanntgemacht werden.
3. Unsere Motive für eine Kriegshandlung sind immer humanitär oder idealistisch.
4. Alle Details über die übliche Grausamkeit der gegnerischen Armee müssen weit verbreitet werden.1

Humanitäre Operation im Interess eines multinationalen Unternehmens

Ein klassisches Beispiel ist die Haltung der Medien gegenüber dem endgültigen Sieg der – von den USA geschützten – Taliban in Afghanistan im Jahre 1996. In diesem Fall wurde über die entsetzliche Exekution des Oppositionsführers – Najibullah wurde zu Tode geprügelt, sein Bruder wurde erhängt, und beide wurden über Tage dem Mob ausgesetzt – in aseptischen Kommentaren berichtet. Es kamen keine entrüsteten Aufschreie angesichts der barbarischen Art, in der die Taliban ihr koranisches Recht umsetzen oder über den empörenden Sklavenstatus, in den die Frauen eingezwängt werden. Aber plötzlich wird alles anders. Seit die USA in Afghanistan kämpfen, werden die Taliban als wilde Fanatiker und Unterdrücker beschrieben.

Die Landung der Marines in Mogadischu – im Scheinwerferlicht der TV-Kameras und mit den Segenswünschen des scheidenden Präsidenten Bush für die zum Scheitern verurteilte Operation «Restore Hope» – ist ein weiterer Hinweis auf das Medien-Setting und bestätigt die Bedeutung visueller Kommunikation, um ansonsten ungerechtfertigte Aktionen zu verherrlichen. Der Hunger der Menschen am Horn von Afrika war derselbe, der auch den Sudan peinigte. Aber dort hatten sie keine CNN-Grossaufnahme von den leidenden Gesichtern ihrer Kinder. Daher existierte ihr Hunger nicht. Die geopolitischen Interessen schlossen dieses Gebiet nicht mit ein, eine humanitäre Intervention war daher nicht nötig. Eigentlich existieren Hunger und Epidemien nur, wenn sie am Fernsehbildschirm gezeigt werden. Und sie werden nur dann am Fernsehen gezeigt, wenn hinter der humanitären Operation das Interesse eines multinationalen Unternehmens steht. Im Falle der Aktion in Somalia waren es vier Öl-Konzerne, welche die Bohrrechte eines umfangreichen Gebietes gekauft hatten.2

Das wirkliche Drama wird durch das erfundene Drama verfälscht

Damit einhergehend war eine neue Form der Kriegsführung entstanden: zynisch, amoralisch, exzellent im Einbeziehen und Überreden von Millionen von Menschen. Man nennt das Medien-Krieg. Die Herren dieses neuen Krieges sind die Kommunikations- und Bild-Experten, die eng mit der politischen Macht verbunden sind. Verglichen mit der klassischen Staats-Propaganda produzieren sie eine wesentlich raffiniertere Form der Kommunikation. Unterstützt mit gewaltigen finanziellen Mitteln setzen sie dieselbe geistreiche Psychologie ein, die auch von Werbekonzernen angewendet wird, um ein Produkt erfolgreich auf dem Markt zu lancieren.

Sie operieren in keimfreien Büros, Tausende von Kilometern von den Schlachtfeldern entfernt. Ihre Waffen sind: ein Computer, ein Faxgerät, ein stets aktualisiertes Adressprogramm, ausgezeichnete Beziehungen in den wichtigsten Fernseh-Netzwerken, in den Pressekonzernen und unter Politikern und Regierungslobbys. Diese Anwender der neuen Methode sind die «Agenturen», ihre hauptsächlichen Klienten sind jene Staaten, Regierungen, politischen Parteien, bezüglich denen entschieden wurde, dass sie ein bestimmtes Spiel auf dem internationalen Schachbrett zu spielen hätten. Die Verfahrenstechnik besteht darin, mittels einer Reihe von Strategien ein Bild des Klienten zu schaffen und dieses zu bewahren: Dazu gehört die Ausnutzung jeder Nachricht gegen den Opponenten, die – um den Skandal zu suggerieren? –, auch wenn sie nicht verifiziert, aber von sicherer Wirkung in den Medien ist, in allen Presseagenturen verbreitet wird. Wenn die Sensation – produziert durch Tonnen von beschriebenem Papier und obsessiven Fernseh-Dreharbeiten – allmählich zu schwinden beginnt, wird eine andere Story vorgeschlagen, um in der öffentlichen Meinung erneut Mitleid oder Entrüstung zu erregen.

Die Konsequenzen sind katastrophal. Das wirkliche Drama wird durch das erfundene Drama verfälscht, ohne Sorge um die Zivilbevölkerung, die von diesem ausgeklügelten Spiel betroffen ist. Ein Beispiel ist die unterschiedliche Bewertung der Grausamkeiten unter den drei Parteien in Bosnien und deren interne Konflikte, wie sie sich in den Kämpfen zwischen Muslimen und Kroaten in Mostar und zwischen Muslimen und Muslimen in Bihac gezeigt haben. Die Sache Kosovos ist sogar noch komplexer, aber siegreich. Als Ausgangspunkt hatte sie Gegner, die auf Grund der politischen Wahl der westlichen Mächte und früherer Investitionen in das Image gegen sie bereits verurteilt waren.

Fernsehen und Printmedien reagieren enthusiastisch auf die Anstiftungen dieser Image-Vermittler, oft vergessen sie dabei ihre professionelle Genauigkeit zugunsten eines «Knüllers» (Exklusivmeldung) und der von den Investoren grosszügig budgetierten Inserate, die sich damit die Komplizenschaft der Medien sichern. Während der Bombardierung Jugoslawiens zeigt mir General Pierre Marie Gallois die Werbung grosser amerikanischer Unternehmen in den wichtigen französischen Zeitungen und Magazinen. Diese plötzliche Präsenz von US-Labels in den Medien war ungewöhnlich – das Gleiche geschah auch in den anderen weitergehend involvierten westlichen Ländern – und könnte mit der Notwendigkeit in Zusammenhang gebracht werden, bei den Zeitungsherausgebern eine Selbstzensur zu erwirken, indem sie ihren Journalisten ein «politisch korrektes» Verhalten vorschreiben.

Kein irakischer Soldat nach Kuwait ohne Einwiligung der USA

Zur Zeit des Golfkrieges hatte Kuwait eine grosse PR-Agentur in Washington engagiert, Ruder&Finn Global Affairs, die sehr geschickt das Image ihres Klienten als Opfer gestaltete und Saddam Husseins Grausamkeit unterstrich. Der irakische Führer hätte nie gewagt, einen einzigen Soldaten nach Kuwait zu entsenden, ohne zuvor das inoffizielle Einverständnis der USA einzuholen. Eine nützliche Genehmigung, welche die benötigte Rechtfertigung für den Golfkrieg ergab.

Die Vereinten Nationen hatten auf der Welle internationaler Empörung, die durch Fernseh- und Pressenachrichten provoziert worden war, schwere Sanktionen und einen technologischen Krieg mit verheerenden Folgen verhängt. Eine halbe Million Menschen sind gestorben und die Kinder – heute nahezu eine Million – sterben weiterhin als Folge des Mangels an Arznei- und Nahrungsmitteln und auch als Folge des im Krieg eingesetzen abgereicherten Urans und anderer biologisch-chemischer Stoffe.

Die gleiche Agentur, die von Kuwait angestellt worden war, wurde zu Beginn des Jugoslawien-Konfliktes von Kroatien, der Muslim-Partei in Bosnien und der Opposition in Kosovo engagiert. James Harff – damals Direktor von Ruder&Finn Global Affairs und heute Präsident einer ähnlichen eigenen Agentur – gab dem französischen Journalisten Jacques Merlino ein Interview, das dieser in seinem Buch wiedergibt.3

Ethik und Moral kein Wert bei Propaganda

Im Gespräch über seine Auftraggeber in Jugoslawien, seine Strategie und dem daraus resultierenden Erfolg sagte er:

«Zwischen dem 2. und 5. August 1992 brachte die New Yorker Zeitung «Newsday» die Sache mit den serbischen Konzentrationslagern heraus. Wir sind sofort auf den Zug aufgesprungen und haben drei grosse jüdische Organisationen kontaktiert: B'nai Brith Anti Defamation League, American Committee und American Jewish Congress [...] Die Parteinahme der jüdischen Organisationen für die bosnischen Moslems war ein ausserordentlich gelungener Schachzug. Im Handumdrehen konnten wir die Serben in der öffentlichen Meinung mit den Nazis gleichsetzen. [...] Es ist nicht unsere Aufgabe, Informationen auf ihren Wahrheitsgehalt zu prüfen [...]. Unsere Aufgabe besteht darin, Nachrichten zu verbreiten, sie schnellstmöglich in Umlauf zu bringen, damit die These, die unserer Sache dient, möglichst als erste herauskommt. [...] Wenn eine Information uns nützt, müssen wir sie sofort in der öffentlichen Meinung verankern. Denn wir wissen sehr wohl, dass die erste Nachricht die einzige ist, die zählt. Es ist zwecklos, etwas zurückzunehmen, das führt zu nichts. [...] Wir sind Profis. [...] Wir werden nicht dafür bezahlt, dass wir moralisch gut sind. Und selbst wenn Moral zur Diskussion stünde, hätten wir ein ruhiges Gewissen. Wenn Sie beweisen wollen, dass die Serben arme Opfer sind, versuchen Sie es, Sie werden ziemlich allein dastehen.»

Keinerlei Hinweis auf Massaker in serbischen Gefangenenlagern

Die «New York Times» berichtete in ihrer Ausgabe vom 22. August 1992: «Die US-Dienste haben ihre Anstrengungen verdoppelt, aber sie haben keinerlei Hinweis auf ein systematisches Massaker von Kroaten und Muslimen in serbischen Gefangenenlagern gefunden.»

Dieser Artikel erschien kurz nach den Aufnahmen eines britischen TV-Teams in Tiernopolje, wo dieses eine Gruppe Muslime hinter einem Drahtzaun filmte. Ausgehend von diesem Film verbreiteten sich die Nachrichten über die neuen Vernichtungslager explosionsartig.

Das Bild der abgemagerten Muslime stellte die Welt auf den Kopf, noch immer repräsentiert es das Ende der neuen Nazis am Ende des 20. Jahrhunderts und deren Konzentrationslager. In Wirklichkeit handelte es sich um ein Flüchtlingslager, wo sich die Menschen frei bewegen konnten. Das Team des britischen Fernsehsenders ITN hatte seine Kamera innerhalb einer Umzäunung aufgestellt, die landwirtschaftliche Geräte schützte. Das Filmen durch den Zaun vermittelte den Eindruck, als ob die Männer Gefangene wären.4 Der gefälschte «Knüller» hatte seinen Zweck auf jeden Fall erfüllt.

Niemand hat je darüber nachgedacht, dass das Fernsehteam nie irgendwelche Probleme mit den serbischen Behörden hatte, wenn es um den Besuch der Lager ging, während kein Reporter je ein kroatisches oder muslimisches Gefangenenlager wie Lora in der Nähe von Spalato, Tarcin, andere rund um Sarajewo oder gar Capljna, wo die Kroaten Muslime gefangen hielten, sehen oder photographieren konnte.

Die enge Zusammenarbeit zwischen der PR-Agentur und der auftraggebenden Regierung hat eine – oft tödlich – wirksame Technik hervorgebracht, die auf vermehrte Vorteile zu Beginn einer internationalen Konferenz oder auf Unterstützung für den Fall einer militärischen Offensive gerichtet ist, die zu einer Verurteilung durch den Sicherheitsrat und einem darauf folgenden Imageverlust in der öffentlichen Meinung führen könnte, wenn sich die Rechtfertigung als nicht stichhaltig herausstellen sollte.

Die Schemata wiederholen sich. Eine Rufmordkampagne wird aufgezogen, indem die Medien mit schrecklichen Enthüllungen über das Verhalten des Gegners vorangetrieben werden, um ein negatives Vorurteil zu erzeugen, das sich tief im kollektiven Bewusstsein der Öffentlichkeit verankern wird. Die Nachrichten werden oft zur Begünstigung des Kunden zusammengestellt und interpretiert. Wenn sie einmal lanciert sind, wird jede Richtigstellung oder jedes Dementi ignoriert. Die subtile Arbeit der Überzeugung ruft in der Öffentlichkeit einen tiefen Hass auf das Objekt der Agenturbotschaft hervor. Die Menschen identifizieren idealerweise im angebotenen «Feind» die Ursache all ihrer täglichen Frustration, und sie preisen die militärische Intervention und die Bombardierung, ohne rational über die objektiven Gründe für das Problem nachzudenken. Sie denken auch nicht an die betroffene Bevölkerung: Männer, Frauen, Kinder, Familien wie ihre eigenen.

Massengräber von Srebrenica – Tausende von Leichen wurden von medizinischen Experten nie gefunden

Die Belagerung der Stadt Gorazde in Bosnien ist ein Beispiel dafür. Sie wurde als eine offene, schutzlose Stadt präsentiert, aber die Muslime hatten sie in eine Festung mit Waffen- und Chemiefabriken umgewandelt. Die sogenannten heimtückischen serbischen Angriffe waren nur eine Antwort auf den provozierenden Artilleriebeschuss durch die Muslime. Der muslimische Beschuss fand unter den Augen der Unprofor statt.

Manchmal werden vergangene Episoden gespeichert, und sie warten auf eine passende Gelegenheit. Es handelt sich um den Fall der berühmten Massengräber von Sebrenica, die Tausende Leichen enthalten sollen. Tatsächlich haben die medizinischen Experten sie niemals gefunden. Aber das Massengrab-Konzept ist häufig kurz vor einem wichtigen internationalen Treffen verwendet worden.

In Bosnien wurde die Technik der Bombenbilder von Beginn des Krieges an erfolgreich angewandt. 1992, zu Beginn des Konflikts, kurz vor der Friedenskonferenz in London im August, war es notwendig, dass die Serben, die an allen Frontlinien siegten, eine kleine Gelegenheit haben sollten, angehört zu werden. Alle Versuche, die internationale Sympathie wiederzugewinnen, sollten unterlaufen werden.

Durch obsessive Bilder und Tonnen von Artikeln assistierte die internationale Öffentlichkeit bei der Bombenexplosion in der Schlange der Wartenden in der Miskina-Strasse in Sarajevo, die den UN-Sicherheitsrat veranlasste, den Serben harte Sanktionen aufzuerlegen.

Was die Bomben auf dem Markt in der Markallé-Strasse in Sarajevo im Februar 1994 beziehungsweise im August 1995 anbelangt, so riefen sie Medienstürme hervor: die Bombe von 1994 explodierte vor dem internationalen Treffen in Genf, die andere lieferte der Clinton-Administration die Rechtfertigung, ihre Luftschläge und Bombardierungen in der gesamten Republika Srpska zu starten, sogar weit entfernt von Sarajevo. Später erfuhren wir, dass die Muslime für die Organisation der drei tragischen Vorfälle verantwortlich waren.5

Um die offensichtlichen Gesetzesbrüche zu verschleiern, die während der Bombardierung von Jugoslawien stattfinden würden, haben die Nato und die USA auch Filmdrehbücher eingeführt, während der wahre Zweck in der Kontrolle Kosovos bestand, um dort eine Militärbasis zu plazieren und das Gebiet besser zu überwachen, durch das gemäss Plan Pipelines von den kaukasischen Republiken führen sollten.

Die OSZE-Beobachter in Kosovo verfügten, dass die jugoslawischen Milizen über jede Polizeioperation gegen die UÇK Rechenschaft ablegten. Deshalb kam das makabere Szenario von Racak im richtigen Moment. Die Entdeckung der albanischen Leichen musste der Startschuss für die Kosovo-Operation sein. Obwohl die finnischen, weissrussischen und jugoslawischen Pathologen bewiesen haben, dass alle tödlichen Wunden durch Geschosse aus Distanz verursacht und die Amputationen nach dem Tod vorgenommen worden waren, haben die OSZE-Beamten ihren Bericht nicht veröffentlicht, um die Mediensache zur Beschleunigung der Nato-Intervention explodieren zu lassen.**

«Rambouillet» – Praktische Besetzung Serbiens

Das Rambouillet-Treffen schlug fehl auf Grund des speziellen, dem Übereinkommen beigefügten Abschnitts, welcher die praktische

Besetzung Serbiens beinhaltete, und die Nato erklärte ihren «humanitären Krieg». Die Bevölkerung floh von Kosovo nach Serbien, Albanien, Mazedonien, Montenegro. Aber die Medien zeigten vor allem die Flüchtlinge in Albanien und Mazedonien. Es war der Triumph des Absurden: die Folge der Bombardierung wurde in den Medien als Ursache und Rechtfertigung für die Nato-Intervention dargestellt.

Als die Luftangriffe und ihre «Kollateralschäden» begannen, eine gefährliche psychologische Wirkung auf die öffentliche Meinung zu haben, wurde, um die Situation zu glätten, der jugoslawische Staatschef, Slobodan Milosevic, zum Kriegsverbrecher erklärt. Und die Medien präsentierten der Öffentlichkeit einen weiteren öffentlichen Feind. Es war ein Verfahren, um den Eindruck der Rechtmässigkeit des Bombardements zu erhärten und um den Eindruck zu beseitigen, dass die serbische Regierung mit ihrem Widerstand dabei war, moralisch das Spiel zu gewinnen.

9/11 bis heute kein Beweis für die Schuldigen

Vor kurzem waren wir live an der New Yorker Tragödie der Twin Towers beteiligt. Ein schrecklicher Akt von Terrorismus. Die USA erklärten die Schuld Usama bin Ladins, al-Kaidas und der Taliban. Und sie griffen Afghanistan an. Aber warum veröffentlichten sie den Beweis ihrer Schuld nicht? Seit 1978 war George Bush – zu dieser Zeit CIA-Direktor und später der US-Präsident, der den Golfkrieg gegen den Irak begann – mit verschiedenen Mitgliedern der bin-Ladin-Familie in Öl- und Luftfahrtsgesellschaften verbunden: Arbuste Energy, Harken, Houston Gulf Airport.6 Wir dürfen nicht vergessen, dass bin Ladin seit 1992 in Bosnien war, wo er mehr als drei «afghanische» Camps organisierte. Er erhielt die bosnische Staatsbürgerschaft als Verdienst für seinen Krieg. Er war 1998 in Kosovo. Die CIA wusste das. Verdeckt all dies noch etwas anderes? Andere Militärbasen, Öl, Pipelines, zentralasiatische Hegemonie? Andere Kriegsspiele? Eines ist sicher, wir haben einen weiteren öffentlichen Feind erhalten, den dritten in etwas mehr als zehn Jahren. •

(Übersetzung Zeit-Fragen)

* Il Corridoio, Viaggio nella Jugoslavia in guerra. La Città del Sole 2005 ISBN 8882922774

** Am 16. Januar 1999 eilte William Walker damals Chef der OSZE-Beobachtermission, (aber kein unbeschriebenes Blatt: laut Uno-Berichten deckte er als US-Botschafter Menschenrechtsverletzungen während des Bürgerkrieges in El Salvador und war in Contra-Aktivitäten gegen das sandinistische Nicaragua verstrickt) mit mehreren Kamerateams nach Raçak und erklärte das Ereignis vor jeder Untersuchung zum Massaker, zur Massenhinrichtung und behauptete unter anderem, man hätte Beweise für «Tötungen und Verstümmelungen unbewaffneter Zivilisten» gefunden, «viele aus extremer Nahdistanz erschossen». Daran äusserte die leitende finnische Pathologin, Dr. Helen Ranta schon damals Zweifel: die Schüsse kamen nicht aus nächster Nähe, sondern aus Distanz, und ihre Untersuchungen legten den Schluss nahe, dass die von den Kamerateams gefilmte Szene arrangiert worden war, was sie auch dem Gerichtshof in Den Haag mitteilte. Eher handelte es sich um Opfer eines Gefechtes zwischen serbischer Polizei und der UCK, denn unter den Toten befanden sich auch UCK-Soldaten.

1 Anne Morelli, in: Michel Collon. Monopoly
2 Michel Collon. Monopoly
3 Albin Michel. Les veritées yougoslaves ne sont pas toutes bonnes à dire. Paris 1993
4 Thomas Deichmann, Der Standard und Die Weltwoche vom 10.2.1997, Novo 15. 1. 1997, De Groene Amsterdamer, 22.1.1997, Living Marxisme 25.1. 1997
5 Yossef Bodansky. Offensive in the Balkans
6 Peter Allen. Bin Laden links to Bush. Daily Mail vom 24. September 2001

Die Tafeln

Von Gerd Flegelskamp

Hartz IV ist dafür verantwortlich, dass die Zahl der Menschen, die nicht genügend Einkommen haben, um sich ausreichend zu ernähren, stark angestiegen ist. Zum Glück gibt es ja ehrenamtliche Einrichtungen, die zumindest einen Teil dieser Menschen mit Lebensmittelspenden helfen oder mit Suppenküchen dafür sorgen, dass sie zumindest mal eine warme Mahlzeit bekommen. Ich spreche von den Tafeln. Aber sind die Tafeln wirklich eine Hilfe? Oder gar eine Lösung? Die Antwort ist ein klares **„NEIN, weder - noch“**. Die Tafeln sind Teil des Vernichtungskonzepts der Sozialstrukturen in Ländern wie Deutschland. Das richtet sich nicht gegen die Menschen, die mit sehr viel Engagement zu helfen versuchen. Sie sind sich nicht darüber im Klaren, was sie mit ihrem Sozialverhalten da wirklich unterstützen. Hier möchte ich zunächst einen mir zugesandten Bericht einfügen, die Reaktion des Bürgermeisters von Glückstadt auf die Kritik eines Leserbriefes an eine regionale Zeitung. Ich weiß nicht, welche Zeitung den Bericht veröffentlicht hat und konnte somit auch nicht um die Erlaubnis zur Veröffentlichung nachfragen. Deshalb möchte ich hier anmerken, dass ich den eingefügten Bericht selbstverständlich wieder lösche, falls das Einverständnis zur Veröffentlichung versagt wird.

Doch hier die Aussagen des Bürgermeisters:

„Die Tafelbewegung zementiert die Armut im Lande“, so der Schluss eines Leserbriefes der Norddeutschen Rundschau in der vergangenen Woche.

Zwei Banalitäten vorweg: Selbstverständlich nehmen die Ladenketten nicht aus reiner Mildtätigkeit an den Tafeln teil, die Teilnahme erspart natürlich auch in erheblichem Umfang Kosten. Wir alle wissen aus Diskussionen in dieser Stadt in den vergangenen Jahren, dass gerade die Lebensmittelmärkte kaum mehr von echten Gewinnen sondern nur noch von Verdrängung leben. Zweite Banalität: Es ist natürlich ein Ausdruck des Versagens, wenn es in einer immer noch so reichen Nation wie der Bundesrepublik überhaupt Tafeln geben muss. Zu erwähnen ist jedoch, dass sich die Betreiber der Tafeln, in den allermeisten Fällen Sozialverbände mit vielen ehrenamtlichen Helfern, keineswegs als Mitwirkende in einem normalen betriebswirtschaftlichen Prozess sehen.

Die Tafeln sind eine der wenigen Organisationen, die permanent mit moralischem Anspruch den Wegfall ihres eigenen Daseins fordern. Die Realität, dass es glücklicherweise in unserer Stadt eine Tafel gibt, hat natürlich erhebliche bittere Komponenten. Der große Erfolg dieser Tafel heißt konsequenter Weise, dass immer mehr Familien buchstäblich nicht genug zu essen haben.

Positiv ist zu erwähnen, dass die sozialen Kaufhäuser mit den Tafeln natürlich auch Kommunikationspunkte sind, Berufshilfe und „Arbeitsplatz".

Aus der Überschrift, dass Tafeln die Armut zementieren, wäre messerscharf zu schließen, dass man besser mit den Tafeln aufhören sollte. Wer will das ernsthaft mit seinem Gewissen vereinbaren? Ich persönlich finde Kritik immer dann halbherzig, wenn sie minutiös gesellschaftliche Missstände aufzeigt, es aber unterlässt, Wege in eine andere Richtung aufzuzeigen.

Wenn Tafeln die Armut zementieren, zementiert der Wegfall der Tafeln paradoxerweise dies erst recht, schneller und unmittelbarer. Ich persönlich danke jedenfalls all denen noch einmal, die zum Aufbau und zum Betrieb der Tafel in Glückstadt ihren Teil beigetragen haben und in Zukunft sicherlich auch tragen werden.

Ich unterstütze sie in ihrem Bemühen, ihrem Image als Armenspeisung zu entfliehen und sich als Dienstleistungsunternehmen zu präsentieren, das seinen Kunden verschiedene Dinge anbietet.

Es grüßt Sie freundlichst

Ihr Gerhard Blasberg

Ich möchte aber dem Herrn Bürgermeister widersprechen und dem Schreiber des Leserbriefes Recht geben. Dazu verweise ich auf die Beiträge zum Thema „Tafeln" von der humanistischen Union Marburg, die sie auf meiner Seite finden und einen Beitrag von Telepolis. Ich möchte aber über die Aussagen der HU Marburg hinausgehen.

Jedem sollte zu Denken geben, dass eine Einrichtung, die von McKinsey weltweit gesponsert und unterstützt wird, nicht wegen ihres sozialen Engagements von dieser Unternehmensberatung unterstützt wird, sondern in einer absolut unsozialen Absicht.

Wie schon der Einwand des Bürgermeisters zeigt, verweisen Politiker inzwischen vermehrt darauf, dass Leute, die mit ihrem Geld nicht auskommen, sich ja an die Tafeln wenden können. Die Ministerin von der Leyen schwingt sich zu Schirmherrin der Tafeln auf und auch Bundespräsident Köhler findet warme Worte für die Tafeln. In Speyer ist ein junger Mann verhungert und seine Mutter war ebenfalls unterernährt. Wie mancher Wohlstandsbürger hat wohl den Kopf geschüttelt und insgeheim gedacht: **„Der hätte sich ja auch an die Tafel wenden können."** Hier ist der Knackpunkt. Was für die katholische Kirche die Beichte, ist für den Wohlstandsbürger die Tafel. Das Vorhandensein der Tafeln erteilt ihm Absolution. Er muss sich keine Gedanken machen, denn es gibt ja Einrichtungen, die helfen. Er kann sich beruhigt zurücklehnen und sich wieder seiner Dauertrance widmen. Ein Griff zur Fernbedienung und schon hat man die spannenden Serien oder Talkshows wie Richterin Salesch, die Supernanny, die fernsehwirksame Unterstützung **„Hilfebedürftiger"** im neunen Heim oder die absoluten Primitivlinge, die sich, glücklich, dass sie mal im Fernsehen auftreten dürfen, in unglaublich primitiver Form gegenseitig angeifern. Ist die Welt nicht schön?

Die von den Tafeln unterstützten Betroffenen werden schließlich trotzdem satt und fügen sich. Ducken ist leichter als Aufbegehren und solange nicht echter Hunger an den Eingeweiden nagt, ist man still.

• Nun kann man mir vorwerfen, ich hätte gut reden, ich wüsste ja nicht, wie weh Hunger tut. Aber Hunger ist kein Problem der heutigen Zeit. Hunger ist eine Obszönität, die sich in der Geschichte durch die Jahrtausende hinzieht, die Menschen kriminell werden ließ, die Anlass zu Aufständen war, die Frauen in die Prostitution getrieben hat und immer von den gleichen Kreisen initiiert wurde und wird. Auch im 20. Jahrhundert gab es den Hunger, erst nach dem 1. Weltkrieg, dann in der Weimarer Republik und anschließend während und nach dem 2. Weltkrieg. An diesem Hunger nach dem 2. Weltkrieg durfte ich als Kind partizipieren, weiß also, wovon ich rede. Im Unterschied zu heute gab es damals aber nichts. Die Welt lag in Trümmern, die Läden waren leer. Heute quellen die Läden über, der Überfluss ist sichtbar, die Reichen werden so schnell reicher, dass sie es selbst kaum fassen können, während die Zahl der Menschen, die in die Armutsfalle geraten, genau so schnell wächst, wie der Reichtum. Politiker sind denen gefällig, die sie korrumpieren und ihren Parteien mit großzügigen Spenden dazu verhelfen, ihre Lügenparolen vor den Wahlen großflächig zu verbreiten.

Not muss sichtbar und spürbar sein, wenn man einen Aufschrei der Massen erreichen will. McKinsey weiß das und unterstützt die Tafeln schon seit langer Zeit mit einem **„Leitfaden"** für professionelles Management, um einen Aufschrei der Massen zu verhindern. Seit vielen Jahren in den USA und seit 1994 auch in Deutschland. McKinsey, die Unternehmensberatung, die für die Entlassung Hunderttausender verantwortlich zeichnet, die maßgeblich am Hartz-Konzept mitgewirkt hat (Mitglied der Hartz-Kommission), die immer wieder betonen, dass Sozialleistungen und Unternehmenssteuern abgebaut werden müssen, engagiert sich für den sozialen Aspekt der Tafeln??? Mitnichten. Die Tafeln sind Bestandteil des neoliberalen Konzeptes und gleichzeitig ein billiges Konzept der Abfallbeseitigung, denn schwerpunktmäßig sind die Produkte der Tafeln Waren, deren Verfallsdatum erreicht oder überschritten ist und die deshalb nicht mehr verkauft werden dürfen. Da ist die Entsorgung durch Abgabe an die Tafeln doch billiger als eine kostenpflichtige Entsorgung auf den Müll. Nicht einmal Transportkosten entstehen, weil die Tafeln die Sachen abholen.

1994 gab es vier Tafeln in Deutschland. Heute sind es bereits über 650, mit steigender Tendenz. Von der Politik begeistert unterstützt wird die Ausweitung der so genannten **„European Federation of Food Banks"** auch für Deutschland betrieben. Die Internetseiten der Tafeln sind sehr professionell gestaltet.

Sicher, McKinsey hilft ja. Aber man sollte sich auch einmal die Frage stellen, wer die Verbandsfunktionäre der Tafeln sind, die im Bundesverband Deutsche Tafel e.V. zusammengeschlossen sind (außer München). Allmählich kommen mir nämlich Zweifel, ob diese Funktionäre wirklich nur aus reiner Menschenliebe handeln. Die Akteure an den Tafeln sind, so glaube ich, wirklich Menschen mit den besten Absichten (oder auch Ein Euro Jobber).

Es mag paradox klingen, aber ich halte die Tafeln für schädlich und betrachte ihre Notwendigkeit ohnehin als einen Schandfleck für die Politik, die Wirtschaft und das Kapital.

Die Existenz der Tafeln ist der Beweis, dass die Primitivität der so genannten **„oberen Zehntausend"** unverändert geblieben ist, völlig losgelöst von ihrer Bildung, vorhandenen Titeln und ihrem Auftreten. Sie sind einfach nur roboterhafte Egomanen, ohne jede Ethik und Moral. Ich sehe in diesem Zusammenhang auch die intensiven Bemühungen von Schäuble zur Überwachung und zu seinen Plänen mit der Bundeswehr. Ein Aufstand der Bevölkerung wurde stets mit militärischen Mitteln niedergeschlagen und mögliche Vorbereitungen für ein solches Aufbegehren sollen durch die komplette Überwachung der gesamten Privatsphäre bereit im Vorfeld erkannt und mögliche Rädelsführer frühzeitig ausgeschaltet werden. Schäuble hat keine Angst vor Terrorismus, sondern Angst vor einem erwachenden Michel, eine Angst, die er mit seinen Brüdern im Geiste Schily und Wiefelspütz teilt.

Ein Hoch auf die globale Krise!

Von General Leonid Iwaschow

Im folgenden Artikel befaßt sich der russische General Iwaschow, Präsident der Akademie für geopolitische Probleme, mit der Systemkrise der US- und Weltwirtschaft und insbesondere mit dem Dollarfall. Der Beitrag erschien am 26. Januar auf der Webseite der Strategischen Kulturstiftung fondsk.ru und kurz darauf auf der vielgelesenen Webseite MiK Information und Analyse iamik.ru. Gen. Iwaschow ist ein sehr einsichtsvoller und ernsthafter russischer Analyst, seine Analysen sind im Inland hochangesehen und werden im Ausland aufmerksam verfolgt. Der jüngste Artikel ist insofern bemerkenswert, als er die gegenwärtige Krise nicht nur in finanzieller und wirtschaftlicher Hinsicht, sondern auch in geistig-kultureller Hinsicht behandelt. U. a. bezieht Iwaschow sich auf den engen Zusammenhang zwischen der menschlichen Erkenntniskraft und der nicht-organischen Welt. (aus Neue Solidarität)

Die Menschheit sieht mit Besorgnis, wie die amerikanische und die Weltwirtschaft in den Sog der Krise geraten.

Die Regierung George Bush sucht einen Weg aus der Krise durch Kriege. Der Präsident der USA hat gerade den Nahen Osten besucht, wo er versuchte, eine Allianz gegen den Iran zu schmieden. Berichten zufolge, die am 25. Januar eintrafen, haben die Mitglieder des UN-Sicherheitsrates den Entwurf einer neuen Resolution zum Iran vorbereitet. Diese neue Version macht die Hände des US-Präsidenten und der Israel- Lobby im amerikanischen Kongreß im wesentlichen frei für einen Krieg gegen die Islamische Republik des Iran.

Aber wird ein neuer Krieg die Weltwirtschaft und die Reservewährung der Welt retten? Das gegenwärtige Modell des Weltfinanz- und -wirtschaftssystems ist unipolar, wobei der herrschende Pol das Land ist, welches die Weltwährung kontrolliert. Und diese Nation wird wiederum von den Besitzern der großen privaten Geldvermögen kontrolliert.

Das sind die Vereinigten Staaten, die lediglich als ein Instrument der globalen Macht und des Geldes fungieren. Die Formel der Bilderberg-Gesellschaft besagt, daß Macht lediglich eine Ware ist, wenn auch die weltvollste. Daher sollten die reichsten Menschen Macht haben.

Trotz der scheinbaren Demokratie bei ihren Präsidentschaftswahlen stehen die Vereinigten Staaten unter der Macht des Finanzkapitals. Mao Tsetungs Spruch „Die Macht erwächst aus dem Lauf eines Gewehrs“ hört sich heute anders an: „Die Macht wächst aus dem Dollar.“ Aber wenn der Dollar einbricht, werden die Internationale der Finanziers und die USA gezwungen sein, ihren Traum von der Weltherrschaft aufzugeben. Und ohne diesen Traum werden die Amerikaner kaum als einheitliche Nation überleben können, denn die Amerikaner haben keine Weltanschauung - außer der Utopie der Weltherrschaft.

Patrick J. Buchanan, der frühere Berater der Präsidenten Nixon und Reagan und Kandidat für die Präsidentschaftsnominierung der Republikanischen Partei der Jahre 1992 und 1996, prognostiziert in seinem Buch *Der Tod des Westens* (dt. Ausgabe: Bonus-Verlag, Selent 2002), daß die USA sich bis zum Jahr 2025 in drei unabhängige Nationen aufspalten werden: eine afro-amerikanische, eine hispanische und eine angelsächsische.

Vorahnungen einer globalen Katastrophe findet man auch in den Werken von F. Fukuyama, E. Wallerstein, S. Huntington und anderen wohlbekannten Forschern. Natürlich wäre ein solcher Gang der Ereignisse eine Katastrophe für die jetzige Generation der Amerikaner, so wie die Desintegration der UdSSR eine Katastrophe für die Mehrheit ihrer Einwohner war. Aber was passiert mit der übrigen Welt? Der Kollaps der USA und des Dollar wird für alle Länder, die mit der Weltwährung verbunden und in das System des globalen Marktes integriert sind, Leiden bringen. Aber leiden diese Völker nicht schon jetzt unter der amerikanischen Unverschämtheit? Verlieren die Nationen nicht ihre Souveränität, während die Machteliten in den meisten von ihnen den Interessen des globalen Kapitals dienen, anstatt den Bedürfnissen ihrer eigenen Bevölkerung?

Überdies wird das bloße Überleben der modernen Zivilisation zum Problem Nr. 1 der Menschheit. Ökonomen, Ökologen, Demographen, Physiker, Mediziner und Globalisierungsgegner warnen davor.

Sollten wir uns also gar nicht so viele Sorgen über den derzeitigen Zustand der Weltwirtschaft machen, sondern vielmehr ihren Kollaps begrüßen und die notwendigen Maßnahmen treffen, um uns darauf vorzubereiten?

Aber zunächst müssen wir das Wesen der heutigen Weltordnung richtig verstehen. Wir müssen versuchen, wieder über die Bedeutung des Lebens nachzudenken, über den Platz der irdischen Zivilisation im Universum und unsere Beziehung zu Gott. Wir müssen uns an Platos Folgerung erinnern, daß die Zivilisation von Atlantis unterging, weil sie aufgehört hatte, mit Gott zu kommunizieren, und in einem Leben des Luxus und des Vergnügens versank.

Die russischen Akademiemitglieder G.I. Schipow und A. J. Akimow haben nicht nur die Existenz eines physischen Vakuums und der Torsionsfelder wissenschaftlich nachgewiesen, sondern auch die Abhängigkeit der natürlichen und kosmischen Phänomene (einschließlich der Katastrophen) von den Gedanken und den Prinzipien der Weltanschauung der Menschheit und dem Bewußtseinszustand ihrer Individuen. Auch A. Einstein nähert sich einem Verständnis darüber, wie der Zustand des Planeten vom menschlichen Bewußtsein abhängt.

Das Weltsystem, das nach dem Zerfall der UdSSR aufgebaut wurde, ist eine Hierarchie, die ein finanziell mächtiges Land als ihren Kopf voraussetzt, während die Philosophie des Lebens, die sie durchsetzt, strikt an den Kult des Geldes und der Lust gebunden ist. Zum ersten Mal in der Geschichte der Menschheit wurde die Wirtschaft so unmoralisch.

Die Philosophie des Monetarismus beruht, wie der russische Gelehrte W.G. Sokolenko sagte, auf „der Idee einer Union von Geld und Recht, oder dem sogenannten kapitalistischen Absoluten..., vor dem alle die großen Ideen aus der Epoche des historischen Romantizismus und der sozialen Revolutionen, die darauf abzielten, die Organisation der Gesellschaft zu verbessern, zu Boden gingen. Im 20. Jahrhundert erhoben die rationalistische Philosophie und der Liberalismus das Kapital zur absoluten Macht über die Welt.“ *(W.G. Sokolenko, Die globale Herrschaft des Kapitalismus, Moskau 2005)*

Es sind heute nicht mehr die Philosophen, Dichter, Musiker oder die Erforscher ferner Welten, welche im Leben der Menschen den Ton angeben, sondern vielmehr die Finanziers und Unternehmer. Materieller Gewinn, Geld, Luxus und Macht wurden für die große Masse der Menschen zu den fundamentalen Schlüsselbegriffen.

Der physisch-geistige Dualismus der Menschen wird immer

mehr auf die Komponente des „Körpers" reduziert. Ein solcher Mensch nützt jedoch weder der Natur, noch ist er für Gott akzeptabel. Deshalb ist er dazu verurteilt, zu verschwinden. Denn der Mensch wurde nach dem Ebenbild Gottes geschaffen, während seine physische Existenz durch seine Verbindung zur Welt der Pflanzen und Tiere und der nichtlebenden Natur erhalten wird.

Das zeitgenössische Modell des Seins, das auf der Ideologie des Monetarismus beruht, sollte durch das kognitive, geistige Wesen ersetzt werden. Darin liegt die Rettung der menschlichen Zivilisation. Das kann nur geschehen, wenn man durch das Feuer einer Krise hindurchgeht, wobei die Krise ein Mittel ist, um der globalen Oligarchie ihre Macht zu entreißen.

Lyndon LaRouche, der wiederholt vor dem kommenden Crash gewarnt hat, hat folgenden Aufruf herausgegeben:‚Statt die törichten Versuche zur Stimulierung des Leichnams fortzusetzen, sollte die Regierung der Vereinigten Staaten ihre souveräne Macht benutzen, um ihr eigenes Finanzsystem einem Konkursverfahren zu unterziehen, und so einen Präzedenzfall schaffen und den Rahmen bieten, in dem andere Nationen handeln können."

Leider gibt es in den Vereinigten Staaten, Rußland oder Europa keine souveränen Regierungen. In begrenztem Ausmaß gibt es sie in China, Indien, Iran, Japan und anderen östlichen Ländern und in mehreren lateinamerikanischen Nationen. Die übrigen sind kontrolliert von der Weltfinanzoligarchie.

Monströse Ungleichheit

350 Familienklans von Milliardären haben, gemessen in Dollar, ein Gesamteinkommen, das größer ist als das gemeinsame Einkommen von 45% der Weltbevölkerung. Die Quintessenz dieser monströsen Ungleichheit ist das mafiaartige oligarchische Syndikat, das von den reichsten Menschen auf dem Planeten geleitet wird. Sie bestimmen, wie sich die Prozesse in der Welt entwickeln, während sie selbst im Schatten bleiben, jenseits des Blickfelds der Öffentlichkeit. Sie kontrollieren auch den größten Teil der Rohstoffe des Planeten, finanzieren riesige illegale Armeen und NGOs und haben Einflußnetzwerke in den Regierungen und Parlamenten der meisten Länder der Welt aufgebaut.

Das ist die Spitze der unipolaren Welt. Aber diese Finanzoligarchie ist unfähig, die Entwicklung der Welt zu bestimmen. Sie weiß, wie man Geld macht, Macht ergreift und an dieser Macht festhält, um weiteren Profit hervorzubringen. Nichts außer dem Kollaps der Dollarpyramide wird diese Macht erschüttern.

Was könnten die Konsequenzen einer solchen Katastrophe des Dollar sein? Negatives Szenario:

- Rund 500 Mrd. Dollar an Bargeld werden aus dem Umlauf genommen, während zig Billionen an virtuellen (elektronischen) Dollars gelöscht werden. Das wird sämtliche Nationen und transnationale Unternehmen und Millionen von Menschen treffen. Belarus, Kuba, Nordkorea und andere „nicht-Dollar- Länder" werden besser fahren.
- Die Amerikaner werden einen „Erlaß" ihrer Schulden gegenüber allen anderen im Umfang von fast 27 Billionen Dollar durchführen (das Auslöschen der Dollarkomponente des russischen Stabilisierungsfonds und der internationalen Reserven miteingerechnet).
- Die Parität und Wechselkurse der übrigen konvertiblen Währungen werden verzerrt werden.
- In der Weltwirtschaft wird Chaos ausbrechen, während die Regierungen und transnationalen Unternehmen versuchen, neue Wirtschaftsmodelle für ihre Volkswirtschaften zusammenzuzimmern; einige werden zu einer geschlossenen Wirtschaft (Autarkie) übergehen. Positives Szenario:
- Die Rolle der Institutionen des Staates in der Weltwirtschaft und in den internationalen Beziehungen wird wiederbelebt.
- In den meisten Ländern (einschließlich Rußlands) werden Regierungen im nationalen Interesse gebildet und Programme zur Wiederbelebung der Nation aufgelegt.
- In den nicht-westlichen Zivilisationen (Rußland, China, Indien, Islam, Buddhismus, Lateinamerika) werden Konsolidierungsprozesse eingeleitet, während sich ein Dialog der Kulturen entwickelt.
- Die Rolle der UNO und anderer internationaler Organisationen wird größer.
- Die westliche (euro-amerikanische) Zivilisation wird schwächer werden und in Verfall geraten, auch wenn sie noch viele Jahrzehnte lang den Status eines zweitrangigen Pols der Welt einnehmen

wird.

- Es wird sich ein neuer Pol der Welt auf der Grundlage der Schanghaier Organisation für Zusammenarbeit bilden.
- Die Menschen werden sich wieder Gott zuwenden, den Dollar als Idol zurückweisen. Kultur-, Wissenschafts-, Bildungs- und Gesundheitssysteme werden sich entwickeln, während die moralischen Werte und die nationalen Traditionen eine Renaissance erleben werden.
- Der Mensch wird zur Harmonie mit der Erde und mit dem Kosmos zurückkehren. So wird die Menschheit die Chance zum Überleben erhalten. Also, ein Hoch auf die globale, gnadenlose, reinigende Wirtschafts- und Finanzkrise!

Wie man drei Milliarden Arbeitsplätze schaffen kann

von Dr. Jonathan Tennenbaum

Seit Jahren hören wir regelmäßig in den Medien, von Politikern und angeblichen Wirtschaftsexperten die paradoxe Botschaft: Die Wirtschaft wächst, aber die Beschäftigung geht zurück! Betrachtet man dies mit gesundem Menschenverstand, stellt sich sofort die Frage, was das eigentlich für ein „Wachstum" sei, das uns täglich mit neuen Meldungen über Entlassungen und Firmenschließungen beglückt.

Daß diese Frage äußerst selten gestellt und noch seltener beantwortet wird, hängt damit zusammen, daß viele von uns Opfer einer ideologischen Verblendung geworden sind, die unter dem Namen „nachindustrielle Dienstleistungs- und Informationsgesellschaft" verbreitet und verkauft wird. Danach soll aufgrund der Fortschritte in der modernen Verfahrens- und Steuerungstechnik eine Situation entstanden sein, wo der größte Teil der heutigen Industriebeschäftigten *nicht mehr gebraucht werde*, um die materiellen Bedürfnisse der Gesellschaft zu befriedigen. In Zukunft, so heißt es, seien nur noch relativ wenige automatisierte Großanlagen erforderlich, die von einer Handvoll hochspezialisierter Ingenieure und Techniker bedient werden. Entsprechend seien Massenentlassungen in zahlreichen Industriesektoren „ganz natürlich"; früher oder später müßten wir uns mit den strukturellen Folgen des Übergangs in die „nachindustrielle Gesellschaft der Zukunft" abfinden. Schon heute gebe es aufgrund der ungeheuren Produktivkraft der modernen Technik eine riesige Überproduktion, man wüßte nicht mehr wohin mit dem ganzen Zeug, das man heute mit einem Knopfdruck herstellen könne!

Gleichzeitig eröffne sich durch die Revolution der Computer- und Kommunikationstechnik eine neue, wunderbare Zukunft - das „Informationszeitalter". Jeder werde am Bildschirm alles konsumieren und erledigen können, was man sich nur vorstellt: ein „virtuelles" Paradies! Wenn es überhaupt noch Arbeitsplätze geben werde, dann im Bereich der Informationstechnik und der sogenannten „Entertainmentindustrie". Nicht nur im Ruhrgebiet und in Ostdeutschland ist man daran gegangen, die nutzlos gewordenen,

„schmutzigen" Industrieanlagen abzubauen, um Platz für moderne Freizeitsparks, Einkaufszentren und andere Vergnügungspaläste zu schaffen. Und natürlich soll der Übergang ins nachindustrielle Paradies möglichst rasch und „wettbewerbsmäßig" erfolgen.

Doch es fehlt nicht an Hinweisen, die auf eine weit weniger idyllische Zukunft für die Menschen der „nachindustriellen Gesellschaft" hindeuten. Lord Rees-Mogg, ein Anführer der „neokonservativen Revolution" in England und den USA, gibt offen zu, daß es in der zukünftigen Informationsgesellschaft auch „viele Verlierer" geben werde. Das Ende der Industriegesellschaft bedeute zugleich das Ende des Wohlstandsstaates. Die allgemeine Gesundheitsfürsorge sei „zu teuer geworden", ja sogar der Anspruch auf eine Allgemeinbildung der Kinder wird von Lord Rees-Mogg in Frage gestellt. In der zukünftigen Gesellschaft werden nur 5% der Menschen - die Leistungselite - eine richtige Ausbildung brauchen, behauptet er. Den Rest der Bevölkerung betrachtet der britischer Lord als „nutzlose Verbraucher", deren Lebensstandard drastisch reduziert werden soll.

Tatsächlich spricht die heutige Lage in den USA - dem Land, das seit 20 Jahren als Vorreiter der „nachindustriellen Dienstleistungs- und Informationsgesellschaft" gilt - für eine düstere Prognose. Nach jüngster Darstellung mehrerer amerikanischer Studien und Zeitungsartikel ist der reelle materielle Lebensstandard für die überwiegende Mehrheit der Amerikaner seit den 60er Jahren *um 30-50% gesunken*. Wo vor 30 Jahren in den amerikanischen Industriestädten das Einkommen des Haushaltsvorstands ausreichte, um eine Familie mit drei Kindern zu ernähren, müssen jetzt beide Eltern voll arbeiten, öfters mit mehrfachen Jobs. Der durchschnittliche Amerikaner ist heute deutlich schlechter ausgebildet, schlechter gekleidet und schlechter ernährt als in der Generation zuvor. Die einst hochentwickelte Industriegesellschaft degeneriert immer mehr zu einer „Ramschwirtschaft", und in immer mehr Gegenden Amerikas findet man Zustände, wie sie sonst nur in den armen Entwicklungsländern herrschen. Diese Situation ist nicht bloß durch eine „Umverteilung nach oben" entstanden; tatsächlich produziert die amerikanische Industrie pro Kopf der Bevölkerung weit weniger als vor 30 Jahren, unzählige Produkte werden im Lande einfach nicht mehr hergestellt. Glaubt man den Verfechtern des unbegrenzten „Freihandels", müßte der Ersatz einheimischer Produkte durch billige Importe für den Verbraucher sowie die Wirtschaft insgesamt einen Gewinn bringen. Warum ist es dann aber zu der dramatischen Verarmung der einst riesigen amerikanischen Mittelklasse gekommen, was immer mehr zur politischen Frage Nummer eins in den USA wird?

Das Beispiel USA konfrontiert uns mit einem Paradox: Wie kann es sein, daß einerseits die Produktivkraft der modernen Technologie so ungeheuer gestiegen ist, während es andererseits plötzlich „zu teuer" geworden sein soll, eine vernünftige materielle Versorgung, Erziehung und Gesundheitsfürsorge der Bevölkerung zu gewährleisten, was bis vor kurzem als selbstverständlich galt?

Am Beispiel USA wird deutlich, was man an den Parametern der physischen Ökonomie schon längst hätte ablesen können: Die „nachindustrielle Gesellschaft" ist nichts als eine böse Illusion, ein Schwindel. Weder vom weltwirtschaftlichen noch vom nationalökonomischen Standpunkt gibt es „Überproduktion" oder „Überkapazitäten", die die Entlassung von Millionen Industriebeschäftigten rechtfertigen würden. Der Eindruck einer astronomischen Produktivitätssteigerung durch moderne Technologien, der sich bei der isolierten Betrachtung einzelner Massengüter ergibt, trifft keineswegs auf die Volkswirtschaft als Ganze zu. Bei einer gründlichen physisch-ökonomischen Analyse der führenden Industrieländer kommt man zu dem schockierenden Schluß: Der größte Teil jenes angeblichen „Wirtschaftswachstums" der letzten 20 Jahre, welcher nicht bloß auf mehr oder weniger verdeckte Formen von Inflation zurückzuführen ist, erfolgte auf Kosten eines wachsenden Investitionsdefizits in den grundlegenden Bereichen Infrastruktur, Städtebau und Industrie. Die marode Lage der amerikanischen Innenstädte ist ein Paradebeispiel dafür. In Deutschland und den westeuropäischen Nachbarländern ist die Situation noch nicht ganz so kraß, entwickelt sich aber sehr schnell in die gleiche Richtung.

Die heutige Krise der Industriegesellschaft hat also nichts mit einem angeblich unvermeidlichen, naturgegebenen Übergang in das „nachindustrielle Zeitalter" zu tun, sondern ist das Ergebnis von mehr als 20 Jahren inkompetenter Wirtschaftspolitik seitens der USA und anderer führender Industrienationen. Die Industriegesellschaft steckt nur deswegen in der Krise, weil man sich inkompetenterweise geweigert hat, jene *Kosten* zu bezahlen, die eine *Fortsetzung* der industriellen Entwicklung erfordern.

Wenn wir hier von „unbezahlten Kosten" sprechen, so darf dies keineswegs als ein Argument für die heutige Politik der blinden Lohnkostensenkungen und Budgetkürzungen mißverstanden werden. Ganz im Gegenteil, die von den meisten Regierungen praktizierten Einsparungen beschleunigen noch den Abbau der Industrie, sie sind nur die Fortsetzung jener *industriefeindlichen* Wirtschaftspolitik, welche die heutige Krise verursacht hat. Tatsächlich ist die heutige Sparpolitik selbst zu einer der wesentlichsten Ursachen der wachsenden Budgetdefizite geworden, weil die Kürzungen der staatlichen oder staatlich unterstützten Investitionen in Infrastruktur, Wohnungsbau, Hochtechnologie usw. die produktive Basis der Wirtschaft und damit die Steuerbasis weiter schrumpfen lassen. Nicht zu hohe Reallöhne, sondern ein riesiges, weltweites Defizit an produktiven Investitionen - zusammen mit einem erdrückenden Krebsgeschwulst von Schulden und Spekulation - ist es, was der Industriegesellschaft das Rückgrat gebrochen hat.

Eine kompetente Wirtschaftspolitik müßte auf das genaue Gegenteil dessen abzielen, was heute passiert: Statt industrielle Beschäftigung abzubauen, sollte der inzwischen *massiv überblähte Dienstleistungssektor auf ein gesundes Maß zurückgebildet* und gleichzeitig die produktive Basis der Wirtschaft mit Hilfe umfangreicher Investitionen neu aufgebaut werden. Dazu gehören insbesondere die infrastrukturellen Aufbauprogramme des „Produktiven Dreiecks" und der „neuen Seidenstraße" sowie die beschleunigte Einführung revolutionärer Produktionstechnologien und eine Vervielfachung der Ausgaben für Bildung und Forschung im Hochtechnologiebereich - einschließlich in Spitzenbereichen wie der Fusionsforschung und der bemannten Raumfahrt. Zu den Instrumenten, welche die Umsetzung einer solchen industriellen Wachstumspolitik erfordern, gehört eine selektive Steuerpolitik zur Begünstigung produktiver Investitionen, ein Mindestmaß an Protektionismus und die Hamiltonische Methode der produktiven Kreditschöpfung, die wir an anderer Stelle dargelegt haben.

Mit anderen Worten, die Industriegesellschaft muß auf höherer Ebene fortgesetzt werden.

Viele, die unsere Analyse sonst teilen, haben gerade an diesem Punkt konzeptionelle Schwierigkeiten. „Was würde es denn bedeuten, die Industriegesellschaft weiter zu entwickeln? Sollen wir einfach immer mehr und mehr produzieren? Natürlich muß produziert werden, um die Armut in der Welt zu reduzieren. Aber stoßen wir nicht irgendwo an eine Grenze? Was ist der Zweck des Ganzen?"

Bevor wir eine Antwort auf diese Fragen geben können, müssen wir uns zunächst Klarheit darüber verschaffen, was überhaupt Wesen und Sinn einer „Industriegesellschaft" ist. Dazu hat sich schon vor 300 Jahren Gottfried Wilhelm Leibniz in seinen Akademieplänen und seinem Memorandum über *Sozietät und Wirtschaft* treffend geäußert. Hier und in anderen Schriften, wo Leibniz die konzeptionelle Grundlage der modernen Industriegesellschaft legt, stellt er bemerkenswerterweise *nicht die materielle Produktion an sich*, sondern die *Entwicklung des menschlichen Geistes* in den Mittelpunkt, und zwar auf folgende Weise:

Da sich der Mensch durch seine Fähigkeit zum schöpferischen Denken vom Tier unterscheidet, brauchen wir als Menschen eine Gesellschaft, die das kreative Denkvermögen jedes Individuums durch Erziehung und nicht zuletzt durch *Ausübung* der Denkfähigkeit fördert und weiterentwickelt. Dazu braucht man aber entsprechende Formen der menschlichen *Beschäftigung*.

Mit anderen Worten, die *Qualität der menschlichen Tätigkeiten* steht im Mittelpunkt des ursprünglichen Konzepts der Industriegesellschaft. Gleichzeitig ist aber klar, daß eine höhere, das kreative Geistesvermögen stärker herausfordernde Beschäftigungsform auch eine entsprechende wachsende *materielle Basis* erfordert.

Leibniz bezieht diese Diskussion natürlich auf die Situation seiner Zeit. Er legte großes Gewicht darauf, die Bevölkerung durch Verbreitung von Technik und Wissen von der Last niederer körperlicher Arbeit zu befreien und den monotonen, geisttötenden Alltag der reinen Agrargesellschaft durch Veränderung und Fortschritt mit neuem Leben zu erfüllen. Dafür seien die Entwicklung der Manufakturen einerseits und die Förderung der „Wissenschaften und Künste" andererseits für die Zukunft der Gesellschaft entscheidend wichtig.

Leibniz erkannte ganz allgemein, daß nur eine Gesellschaft, die sich im Zustand *ständiger Entwicklung* befinde, der innersten Natur des Menschen gerecht werden könne. Dies erfordere, so Leibniz, daß wir Gott und die Herrlichkeit der Schöpfung nicht bloß mit Gebet und Andenken, sondern auch mit *Werken* ehren, indem der Mensch als Abbild Gottes an der weiteren Entwicklung des Universums aktiv teilnimmt. Nur durch eine solche Teilnahme an der

Schöpfung könne der Mensch überhaupt die höheren Gesetze der Schöpfung erkennen und sich in der Ausübung seiner schöpferischen Fähigkeiten dem Schöpfer selbst nähern.

Die Industriegesellschaft als großes Experiment

Aus dieser Erkenntnis ergibt sich die untrennbare Beziehung zwischen der modernen Industriegesellschaft und den Naturwissenschaften. Nicht nur hängt die Entwicklung der modernen Industrie von einem ständigen Fluß neuer wissenschaftlicher Erkenntnisse und Erfindungen ab, sondern *alle produktiven Aktivitäten* in einer gesunden, wachsenden Industriegesellschaft haben implizit einen wissenschaftlichen Charakter und wirken am Prozeß der Erweiterung menschlicher Erkenntnisse mit.

Das läßt sich bildlich so formulieren: Die moderne Industriegesellschaft stellt ein großes, sich immer weiter entwickelndes wissenschaftliches Laboratorium dar. Das „große Experiment", an dem die ganze Bevölkerung teilnimmt, besteht in der Weiterentwicklung der menschlichen Gesellschaft selbst! Nur durch die ständige Intensivierung und Erweiterung der menschlichen Tätigkeiten im Universum sind wir in der Lage, die Übereinstimmung unseres Denkens mit der gesetzmäßigen Ordnung des Universums zu prüfen und durch neue Hypothesen und Denkmethoden zu verbessern.

Die produktive Tätigkeit in der Gesellschaft hat somit einen doppelten Charakter.

Einerseits muß das „Labor" der menschlichen Existenz physisch aufrechterhalten werden: 1. Die Haushalte, aus denen die neuen Generationen hervorgehen, müssen mit Nahrungsmitteln, Wohnungen, Konsumgütern und notwendigen Dienstleistungen wie Erziehung und Gesundheitspflege versorgt werden. 2. Das ganze „Laborinventar" - d.h. alle Produktionsmittel der Gesellschaft zusammen mit den Versuchsgeräten der Forschung selbst - muß ständig auf dem neusten Stand gehalten und erneuert werden. So gesehen erscheint der Produktionsprozeß als Mittel, um die materiellen Voraussetzungen zum „Betrieb" des großen Experiments zu schaffen.

Andererseits machen die gleichen Produktionsprozesse und vor allem ihre ständige Weiterentwicklung die *Substanz des Experiments* selbst aus. Die Produktionsmittel der Industrie, Landwirtschaft usw. sind im Grunde nichts anderes als wissenschaftliche Geräte, die zu bestimmten Zwecken spezialisiert und perfektioniert worden sind. Zusammengenommen verkörpern sie das vorläufige Ergebnis eines fortlaufenden Prozesses der wissenschaftlichen Hypothesenbildung.

Dabei ist es entscheidend wichtig zu erkennen, daß der Einsatz solcher „verdichteten Hypothesen“ in den Produktionsprozessen nicht nur eine Anwendung, sondern zugleich implizit auch eine Prüfung des menschlichen Wissens darstellt. Dies macht den Industriebeschäftigten in gewissem Grad zu einem Wissenschaftler oder zumindest zu einem wissenschaftlichen Assistenten, der am Erkenntnisfortschritt teilnehmen kann. An diesem Prozeß mitzuwirken, ist für die Menschen in einer Industriegesellschaft die eigentliche Triebfeder und Befriedigung.

Die Produktionsmittel stellen sich hier als Träger eines geistigen Prozesses dar; sie dienen als *materielle Vermittler neuer Ideen*, die von einzelnen Forschern und Erfindern auf die Produzenten und zuletzt auf die ganze Gesellschaft übergehen. Als Forscher und Erfinder gelten natürlich nicht nur diejenigen, die solche Berufe unmittelbar ausüben. Dazu gehören auch alle, die an irgendeiner Stelle im Gesamtprozeß Verbesserungen oder Innovationen entwickeln oder auch nur an der Lösung eines der unzähligen Einzelprobleme teilnehmen, die bei der Einführung neuer Technologien oder Produktionsverfahren gelöst werden müssen.

Wie Leibniz früher müssen wir den wissenschaftlichen Gehalt des gesamten Prozesses hervorheben. Der einzelne Forscher kann eine neue Hypothese allein entwickeln und sie einer vorläufigen Prüfung unterziehen. Doch die eigentliche Bedeutung und auch die Grenzen einer Hypothese werden erst erkennbar, wenn sie in den menschlichen Alltag integriert wird, was hauptsächlich in Form entsprechender Technologien erfolgt.

Mit seinem Konzept der „relativen potentiellen Bevölkerungsdichte“ hat Lyndon LaRouche diesen Sachverhalt auf den Punkt gebracht: Nicht die scheinbare Übereinstimmung von Theorie und Beobachtung als solche, sondern das wachsende Potential, eine höhere Quantität und Qualität des menschlichen Lebens pro Einheit des bewohnten Erd- (oder Welt)raums aufrechtzuhalten, ist der entscheidende Maßstab für neue wissenschaftliche Erkenntnisse.

Singularitäten und Arbeitsteilung

Die eigentliche Ursache der ständigen quantitativen und qualitativen Erweiterung der Beschäftigung in jeder kompetent geführten Industriegesellschaft haben wir bisher noch nicht angesprochen. Wenn wir die Geschichte der Naturwissenschaften und Technik untersuchen, dann stellen wir fest, daß der Prozeß des Fortschritts immer mit der Schaffung neuer „Freiheitsgrade" oder „Dimensionen" der menschlichen Tätigkeit zusammenhängt. So hat zum Beispiel die technische Nutzung der Elektrizität und des Magnetismus im 19. Jahrhundert neue Industriezweige und Berufe geschaffen, für die es vorher weder eine Vorstellung noch einen Namen gab.

Wir können dieses Phänomen anhand von „Input-Output-Tabellen" verdeutlichen, die in der volkswirtschaftlichen Gesamtrechnung und in der industriellen Planung benutzt werden. Bei der Erstellung solcher Tabellen müssen die industriellen Tätigkeiten in *Branchen und Sektoren* unterteilt werden. Diese sind wiederum vom Grundcharakter der Technologie bestimmt, zum Beispiel „Elektrotechnik", „Chemie" usw. Letztlich müßten diese Unterteilungen noch viel feiner sein, so daß einzelne Industriebereiche wie „Lasertechnik", „Nukleartechnik", „Mikroelektronik", „Plasmatechnik", „supraleitende Werkstoffe und Systeme" usw. separat in den Input-Output-Tabellen erfaßt werden. Jeder dieser Sektoren und Subsektoren umfaßt Vorgänge eines spezifischen technologischen Charakters, welche von den Beschäftigten spezialisiertes Wissen, Ausbildung, Erfahrung und Fertigkeiten verlangen. Mit anderen Worten, jede Unterteilung einer industriellen Input-Output-Tabelle entspricht auch einer „Arbeitsteilung" ganz spezifischen Charakters. Es läßt sich somit auch eine Art „Beschäftigungstabelle" erzeugen, die vom jeweiligen Stand der Technologie abhängig ist.

Entscheidend dabei ist, daß sich die „Input-Output-Tabelle" sowie die „Beschäftigungstabelle" infolge des technologischen Fortschritts in ständigem Wandel befinden. Wie insbesondere das Beispiel der Elektrizität zeigt, gehen wissenschaftliche Revolutionen stets mit dem Entstehen vollkommen neuer industrieller Tätigkeiten einher, die in den bisherigen „Input-Output-Tabellen" noch gar nicht vorkamen oder absehbar waren. Mit jedem weiteren Fortschritt müssen in die Tabellen neue Spalten und Reihen eingefügt werden, Technologien und Produkte müssen berücksichtigt werden, die es vorher nicht gab. Fassen wir die (sicher etwas willkürlich gewählte) Unterteilung der Tabellen in Branchen, Sektoren und Subsektoren analog zur mehrdimensionalen Geometrie oder zum „Phasenraum“ des Physikers als „Koordinaten“ auf, stellt sich die Hinzufügung neuer Spalten und Reihen als Zunahme der Freiheitsgrade oder der „Dimensionalität“ des Systems dar.

Es ist natürlich wahr, daß der technologische Fortschritt in bestimmten Zweigen teilweise oder ganz wieder aufhören kann. Dies sieht man deutlich am Beispiel der heute selten gewordenen Dampflokomotiven, deren Herstellung früher ein sehr bedeutender Industriezweig in Europa und Amerika war. Allerdings zeigt die Geschichte eindeutig, daß beim anhaltenden wissenschaftlichen Fortschritt viel mehr neue Freiheitsgrade enstehen, als alte wegfallen. Dies ist keine zufällige Erscheinung. Betrachtet man zum Beispiel heute die Herstellung eines Automobils in seiner Gesamtheit - also von der Rohstoffgewinnung in Bergwerken bis zur Herstellung der Einzelteile und ihre Zusammensetzung - wird ein ungeheuer viel komplizierteres Verfahren sichtbar, das eine ungleich höhere Arbeitsteilung voraussetzt als der Dampflokomotivenbau zu früheren Zeiten.

Der eigentliche Grund dieser immer mehr zunehmenden volkswirtschaftlichen Dimensionalität liegt in der Natur des Universums selbst. Wenn wir von den täglichen Erscheinungen, die wir mit bloßem Auge sehen können, in den Bereich des „extrem Großen“ bzw. „extrem Kleinen“ eindringen, stoßen wir immer wieder auf „Singularitäten“, d.h. auf Stellen, wo im Universum etwas geschieht, was vom Standpunkt unseres bisherigen Wissens entweder unmöglich oder zumindestens unvorhersehbar war. Solche neuen physikalischen Realitäten können mit herkömmlichen Mitteln nicht adäquat erfaßt werden, sondern erfordern neue Begriffe, Meßverfahren und Parameter. Hier liegt der Ursprung jener zusätzlichen „Dimensionen“, die sich früher oder später in einer Ergänzung oder Neufassung der volkswirtschaftlichen Input-Output-Tabelle ausdrücken. Aus einem Versuchsaufbau, den der kreative Physiker entwirft, um einen neuen „Effekt“ oder eine „Anomalie“ hervorzubringen und zu studieren, geht in der Folge eine ganze Familie neuer Technologien hervor. Dafür gibt die Geschichte der Elektrizität, der Chemie usw. unzählige Beispiele. Andersherum hilft uns jeder technologische Durchbruch, noch weiter in den Bereich des „unendlich Kleinen“ (Mikrophysik) und „unendlich Großen“ (Astronomie und Astrophysik) sowie in die Grundlagen der Biologie vorzudringen, um dort weitere Entdeckungen zu machen. Die wichtigsten Anomalien stecken heute wahrscheinlich in „exotischen“ Sternen, Galaxien und Galaxienhaufen einerseits sowie den subatomaren Prozessen andererseits.

Daß der Fortschritt in diesem Sinne nie zu Ende geht, sondern die *Dichte der Singularitäten* immer weiter zunimmt und das Universum auf diese Weise unerschöpflich ist, gehört zum „Urwissen“ der platonischen Tradition der Naturwissenschaften. Diese Tradition verläuft von Platon selbst über Augustinus, Nikolaus von Kues, Leonardo da Vinci, Johannes Kepler und Leibniz bis zu Gauß, Riemann und Cantor im 19. Jahrhundert. Wichtig ist die Erkenntnis, wie die zunehmende Dichte erkennbarer physischer Singularitäten im Grenzbereich von Wissen und Technik mit der Steigerung der potentiellen Bevölkerungsdichte der Menschheit einerseits und der Beschäftigung andererseits zusammenhängt. Die Fähigkeit, immer mehr Menschen auf einem immer höheren Standard des materiellen Verbrauchs, der Erziehung und der Lebenserwartung zu erhalten, ist eine Funktion des wissenschaftlichen und technologischen Fortschritts. Dieser Fortschritt hat aber seinerseits den Effekt, die Anzahl der Freiheitsgrade oder Dimensionalitäten der Wirtschaft zu vervielfachen, was wiederum zu einer immer höheren Arbeitsteilung und entsprechenden Steigerung der Quantität und Qualität der Beschäftigung führt. Gleichzeitig steigt der materielle Verbrauch, vor allem auch im Bereich der industriellen Ausrüstung.

Eine solche Zunahme des Verbrauchs findet in jedem Fall statt. Selbst bei einem angenommenen „Nullwachstum“ bzw. technologischer Stagnation erforderte die bloße Aufrechterhaltung der Gesellschaft einen immer größeren Aufwand für die Gewinnung von Rohstoffen und anderer „Naturressourcen“. Auf Dauer würde dies zum Zusammenbruch führen, wenn es nicht gelingt, durch wissenschaftlich-technologische Durchbrüche neue Ressourcen und Ressourcentypen nutzbar zu machen und so die scheinbaren „Grenzen des Wachstums“ zu überwinden. Voraussetzung dafür ist allerdings eine steigende Kapitalintensität und ein steigender Energieaufwand in der Wirtschaft insgesamt. Wie in der Natur gibt es auch in der physischen Ökonomie nur die Alternative: Wachstum und Entwicklung oder Tod.

Wenn wir auf das Bild des „großen Experiments" zurückblicken, kann man sagen, daß das „Großlabor" der menschlichen Gesellschaft immer weitere „Abteilungen" eröffnen muß, je mehr neue Bereiche der physischen Realität entdeckt werden; und gleichzeitig braucht jede Abteilung im Durchschnitt ständig mehr und besser qualifizierte Mitarbeiter und pro Mitarbeiter eine umfangreichere und bessere technische Ausrüstung. Das Tempo, in dem das immer aufwendiger gewordene „Experiment" ausgedehnt werden kann, ist ein Maßstab für den Erfolg des „Experiments". Das Labor stellt ja eben *selbst* die menschlichen und materiellen Voraussetzungen für seinen eigenen Weiterbetrieb dar, es ist selbsterhaltend und selbstbegrenzend durch den erreichten Realisierungsgrad des kreativen Potentials seiner Mitarbeiter - also der menschlichen Bevölkerung.

Das Labor der menschlichen Gesellschaft bestimmt auch seinen eigenen „Markt" und erzeugt seine eigene „Nachfrage". Die Nachfrage von Produkten ist genauso wie Erziehung, Forschung und andere nützliche Dienstleistungen nicht von irgendwelchen fixen „materiellen Grundbedürfnissen" der Bevölkerung bestimmt, sondern letztlich nur vom Grad der Kreativität und vom Wissensdurst der Menschen sowie von der physischen Notwendigkeit, das „Experiment" mit all seinen akkumulierten Singularitäten samt Mitarbeiterstab (der Weltbevölkerung) am Laufen zu erhalten. Die qualitative und quantitative Erweiterung der Nachfrage, und damit auch der Beschäftigung, wird also vom Prozeß der wissenschaftlichen Entdeckungen vorangetrieben. Genau hier liegt der Schlüssel zur Vollbeschäftigung in einer kompetent geführten Industriegesellschaft. Wir sind nicht die Sklaven eines blinden Marktes, sondern umgekehrt, wir bestimmen die Märkte durch eine bewußte Politik zur Weiterentwicklung der Gesellschaft. Dazu dient vor allem die Methode der Hamiltonischen produktiven Kreditschöpfung.

Die Aufgabe der physischen Ökonomie liegt darin, dieses „Großexperiment" erfolgreich zu betreiben. Dazu gehört in erster Linie, die fundamentalen „Randbedingungen" zu beachten, welche Lyndon LaRouche definiert hat (siehe vorhergehendes Kapitel). Würde die Weltwirtschaft auf entsprechende Weise entwickelt - mit Hilfe großer Infrastrukturprojekte wie der „neuen Seidenstraße" und großer Wissenschaftsprojekte wie der Realisierung der Kernfusion und der Kolonisierung des Mars -, dann gäbe es kein Problem, Anfang des kommenden Jahrhunderts 3 Milliarden neue Arbeitsplätze zu schaffen.

Ein Haupthindernis ist der bleibende Einfluß jener oligarchischen Kreise, die seit jeher das „Große Experiment" von Leibniz zu sabotieren suchen. Sie haben die Wahnvorstellung der „nachindustriellen Gesellschaft" und andere „grüne" Hirngespinste in die Welt gesetzt, die alle auf das gleiche hinauslaufen: die menschliche Kreativität zu unterdrücken und den Menschen zu bestialisieren. Nicht der technologische Fortschritt, sondern die Sabotage des „Großen Experiments" durch industriefeindliche Wirtschafts- und Gesellschaftspolitik ist schuld an der heutigen Massenarbeitslosigkeit. Der Weg steht aber offen, diesen Zustand durch eine andere Politik zu beenden.

Eines der interessantesten Interviews dieser Welt !!!

Ein Telefon Interview zum Thema der „Federal Reserve“ von Dan Benham (bekannter Moderator) in den USA geführt bereits 2002
d.benham@worldnet.att.net

Das folgende ist eine Konversation mit Mr. Ron Supinski vom “Public Information Department” von der “San Francisco Federal Reserve Bank“. Dies ist der Report dieser Unterredung:

FRAGENDER - Mr. Supinski, hält mein Land das „Federal Reserve System“?

MR. SUPINSKI - Wir sind eine Dienststelle der Regierung.

FRAGENDER - Dass ist nicht meine Frage. Wird es gehalten durch mein Land ?

MR. SUPINSKI - Es ist eine Dienststelle der Regierung geschafften durch den Kongreß.

FRAGENDER - Ist die „Federal Reserve eine Unternehmen?

MR. SUPINSKI - Ja.

FRAGENDER - Hält meine Staatsregierung irgend einen Aktienbestand in der „Federal Reserve“ ?

MR. SUPINSKI - Nein, es wird durch die Mitglieder Banken gehalten.

FRAGENDER - Sind die Mitglieder Banken private Gesellschaften?

MR. SUPINSKI - Ja.

FRAGENDER - Sind die „Federal Reserve Bank-Noten“ gedeckt durch irgendwas ?

MR. SUPINSKI - Ja, durch das Vermögen der „Federal Reserve“ aber, hauptsächlich durch die Macht des Kongresses eine Steuer auf die Bürger umzulegen.

FRAGENDER - Sagten Sie, „durch die Macht Steuern zu kassieren“, dass ist es, was „Federal Reserve Noten“ deckt?

MR. SUPINSKI - Ja

FRAGENDER - Was sind die gesamt Vermögen der „Federal Reserve“ ?

MR. SUPINSKI - Die „San Francisco Bank“ hat $ 36 Milliarde an Aktiva.

FRAGENDER - Woraus sind diese Aktiva zusammengesetzt?
MR. SUPINSKI - Gold, der Federal Reserve Bank selbst und Regierungs-Bürgschaften.
FRAGENDER - Zu welchem Wert hält die Federal Reserve Bank Gold per oz. in ihren Büchern ?
MR. SUPINSKI - ich habe die Information nicht, aber, die „San Francisco Bank" hat $1.6 Milliarde in Gold.
FRAGENDER - Wollen Sie damit sagen, die „Federal Reserve Bank" von San Francisco hat $1.6 Milliarde in Gold, als Bank selbst, und der Saldo dieses Vermögens sind Regierungs-Sicherheiten?
MR. SUPINSKI - Ja.
FRAGENDER - Woher erhält die „Federal Reserve" die „Federal Reserve" Bank-Noten ?
MR. SUPINSKI - Sie sind autorisiert durch das Schatzamt.
FRAGENDER - Wieviel zahlt die „Federal Reserve" für eine $10 "Federal Reserve Note"?
MR. SUPINSKI - Fünfzig bis siebzig Cents.
FRAGENDER - Wieviel zahlen sie für eine $100.00 „Federal Reserve Note" ?
MR. SUPINSKI - Dasselbe - fünfzig bis siebzig Cents.
FRAGENDER - Nur fünfzig Cents im Tausch für $100.00 ist ein gewaltiger Profit, nicht wahr?
MR. SUPINSKI - Ja.
FRAGENDER - Entsprechend zum US Schatzamt, zahlt die „Federal Reserve" $ 20.60 per $ 1,000 Nennwert bzw. ein bisschen mehr als zwei Cents für eine $ 100.00 Rechnung, ist das so korrekt?
MR. SUPINSKI - Das ist wohl nahe dem.
FRAGENDER - Benutzt nicht die „Federal Reserve", die „Federal Reserve Noten", welche jeweils zwei Cents kosten, um US Schuldscheine von der Regierung zu kaufen?
MR. SUPINSKI - Ja, aber da ist mehr als dass.
FRAGENDER - Im Wesentlichen, ist es dass, was stattfindet?
MR. SUPINSKI - Ja, im wesentlichen ist dass korrekt.
FRAGENDER - Wie viele „Federal Reserve Noten" sind in Umlauf?
MR. SUPINSKI - $263 Milliarde, und wir können nur Rechenschaft abgeben über einen kleinen Prozentsatz.
FRAGENDER - Wohin gingen die „anderen" Scheine?

MR. SUPINSKI - In den Matratzen der Leute, „beerdigt" und in den Hintergrund, sowie illegales Drogen Geld.
FRAGENDER - Seit die Schulden zahlbar in „Federal Reserve Noten" sind, wie können die $ 4 Billionen nationale Schulden mit den total sich in Zirkulation befindlichen „Federal Reserve Noten" je abgezahlt werden?
MR. SUPINSKI - Weiss ich nicht.
FRAGENDER - Wenn die Bundes Staatsregierung jede in Umlauf befindliche „Federal Reserve Note" einsammeln würde; würde es mathematisch möglich sein, die $4 Billionen nationale Schulden zu zahlen?
MR. SUPINSKI - Nein.
FRAGENDER - Wäre es korrekt, wenn ich sagen würde, dass, für je $ 1, Einlage in eine Mitgliederbank, dem zufolge $ 8, mit genügend Reserve Politik, wieder ausgeliehen werden können?
MR. SUPINSKI - Etwa $7.
FRAGENDER - Korrigieren Sie mich wenn ich falsch liege, aber $7 weiterer Federal Reserve Noten, welche nie in Umlauf gelangten. Aber, im entbehren von besseren Worten - waren „erschaffen aus dünner Luft" in der Form, dass Kredite und die zwei Cents je Nennwert nie jemals gezahlt worden waren. In anderen Worten, die „Federal Reserve Noten" waren nicht in Realität, physikalisch ausgedruckt, und geschaffen, sondern, schlicht generiert als ein Buchungs-Eintrag und zu Zins verliehen. Ist dass Korrekt?
MR. SUPINSKI - Ja.
FRAGENDER - Ist dass die Ursache dafür, dass da nur $263 Milliarden „Federal Reserve Noten" in Umlauf sind?
MR. SUPINSKI - Dass ist ein Teil des Grundes.
FRAGENDER - Interpretiere ich dass falsch, als das „Federal Reserve" Gesetz (mit Weihnachten 1913) geschlossen wurde, übertrug es die Macht, Münzen zu prägen, und somit Geld an unsere Nation auszugeben, sowie den Umlauf und den Wert zu regulieren, vom Kongress zu einer PRIVATEN Gesellschaft. Und mein Land ENTLEIHT nun, dass, was unser eigenes Geld sein sollte, von der „Federal Reserve Bank"(eine PRIVATE Gesellschaft) ZUZÜGLICH Zinsen. Ist dass korrekt - und die Schulden können NIE abbezahlt werden - unter dem aktuellen Geldsystem unseres Landes ?
MR. SUPINSKI - Im Grunde, Ja.
FRAGENDER - Ich „rieche da eine Ratte", Sie nicht ?

MR. SUPINSKI - Sorry, ich kann darauf nicht antworten, ich arbeite hier.
FRAGENDER - Ist die „Federal Reserve“ je unabhängig geprüft worden ?
MR. SUPINSKI - Wir sind geprüft.
FRAGENDER - Warum ist da ein aktueller Haus-Beschluß (1486 bezeichnet) für eine komplette Bücherprüfung zur „Federal Reserve“ durch die GAO; und warum ist die „Federal Reserve“ da widerstehend ?
MR. SUPINSKI - Ich weiss nicht.
FRAGENDER - Reguliert die „Federal Reserve“ den Wert der „Federal Reserve“ Noten, und die Zinsraten ?
MR. SUPINSKI - Ja.
FRAGENDER - Erklären Sie wie das „Federal Reserve System“ verfassungsmäßig sein kann, wenn doch nur der Kongreß der USA, welcher sich gliedert in den Senat und das Haus der Repräsentanten, hier die Macht hat (zumindest haben sollte),
unsere Münzen zu prägen, herauszugeben, und den Wert darüber zu regulieren ? [Article 1 Section 1 and Section 8]
Nirgendwo, in der Verfassung ist dem Kongress die Macht oder Befugnis gegeben, irgendeine gewährte Macht im bereich der Verfassung zu einem PRIVATEN Unternehmen zu transferieren - oder doch ?
MR. SUPINSKI - Ich bin kein Experte in Verfassungsrecht. Ich kann Sie zu unserer Gesetzes-Abteilung verweisen.
FRAGENDER - Ich kann ihnen sagen, ich habe die Staatsverfassung gelesen. Diese erlaubt es NICHT, dass irgendeine gegebene Macht an eine private Firma oder Vereinigung gegeben werden kann. Ist es nicht ausdrücklich festgelegt, dass alle andere Macht, nicht einzelnen gewährt, sondern dem State und den Staatsbürgern vorbehalten ist ? Trifft dass zu auf eine privates Unternehmen ?
MR. SUPINSKI - Ich glaube nicht, aber, wir wurden durch die gesetzgebende Versammlung geschaffen.
FRAGENDER - Würden Sie beipflichten; es ist unser Land und es sollte UNSER Geld, wie in der Staatsverfassung ausgegeben, sein?
MR. SUPINSKI - Ich verstehe was Sie sagen wollen.
FRAGENDER - Warum sollten wir, „unser eigenes Geld“ von einem PRIVATEN Konsortium von Bankern (GEGEN ZINSEN) borgen ? War es nicht genau dass, weswegen „wir“ eine Revolution,

kreierten, um eine separate souveräne Nation, mit eigenen Rechten zu werden ?
MR. SUPINSKI - (hat abgelehnt zu antworten).
FRAGENDER - Hat die „Federal Reserve“ dies je überhaupt verfassungsmäßig beim höchsten Gerichtshof geklärt ?
MR. SUPINSKI - Ich glaube da waren Gerichtfälle diesbezüglich.
FRAGENDER - Waren da beim höchsten Gerichtshof Fälle ?
MR. SUPINSKI - Ich denke so, bin aber nicht sicher.
FRAGENDER - Bestätigte der höchste Gerichtshof nicht einstimmig in A.L.A. (Schechter Poultry Corp. vs. US and Carter vs. Carter Coal Co.)die körperschaftlich-konstatierende Anordnung als verfassungswidrige Abordnung von gesetzgebender Macht?
[„Die Macht übertragen ist die Macht zu regulieren. Dies ist eine gesetzgebende Abordnung in ihrer meist anstößigen Form; für sich ist es nicht eben eine Abordnung zu einer offiziellen Körperschaft/Gesellschaft/Gruppe, welche vermutlich desinteressiert das allgemeine, aber interessiert das private der Personen regelt.“ Carter vs. Carter Coal Co...]
MR. SUPINSKI - Ich weiss nicht, Ich kann Sie an unsere Gesetzes-Abteilung verweisen.
FRAGENDER - Ist das derzeitige Geld-System nicht ein „Karten-Haus“ dass einstürzen MUSS, weil, die Schulden hier mathematisch NIE getilgt werden können?
MR. SUPINSKI - Es erscheint so. Ich kann ihnen sagen, dass Sie offenbar sehr gut die Materie durchschauen, und sehr kenntnisreich sind. Dennoch, wir haben eine Lösung.
FRAGENDER - Was ist die Lösung?
MR. SUPINSKI - Die Debit Card.
FRAGENDER - Meinen Sie damit den EFT Act (Electronic Funds Transfer)? Ist es nicht sehr ängstigend, wenn man die Fähigkeiten von Computern bedenkt? Es wird den Staat und all seine Dienststellen, inclusive der Federal Reserve solche Informationen wie: Sie waren an der Tankstelle um: 2:30 und kauften für $ 10.00 bleifreien Benzin zu $ 1.41 per Gallone und, anschließend waren Sie im Lebensmittelladen um 2:58 und kauften Brot, Mittagessen, Fleisch und Milch für $ 12.32, und anschließend kauften Sie Arzneimittel in der Apotheke um 3:30 für $ 5.62. Mit anderen Worten, sie würden wissen, wann, und wo wirhingehen, wieviel wir zahlten, wieviel der Großhändler zahlte, und wieviel Profit er machte. Unter dem EFT-

System würden sie wortwörtlich alles von uns wissen.
Ist dass nicht erschreckend ?
MR. SUPINSKI - Ja, es verwundert schon.
FRAGENDER - Ich rieche da eine GIGANTISCHE RATTE welche unsere Staatsverfassung da wohl übertölpelt hat. Zahlen wir nicht einen Tribut/Zoll, in der Form von Einkommenssteuern, an ein privates Konsortium von Bänkern ?
MR. SUPINSKI - Ich kann es nicht einen Tribut nennen, es sind Zinsen.
FRAGENDER - Haben nicht alle gewählten Beamten einen Amtseid geleistet, die Verfassung sowohl vor ausländischen, wie inländischen Feinden, zu beschützen und zu verteidigen? Ist die Federal Reserve so gesehen, nicht ein inländischer Feind?
MR. SUPINSKI - Ich kann dass nicht sagen.
FRAGENDER - Unsere gewählten Beamten und Personen von der Federal Reserve sind schuldig der eigenen Begünstigung und vernichten damit meine Staatsverfassung und, dass ist Verrat. Ist nicht die Strafe für Verrat der Tod?
MR. SUPINSKI - Ich glaub schon.
FRAGENDER - Danke schön für die Informationen, und ihre investierte Zeit, und wenn ich könnte würde ich sagen, Sie sollten die notwendigen Schritte zum Schutz für sich und ihre Familie einleiten, und all ihr Geld von den Banken abziehen, bevor das System zusammenstürzt. Ich tue dies.
MR. SUPINSKI - Es schaut nicht gut aus.
FRAGENDER - Möge Gott Barmherzigkeit haben, für die Geister, welche hinter diesem verfassungswidrigen and kriminellen handeln genannt „The Federal Reserve“
stehen. Wenn die ALLMÄCHTIGE MASSE erwacht und diesen gigantischen Streich erkennt, werden sie es nicht nehmen wie ein Salzkorn. Es war eine Freude mit ihnen zu sprechen, und ich danke nochmals für ihre Zeit. Ich hoffe Sie werden meinen Ratschlag befolgen bevor es zum Zusammenbruch kommt.
MR. SUPINSKI - Leider, sieht es nicht gut aus.
FRAGENDER - Haben Sie noch einen schönen Tag und Danke für ihre Zeit.
MR. SUPINSKI - Danke für den Anruf.

Wenn Sie als Leser irgendwelche Zweifel bezüglich der Glaubwürdigkeit dieses Gespräches haben, rufen sie ihre nächste Federal Reserve Bank an. SIE KENNEN NUN, DIE FRAGEN, DIE ES ZU FRAGEN GILT! (Sie werden sie nicht gelistet finden unter der zentralen Staatsregierung.) Sie sind gelistet in den weißen Seiten, zusammen mit Federal Express, Federal Anlage Versicherungs Corp. (FDIC), so wie auch andere Geschäftsbetriebe. Finden sie selbst heraus, ob dies alles wahr ist.

Und dann gehen sie zu ihrem örtlichen Gericht und sehen sie nach Beweismaterial,in den Akten zum Artikel der Unites States, Fall #80-5905, 9th Bezirk, June 24, 1982. Zu lesen im Teil:"Examining the organization and function of the Federal Reserve Banks"

„Untersuchung der Organization und Aufgabe der Federal Reserve Banks“ und betreffend der relevanten Faktoren, kommen wir zu der Schlußfolgerung, dass, die Federal Reserve NICHT in Bundesverwaltung ist.. sondern im Besitz von selbständigen und privat kontrollierten Korporationen - Federal Reserve Banken sind weder als der Staatsregierung „ganz-gehörende“ Gesellschaften verzeichnet, [under 31 USC Section 846], noch als, ‚gemischte Eigentumsrecht‘ Gesellschaften [under 31 USC Section 856]... 28 USC Sections 1346(b), 2671. Die Bundes Niederlassung ist definiert als: eine ausführende Abteilung, der militärischen Abteilungen, als eine unabhängige Einrichtung von den United States; und Gesellschaften handeln hier hauptsächlich als Vermittler der United States, aber, nicht einschließend alle Unternehmer in den United States...

Da gibt es keine strengen Kriterien welche festlegen ob eine Einheit ein Bundesamt im Sinne des Gesetzes ist, aber, der kritische Faktor ist die fehlende Existenz der zentralen Staatsregierungs-Kontrolle über die ‚genaue physische Erfüllung‘ und deren ‚Tag für Tag Tätigkeiten‘ bezüglich der Einheit.

Da gibt es keine strengen Kriterien welche festlegen ob eine Einheit ein

Bundesamt im Sinne des Gesetzes ist, aber, der kritische Faktor ist die Existenz der zentralen Staatsregierungs Kontrolle über die ‚genaue physische Erfüllung‘ und deren ‚Tag für Tag Tätigkeiten‘ bezüglich der Einheit.

Andere Verfassungsgerichtshöfe haben das Wesen dieser Einheiten als unabhängige Unternehmen eingestuft... weder der Staat ist beteiligt in die Vermögenslage der Einheiten,... und weder ist es

Auftrag der Einheiten die Politik der United States zu fördern... Untersuchungen zur Organisation bezügl. der Funktion von den Federal Reserve Banken, und betreffend deren wichtigen Tätigkeit, können wir schlussfolgern dass die Reserve Banks kein Bundes-Apparat oder -Amt sind... Es ist offensichtlich, durch die gesetzgebende Geschichte des Federal Reserve Gesetzes, dass die gesetzgebende Versammlung nicht vor hatte, der Zentral-Regierung eine Weisungsbefugnis über den täglichen Betriebablauf der Reserve Banks zu geben.

Die Tatsache dass die Federal Reserve Gruppe die Reserve Banken regulieren, machtsie nicht zu Bundesämtern unter dem Gesetz... anders als typische Bundesämter, ist jede Bank bevollmächtigt zum „hire and fire" der eigenen Mitarbeiter, so wie sie schlicht wollen. Die Bank Bediensteten nehmen nicht Teil am staatlichen Pensionierungs System.

Sie sind stattdessen geschützt durch eine Arbeitnehmer Abfindungsversicherung, abgeschlossen durch die Bank, besser gesagt, durch das Zentrale Arbeitnehmer-Abfindungs-Gesetz. Die Mitarbeiter Reisen für Bank Geschäfte unterliegen nicht den Bundes Reise Bestimmungen und erreichen nicht die Angestellten Preisnachlässe für Staatsbedienstete für Übernachtung und Kundendienste... Schließlich, sind die Banken bevollmächtigt zu klagen und können verklagt werden und zwar in ihrem eigenen Namen. (12 USC Section 341). Sie tragen ihre eigene Haftpflichtversicherung und typischerweise bearbeiten und erledigen sie ihre eigenen Belange... Gemäss „to the Federal Reserve Bank of Philadelphia" Als die „Federal Reserve" geschaffen wurde, wurde der Aktienbestand an seine Mitgliederbanken verkauft. („Die Hüte, die die Federal Reserve trägt", wurden ausgegebenen durch die Federal Reserve Bank of Philadelphia).

Die original Aktienbesitzer der Federal Reserve Banken in 1913 waren die Rockefeller's, JP Morgan, Rothschild's, Lazard Freres, Schoellkopf, Kuhn-Loeb, Warburgs, Lehman Brothers und Goldman Sachs.

„Digital Angel" – ein Weg zur totalen Überwachung?

Ein sehr irdisches Super-Implantat • Die Fakten
von Grazyna Fosar und Franz Bludorf

Glauben Sie an einen Schutzengel? Wenn ja, dann kann er Ihnen vielleicht schon bald nicht mehr helfen! Wenn nein, dann gewöhnen Sie sich schon einmal langsam daran, dass es ihn gibt. Allerdings hat der „Schutzengel", von dem wir hier reden, keine Flügel, sondern er ist ein Mikrochip, den man auch Ihnen schon sehr bald unter die Haut implantieren kann.

Was ist ein Digital Angel?

Digital Angel ist ein Mikrochip, der eine Verbindung herstellt zwischen Biosensor-Technologie und Global Positioning System (GPS, ein satellitengestütztes Navigationssystem, mit dessen Hilfe man seine genaue Position auf der Erde feststellen kann). Laut Patent wurde der kleine Bio-Schutzengel gezielt für den Einsatz beim Menschen entwickelt und kann seinen Träger das ganze Leben begleiten.

Der Miniatursender und –empfänger, den man so harmlos „Engel" nennt, wird entweder körpernah getragen oder sogar unter die Haut implantiert. Das Gerät kann unterschiedliche Daten senden und empfangen und in jedem Moment vom satellitengestützten GPS-System lokalisiert werden.

Außer diesem Anpeilen der Menschen kann der „Engel" unterschiedliche menschliche Vitalfunktionen überwachen, in gewissem Rahmen Diagnosen erstellen und Daten an eine Basisstation auf der Erde übertragen, die an das Internet angeschlossen ist.

Droht dem Träger etwa ein Herzinfarkt, wird sogar ein spezieller Impuls erzeugt, der einen Anruf bei der Feuerwehr auslöst und daher sofortige ärztliche Hilfe in die Wege leitet.

Der Digital Angel misst bereits heute ständig den Blutdruck, die Körpertemperatur, den Puls sowie nach Bedarf weitere Parameter wie z. B. den Blutzuckerspiegel. Für zukünftige Modelle kündigt der Hersteller sogar noch kompliziertere Überwachungsfunktionen wie etwa komplette EKG- und EEG-Messungen an.

Über diese medizinischen Funktionen hinaus dient das Gerät natürlich auch dazu, vermisste Personen aufzufinden, und das nicht nur für die Polizei. Angehörige können auf diese Weise jederzeit ein Kind wiederfinden, das sich allein irgendwo verlaufen hat, oder eine ältere Person, die beispielsweise an der Alzheimer Krankheit erkrankt ist und sich nicht mehr zurechtfindet. Mehr noch: die Angehörigen können nicht nur sofort erfahren, wo sich die Person befindet, sondern auch, ob sie wohlauf ist.

Klingt gut, nicht wahr?

Der Digital Angel soll den Menschen das Leben erleichtern, indem er sie immer überwacht, beschützt und dafür sorgt, dass jede Ehefrau ständig wissen kann, wo sich ihr Mann befindet.

Klingt es immer noch gut? Sehen wir weiter.

Wer stellt „Digital Angel" her?

Beim „Digital Angel" handelt es sich um das neueste High-Tech-Produkt der Firma *Applied Digital Solutions*. Dies ist nicht etwa eine Briefkastenfirma eines dubiosen Garagenbastlers. ADS-Aktien werden an der NASDAQ in New York gehandelt, und das Unternehmen gehört zu den fünf erfolgreichsten Firmen der Welt auf dem Gebiet der Elektronik. Die Firma arbeitet auf der sogenannten „I3 Services Platform": „Intelligent Integrated Information Services". Das Hauptquartier des Unternehmens befindet sich in Saint Paul, Minnesota.

Weitere Anwendungsmöglichkeiten des „Digital Angel"

Im Dezember 1999 gab Applied Digital Solutions bekannt, die Patentrechte an der Erfindung erworben zu haben. Bereits bei dieser Gelegenheit nannten die Vertreter des Unternehmens weitere Anwendungsmöglichkeiten des Chips, die teilweise weit über die genannten Lokalisierungs- und medizinischen Überwachungsfunktionen hinausgehen, und zwar Anwendungen in den Bereichen Justiz und Sicherheit.

Neben der Möglichkeit, verirrte Personen wiederzufinden, geht es auch um das Lokalisieren von Entführungsopfern sowie von „militärischem, diplomatischem und anderem wichtigen Regierungspersonal".

Man könne zudem mit Hilfe des Digital Angel Personen identifizieren, etwa zum Zwecke der Sicherheit des elektronischen Handels (z. B. im Internet oder bei Geldautomaten).

An dieser Stelle hört wohl endgültig der Spaß auf.

Zum einen beweist die letztgenannte Anwendung eindeutig, dass der Digital Angel keineswegs nur die Position und medizinische Daten übermittelt. Schließlich kann man einen Menschen wohl kaum anhand seines Pulsschlages oder Blutdrucks identifizieren.

Dementsprechend gibt die Firma auch an, der Digital Angel ermögliche eine „optimale, volle Identifikation von Personen", wobei sogar so spezielle Daten überprüft werden können, ob die Person etwa im Besitz eines Waffenscheines ist.

Zum anderen ist auch die Sache mit dem Auffinden von Entführungsopfern eine zweischneidige Sache. Solange es nur um ältere Familienangehörigen geht, die an Alzheimer leiden und sich dann beim Spaziergang verlaufen, kann die Familie sicher tatsächlich durch gezielte Anschaffung eines solchen Gerätes etwas mehr Sicherheit gewinnen.

Niemand kann jedoch vorhersagen, wer im Laufe seines Lebens einmal Opfer einer Entführung werden wird. Man kann Geiseln nicht gezielt mit derartigen Peilsendern ausrüsten, da sie ja in diesem Moment bereits gekidnapped sind. Der „Digital Angel" hilft also zweifelsohne bei Entführungen nur dann, wenn alle Menschen mit ihm bereits vorher ausgerüstet sind.

Schöne neue Welt der Nanotechnologie: Ameise präsentiert Mikrochip

Schöne neue Welt der Nanotechnologie: Mikrochip präsentiert Mensch

Und das ist bei weitem noch nicht alles, wie der Präsident von Applied Digital Solutions, *Richard Sullivan*, wörtlich sagte: „*Wir glauben, sein (des Digital Angel, Anm.d.Autoren) Potential zur Verbesserung der persönlichen und kommerziellen Sicherheit und zur Anhebung der Lebensqualität für Millionen von Menschen ist praktisch unbegrenzt.*"

Wie funktioniert der „Digital Angel"?

Im Prinzip ganz einfach. Ein Chip, der unter die menschliche Haut implantiert wird, empfängt ein Signal aus dem Satellitennetz. Er selbst braucht keine Batterie, da er durch die Energie des Körpers versorgt wird. Nachdem ein Signal empfangen worden ist, wird es zu einer Bodenstation übertragen, die ein autorisierter Empfänger im Internet ist. Diese Bodenstation kann dann in jedem Moment die Position und die persönlichen und medizinischen Daten des betreffenden Menschen abrufen.

Die Energieversorgung des Gerätes ist so angelegt, dass es vollkommen wartungsfrei ist und niemals zu einem Batteriewechsel ausgebaut werden muss. Es kann sich die Energie direkt von den Muskelbewegungen des Menschen holen, oder – was noch schlimmer klingt – die Energieversorgung und Aktivierung des Chips kann auch durch eine externe GPS-Kontrollstation erfolgen.

Damit das Ganze nicht nach einer neuen „Verschwörungstheorie" klingt, hier ein Zitat aus einem Interview von WorldNetDaily mit dem leitenden Wissenschaftler von Applied Digital Solutions,

Dr. Peter Zhou, worin er sagte: „*Ich glaube, das Implantat wird so populär werden wie Handys oder Schutzimpfungen. Digital Angel wird eine Verbindung von Dir und der elektronischen Welt. Es wird Dein Wächter und Beschützer. Es wird Dir Gutes tun. Wir werden ein Hybrid sein aus elektronischer Intelligenz und unserer eigenen Seele.*"

„Digital Angel" ist keine Science Fiction! Er ist bereits auf dem Markt!

Die erste Version des Digital Angel wurde im Oktober 2000 der Öffentlichkeit vorgestellt im Rahmen einer groß angelegten Präsentation in New York vor über 300 geladenen Gästen, darunter der US-Wirtschaftsminister und andere Regierungsbeamte, potentielle Lizenznehmer und Joint-Venture-Partner sowie Pressevertreter.

ADS-Präsident *Richard Sullivan* sagte bei dieser Gelegenheit: „*Das Interesse an diesem Gerät ist sehr groß. Die Reaktionen sind sehr positiv. Wir erhalten viele Fragen, aber auch viele konstruktive Vorschläge bezüglich der Anwendung des Digital Angels. Alle sind an diesem Gerät interessiert, von Telekommunikationsfirmen bis zur Welt der Hochfinanz an der Wall Street.*"

Sullivan kündigte an, der Digital Angel würde dem Unternehmen in den nächsten Jahren geschätzte 70 Milliarden Dollar einbringen.

Obwohl das Feld zum Missbrauch, wie wir gesehen haben, unglaublich groß ist, lassen sich weite Kreise der amerikanischen Bevölkerung davon nicht beeindrucken.

Schon jetzt melden sich die Menschen in Scharen, um das niedliche kleine Schutzengelchen zu bekommen. Das Interesse ist riesig.

Seit fünf Jahren liefen bereits geheime Tests mit diesem Chip mit freiwilligen Testpersonen. Die Londoner „Times" schrieb dazu im Jahre 1998: „*Unter 45 Personen, die zuerst an den geheimen Tests teilgenommen hatten und denen man den Chip implantiert hatte, befanden sich hauptsächlich Filmstars und Kinder von Millionären.*"

Früher waren es zumeist die „bösen Außerirdischen", die angeblich die Menschen mit Implantaten quälten. Heute sehen wir, dass offenbar seit Jahrzehnten bereits *von Menschen an Menschen* eine Technologie erprobt wurde (natürlich anfangs zumeist unfreiwillig), die jetzt zur Marktreife gediehen ist. Außerdem haben die Geschichten über die angeblichen „außerirdischen Implantate" viele Menschen so desensibilisiert, dass sie inzwischen offenbar schon so weit sind, ein Implantat „chic" zu finden.

Kritische Stimmen aus Amerika

Unterschiedliche Organisationen haben schon jetzt angekündigt, dass sie sich energisch gegen eine mögliche *Pflichtimplantierung* des Chips einsetzen würden. *George Getz*, ein amerikanischer Politiker, sagte: „*Schließlich hat keine Regierung jemals jemanden dazu gezwungen, einen Führerschein zu besitzen. Aber probieren Sie, ihn nicht zu haben. Wenn alle von der Bank, der Autovermietung, dem Hotel bis zum Lebensmittelladen verlangen, dass Sie ihn vorzeigen, damit Sie an ihre Dienstleistungen kommen können. Das bedeutet, dass ein Führerschein praktisch Pflicht ist* (in Amerika, wo es keine Personalausweise gibt, Anm. d. Autoren). *Wenn die Regierung Sie zwingen kann, Ihre Fingerabdrücke zu registrieren, um Ihnen einen Führerschein auszustellen, warum könnte sie Sie nicht dazu zwingen, ein Implantat unter Ihrer Haut zu tragen? Das sind die Unterschiede, die den Grad und nicht die Art des Zwangs zeigen. Deshalb ist es so wichtig, dass eine Verletzung der Privatsphäre durch Machtstrukturen schon an der Wurzel bekämpft wird.*"

Marc Rotenberg, der Direktor des *Electronic Privacy Information Center* in Washington, kommentiert den elektronischen Schutzengel folgendermaßen: „*Ich denke, die Benutzung von Implantaten zur Lokalisierung ist der Übergang in ein neues Territorium. Es bringt uns dem Orwellschen 1984 näher.*"

Werden in der Zukunft Implantate zur Pflicht?

Eine von *Elaine M. Ramish* für das *Franklin Pierce Low Center* vorbereitete Studie kommt zu dem Schluss, dass eine allgemeine Pflicht der Identifikation mit Hilfe der Implantat-Technologie in zwei Etappen erreicht werden könnte. Zuerst freiwillig, damit das Implantat als nutzvoll erkannt werden kann. Dann könnte man die Implantation als eine Pflichtprozedur einsetzen.

In Deutschland läuft die Desensibilisierungsstrategie hinsichtlich der relativ unkontrollierten Verfügbarkeit persönlicher Daten etwas anders als in den USA. Wir meinen die jüngst geäußerten Pläne der Bundesregierung, medizinische und diagnostische Daten (zwangsweise!) auf den Chipkarten der Krankenkassen zu speichern. Der geplante Sicherheitsgewinn für den Patienten ist pure Augenwischerei. Wenn der Arzt bei Medikamenten, die ihm der Patient nennt, Wechselwirkungen nicht erkennt, wird er sie wohl auch übersehen, wenn er die Daten von der Chipkarte abliest. Auf jeden Fall steht der Nutzen in keinem Verhältnis zu der Gefahr, wer außer dem der Schweigepflicht unterliegenden Arzt noch so alles diese Daten lesen und auswerten kann. Schließlich kann man PC-kompatible Chipkarten-Lesegeräte für ein paar Mark in jedem Elektronik-Supermarkt kaufen.

Auch in den USA hat man die breite Masse der Menschen nicht sofort mit der doch nicht so ganz unumstrittenen Implantat-Technologie konfrontiert. Für die Markteinführung des Digital Angel entwickelte man jedenfalls erst einmal eine entschärfte Version, die in einer simplen Armbanduhr eingebaut ist. Offenbar ist das Vertrauen der Bevölkerung in die neue Technologie doch nicht so groß, wie es die euphorischen Kommentare der Firmenvertreter vermuten lassen.

Die vergleichsweise eher harmlose Armbanduhr ermöglicht es, auf sanfte Weise die Kundschaft von den versprochenen Vorteilen des Digital Angel zu überzeugen und bestehende Vorurteile abzubauen.

Ohnehin könnte sich in der aktuellen Lage, angesichts eines stark erhöhten Sicherheitsbedürfnisses der Bevölkerung und starker Ängste vor Terrorakten und anderen Gewaltverbrechen die allgemeine Stimmungslage sehr schnell ändern.

Wenn man die Website von Applied Digital Solutions aufruft, sieht man jedenfalls bis heute nur die genannte Armbanduhr-Version des Digital Angel. Die Möglichkeit von Implantaten wird hier mit keinem Wort erwähnt.

Sehen die Firmenbosse nicht, wie sie sich selbst widersprechen, wenn sie gleichzeitig auf diesen Webseiten anpreisen, das Gerät eigne sich auch dazu, entlaufene Hunde wiederzufinden (seit wann tragen Hunde Armbanduhren?) oder Entführte zu lokalisieren (eine Armbanduhr könnte der Kidnapper bei seiner Geisel schnell finden und aus dem Fenster des Fluchtfahrzeugs werfen)?

„Digital Angel" und „die Welt danach"

Wenn wir „die Welt danach" (d. h. nach dem 11. September 2001) betrachten, so kommt man nicht umhin, neben den verständlichen Sicherheitsbedürfnissen der Staaten und ihrer Bürger auch die andere Seite der Medaille zu betrachten:

Inwieweit besteht eine Gefahr, dass ein Digital Angel nicht auf längere Sicht nicht nur als Sender, d. h. zur Überwachung, sondern auch als *Empfänger* benutzt werden könnte?

Dass der Digital Angel grundsätzlich ein Empfänger ist, steht außer Frage. Er empfängt Peilsignale von den GPS-Satelliten und eventuell elektromagnetische Signale von der Bodenstation zur Sicherung der Energieversorgung.

Wer schützt uns eigentlich davor, dass in derartige Signale nicht unbemerkt weitere Informationen eingebettet werden könnten, die im Extremfall einen Menschen sogar zu Handlungen veranlassen könnten, deren er sich gar nicht bewusst ist und die er vielleicht bewusst niemals ausführen würde? In einer Zeit, da das Phänomen der „Schläfer" unsere Schlagzeilen beherrscht, die jahrelang als scheinbar unbescholtene Bürger (und gleichzeitig potentielle Zeitbomben) unerkannt unter uns leben, müssen auch solche Fragen erlaubt sein. Wird der Digital Angel als „Im-Plan-Tat" in Zukunft der erste Schritt zu einem „Super-Schläfer" sein?

Der Digital Angel kann nicht nur zu einem Zeitalter der totalen Überwachung der Bevölkerung führen, sondern sogar zur Verhaltenssteuerung! Wie kann man in einer solchen Situation eigentlich noch die „bösen Buben" von den „Guten" unterscheiden?

Zufälle gibt's, die gibt's gar nicht

Anlässlich des Jahrestages des 09.11. aus http://alles-schallundrauch.blogspot.com/2008/08/zuflle-gibts-die-gibts-gar-nicht.html

Die Hauptausrede welche die Apologeten des offiziellen Ablauf der Ereignisse vom 11.September 2001 benutzen ist, es ist alles nur Zufall und wir Wahrheitssucher geheimsen viel zu viel da hinein, wir sind alle Verschwörungsspinner. Nur, können das wirklich alles nur Zufälle sein?

Es ist Zufall, dass der ganze WTC-Komplex zum ersten Mal in seiner Geschichte den Besitzer bzw. Pächter gewechselt hat, genau 6 Wochen vor dem 11. September, und Larry Silverstein sofort eine Versicherung extra gegen Terrorangriffe abschloss, und genau so ein Terrorangriff passiert dann auch, bei dem er dann 4.7 Milliarden Dollar Entschädigung kassiert.

Es ist Zufall, dass die Mitarbeiter des Weissen Haus, einschliesslich Bush und Cheney, einen Monat vor der Anthrax-Attacke in Washington das Gegenmittel Cipro eingenommen haben.

Es ist Zufall, dass drei Monate vor dem 11. September das Protokoll für den Fall einer Flugzeugentführung so geändert wurde, dass nur der Verteidigungsminister, der Vizepräsident oder der Präsident eine Abschusserlaubnis geben konnte. Vorher konnte die Luftwaffenführung viel schneller und selbständig über einen Abschuss entscheiden.

Es ist Zufall, dass Mohammed Atta eine Woche vor dem 11. September eine Überweisung in Höhe von 100'000 Dollar vom pakistanischen Geheimdienst bekam.

Es ist Zufall, dass in der Woche vorher ungewöhnlich hohe Aktientransaktionen gelaufen sind, die auf fallende Kurse genau der Firmen wetteten, die einen Schaden am 11. September erlitten haben, was alles auf Insider-Trading hindeutet.

Es ist Zufall, dass eine Woche vor 9/11 500 Web-Seiten arabischer und muslimischer Herkunft vom FBI geschlossen wurden, als eine Antiterroreinheit die Büros der Firma InfoCom Corporation in Texas mit einer Razzia überfallen hat. Über 80 Mann stürmen die IT-Firma die Web-Seiten aus arabischen Ländern hostet, einschliesslich FBIAgenten, Secret Service Agenten, Agenten des

Diplomatischendienstes, Steuerfahnder, Zollfahnder, Agenten der Einwanderungsbehörde, des Wirtschaftsministeriums und auch Computerexperten. Nach drei Tagen waren sie immer noch beschäftigt jede Harddisk zu kopieren die sie finden konnten. Damit wurde jegliche Gegendarstellung verhindert und die Möglichkeit sich gegen die Behauptung, 19 arabische Terroristen wären für 9/11 verantwortlich, mundtod gemacht.

Es ist Zufall, dass der Bruder von Präsident Bush, Jeb Bush, der damalige Gouverneur von Florida, am 7. September 2001, vier Tage vor den Anschlägen, eine Verordnung unterschrieb, welche das Kriegsrecht im Bundesstaat ermöglichte.

Es ist Zufall, dass am Wochenende vor dem 11. September zum ersten Mal der gesamte Strom im WTC-Komplex für 30 Stunden abgeschaltet wurde, wie Scott Forbes berichtet, und deshalb alle Sicherheitssysteme nicht funktionierten, das ganze Gebäude voller unbekannter Handwerker deshalb war, die Arbeiten verrichteten, die ohne Kontrollen ein und aus gingen.

Es ist Zufall, dass die Firma welche für die Sicherheit im WTC-Komplex zuständig war, aber auch für die Sicherheit auf den Flughäfen an denen die Entführer die Maschinen bestiegen haben, bis zum Jahr 2000 vom Bruder des Präsidenten als Chef geführt wurde, und danach von seinem Kusin.

Es ist Zufall, dass am 11. September der Chef des pakistanischen Geheimdienstes sich mit obersten Leuten aus dem Pentagon und des Weissen Hauses in Washington traf.

Es ist Zufall, dass der Bruder von Osama Bin Laden, Shafig Bin Laden, sich an diesem Morgen in Washington aufhielt und bei der Aktionärsversammlung der Carlyl Group anwesend war, dessen Mitaktionär er und der Vater des Präsidenten ist und Präsident George W. Bush vorher dort Direktor war.

Es ist Zufall, dass im WTC7 Gebäude der Feueralarm am 11. September ausgeschaltet wurde.

Es ist Zufall, dass am 11. September eine Katastrophenübung in der Nähe der WTCGebäude stattfinden sollte.

Es ist Zufall, dass am 11. September insgesamt FÜNF Militärübungen liefen, die Szenarien simulierten, in denen auch entführte Flugzeuge als Waffe benutzt wurden, die in Gebäude stürzen. Diese waren Operation Global Guardian, Operation Northern Vigilant, Operation Vigilant Guardian, Operation Northern Guardian und

Operation Vigilant Warrior.

Es ist Zufall, dass Captain Charles Leidig die Verantwortung beim NMCC, National Military Command Center, im Pentagon, die Zentrale zuständig für alle Angriffssituation und die alle Waffengattungen für eine Reaktion koordiniert, vorübergehend auf ausdrücklichen Wunsch von Brigadier General Montague Winfield überahm, und somit ein unerfahrener Neuling für das gesamte militärische Krisenmanagement der Flugzeugentführungen vom 11. September zuständig war.

Es ist Zufall, dass der Pächter der WTC-Gebäude Larry Silverstein nicht zu einem wichtigen Termin in seinem Büro im 88. Stockwerk erschien, sondern plötzlich zum Hautarzt musste.

Es ist Zufall, dass Jim Pierce, der Kusin des Präsidenten und Chef der Versicherungsfirma AON Corporation, eine Konferenz welche planmässig in den Büros im 105. Stock des Südturm stattfinden sollte, kurzfristig ins Millennium Hotel verlegt hat.

Es ist Zufall, dass genau die Tasche von Mohammed Atta am Flughafen hängen blieb und nicht an Bord kam, in dem sein Testament, ein Koran, Flughandbücher und andere „verräterische" Indizien enthalten waren.

Es ist Zufall, dass am 11. September Präsident Bush sich weit weg in Florida aufhielt, Rumsfeld nicht auffindbar war und Cheney trotz Meldungen, es würde ein unbekanntes Flugzeug auf Washington zusteuern, keinen Abschussbefehl gab.

Es ist Zufall, dass alle vier entführten Flugzeuge sich ewig lang im amerikanischen Luftraum unkontrolliert aufhalten konnten, ohne von der besten Luftverteidigung der Welt entdeckt, bedrängt und abgeschossen worden zu sein.

Es ist Zufall, dass um 8:45 Uhr Boston Radarkontrolle, welche Flug 11 and 175 überwachte, eine telefonische anonyme Bombendrohung erhielt, was noch mehr Chaos beim Radarpersonal verursachte.

Es ist Zufall, dass später auch eine anonyme Bombendrohung im Cleveland Radar Center einging, welche Flug 93 überwachte.

Es ist Zufall, dass der Reisepass des angeblichen Flugzeugentführers von Flug 11 Satam Al Suqami den Einschlag mit 800 Kilometer in den Südturm überlebte, dann im Feuerball nicht verbrannte, dann eine Stunde sich irgendwie im brennenden Gebäude aufhielt, dann den kompletten Zusammenbruch und die Pulverisierung des

Turmes auch noch überlebte und dann am Schluss völlig unbeschädigt auf die Trümmer am Ground Zero niederflatterte, damit ihn ein Polizist findet.

Es ist Zufall, dass im Gegensatz zum Pass aus Papier, die Blackboxen der beiden Maschinen die in die WTC Gebäude reinflogen sind nicht gefunden wurden, obwohl sie extra stark gebaut werden um jeden Absturz zu überleben.

Es ist Zufall, dass die beiden WTC-Türme absolut genau gleich, perfekt und symmetrisch in Fallgeschwindigkeit zusammenbrachen und zu Staub explodierten, obwohl sie völlig unterschiedlich getroffen wurden und auch in unterschiedlicher Höhe. Der Einschlag im Nordturm erfolgte in der Mitte der Fassade im 94 bis 98 Stock, der Südturm wurde schräg an der Seite im 78 bis 84 Stock getroffen, wodurch nicht die in der Mitte befindlichen Stützpfeiler beschädigt wurden.

Es ist Zufall, dass genau die Stockwerke getroffen wurden, bei denen die Stahlträger durch Handwerker vorher mit neuem Feuerschutz behandelt wurden.

Es ist Zufall, dass der Turm welcher als zweiter getroffen wurde, zuerst zusammenbrach.

Es ist Zufall, dass Präsident Bush in der Schule in Sarasota ungerührt einfach sitzen blieb und weiter mit den Kindern in einem Buch las, obwohl ihn sein Stabchef Andrew Card ins Ohr flüsterte „Amerika wird attackiert!"

Es ist Zufall, dass der Secret Service nach bekannt werden des Angriffs in New York nichts unternahm, um den Präsident sofort in Sicherheit zu bringen, sie liessen ihn über eine 1/2 Stunde weitermachen, obwohl der Besuchstermin in der Schule öffentlich bekannt war und deshalb er genau so ein Ziel der Terroristen hätte sein können.

Es ist Zufall, dass Erbebenwarten vor dem Zusammenbruch der WTC-Türme Erdstösse aufzeichneten, in der Grössenordnung von 2.1 und 2.3 auf der Richterskala, was einer Detonation von 1 bzw. 3 Tonnen TNT in den Erdboden entspricht.

Es ist Zufall, dass William Rodriguez, der Hausmeister der WTC-Türme für 20 Jahre, VOR den ersten Einschlag im Nordturm eine grosse Explosion im Kellergeschoss erlebte, welche den Boden angehoben hat, starke Zerstörung verursachte und Menschen schwer verletzte.

Es ist Zufall, dass die Lobby vom Nordturm nach dem Einschlag völlig zerstört war, tonnen schwere Marmorverkleidungen abgerissen und alle Fenster rausgeschlagen waren, aber keine Brandspuren und Russ zu sehen war, obwohl das Kerosin von Flug 11 angeblich 94 Stockwerke darüber die Ursache sein soll.

Es ist Zufall, dass die Decke des obersten Untergeschosses ganz geblieben ist, aber die Decken darunter eingestürzt sind, was auf eine Explosion von unten hinweist.

Es ist Zufall, dass Flug 11 genau in das Büro von Paul Bremer hineingeflogen ist, den ehemaligen Chef der Beratungsfirma von Henry Kissinger, genau der Paul Bremer der dann später der erste US-Verwalter des Irak nach der Invasion und der Besatzung ab 2003 wurde.

Es ist Zufall, dass nur drei Stunden nach dem Anschlag, Paul Bremer, der den Anschlag auf wundersame Weise überlebt hatte, als Antiterrorexperte vor den TV-Kameras stand und den Zuschauern erzählte, der Angriff wäre von Bin Laden durchgeführt worden, obwohl es keinen einzigen Beweis dafür gab.

Es ist Zufall, dass Personen sich am Einschlagloch des Nordturm aufhielten und herunterwinkten, obwohl es dort so heiss gewesen sein soll, um sogar Stahl zu schmelzen.

Es ist Zufall, dass es Menschen im Südturm gelang, von höheren Stockwerken an der Einschlagstelle vorbei nach unten zu kommen und dabei nicht durch das angeblich heisse Feuer verbrannten, sondern nur von kleinen ausgehenden Flammen berichteten.

Es ist Zufall, dass nur die drei Gebäude in Fallgeschwindigkeit zu Boden krachten, die Larry Silverstein besass oder gepachtete hatte, und alle anderen Hochhäuser im WTCKomplex und in der Umgebung, die ihm nicht gehörten, blieben stehen.

Es ist Zufall, dass man während des Zusammensturzes der Gebäude auf allen Seiten Explosionswolken rausschiessen sieht.

Es ist Zufall, dass hunderte Zeugen von starken Explosionen und Erschütterungen vor und während des Zusammbruchs berichten.

Es ist Zufall, dass 10 Tonnen schwere Stahlträger bis zu hundert Meter weit seitlich weg geschleudert wurden und in andere Gebäude stecken blieben.

Es ist Zufall, dass zwei Wolkenkratzer am 11. September durch Flugzeugeinschläge und anschliessenden Feuer perfekt in sich zusammenstürzten, obwohl diese extra dagegen gebaut wurden, und andere Wolkenkratzer, wie das Empire State Building, welches durch einen Bomber 1946 getroffen wurde und dadurch einige Stockwerke brannten, heute noch steht.

Es ist Zufall, dass Wochen und Monate nach dem 11. September im Untergrund rot glühendes Eisen gefunden wurde und Feuerwehrleute berichteten, es würde flüssiges Eisen in Bächen wie in einer Giesserei fliessen.

Es ist Zufall, dass Flug 77 in den abgesperrtesten Luftraum der Welt über Washington eindringen, seinen Kreis über Capitol und Weissen Haus ziehen und auf das bestbewachteste Gebäude der Welt hineinstürzen konnte, obwohl Cheney im Kommandobunker laufend Berichte bekam, „*Das Flugzeug ist 50 Meilen entfernt... das Flugzeug ist 30 Meilen enfernt...* „, und als die Maschine 10 Meilen entfernt war, fragte der junge Mann, „*... gelten die Befehle noch?*" worauf Cheney seinen Kopf herumwarf und sagte, „*Selbstverständlich gelten sie noch, haben sie was anderes von mir gehört?*"

Es ist Zufall, dass der Entführer von Flug 77 nicht den kürzesten Weg in den Pentagon wählte, und die Seite traf wo die gesamte Militärspitze, einschliesslich Verteidigungsminister Rumsfeld sass, sondern einen grossen Umweg über ganz Washington machte, um ausgerechnet in die Seite des Pentagon zu krachen, in dem die wenigsten Leute sich befanden, weil dieser Teil gerade renoviert und gegen Angriffe verstärkt wurde.

Es ist Zufall, dass der Pilot von Flug 77 Hani Hanjour eine Boeing 757 perfekt beherrschte und unglaublich schwierige Manöver durchführen konnte, obwohl er noch nie am Steuer eines Jumbos gesessen ist und Fluglehrer ihn vorher keine kleine Cessna anvertrauen wollten, weil nach ihrer Meinung er gar nicht fliegen konnte.

Es ist Zufall, dass von den über 80 Videoüberwachungskameras die am und um dem Pentagon montiert waren, keine einzige den Anflug und Aufschlag von Flug 77 aufgezeichnet hat, in der man eindeutig eine Boeing 757 identifizieren kann.

Es ist Zufall, dass Flug 77 in den Pentagon in einem einzigen 5 Meter kleinen Loch in der Fassade verschwunden ist.

Es ist Zufall, dass die DiLorenzo Tricare Health Clinic im Pentagon Gebäude eine Übung an diesem Tag angesetzt hatte und deshalb alle Geräte für die Behandlung von Massen von Verletzten (MASCAL) bereit waren und der Katastrophenplan zügig umgesetzt werden konnte.

Es ist Zufall, dass vom Absturz von Flug 93 in Shanksville nur ein kleiner Krater zu sehen war, in der die ganze Maschine im Erdboden verschwunden ist.

Es ist Zufall, dass einer der Triebwerke von Flug 93 über 1 1/2 Meilen von der Absturzstelle gefunden wurde. Es ist Zufall, dass die beiden Blackboxen welche von Flug 77 in den Pentagon und Flug 93 in Shanksville gefunden wurde, nach der Auswertung nicht die Flugroute, die Höhe und den Anflugwinkel bestätigen, welche von der US-Regierung als offiziellen Ablauf aber behauptet wird.

Es ist Zufall, dass während des ganzen Angriffs über Washington eine Boeing 747 flog, die E-4B Doomsday Maschine, das sogenannte „fliegende Pentagon", vollgespickt mit allen elektronischen Kommunikationseinrichtungen um einen Atomkrieg zu führen.

Es ist Zufall, dass eine C-130 die von Andrews Airforce Base gestartet war, die auch in der Lage ist Flugzeuge fernzusteuern, zum Zeitpunkt des Einschlags im Pentagon über Washington flog, und später die selbe Maschine beim Absturz von Flug 93 in Shanksville am Himmel anwesend war, die Crew somit zwei der vier entführten Maschinen an diesem Tag beobachten konnte.

Es ist Zufall, dass aber an diesem Tag, kein einziger Abfangjäger, der mit doppelter Schallgeschwindigkeit fliegen kann, nicht mal in die Nähe einer der vier entführten Maschinen kam, obwohl genügend Zeit zur Verfügung stand. Die Andrews Luftwaffenbasis ist nur 10 Meilen vom Pentagon entfernt und ein Kampfflugzeug wäre normalerweise in 2 Minuten dort gewesen.

Es ist Zufall, dass CNN und die BBC in ihren Nachrichten eine Stunde vor dem Ereignis bereits berichteten, dass WTC7 Gebäude sei zusammengestürzt, obwohl es zu diesem Zeitpunkt noch stand und sie somit Hellseher waren.

Es ist Zufall, dass WTC7 als dritter Wolkenkratzer an diesem Tag, perfekt, symmetrisch und in Fallgeschwindigkeit zusammengebrochen ist, obwohl gar kein Flugzeug hineingeflogen ist und deshalb auch kein Flugbenzin ein Feuer machen konnte welches Stahl schmilzt.

Es ist Zufall, dass nie vor dem 11. September und nie nachher, jemals ein Hochhaus durch Feuer eingestürzt ist, obwohl es Wolkenkratzer gab, die bis zu 20 Stunden lichterloh brannten.

Es ist Zufall, dass ausgerechnet die Büros des US-Verteidigungsminsteriums, des USGeheimdienstes CIA, des US Secret Service, des US-Finanzamtes, der USWertpapieraufsichtsbehörde SEC und der Notfallkommandostand von Bürgermeister Giuliani, der extra zur Bewältigung von Terrorangriffe eingerichtet wurde, alle im WTC7 waren und sieben Stunden nach den Anschlägen durch den plötzlichen Kollaps des Gebäudes zerstört wurden.

Es ist Zufall, dass alle Dokumente, Unterlagen und Beweise welche die SEC in ihren Büros über den ENRON-Skandal und andere Finanzverbrechen der Wall Street im WTC7 lagerte, um diese Fälle untersuchen zu können, alle vernichtet wurden.

Es ist Zufall, dass Bürgermeister Giuliani nicht zum extra dafür geschaffenen Notfallkommandostand im WTC7 Gebäude sich begab, sondern gleich ein provisorisches Hauptquartier in einer Polizeistation einrichtete.

Es ist Zufall, dass alle Stahlträger sehr zügig vom Ort des grössten Verbrechens entfernt und nach China als Schrott verschifft wurden, und somit alle Beweise um die Ursache der Zusammenstürze untersuchen zu können vernichtet wurden.

Es ist Zufall, dass ein Teil der angeblichen Entführer ihren Wohnsitz auf amerikanischen Militärbasen hatten, Führerscheine mit dieser Adresse besassen und dort ausgebildet wurden.

Es ist Zufall, dass wenige Tage nach dem 11. September, Mitglieder der Bin Laden Familie, die sich in den USA damals aufhielt, zusammen mit anderen Mitgliedern der saudischen Königsfamilie, auf besonderer Erlaubnis des Präsidenten, mit Privatmaschinen ausreisen durften, obwohl niemand sonst fliegen durfte.

Es ist Zufall, dass von den angeblich aus den entführten Flugzeugen geführten Telefongesprächen, die FBI keinen Beweis dafür in Form von Telefonaufzeichnungen vor Gericht beim Zacarias Moussaoui-Prozess vorlegen konnte.

Es ist Zufall, dass nur wenige Wochen nach 9/11 ein komplett ausgearbeites Sicherheitsgesetz in Form des *Patriot Act* aus der Schublade gezogen wurde, welches Jahre benötigt um zu schreiben, um die Freiheiten und Bürgerechte der Amerikaner komplett einzuschränken.

Es ist Zufall, dass ausgerechnet die beiden Senatoren die am meisten gegen den *Patriot Act* sich ausgebrochen haben, dann jeweils einen Anthrax-Brief bekamen, und sie danach ihre Meinung änderten und für das Polizeistaatsgesetz stimmten.

Es ist Zufall, dass das Anthrax laut FBI von eigenen Biowaffenlabors des US-Militär stammt.

Es ist Zufall, dass ausgerechnet Philip Zelikow zum Leiter des 9/11 Kommissionsbericht ernannt wurde, der den offiziellen Tathergang der Regierung in Buchform festschrieb, der Mann dessen akademischen Expertise in der Schaffung und Erhaltung von „öffentlichen Mythen“ liegt, und der 1998 einen Artikel verfasste, wo er die Ereignisse des 11. September und die Folgen bereits ankündigte.

Es ist Zufall, dass nur wenige Wochen nach dem 11. September das US-Militär bereits Afghanistan bombardierte und dort einmarschieren konnte, obwohl man für so eine Operation in Übersee von der Logistik her viele Monate an Vorbereitung benötigt.

Es ist Zufall, dass Bin Laden von der FBI gar nicht gesucht wird, weil laut ihren eigenen Angaben sie keine Beweise haben, die ihn mit dem 11. September in Verbindung bringen.

Es ist Zufall, dass das gesamte amerikanische Militär und alle westlichen Geheimdienste in sieben langen Jahren Bin Laden nicht in der Lage sind zu finden.

Was sind die Chancen, dass alle oben aufgeführten Tatsachen nur Zufall sind? Und hier noch ein bemerkenswerter Zufall:

Der bekannte Film MATRIX wurde im Jahre 1999 gedreht. Ab ca. der 17. Minute im Film sieht man in der Verhörszene mit Mr. Smith ganz kurz den Pass von Thomas Anderson alias Neo, gespielt von Keanu Reeves in den Unterlagen auf dem Tisch, und -jetzt kommt es - dort ist als Ablaufdatum der 11. September 2001 eingetragen.

Das Ablaufdatum von was? Von der alten Weltordnung?

9/11 ist tatsächlich ein Wasserscheideevent. Es gibt eine Zeit davor und eine danach.

Wie konnten die Wachowski Brüder das vorher wissen?

Zufälle gibt's, die gibt's gar nicht

Der PLAN
Gefunden bei: http://www.universit.at/ver.html

Wir müssen den, im folgenden aufgezeigten, PLAN erkennen und seinen teuflischen Fallen ausweichen – die klebrigen Fäden nicht noch weiterzuspinnen, damit es uns sowie unseren Mitmenschen erspart bleibt darin hängen zu bleiben.

Sehen Sie den *PLAN* und finden Sie, gemeinsam mit uns, den Weg zur Flucht, vom Gefängnisplaneten Erde.

Die Menschheit auf diesem Gefängnis-Planeten ist eine in Verwirrung gehaltene Sklavenrasse. Sie wird geführt von Leuten, die aus dem Hintergrund heraus agieren und steuern, von sich selbst meinen etwas Besseres zu sein, glauben sogar den PLAN selbst erfunden zu haben, jedoch in Wahrheit lediglich besser an den PLAN angepaßt sind.

Der Maßstab für Intelligenz und Reife auf der Erde, diesem galaktischen Archipel Gullak, ist: Möglichst fähig zu sein, mit den vorgegebenen, in Schulen oberflächlich gelehrten, eingetrichterten Inhalten und Strukturen des PLAN's übereinzustimmen und sich ihnen weitgehend automatisiert unterzuordnen.

Bei meinen umfangreichen Studien von Menschen, deren Geschichte und Geschichten, entdeckte ich folgenden
PLAN (**P** erfekte **L** enkung **A** nimalischer **N** aturen),
als Anleitung für die Führungsmarionetten der Erde zur Manipulation der Menschheit:

01) Sie (die Menschen) müssen sich weitgehend gegenseitig selbst kontrollieren und klein halten, möglichst so, dass sie meinen, einen freien Willen zu haben und nicht bemerken, dass sie nur dem PLAN folgen. Dafür eignet sich in erster Linie der implantierte

Gedankenbefehl: Andere ins Unrecht setzen!, der sich bei jeder sich bietenden Gelegenheit einschaltet.

02) Sät Zwietracht unter ihnen. Rassistisches Gedankengut eignet sich dafür ganz besonders. Sie müssen in vielerlei große und kleine Streitigkeiten verwickelt werden, damit keine wirkliche Einigkeit aufkommt. Zündet mit Haß und Krieg die Häuser von Unpersonen an; gebraucht dazu verallgemeinernde Begriffe, um sic gegeneinander zu hetzen. Intrigen, Verrat und die Schaffung von nicht allen zugänglichen Geheimnissen sollen sie verwirren und gegeneinander aufbringen. In einem Zustand des kontrolliert gemachten Mangels (Geld, Arbeit, Waren, Dienste) entstehen neiderfüllte Feindbilder fast wie von selbst.

03) Schafft ein zweifelhaftes Gleichgewicht des Friedens, mit möglichst undefinierbaren, bösen, hinterhältigen Feinden oder Mächten. Dadurch wird eine ständige Unsicherheit unter ihnen angefacht und aufrecht erhalten.

04) Kontrolliert sie über ihre Körper, deren Bedürfnisse und Sehnsüchte; schürt vor allem die Abhängigkeiten die von Sex und Essen ausgehen. Fördert den Konsum von Drogen sowie deren Akzeptanz indem ihr einige der Händler für Drogen in den Stand von Heilern erhebt. Damit manipuliert ihr zugleich ihre Gedanken und schwächt ihren Willen.

05) Haltet sie in einem andauernden, latenten Krankheitszustand. Laßt sie nicht erfahren, was es heißt wirklich gesund zu sein oder zu werden. Biologische Krankheitserreger (Bakterien, Viren, Pilze), chemische Gifte, Strahlung, Drogen sowie minderwertige Nahrung, sogar medizinische Maßnahmen sollen sie in Schmerzen, Angst und Schwäche halten.

06) Gebt ihnen "Brot und Spiele". Haltet ihre Mägen in einem gefüllten Zustand und gewährt ihrem Spieltrieb von Zeit zu Zeit eine Abwechslung. Politische Ränkespiele und Sport eignen sich dafür ebenso wie Börsenspekulationen, Lotterien und Wetten sowie Brettspiele, Würfeln oder Kartenspielen. Auch Gewalt, Mord und Krieg wird von einigen als Spiel angenommen.

07) Bindet sie an die Erde, an die Scholle. Besitz von Grund und Boden, worauf sie ihr Haus setzen können, verleiht ihnen eine Art Heimatgefühl. Die freien Reisenden sollen verunglimpft sein und als minderwertig angesehen werden.

08) Zerstört stärkende Gemeinschaften, Verbände, Familien -

zerstückelt sie; schafft somit vereinzelte, verunsicherte Leute, die dann leichter zu lenken, zu manipulieren und in Krankheiten sowie krankhafte Geisteszustände zu stürzen sind.

09) Errichtet und unterstützt ein System zur Vererbung. Eigentum soll vererbbar sein. Schafft Berufsstände sowie familiäre Pfründe; damit verstricken sie sich einerseits in, von Materie abhängige, "Traditionen", andererseits wird Neid und Habgier gefördert.

10) Kontrolliert den Strom des Geldes - seine geheime Entstehung, seine gesteuerten Bewegungen und seine wohldosierte Vermehrung. Unterhaltet ein System von Staatsbanken, die einer Weltbank zuarbeiten - die schließlich als Gewinner aus jeglichem Konflikt hervorgehen wird. Hütet das Bankgeheimnis, das überschrieben ist mit: Wie arbeiten Banken wirklich!

11) Sorgt vermehrt für Gottlosigkeit in den Gesellschaften. Erhebt den Materialismus zur anbetungswürdigen Gottheit - Gott "Mammon" soll sie alle beherrschen. Jegliche Menschlichkeit und humanitäre Hilfe soll dem Gelde, dem Profitdenken sowie dem Gedanken an Wirtschaftlichkeit, untergeordnet werden.

12) Haltet sie fern von der Möglichkeit wahrer geistiger Freiheit und Erlösung in einem einzigen Leben. Gaukelt ihnen irdische Freiheiten vor, die keine sind; verschiebt die Erlösung auf ein fernes "Jüngstes Gericht". Bedroht sie notfalls mit drastischen Strafmaßnahmen, wenn sie dennoch an der Hoffnung festhalten noch in diesem Leben geistig frei werden zu können.

13) Schürt die Angst vor dem Tode, der ewigen Verdammnis der Seelen. Laßt die Fegefeuer lodern und facht das Höllenfeuer an. Wer darin nicht schmoren möchte soll im ewigen Nichts des Nirvana untergehen.

14) Verbrennt das Wissen und die Wissenden auf Scheiterhaufen. Andersdenkende und Freidenker sollen im Feuer der Meinungen schmoren und den herabwürdigenden, zynischen Strukturen der "Meinungsmacher" preisgegeben werden; so werden sie von den Medien erst empor gehoben und schließlich vom Zynismus verzehrt.

15) Behindert und straft aufstrebende und fördernde Denkweisen, Ideen und Handlungen. Legt den Leuten bürokratische und sonstige Steine in den Weg, mit denen sie dann selbst die Straße zum Mißerfolg pflastern sollen.

16) Achtet hingegen kriminelle Potentiale, nutzt sie und unterstützt deren Nutzen für die Ziele des PLAN's, sooft und solange sie dienlich erscheinen - tut so, als würdet ihr eingreifen sobald die Kriminellen zu mächtig werden, ihre Macht zu offensichtlich wird. Belohnt vor allem aber diejenigen, die zur persönlichen und gesellschaftlichen Entwicklung praktisch nichts beitragen, ihr eher hinderlich im Wege stehen.

17) Erzwingt den Gehorsam mit Hilfe dogmatisierender Gesetzeswerke, ohne dabei den Wert übermäßig auf Logik und sinnvolle Zusammenhänge zu richten. Legt sie damit in Ketten, verhängt wirtschaftliche und physische Sanktionen.

18) Verwirrt ihre Sprache, ihr Sprachverständnis - gebt vor, ihnen Lesen und Schreiben beibringen zu wollen; vermittelt ihnen aber bestenfalls Grundbegriffe und verklausuliert die "Geheimnisse" der sogenannten Wissenschaften in Fachausdrücken.

19) Macht das Gebiet der Heilung (= Ganzheit = Heiligung) zu einem heißen Eisen, das nur solchen Leuten vorbehalten sein soll, die sich dem PLAN verpflichtet fühlen. Gebt allerlei zweifelhaften Drogen den Vorrang vor wirklicher Heilung oder Hilfe.

20) Erklärt einfach für verrückt, was nicht dem PLAN entspricht. Setzt Maßstäbe für die Normalität ebenso wie für die Verrücktheit, denen logisch niemand so recht folgen kann - findet dennoch fiktive, irgendwie glaubhafte Erklärungen dafür.

Die Erfüllung des PLAN erfolgt in vielerlei Lebensbereichen, sie vollzieht sich oftmals schleichend und kaum wahrnehmbar. Deshalb sollten wir enorm wachsam sein und vor allem bei uns selbst beginnen, die Tücken des PLAN aufzudecken und den Fallen zu entgehen.

Hier einige Beispiele für die Erfüllung des PLAN:

Menschen ignorieren deutliche Warnzeichen - ihres eigenen Körpers, von Verwandten und Bekannten oder von offiziellen oder inoffiziellen Stellen ...

Sie erfüllen den PLAN

Menschen ernähren sich unvernünftig, bewegen sich zu wenig und fördern so ihr Kranksein - sie belasten sich selbst und die Gesellschaft...

Sie erfüllen den PLAN

Menschen saufen Alkohol und nehmen Drogen, missbrauchen Medikamente - sie gefährden damit sich selbst und andere ...

Sie erfüllen den PLAN

Menschen Rauchen - sie vergiften ihre eigenen Körper und die Körper ihrer Mitmenschen ...

Sie erfüllen den PLAN

Menschen lassen sich zu fast schon willenlosen Konsumsklaven degradieren – Shopping bis zum Kaufrausch ...

Sie erfüllen den PLAN

Menschen glauben an die hohlen Versprechungen der Pharmazie sowie der Psychiatrie ...

Sie erfüllen den PLAN

Menschen ordnen sich materiellen "Erfordernissen" und Sicherheitsbedürfnissen unter sie machen sich davon abhängig ...

Sie erfüllen den PLAN

Menschen tragen Neid und Mißgunst, Geiz und Gier gegenüber ihren Mitmenschen in die Welt ...

Sie erfüllen den PLAN

Menschen werten ihre Mitmenschen ab, geben ihnen Tiernamen und andere unwürdige Bezeichnungen...

Sie erfüllen den PLAN

Menschen verbreiten Angst, Chaosmeldungen und Halbwahrheiten ...

Sie erfüllen den PLAN

Menschen befürworten Gewalt, Unterdrückung und Krieg - anstelle vernünftiger Gespräche und ordentlicher Kommunikation ...

Sie erfüllen den PLAN

Menschen zersetzen die Familienverbände, reißen Kinder von den Eltern weg, lassen Eltern wie minderwertige Erzieher erscheinen ...

Sie erfüllen den PLAN

Menschen erziehen ihre und / oder fremde Kinder zu egozentrischen Wesen ohne Teamfähigkeit ...

Sie erfüllen den PLAN

Menschen setzen andere Menschen ins Unrecht, geben ihnen Schuldzuweisungen, kriminalisieren sie ...

Sie erfüllen den PLAN

Menschen nehmen an, dass Menschen von Grund auf schlecht, böse, kriminell sind - erst zum Guten umerzogen werden müssen ...

Sie erfüllen den PLAN

Menschen lassen sich impfen (mit Bio-Impfstoffen ebenso wie mit Meinungen) ohne zu hinterfragen: Warum, wieso, welche Alternativen gibt es? ...

Sie erfüllen den PLAN

Menschen spotten über ihre Mitmenschen - über Andersfarbige, Andersgestaltige sowie über Andersdenker, Freidenker und Querdenker ...

Sie erfüllen den PLAN

Menschen benehmen sich wie bürokratische Automaten - Gesetzesbüttel ohne eigenständige Urteilsfähigkeit ...

Sie erfüllen den PLAN

Menschen erzeugen künstlich Mangelsituationen und ihre Mitmenschen beugen sich den vorgetäuschten Mechanismen ...

Sie erfüllen den PLAN

Menschen bereichern sich an der "Unwissenheit" derer, die den unnötig kompliziert gemachten Regelwerken nicht zu folgen vermögen ...

Sie erfüllen den PLAN

Menschen verbrennen Kohle, Öl, Benzin und Gas - sie vergiften sich selbst, ihre Umwelt und den gesamten Planeten...

Sie erfüllen den PLAN

Menschen wehren sich nicht gegen die Überflutung mit Strahlen aller Art (elektromagnetisch gepulste Strahlung, Funkwellen, Mikrowellen, Röntgenstrahlen, Radarstrahlung, atomare Strahlung) ...

Sie erfüllen den PLAN

Menschen rechnen jegliche Schuld sowie Schulden mit Zins und Zinseszins hoch – eine kleinmachende Vergeltung mit System ...

Sie erfüllen den PLAN

Diese Liste der unsinnigsten Verhaltensweisen läßt sich geradezu unbegrenzt fortsetzen. An allen Ecken und Enden unserer Gesellschaftsformen auf diesem Planeten finden wir menschliche Verhaltensweisen die den PLAN erfüllen. Menschlich zu sein sieht hierbei fast so aus, als würde es mit Unzulänglichkeit und Unmenschlichkeit gespickt sein. Das Fallensystem des PLAN schnappt bei jeder sich bietenden Gelegenheit zu.

Besonders der geistig eingepflanzte Befehl:

Andere ins Unrecht setzen!

wirkt im Kleinen: Rechthaberei, Streit, Gewalt wie im Großen: Un-Rechtssysteme, Politik, Krieg
Ein neuer sinnvoller Plan neben dem im Buch dargestellten:

Die Kooperationsgemeinschaft

Von Peter Fitzek

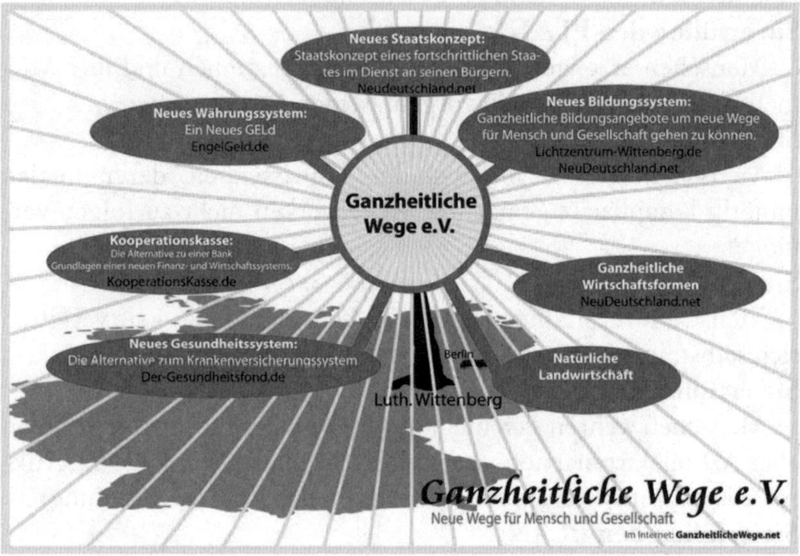

Das Leben besteht aus vielen einzelnen Bereichen, die alle miteinander verwoben sind und auch in unmittelbarer Wechselwirkung zueinander stehen. Betrachten wir nur einmal einige Wenige davon und wir erkennen, wie diese Bereiche unser Denken, Fühlen und Handeln beeinflussen. Zudem ist es wichtig die Systeme zu verstehen, nach denen diese Bereiche organisiert sind, denn diese geben uns die Rahmenbedingungen vor, innerhalb dessen wir denken, fühlen und handeln. Dies wiederum erzeugt die Gesellschaft in ihrer Gesamtheit in der wir leben. Würden wir lediglich einen Teilbereich grundlegend reformieren, würde dieser Teilbereich kaum mehr zu dem Rest der gesellschaftlichen Rahmenbedingungen passen. Spannungen würden entstehen und Veränderungen wären mit Problemen behaftet. Deshalb habe ich in allen Bereichen angesetzt und in den verschiedenen Teilbereichen des Lebens überall neue Systeme entwickelt, damit ein ganzheitlich homogenes und völlig neues Gesellschaftssystem entstehen kann. Jeder Mensch kann dabei selbst entscheiden, welchem System er angehören möchte. Er kann auch unsere neuen Systeme noch eine ganze Weile ausprobieren und in beiden Systemen gleichzeitig stecken und wenn er es wünscht, auf diese Weise langsam und sanft in diese neue Gemeinschaft „hinüberwechseln". Auf diese Weise kann das bestehende kranke System sich langsam in das neue gesunde System hineinentwickeln. Niemand verliert dabei etwas, jeder gewinnt dabei. Das bestehende System wird entlastet, die Menschen werden verantwortungsbewußter und selbständiger.

Betrachten wir nun erst einmal einige dieser unser aller Denken, Fühlen und Handeln beeinflussenden Teilbereiche und die dazugehörigen Systeme.

Bildungs- und Erziehungssystem
Finanz- und Geldsystem
Wirtschaftssystem
Gesundheitssystem
Wertesystem
Religions- oder Glaubenssystem
Rechtssystem
Landwirtschafts- und Nahrungsmittelerzeugungssystem

Natürlich könnte ich noch viele Weitere aufzählen, aber diese sollen hier erst einmal genügen.

Beginnen wir mit dem Bildungssystem. Dem Anfang aller Handlungen. Denn das was wir wissen und denken, erzeugt unser Fühlen und Handeln. Erst durch das Handeln zeigt sich nämlich, was der Mensch wirklich weiß. Es geht also nicht nur um ein rein intellektuelles Verständnis von theoretischen Konstrukten.

Unser Bildungssystem ist darauf ausgerichtet, Menschen in das bestehende System einzufügen. Alle Bildung in jedem Teilgebiet ist darauf ausgerichtet, die bestehenden System zu erhalten und weiter zu stützen. Das wissen vor allem die, die noch in der ehemaligen DDR aufgewachsen sind. Das bestehende Gesellschaftssystem wird durch Unwissenheit, Angst und Egoismus aufrecht erhalten.

In der Geschichte wird der Kampf des Starken gegen den Schwachen, es werden Kriege und Auseinandersetzungen als Triebfeder der Geschichte dargestellt. Es wird die Entwicklung vom Niederen zu Höheren gelehrt

Auch in den Naturwissenschaften wird lediglich Materialismus, die Entwicklung vom Einfachen (Niederen) zum Komplexen (Höheren) in einer zeitlichen Entwicklung dargelegt. (z.B.: Urknalltheorie in der Physik, Existenkampf/Auslese in der Biologie usw.)

In der Wirtschaftstheorie wird ebenso vom Konkurrenzkampf als Triebfeder technischer Entwicklung geredet.

Auch die Forschung und Medizin im Gesundheitswesen kommt angeblich durch Konkurrenzkampf (jeder will mehr Geld durch seine Produkte verdienen, mehr Ruhm ernten usw.) zu immer mehr Erkenntnissen.

Kurz gesagt, die Bildung unterstützt gegenwärtig in jedem Teilbereich den Kampf jeder gegen jeden. Kooperation wird kaum erwähnt. Das Wissen, welches die Menschen dazu befähigen würde aus den bestehenden Systemen wahrhaftig auszusteigen wird völlig verschwiegen, diffamiert oder es ist einfach noch nicht bekannt. Bei der Bildung fängt also alles an. So habe auch ich damit angefangen, Menschen das nötige Wissen zu vermitteln und dieses Wissen vorzuleben, denn ohne eine Bewußtseinsentwicklung geht so gut wie gar nichts.

So begann ich vor etwa 7 Jahren mit dem Lichtzentrum Wittenberg mit meiner Seminartätigkeit. Hier wurden die spirituellen Wahrheiten des Lebens gelehrt, fernab jeglicher esoterischer Phantasterei. Die Menschen lernen in meinen Seminaren Wahrheit von Schein zu unterscheiden. Sie erkennen ihre Selbstverantwortung und ihre Möglichkeiten.

Es werden Seminare über die Macht der Gedanken angeboten, in denen die Menschen wirkungsvolle Selbstheilungstechniken erhalten, die Warum-Fragen des Lebens verstehen, erkennen, daß man die Natur-"gesetze" verändern kann, sie erhalten die Macht über ihr Leben zurück, lernen viel Dinge zu verstehen, die niemals in Büchern zu erfahren sind.

Es werden aber auch Meditationsseminare, Seminare über ganzheitliche Kinder-"erziehung" und Menschheitsentwicklung, Seminare über Recht, Wirtschaft, alternative Naturwissenschaften und noch vieles mehr angeboten. Das entsprechende ganzheitliche Wissen kann erst eine neue Gesellschaft schaffen.

Nachdem dann allmählich immer mehr bewußte oder wenigstens teilbewußte Menschen ausgebildet waren, konnte mit ihnen gemeinsam begonnen werden, verschiedenste Projekte nach neuen Systemen umzusetzen.

Das Lichtzentrum ist auch heute noch das Zentrum unserer Kooperationsgemeinschaft, in dem nun auch immer mehr Menschen aus vielen verschiedenen Städten in allen möglichen Richtungen ausgebildet werden. Im Idealfall entstehen so auch in diesen Städten neue Gemeinschaften die innerhalb unserer Kooperationsgemeinschaft helfen, die Gesellschaft sanft zu verwandeln. Auch Sie sind herzlich willkommen.

Daß das gegenwärtige Geld-, Finanz- und Wirtschaftssystem immer mehr Probleme aufwirft wissen Sie alle.

Die Probleme liegen im System, im System des Kapitalismus und seinem Wirtschafts- und Gelddesign. So lange sie sich in das System einfügen, können sie nicht erwarten aus dieser Tretmühle der Probleme auszusteigen. Erst wenn sie das bestehende System hinter sich lassen und ein anderes erwählen, erst dann kann sich wirklich etwas zum Besseren wenden.

Es muß also ein neues System geschaffen werden, das gerecht ist und die belohnt, die tätig sind, etwas leisten und die dabei dem Allgemeinwohl und der Umwelt dienlich sind.

Aus diesem Grunde habe ich ein Regionalgeld geschaffen, welches völlig anders geartet ist, als die anderen bestehenden Regionalwährungen. Diese anderen Regionalwährungen können immer nur Ergänzungswährungen sein. Sie sind an den Euro gebunden und unterliegen der gleichen Inflation wie der Euro. Zudem ist die Art wie sie funktionieren, lediglich darauf ausgerichtet, Waren und Dienstleistungen unter einer Gruppe von Menschen zu tauschen (unter Privatleuten, wie beim Batzen-Tauschring in Leipzig oder auch hauptsächlich unter Geschäftsleuten, wie beim Volmetaler in Hagen beispielsweise).

Diese Regionalwährungen haben oft Wachstumsgrenzen. Sie können auch keine Ersatzwährung zum Euro sein und auch nicht werden. Zudem hat die Allgemeinheit kaum etwas davon.

Außerdem kann man diese Regios kaum ansparen, man kann keine größeren Projekte damit finanzieren und auch Arbeitsplätze werden nicht oder kaum geschaffen.

Beim „Engel“ ist dies alles anders.

Der Engel schafft alternative Ausbildungs- und Arbeitsplätze die es für Euro nicht geben würde. Er schafft Wohnraum, mit ihm werden Leistungen fair entlohnt, mit ihm können Sie hochwertige Produkte günstig erwerben, Sie können eigene Produkte mit seiner Hilfe vermarkten (Obst, Gemüse, selbst hergestellte Gebrauchsgegenstände, Kunst usw.), er verhilft Ihnen zu mehr Kaufkraft,

er ermöglicht Unternehmern ohne eine Bankfinanzierung ein eigenes Geschäft zu haben, er ist auch zum Sparen und selbst als Geldanlage geeignet ohne dabei dem Kreislauf entzogen zu sein, er hat Wertstabilität, auch wenn der Euro „abschmiert" und er ist eine echte Ersatzwährung zum Euro.

Er fördert Ökologie, Autarkie und Selbstverantwortung.

Durch sein Design stellt er die Rahmenbedingungen her, ein entspanntes Leben ohne all die negativen Begleiterscheinungen des bestehenden Systems führen zu können. Er fördert die Region und nicht die Globalisierung der internationalen Konzerne, er fördert Verantwortungsbewußtsein und Kooperation und nicht den Egoismus, er verbindet Menschen in Freundschaft und Liebe miteinander statt sie im Konkurrenzkampf untereinander zu trennen, er hilft die Natur zu bewahren, er ermöglicht Sinn-erfüllte Arbeit, verhilft zur Freiheit, ermöglicht gelebtes Wissen und er hilft dem Einzelnen und der Gesellschaft zu gesunden.

Er hilft das Allgemeinwohl und auch Ihr Wohl zu fördern, kurzum, Sie lernen eine ganz andere Art des Umgangs mit Geld kennen. Eine Art, die auf Kooperation, Freundschaft und Nachhaltigkeit basiert.

Hier einige der bestehenden Unterschiede zwischen dem Bestehenden Kreditgeld und dem „Engel":

Euro, Dollar, Yen, Schweizer Franken	**Engel**
- fördert umweltzerstörende Wirtschaft	- fördert Umweltverträglichkeit
- Zins- und Zinseszinswirtschaft und dadurch Umschichtung von Arm zu Reich	- Zins- und Zinseszinsfrei, Chancengleichheit für Alle
- Bevorteilt ausschließlich Reiche	- Fördert das Allgemeinwohl

Euro, Dollar, Yen, Schweizer Franken	**Engel**
- gibt Konkurrenzkampf vor	- fördert Kooperation
- zerstört immer mehr Arbeitsplätze der Region	- schafft neue und sinnvolle Arbeitsmöglichkeiten
- fördert negative Begleiterscheinungen der Globalisierung	- schwächt diese ab, fördert die Region
- begünstigt zudem viele ne-gative Begleiterscheinungen wie Wegwerfmentalität, Konsumdenken usw.	- fördert Nachhaltigkeit, Wertstabilität und Qualität
- verschwendet Ressourcen	- schont Ressourcen
- fördert Spekulation, Ausbeutung, Wirtschaftskrisen und Kriege	- fördert Frieden, soziale Gerechtigkeit und Sicherheit
- negative Symbolik	- positive Symbolik

Was bringt der Engel nun ganz konkret für einen Unternehmer und wie wird damit gearbeitet?

Ähnlich dem Euro, dient der „Engel“ als Tauschmittel. Da er jedoch nur regional gilt, kann er nicht aus der Region abwandern, wie dies mit dem Euro geschieht. Somit bleiben Geld und Kaufkraft den Menschen der Region erhalten. Sie als selbständiger Unternehmer können die Region einfach dadurch unterstützen, daß Sie den Engel in ihrem Unternehmen als Zahlungsmittel akzeptieren und ihn einfach gebrauchen.

Um den „ENGEL“ verwenden zu können, müssen Sie aus rechtlichen Gründen Mitglied des Vereins „Ganzheitliche Wege e.V., oder auch der Engel e.G.i.G. (eine Genossenschaft) sein. Dabei besteht die Möglichkeit einer kostenfreien Fördermitgliedschaft oder auch einer ordentlichen Mitgliedschaft mit einem relativ geringen Jahresbeitrag. Der gemeinnützige eingetragene Verein oder auch die Genossenschaft als Rechtsträger erlaubt dann den Tausch von

Waren und Dienstleistungen untereinander. In einer Genossenschaft sind die einzelnen Genossen bei Geschäften untereinander nicht (Umsatz-) steuerpflichtig.

Was bietet der „Engel“ für Sie als Unternehmer?

Mit dem „Engel“ können Sie bei allen teilnehmenden Mitgliedsunternehmen genau wie mit dem Euro bezahlen. Zudem bietet der Verein noch eine Reihe von wundervollen Möglichkeiten die für Ihr Unternehmen wertvoll sein können. Dazu zählt beispielsweise „Der Gesundheitsfond“, ein Buchhaltungsservice, ein Arbeitskräftepool, die Möglichkeit einer Krankheits- oder Urlaubsvertretung und noch weitere Vorzüge.

Wenn Sie ordentliches Mitglied des Vereins werden wollen, kommen sie in unser Büro und stellen einen Antrag, was aber mittlerweile auch schon online möglich ist. Bei einem Antrag auf eine kostenfreie Fördermitgliedschaft können Sie den Abschnitt auf dem Engelgeldprospekt für Selbständige mit ihren Antragsdaten auch in den Briefkasten unserer Büroadresse werfen. Sie können ihn uns auch zusenden oder sich online in die Akzeptanzstellenliste eintragen lassen. Bei Interesse oder Fragen wenden Sie sich bitte zu den Bürozeiten an uns. Sie erreichen uns auch telefonisch unter 03491 / 409439. Hier können Sie auch einen Termin vereinbaren, der außerhalb der üblichen Bürozeiten liegt.

Welchen Nutzen haben Sie nun ganz konkret als Unternehmer?

Als Fördermitglied:

- mehr Umsatz durch zusätzliche Geschäfte und höhere Umlaufgeschwindigkeit des „Engel“
- die Kaufkraft bleibt der Region erhalten
- stärkere regionale Auftragsvergabe und erhöhter regionaler Einkauf
- Werbung für Ihr Unternehmen durch ein Bekenntnis zum regionalen Wirtschaften und durch unsere geplante Regionalzeitung
- Ausgleichsmöglichkeit in Euro-Umsatz-schwachen Zeiten
- Eine qualitativ hochwertige Produktion von regional erzeugten Gütern, die dann auch regionalen Absatz finden, kann neu entstehen.
- Ermöglichung von mehr Eigenkonsum regionaler Waren und Dienstleistungen

Als ordentliches Mitglied
genießen sie alle oben genannten Vorteile, können aber auch noch folgende zusätzliche Angebote unseres Vereins oder der Genossenschaft nutzen:

- Nutzungsmöglichkeit des Gesundheitsfonds als preiswerte Alternative zu Ihrer bestehenden Krankenkasse, dessen Beitrag auch mit Engelgeld bezahlbar ist.
- Büroservice
- Essenservice mit preiswerten, ökologischen und gesunden Speisen (in Wittenberg)
- Nutzung kostenloser Bildung zu natürlicher Gesunderhaltung
- Auftragsvergabe vorzugsweise an Sie zur Realisierung regionaler gemeinnütziger Projekte (z.B.: von Bauprojekten u.a.)

Sie als Verbraucher haben es ganz leicht mit dem Engel zu arbeiten und sie können schon allein durch den Gebrauch des Engel sich selbst und die Region unterstützen. Sie können ihn bei den Mitgliedsunternehmen zum Bezahlen Ihrer Waren und Dienstleistungen verwenden. Da das Geld hier in der Region bleibt, stärken Sie als Verbraucher Ihre Unternehmen und Unternehmer die für Sie tätig sind. So bleiben Vielfalt und Qualität der Region erhalten.

In den Besitz von „Engel" kommen Sie, indem Sie in den Umtauschstellen Euro in Engel einwechseln, oder indem Sie für geförderte gemeinnützige Projekte des Vereins tätig sind und sich mit Engel belohnen lassen.

Die von ihnen gewechselten Euro werden gleich wieder ausschließlich für die Förderung gemeinnütziger Projekte eingesetzt! Dies wären z.B.: eine ökologische Landwirtschaft, ein alternativer 24-Stundenkindergarten in dem Kinder wirklich ihren Anlagen entsprechend gefördert werden, eine alternative Schule, ein ökologisches Wohnungsbauprojekt, die Förderung und Umsetzung neuer freier Energietechnologien usw. All diese Unternehmen sind auch immer wirtschaftlich. Jeder gewinnt dabei. Sie können mit dem Engel genauso einkaufen wie mit dem Euro, der Unternehmer macht zusätzliche (steuerfreie) Umsätze und der „Staat" finanziert mit dem Euro einen sanften Gesellschaftswandel.

Stellen Sie sich einfach einmal vor, daß nur 4000,- Leute (Depeschenleser) jeder im Durchschnitt 20 Euro in Engel umtauscht. Mit diesen 80.000 Euro läßt sich wirklich viel bewegen.

Stellen sie sich vor, in Ihrer Stadt (50 Städte insgesamt) nehmen nur noch jeweils 30 Unternehmer dieses Geld an und tauschen selbst auch nur 100 Euro in Engel um. Damit hätten die Unternehmer den Vorteil, daß sie dann völlig legal untereinander steuerfrei Waren und Dienstleistungen tauschen können.

Mit diesem umgetauschten Geld lassen sich viele sinnvolle Dinge wirklich umsetzen, auch ohne eine übliche Bankfinanzierung, ohne Fördermittel aus Steuertöpfen und ohne die daran geknüpften Vorgaben und Bedingungen. Ohne die Einberechnung von Kapitalkosten (Zinsen, Gebühren usw.) und Steuern können all diese Projekte auch kostengünstig und rentabel umgesetzt werden.

Wenn es aber niemand tut, bewegt sich wenig. Geben Sie mir da nicht recht? Es liegt also wieder alles in der Selbstverantwortung und an einer bewußten Entscheidung die jeder Einzelne für sich treffen muß.

Nur durch Handeln zeigt man, was man wirklich weiß. Scheidet sich daran nicht die Spreu vom Weizen?

Der Engel ist die Währung der selbstverwalteten Kooperationsgemeinschaft und Teil eines komplexen neuen Systems einer alternativen Gesellschaft die ich nun mit einem Staat vergleichen möchte.

Hinter dem Engel steht ein selbstlos tätiges Geldinstitut, die Kooperationskasse. Natürlich gibt es gewaltige Unterschiede zu bestehenden Geldinstituten. Der Engel ist ja ein zins- und zinseszinsfreies Tauschmittel. Er ist auch durch stabile Werte hinterlegt und gesichert, die einen stabilen Gebrauchs- und Marktwert haben. Er ist also nicht so genanntes „Fiat Money", eine Art „Falschgeld" wie es der uferlos aus dem Nichts gedruckte Euro oder auch der Dollar ist. Diesen „Falschgeldcharakter" erkennen Sie ja gegenwärtig immer deutlicher daran, daß er immer inflationärer wird und Ihre Kaufkraft beständig schwindet.

Warum habe ich nun die Kooperationskasse geschaffen? Weil die heutigen Geldinstitute überholungsbedürftig sind. Denn:

„Eigentum verpflichtet. Sein Gebrauch soll zugleich dem Wohle der Allgemeinheit dienen"

Art.14, Absatz 2; Grundgesetz für die Bundesrepublik Deutschland

Kennen Sie ein Geldinstitut, daß diesen Grundsatz wirklich richtig ernst nimmt und konsequent umsetzt? Nein? Ich auch nicht. Dem nahe kommt noch die GLS-Bank oder auch die Ethik-Bank. Aber auch die sind sehr begrenzt in Ihrem Handeln.

Auch aus diesem Grund habe ich mir diesen Leitsatz zum Grundsatz genommen, um ein nach diesem Prinzip arbeitendes, neues Finanzinstitut zu schaffen, welches ohne viel Aufwand in jeder größeren Stadt mit einer Zweigstelle ansässig sein könnte. Es sollten sich nur Menschen finden, die dies wollen.

Die Kooperationskasse ist etwas völlig Neues. Hier stehen der Mensch und die Förderung der Region im Mittelpunkt. Die Kooperationskasse arbeitet mit dem Engel ähnlich wie eine Zentralbank in einer Volkswirtschaft mit dem Euro arbeitet. Dies führe ich jedoch nur wegen des Verständnisses an, denn die Prinzipien nach denen die Kooperationskasse arbeitet, sind ganz andere.

Zudem ist sie auch wie eine Art Geschäftsbank, verbunden mit einer Wirtschaftsförderungsgesellschaft in einem. Hier arbeitet sie auch mit dem Euro.

Die Kooperationskasse unterscheidet sich in vielen Dingen grundlegend von den üblichen Verhaltensweisen einer Bank. Es steht nicht die Gewinnmaximierung im Mittelpunkt, sondern das Allgemeinwohl. Es werden keine Millionen ins Ausland verschoben oder in Aktienblasen und diverse Fonds investiert. Es werden ausschließlich die Menschen der Region gefördert.

Auch die Kooperationskasse vergibt unter gewissen Bedingungen Leihgaben an Vereins- oder Genossenschaftsmitglieder. Eine Vergabe erfolgt bei uns jedoch ohne Berechnung von Zins und Zinseszins. Es fällt lediglich eine geringe Bearbeitungsgebühr an. Dafür leistet die Kooperationskasse eine intensive Beratung auch über die Gründungsphase eines Unternehmens hinaus. Wir stellen unser Wissen dem geförderten Unternehmer zur Verfügung.

Auf Wunsch kann der Unternehmer auch innerhalb unserer Kooperationsgemeinschaft arbeiten. Dadurch kann er einen günstigeren Einkaufspreis erwirken, kann seine Buchhaltung kostengünstig oder gar kostenfrei zentral erledigen lassen, hat kostenlose Werbemöglichkeiten zur Verfügung, kann sich in seinem Geschäft durch geschulte Fachkräfte kostenfrei vertreten lassen und vieles mehr.

Möchte man sich noch weiter in die Gemeinschaft integrieren, hat jeder die Möglichkeit, eine Lehre innerhalb der Kooperationsgemeinschaft zu machen und dann, nach seiner Lehrzeit ohne Berufsschule und ohne einen für uns völlig unzureichenden staatlichen Abschluß, ein eigenes Geschäft innerhalb der Kooperationsgemeinschaft zu bekommen. Die Kooperationskasse stellt alles für die eigene Geschäftsidee oder auch für eine Erweiterung des schon Bestehenden dem Unternehmer zur Verfügung. Da unsere Art des Umgangs mit anderen Menschen und unsere Art innerhalb einer Gemeinschaft geschäftlich tätig zu sein völlig neu ist, gibt es auch keine Möglichkeit eines staatlichen Abschlusses. Bei uns ist jedoch ein sicherer und erfüllender Arbeitsplatz die Garantie, wohingegen der staatliche Abschluß keine Garantie für einen Arbeitsplatz ist. Die Gelder für diese Unternehmerförderung müssen aber aus dem Volk selbst kommen. Wenn jeder seine Ersparnisse bei seiner Bank läßt, stehen diese Gelder auch nicht zur Verfügung.

Auch im Anlagebereich leistet die Kooperationskasse erheblich mehr als eine übliche Bank.

Unseren Anlagemodellen kann die Inflation nichts anhaben. Informieren Sie sich einfach bei uns über die vielen Möglichkeiten einer regionalen Unternehmensbeteiligung oder einer Immobilienanlage. Sie schaffen mit Ihrer Anlage zudem Arbeitsplätze in der Region und fördern das Allgemeinwohl. Ihr Kapital wird sicher in ethisch richtige Unternehmungen zum Wohle der Allgemeinheit eingesetzt. Alle diese Unternehmungen sind zudem wirtschaftlich auf sicheren Füßen stehend. Dafür stehe ich mit meinen Erfahrungen und unsere bestehende Kooperationsgemeinschaft mit ihrer gemeinsamen Kraft.

Die folgenden Seiten informieren Sie näher über verschiedene Anlagemodelle und Aktivitäten, die durch die Kooperationskasse gefördert werden. Je mehr Menschen mit uns arbeiten, desto mehr können wir mir Ihrer Hilfe bewegen! Gern ist uns dabei auch Ihre Mithilfe willkommen.

Die Kooperationskasse fördert ausschließlich (unternehmerische) Aktivitäten, die zugleich das Allgemeinwohl fördern. Dies kann ein freier Kindergarten, eine freie Schule, eine sinnvolle Altenbetreuung, ein Ladengeschäft in dem die satzungsmäßigen Zwecke des Vereins gefördert werden (wie z.B.: Bildung und Erziehung, Wissenschaft, Naturschutz usw.), eine ökologische Landwirtschaft, eine neue umweltfreundliche Technologie und dergleichen sein.

Alle diese Dinge müssen ganzheitlich sinnvoll und nachhaltig, aber auch wirtschaftlich sein.

In Kurzform könnte man die hauptsächlichen Aufgaben und Ziele der Kooperationskasse folgendermaßen formulieren:

- Förderung der Region
- Schaffung von alternativen Ausbildungs- und Arbeitsplätzen
- Finanzierung alternativer Projekte die das Allgemeinwohl fördern
- Sicherung der Ersparnisse der Menschen
- Angebote sicherer Anlagenmöglichkeiten schaffen
- Initiierung eines alternativen Wirtschafts- und Finanzsystems
- Entlastung des alten bestehenden Systems

Schauen wir uns nun einmal einige der Unterpunkte genauer an:

Förderung der Region:

Viele Menschen haben Ersparnisse. Alles Geld, welches dem Wirtschaftskreislauf entzogen ist, fehlt als Tauschmittel. Je weniger Tauschmittel in der Region im Umlauf ist, desto weniger Waren und Dienstleistungen wechseln den Konsumenten. Die etablierten regional ansässigen Banken haben die Aufgabe, dieses gesparte Geld in Form von Krediten der regionalen Wirtschaft zur Verfügung zu stellen und dieses Tauschmittel somit wieder in den Wirtschaftskreislauf zu führen. So werden neue Arbeitsplätze geschaffen und es wird die Region belebt.

Leider nehmen die Banken ihre sozialen Verpflichtungen, diese Gelder wieder ausschließlich in die Region zu investieren, nicht mehr sehr ernst. Sie investieren im Zeitalter der Globalisierung aus Profitinteressen heraus in den Ländern, in denen die höchsten Gewinne locken. Dies ist gegenwärtig eher in Asien oder Osteuropa der Fall. Zudem mißbrauchen sogar die Landesbanken Gelder regionaler Sparer und investieren diese Gelder aus Profitgier in risikoreiche Immobilienfonds in den USA. Gefördert wird also nicht die Region, sondern es werden für die weltweit operierenden Konzerne billige Arbeitsplätze in anderen Ländern geschaffen. Diese Billigprodukte werden dann hier auf den Markt geworfen und zerstören das produzierende Gewerbe der Region. Produzierende Firmen müssen schließen oder aus Kostenersparniszwängen ebenfalls in Billiglohnländer abwandern. Ein Teufelskreislauf hat sich entwickelt.

Betrachtet man diese Vorgehensweisen der etablierten Banken, so erkennt man, daß es endlich ein ethisch handelndes Finanzinstitut braucht, daß eine echte Alternative zum bestehenden System des Raubtierkapitalismus bietet.

Die Kooperationskasse ist dieses Finanzinstitut. Sie investiert ausschließlich in der Region und fördert dabei Unternehmer, die Produkte herstellen oder anbieten, die den Menschen der Region qualitativ hochwertige, ökologisch erzeugte Waren zu einem fairen Preis liefern. So bleibt oder wird die Region lebenswert, bietet Vielfalt, genügend Ausbildungs- und Arbeitsplätze, gesundes Wachstum und Preisstabilität.

Wenn Sie Ihr Geld weiter bei den etablierten Banken lassen, müssen Sie sich über eine weitere Abwärtsspirale in der Region also nicht wundern. Es braucht nur eine Entscheidung von Ihnen.

Bei uns sehen Sie, was genau mit Ihrem Geld gefördert wird. Es könnten auch Ausbildungs- und Arbeitsplätze für Ihre Kinder, Enkel, Freunde oder gar für Sie selbst sein. Selbstverständlich können Sie auf Wunsch auch jederzeit über Ihr Geld verfügen. Gern können Sie sich ausführlich und konkret beraten lassen. Vereinbaren Sie einfach einen Termin unter 03491 / 409439.

Schaffung von Ausbildungs- und Arbeitsplätzen an einem Beispiel:
Ulli und Martina haben als Vereinsmitglieder einen großen Teil Ihrer Ersparnisse der Kooperationskasse zur Verfügung gestellt. Durch Ihre Anlage von 25000,- Euro haben Antje, Rosita, Hannes, Michaela und Maria einen alternativen Ausbildungsplatz erhalten, die Ausbildung von Anne konnte in ihrem Umfang erweitert werden, Janine hat sich selbstständig machen können, es konnte ein Wohnungsbauprojekt ins Leben gerufen werden welches wieder anderen Menschen Arbeit bietet und später Wohnraum für Regionalgeld zur Verfügung stellen wird, es konnten ein Entwicklungshilfeprojekt gestartet und zwei Importe aus Indonesien realisiert werden. Alles nur auf Grund einer bewußten Entscheidung für die Region.

Auch Sie können dies bewirken, einfach nur durch eine einfache Entscheidung.

Geben Sie Ihrem Geld einen Sinn. Eine Anlage in der Kooperationskasse bewirkt dies.

Sicherung Ihrer Ersparnisse:
Sie haben sicher schon bemerkt, daß durch die gegenwärtige Inflationsrate keine Anlage bei einer Bank sinnvoll erscheint und Ihre Ersparnisse dauerhaft retten kann. All diese Bankanlagen sind selbst für den Banker undurchsichtig und unsicher geworden. Garantien gibt es nicht wirklich. Vielleicht haben Sie in der Vergangenheit schon bemerkt, daß einige dieser Renditeversprechen meistens nur leere Versprechen waren.

Bei uns sehen Sie, was mit Hilfe Ihres Geldes geschaffen wird. Sie haben vielfältige regionale Anlagemöglichkeiten in solide Unternehmen oder wertstabile Immobilien. Sie selbst können auf Ihren Wunsch hin mitverfolgen wie sich Ihre Anlagen entwickeln, indem Sie die Unternehmen und ihre dort beschäftigten Menschen, oder auch die Immobilien selbst genau kennenlernen und in Ihrer Entwicklung hier in der Region verfolgen. So können Sie sich wirklich sicher sein, daß Ihr Geld sinnvoll und wertstabil angelegt ist. Zudem können Sie ihre Euroanlage jederzeit in eine Engelanlage eintauschen. So ist selbst beim Absturz des Euro ihr Geld sicher, denn mit dem Engel werden Sie auch noch preisstabil Waren kaufen können, wenn es dem Euro noch viel schlechter geht oder es ihn gar nicht mehr gibt.

Schauen wir uns dazu nun einmal nur ein konkretes Beispiel an:
Der selbstlos tätige Verein, den ich des besseren Verständnisses jetzt einfach wieder einmal mit „Staat“ gleichsetzen möchte, hat ein stark sanierungsbedürftiges Haus für 15.000,- Euro in der Innenstadt von Wittenberg erworben. Dieses Geld ist zum Teil aus den Überschüssen des Gesundheitsfonds (dem „Staats“-eigenen alternativen Gesundheitssystem) und aus der Kooperationskasse gekommen. Nun bin ich in der Lage Menschen mit Hilfe des Engel (der Staatseigenen Währung) zu beschäftigen und die benötigten Baustoffe erhalte ich aus dem mit unserer Kooperationsgemeinschaft (unserem Staat) zusammenarbeitenden Baumarkt und Baustoffhandel. Ich benötige

also kaum Euro, um aus einem Haus, welches für 15.000 Euro von unserem Staat erworben wurde, ein Haus zu machen, welches durchaus einen Wert nach Fertigstellung von etwa 150.000 – 200.000 Euro besitzt. In diesem Haus wird gegenwärtig im Erdgeschoß eine Gaststätte ausgebaut, in der wir dann die in unserer eigenen ökologischen Staats-Gärtnerei produzierten Waren ausschließlich für Engel verkaufen. In der ersten Etage entstehen gegenwärtig 2 Wohnungen und in de 2. Etage wird eine große WG entstehen, wobei die Miete dann ebenfalls mit Engelgeld bezahlt werden kann.

Ihr hinterlegtes Geld ist also ein inflationsfreies Anrecht auf Konsum in Euro oder in Engel oder auch auf die Nutzung der mit Ihrer Investitionshilfe geschaffenen Werte. Dies kann die Miete einer „staatseigenen“ Wohnung sein, dies können auch ökologisch erzeugte Lebensmittel, Baustoffe usw. sein.

Warum ich diese Staatsformulierung verwende, erkennen Sie, wenn ich nun gleich noch genauer über das von uns praktizierte Wirtschafts- und Gesellschaftssystem spreche, denn auch hier ist eine Reformierung dringend nötig.

Dem Staat (als Organisationsform und Diener am Allgemeinwohl) gehören bei uns also die Häuser, Produktionsmittel, Ländereien, Ladengeschäfte usw., und er stellt sie dem Unternehmer oder auch den Menschen die innerhalb der Kooperationsgemeinschaft arbeiten, also im Staatsbetrieb tätig sind, zur Verfügung. So können die Menschen ihren Lebensunterhalt streß- und steuerfrei bestreiten. Der Staat stellt zudem ökologische und ethische Bedingungen um dem Allgemeinwohl und der Umwelt dienen zu können. Erstrebenswert ist nicht die billigste, sondern die qualitativ hochwertigste, nachhaltige und ökologische Produktion.

Die erwirtschafteten Gewinne fließen in das Staatseigentum und werden ausnahmslos in neue gemeinnützige Projekte oder in Forschung und Entwicklung von neuen umweltverträglichen Technologien investiert. Steuern sind deshalb in diesem Staatssystem nicht nötig, denn alle freiwillig genutzten Angebote (wie z.B.: der noch später erläuterte Gesundheitsfond) erwirtschaften Überschüsse, die wiederum ausschließlich dem Allgemeinwohl zugeführt werden. Zudem hat der „Staat“ mit dem Engel die Finanzhoheit und ist in der Lage, über die Geld- und die damit verbundene Wertschöpfung nach den oben genannten Kriterien, Projekte im Sinne des Allgemeinwohls zu fördern und zu finanzieren.

Natürlich gibt es auch Menschen, die auf ganz eigenen Füßen stehen und die vielleicht nicht im „Staatsbetrieb" angestellt sein wollen. Auch denen müssen keine Steuern mit erheblichem Verwaltungsaufwand abgenommen werden. Sie nutzen ja auch die staatseigenen Einrichtungen, wie das Gesundheitswesen, die Geldinstitute usw., die auch Eigenwirtschaftlich sind und jeweils davon leben, daß Menschen sie nutzen, Eigeninitiative zeigen und Selbstverantwortung übernehmen.

Durch die geschaffenen Systeme allein ist eine Finanzierung dieses „Staats"-Modells möglich. Verwaltung, Kontrolle, Buchhaltung und Steuererklärungen könn(t)en völlig entfallen.

Unternehmer werden sogar noch in der Weise gefördert, daß sie zinsfreie Leihgaben erhalten, wenn sie sich selbständig machen wollen. Bedingung ist Qualität, Produktivität, Naturverträglichkeit, Ethik und ein tatsächlicher und kein künstlicher bestehender Bedarf. Um all dies zu gewährleisten, braucht es meistens noch eine vorherige Ausbildung bei uns. Wir setzen also immer auf Kooperation, Fairneß, die Erhaltung der natürlichen Lebensgrundlagen und natürlich auch auf Wirtschaftlichkeit.

Bei uns ist nicht der Konkurrenzkampf die Treibfeder der Entwicklung, sondern die Zusammenarbeit, der Austausch, die Kreativität und die Freude des Menschen am Gestalten.

Sollte eine Geschäftsidee sich trotz Unterstützung durch unsere Kooperationsgemeinschaft nicht als rentabel erweisen, oder etwas „besseres" (z.B.: eine noch fortschrittlichere freie Energie-Technologie) von jemand Anderem entwickelt worden sein, dann hat der Unternehmer nicht, wie im derzeitigen System, eine Menge Schulden. Der Staat übernimmt dann die Kosten und entzieht mit seiner Finanzhoheit dem Geldkreislauf wieder die Menge, die er vordem durch Unterstützung der Geschäftsidee und der Erwartung dauerhafter Wertschöpfung, in den Geldkreislauf eingegeben hatte, oder er finanziert den Umzug in ertragreichere räumliche Gegebenheiten. Niemand hat damit einen Schaden oder Verlust und der Mensch kann wieder neu anfangen. Das Spiel des kreativen Erschaffens erlaubt so auch einmal „Fehler", ohne daß diese sich gleich auf das ganze Leben auswirken und jemanden in Schuld und Armut stürzen. So werden auf diese Weise Versagungsängste gar nicht erst aufgebaut, Kreativität wird gefördert und niemand muß zwanghaft besser, stärker und skrupelloser sein.

Auch die Volkswirtschaft kann so keinen „Inflationsschaden" nehmen, den es ist immer nur so viel Geld im Umlauf, wie Gebrauchswerte mit einem stabilen Marktwert erschaffen werden und das Recht auf Konsum sicher gewahrt bleibt. Es ist klar, daß sich dies in manchen Branchen nur verwirklichen läßt, wenn der Engel flächendeckend in vielen Bereichen vom Rohstoff und der Produktion bis hin zum Konsumenten als Zahlungsmittel akzeptiert wird.

Stellen Sie sich einmal vor, es würden sich immer mehr Menschen entscheiden, diesen ethisch richtigen Weg mit uns gemeinsam zu gehen. Was könnte wohl alles daraus entstehen? Nur wenn sich Menschen wie Sie entscheiden neue Wege zu gehen, nur dann kann sich etwas verändern. Ohne Handlung bleibt jeder gute Vorsatz ohne Wert. Reden ohne Handeln verändert nichts. Es ist an Ihnen zu entscheiden, wie schnell sich das bestehende System verändern kann, denn nur durch die Entscheidung der Menschen die in diesem Land leben, läßt sich überhaupt etwas bewegen. Bewegen sie sich, bewegt sich die Welt. Sie sind wichtiger als Sie vielleicht glauben. Am Anfang braucht es mutige Menschen mit ein wenig Pioniergeist. Diese machen dann wiederum zögernden Menschen Mut. Ohne ein wenig Mut zu etwas Neuem rennen wir weiter wie die Lemminge gen Abgrund. Wollen wir denn weiter so ignorant sein und immer noch die Augen vor den gesellschaftlichen Problemen verschließen? Durch Nichtstun wird sich nichts ändern, es wird nur der Druck auf uns wachsen uns endlich zu bewegen, um Verantwortung zu übernehmen und richtig zu handeln.

Je eher wir handeln, desto sanfter und freudevoller wird der Übergang. Es ist einfacher als Sie glauben.

Projekte:

Je mehr Menschen ihr Geld bei uns hinterlegen, desto lebenswerter machen wir die Region aus der das Geld kommt. Genau wie bei einer Bank auch, können Sie über Ihr Geld jederzeit verfügen, wenn sie es nicht fest angelegt haben.

Stellen Sie sich einmal vor, was wir gemeinsam bewegen könnten, wenn nur 1000 Menschen jeweils nur 500,- bis 3000,- Euro zwischen ein und zwei Jahre in die Kooperationskasse einlegen würden. Damit würden bestimmt 40-100 Arbeitsplätze geschaffen werden können (es könnte auch Ihr Ausbildungs- oder Arbeitsplatz sein). Es würden sich 24 Stunden-Kindergärten, freie und leistungsfähige Schulen oder Universitäten, es könnte sich ein Energie- und Wasserautarker Familienwohnpark umsetzen lassen. Es würde eine ökologische Landwirtschaft geschaffen werden können und es könnten auch viele weitere alternative Projekte angeschoben werden die sich schnell wieder selbst amortisieren (reerwirtschaften) und daraus folgend die Gemeinschaft weiter stärken. So würde die Region wirtschaftlich gestärkt und durch die unabhängigen und fortschrittlichen Projekte noch viel lebenswerter für alle Menschen werden.

Es liegt also auch an Ihnen, was aus Ihrem Umfeld wird. Es ist lediglich Mut zu etwas Neuem und eine bewußte Entscheidung für die Kooperationskasse nötig.

Kommen wir nun zum nächsten Segment unseres „Staates" - dem Gesundheitsfond -, als unserem staatseigenen Gesundheitswesen.

„Der Gesundheitsfond" ist aus der Motivation heraus entstanden, ganzheitlich sinnvolle Alternativen zu den Mängeln im bestehenden Gesundheitssystem zu bieten und gegebenenfalls das bestehende System so zu ersetzen, daß niemand während des Übergangs etwas dabei verliert.

Er leistet all das, was heute allerorts gefordert wird. Eigenverantwortung, Engagement und Wissensvermittlung zu einer positiven Veränderung des Bestehenden. Somit unterstützt er die Heilung des Einzelnen und auch die der Gesellschaft.

Betrachen wir die Dinge etwas genauer.

Über 90 % aller Krankheiten sind psychosomatisch bedingt, das heißt, Gedanken und Gefühle sind die Ursachen für die körperlichen Probleme die man hat. Das hat die Schulmedizin schon längst erkannt.

Der Weg der Schulmedizin ist die Unterdrückung des körperlichen Symptoms ohne die psychische Ursache der Beschwerde zu behandeln. Die meisten Ärzte können sich auch gar nicht die Zeit nehmen diese Ursache herauszufinden, sie dem Patienten bewußt zu machen und ihm Empfehlungen zur Ursachenbeseitigung zu geben. Meistens sind die Ärzte in dieser Hinsicht auch nicht geschult worden, ja sie erkranken statistisch betrachtet mindestens genauso oft selbst an den Krankheiten, vor denen sie Sie eigentlich bewahren sollten. Ihr spezielles Wissen scheint den Ärzten also nicht zu helfen, selbst dauerhaft gesund zu sein.

Schauen wir uns einmal noch einige Wenige der schon sehr offensichtliche Probleme des heutigen Systems an, damit will ich aber nicht sagen, daß die Menschen die im System arbeiten, nicht ihr Bestes geben wollen.

Zu diesen Mängeln zähle ich beispielsweise die einseitige Auswahl an Behandlungsarten die von den Kassen bezahlt werden. Zudem das weitgehende Fehlen von sinnvoller Gesundheitsvorsorge, die Nichtvermittlung von entsprechendem Wissen zur dauerhaften Gesunderhaltung usw.

Zudem fördert das bestehende System das Abgeben der Eigenverantwortung und öffnet vielen negativen Begleiterscheinungen, wie der Profitgier, dem Lobbyismus, der Kontrolle, der Unehrlichkeit und der Angst, Tür und Tor.

Die meisten Krankenhäuser sind heute private Unternehmen und arbeiten unter dem Zwang der Wirtschaftlichkeit und Gewinnmaximierung. Das kann dazu führen, daß man dem Patienten Behandlungen unter dem Aspekt der Wirtschaftlichkeit und der Umsatzsteigerung verkauft und dabei wären sie oft gar nicht nötig. So dienen diese „Behandlungen“ dann zwar dem Fortbestand des Krankenhauses und des Systems, sie dienen aber nicht dem Menschen.

Fragen Sie sich einmal, wie es wäre, wenn Sie fast alle dauerhaft bis ins hohe Lebensalter gesund wären? Fragen Sie sich einmal, wem es schaden würde, wenn Sie Wissen hätten das Sie in die Lage versetzt, Ihre Gesundheit selbst dauerhaft zu erhalten? Meinen Sie nicht, daß es sich einmal lohnt darüber nachzudenken?

Es kann sich nur etwas zum Positiven verändern, wenn wir uns von dem bestehenden System vollständig lösen und neue Wege gehen. Flickschusterei betreibt man schon seit Jahren mit immer katastrophaleren Folgen und steigenden Beiträgen.

In den Seminaren, die Sie als Mitglied kostenfrei besuchen können, geht es um Vorsorge, also um die Vorbeugung von Krankheiten, aber auch um die Vermittlung des Verständnisses der wahren Ursachen von Krankheiten. Wenn diese psychischen Ursachen beseitigt werden, verschwindet auch das Symptom. Wie schon erwähnt, existieren die meisten körperlichen Symptome ohnehin nur auf Grund der psychischen oder emotionalen Probleme.

Ein Sprichwort sagt, daß man sich das Wertvollste, seine Gesundheit, nicht kaufen kann.

Wenn Sie Mitglied des Gesundheitsfonds sind, können Sie mit Hilfe des an Sie vermittelten Wissens Ihre Gesundheit wiederherstellen und/oder sie dauerhaft behalten. Sie lernen etwas über Psychosomatik, richtige Ernährung, rechtes Denken, Fühlen und Handeln und noch vieles Wert-Volles mehr. Das Wissen gibt Ihnen zudem Lebensfreude und Gesundheit bis ins hohe Lebensalter. Prüfen Sie einfach selbst. Nötig ist von Ihrer Seite einfach nur der Wunsch, sich mit dem Wissen um Ihre eigene Person auseinanderzusetzen, ein wenig Offenheit und Eigenverantwortung. Ist Ihnen Ihre Gesundheit dies wert?

So möchte ich Ihnen mit dem Gesundheitsfond die Möglichkeit geben, dauerhafte Gesundheit zu erwerben, Eigenverantwortung zu erkennen, das Allgemeinwohl zu unterstützen und zudem auch noch viel dabei zu sparen. Die Beiträge des Gesundheitsfonds liegen weit unter den Krankenversicherungsbeiträgen der öffentlichen Kassen. Dies ist möglich, weil die Verwaltungskosten sehr gering sind und weil die Mitglieder des Gesundheitsfonds lernen dauerhaft gesund zu sein und mal ehrlich, ist Wohlbefinden nicht das, was sie eigentlich wirklich wollen?

Grundsätzlich ist es jedem Menschen möglich Mitglied im Gesundheitsfond zu werden. Dabei ist eine Vollabsicherung, als auch eine Zusatzabsicherung möglich.

Menschen mit chronischen Problemen haben die Möglichkeit für nur 25 Euro zum Seminar zu kommen. Dieses Seminar hilft den meisten Menschen diese Probleme in den Griff zu bekommen. Wenn sie dies dann geschafft haben, können sie auch aufgenommen werden und erhalten dann die 25 Euro zurück.

Hier nun einmal eine Beispielrechnung die verdeutlicht, wie sich Ihr Einstiegsbeitrag bei einer Vollabsicherung im Gesundheitsfond berechnen kann. Dies trifft zu, wenn Sie Selbständig und bei guter Gesundheit sind. Dabei übernehmen wir die Vertragsbedingungen, die Sie selbst mit Ihrer Krankenversicherung ausgehandelt hatten. Natürlich können Sie auch individuelle Vereinbarungen mit uns treffen.

Ihr momentaner Beitrag bei Ihrer gegenwärtigen Krankenkasse beträgt:
250,- Euro.

Ihr Einstiegsbeitrag bei uns ist 20 % niedriger, also
200,- Euro.

Nehmen Sie an einem der regelmäßig angebotenen Erstlehrgänge über aktive Gesundheitsvorsorge teil, sinkt Ihr Beitrag um 5 % auf nunmehr nur noch
190,- Euro.

Bei der Teilnahme an dem Folgeseminar sinkt Ihr Beitrag um weitere 5 % von Ihrem Einstiegsbeitrag auf jetzt noch
180,- Euro

Warum das so gehandhabt wird? Weil ich mir sicher bin, daß das vermittelte Wissen Ihnen hilft, Ihre Gesundheit zu verbessern, diese wiederherzustellen oder auch dauerhaft zu behalten.

Zudem erhalten sie auf Wunsch Beitragsrückerstattungen. Viele Mitglieder spenden diese Gelder, um etwas damit zu bewegen, denn wie schon erwähnt: alle Überschüsse, die über einen mehr als ausreichend großen Rücklagenfonds zur Absicherung von eventuellen sehr teuren Leistungen (Rettungshubschrauber, Not-OP´s usw.) da sein müssen, fließen zu 100 % wieder der Allgemeinheit zu.

Hier noch einmal alle Ihre Vorteile auf einen Blick:

- mindestens 20 % Kostenersparnis
- Möglichkeit weiterer Kostensenkung durch Teilnahme an kostenlosen Gesundheitsseminaren
- wachsende Beitragsrückerstattungen
- Kostenübernahme von Behandlungen durch Ärzte, aber auch von Heilpraktikern, Osteopathen, usw.

- mehr Gesundheit, Wohlbefinden und Lebensfreude
- Wissen über sich selbst
- Förderung der Allgemeinheit und damit auch von Ihnen selbst

Für die Zukunft ist es angedacht, im Krankheitsfalle eines Selbständigen auf dessen Wunsch hin, Unterstützung bei der Weiterführung des Unternehmens bieten zu können. Kann es etwas Sinnvolleres geben?

Natürlich können Sie auch Mitglied werden, wenn Sie nicht Selbständig sind. Wenn Sie schon krankenversichert sind und diese Versicherung behalten wollen, ist es möglich eine Zusatzabsicherung zu wählen. Diese ist sinnvoll, wenn Sie auf alternative Heilverfahren ausweichen wollen die Ihre Versicherung nicht übernimmt. Sie können auch Mitglied werden, weil Sie die Gesundheitsseminare besuchen wollen, wenn Sie einfach die Verbreitung dieser Initiative unterstützen wollen, oder auch alles zusammen.

Zahlen Sie monatlich 20 Euro erhalten sie 20 % Zuzahlung beispielsweise zu einem Heilpraktikerbesuch. Bei 50 Euro 50% Zuzahlung, bei 100 Euro übernimmt der Fond die vollen Kosten. Selbstverständlich sind auch die Gesundheitsseminare für Sie dann kostenfrei.

Wie Sie an den bisherigen Ausführungen entnehmen können, geht es bei uns nicht nur um die Vermittlung von Wissen, sondern auch um die Vermittlung von Werten und es geht immer um Selbstverantwortung und gesellschaftliches Engagement. Wir leben im Spannungsfeld der Polarität und entscheiden jeden Tag, in welche Richtung der Polarität wir uns bewegen wollen.

Der Egozentrierte Mensch kümmert sich nur um den Aufbau einer Fassade um von der Umwelt anerkannt (geliebt) zu werden. Dafür ist ihm oft jedes Mittel recht.

Der egoistische Mensch und der mit Selbstwertproblemen behaftete, der schon ein paar kleine Wahrheiten des Lebens erkannt hat, tut Gutes um anerkannt und geliebt zu werden.

Der mäßig entwickelte Mensch übernimmt Selbstverantwortung, lehnt aber oft noch gesellschaftliche Verantwortung mit der Begründung ab, daß sich ja jeder Mensch seine eigene Realität erschafft und die anderen ja auch selbst Schuld an ihrer Misere sind.

Er meint, daß dies nichts mit ihm selbst zu tun habe.

Der entwickelte Mensch setzt sich selbstlos nicht nur für sein eigenes Vorwärtskommen ein, sondern er übernimmt auch Verantwortung für andere Menschen. Er gibt Hilfe denen die Hilfe wünschen und annehmen können. Er hat sein eigenes Leben (Gesundheit, Vitalität, Fülle, usw.) verwirklicht und kann dies auch vorleben.

Der weit entwickelte Mensch übernimmt Verantwortung für all das, was in sein Bewußtsein tritt. Er setzt sich selbstlos für das ein, was All-DAS-WAS-IST ihm als Aufgabe aufträgt. Er hat keine Anhaftung an diese Schöpfungen, die er in SEINEM Auftrage für das Allgemeinwohl und für IHN umsetzt. Er belehrt die Menschen seines Umfeldes auch ohne Worte durch das konsequente Vorleben der Wahrheit und gibt diesen Menschen auf Wunsch auch angemessene Unterweisung.

Der sich seiner wahren Natur vollbewußte und verwirklichte Mensch findet die Antwort auf alle Fragen des Lebens. Er findet für jedes Problem eine Lösung, inspiriert von IHM/IHR. Er erhält seine Informationen und Kraft allein von ALLES. Er bietet alles Wissen und alle Möglichkeiten an ohne Jemandem etwas aufzwingen zu wollen. Sein Einsatz ist nur davon motiviert, ALLEM zu dienen und er hat sein Ego aufgegeben. Jegliches Handeln ist darauf ausgerichtet seine Rolle, die er genau kennt, zu spielen um SEINEN Plan voranzubringen. Dienst ist sein Lebensinhalt.

Irgendwann durchläuft jeder Mensch diese oben erwähnten Werte- und Handlungsebenen.

Die dunkle Seite darf Verführen, Lügen, Betrügen, Heucheln. Sie darf den Menschen herausfordern, seine Standfestigkeit erproben, ihn verderben, ihn knechten und bevormunden. Der Mensch soll Eigenverantwortung, Stärke, bedingungslose Liebesfähigkeit und auch Unterscheidungsfähigkeit erwerben.

Wie in einer Schule hat jeder Mensch hier ein Lern- und Experimentierfeld zur Verfügung, welches nach göttlichen Gesetzen abläuft. Niemand muß die Lüge, die Heuchelei und das Ego wählen. Jeder hat die Möglichkeit Selbstverantwortung als auch Verantwortung für das Allgemeinwohl zu übernehmen, diese Verantwortung ernst zu nehmen und auch entsprechend zu handeln.

Der Weg dahin ist ein Prozeß der scheinbar auch Zeit und vor allem Handlung braucht.

Was ist nun wahre Religion?

Es ist der sichere, wissenschaftliche Weg hin zur eigenen Selbstverwirklichung. Damit meine ich aber nicht die Schulwissenschaft, sondern die empirische Erkenntnis. Ich meine den gelebten Weg, die Handlung die Erfahrung ermöglicht. Im ganz normalen Alltag haben wir jeden Tag unzählige Herausforderungen, bei denen sich unser wahrer Charakter und unser Entwicklungsstand zeigt. Indem wie wir leben und handeln zeigt sich unser wahres Ich, zeigt sich unser wahrhafter Wissens- und Erkenntnisstand.

Diesen Weg versuche ich einfach nur konsequent vorzuleben und durch die Tat in jedem Bereich des Lebens konsequent umzusetzen. Jeder Mensch, der seine eigene Verwirklichung anstrebt, findet bei uns genügend Spiel-Raum um mit uns gemeinsam seine und die Träume der Anderen aktiv zu gestalten. Er erfährt Freiheit und Verantwortung, Herausforderungen und Tränen, Wachstum und Freude – jeden bewußten Tag. Esoterische Halbwahrheiten oder gar Unfug lernt man zu erkennen. Ich bin kein Phantast, nur ein Visionär.

Ich bin nur SEIN Handlanger.

Die oben beschriebene Gesellschaft bestehend aus entwickelten Menschen benötigt kaum noch geschriebenes Recht. Entwickelte Menschen begehen kaum Fehlhandlungen. Für diese wenigen Fehlhandlungen kann ein fairer individueller Ausgleich zwischen den Beteiligten gefunden werden, der für beide akzeptabel ist, und wo auch die jeweilige Eigenverantwortung bei dieser „Problem-co-kreation" erkannt wird. Hier wird nicht blind wie „Justitia" gerichtet und bestraft, sondern es werden die Konsequenzen bewußt gemacht, es werden die jeweiligen Ursachen aufgedeckt und neue Denk, Fühlens- und Verhaltensweisen vom „Täter" erlernt. Die Konsequenz seiner Tat wird ihm bewußt, er versteht und erfährt die Gefühle und Auswirkungen in seinem „Opfer" und er erhält Hilfe bei der Bewältigung seiner Persönlichkeitsdefizite, die zu seiner Tat geführt haben. Derartig therapierte „Täter" sind wahrhaft resozialisiert und keine Wiederholungstäter. Im heutigen Justizsystem werden etwa 80 % der schon einmal straffällig Gewordenen zu Wiederholungstätern, weil eine Strafe meist nicht zu einer Einsicht in die Fehlhandlung führt und an der Persönlichkeit des Täters nicht zielgerichtet gearbeitet wird.

Wo Ethik fehlt braucht es (Straf-) Recht.

Aber natürlich sind auch klare Verabredungen darüber sinnvoll, wie man sich als Gemeinschaft organisieren möchte. Ein Staat ist eine Organisationsform, in der diese Regeln für das Zusammenleben im Recht begründet sind. An den Universitäten wird Staatsrecht kaum gelehrt und auch aus diesem Grunde ist die gegenwärtige Organisations- und Gesellschaftsform sehr verbesserungsbedürftig, was wir alle ja an allen Ecken und Enden gegenwärtig mit immer mehr Deutlichkeit spüren.

Aus diesem Grunde habe ich die „Verwaltungsgemeinschaft Neudeutschland" gegründet. Alle, die sich innerhalb unserer Kooperationsgemeinschaft befinden, kennen mehr oder weniger die Struktur unserer Rechts- und Gesellschaftsform.

Was genau sollte ein Staat also sein und welche Aufgaben sollte er erfüllen?

Der Staat sollte ein von den Menschen des Staates geschaffenes Instrument sein, welcher die Rahmenbedingungen im Dienste an allen seinen Bürgern zu regeln und organisieren imstande ist. Diese Rahmenbedingungen sollten so gestaltet werden, daß Jedem größtmögliche Freiheit gewährt wird, daß Jedem die gleiche Möglichkeit zu Sinn-Voller persönlichkeitsfördernder Beschäftigung, Persönlichkeitsentwicklung, Fülle und Glück offen steht. Dabei ist natürlich auch darauf zu achten, daß unbegrenzte Freiheit nicht auf Kosten der Natur oder eines anderen Individuums gewährt wird und es ist zudem die Eigenverantwortlichkeit des Einzelnen zu fördern. Dies heißt natürlich auch, daß man für Nichtstun auf Dauer nicht übermäßig viel erhalten kann.

Wenn wir dieses Ideal mit den bestehenden Zuständen vergleichen, dann erkennt man, daß die heutigen Staatsformen diese Aufgaben nicht erfüllen. Die heutigen Staaten erreichen es nicht, dem Bürger größtmögliche Entwicklungsmöglichkeiten zu bieten bei gleichzeitiger Gewährung von größtmöglicher Freiheit. Es ist gar eher so, daß man in Wirklichkeit gar keine wissende Masse und auch keine mündigen Bürger wünscht, man wünscht sich Schafe die brav arbeiten und konsumieren. Man bietet Brot und Spiele fürs Volk, bietet eine Flut unnötiger und oft angstmachender Informationen, man schafft bewußt und willentlich die Zustände die wir allerorts betrachten können. Aber auch Sie wählen diese Dinge mit durch das was Sie tun und auch unterlassen zu tun. Wenn an den Spielen keiner teilnehmen oder auch nur zuschauen würde, gäbe es sie nicht. Wenn die Masse nicht nur mit trockenem Brot zufrieden wäre, dann gäbe es auch gesundes und wohlschmeckendes Essen im Überfluß für alle. Aber die Bürger haben sich diesen Staat und die Menschen die ihn vertreten ja auch gewählt. Gewählt durch den bewußten Akt ihres freien Willens, oder auch gewählt durch Nichtstun, also durch Unterlassung der eigenen Umsetzung von Alternativen zum bestehenden System.

Wir wollen Ihnen nun die Möglichkeit bieten einen neuen Anfang zu machen und einen funktionierenden Staat zu gestalten, der nach den oben genannten Prinzipien arbeitet. Sie können dabei wählen, ob und wie weit Sie noch am alten System der Bundesrepublik Deutschland teilhaben wollen. Wenn Sie aus dem bestehenden System aussteigen wollen und in das Neue wechseln möchten, können wir in den meisten Fällen gemeinsame Wege finden. Sie mögen nicht immer einfach sein, aber sie führen letztendlich zu Selbstverantwortung und Freiheit, zu Selbstverwirklichung, Glück und Liebe. Es ist Ihre Wahl wie weit Sie gehen möchten und welche Rolle Sie einnehmen wollen.

Ja was aber ist dann die BRD? Wenn sie sich einen Auszug aus dem Handelsregister Frankfurt besorgen, dann finden Sie unter der Handelsregisterblatt Nr. HRB 51411 die „Bundesrepublik Deutschland-Finanzagentur Gesellschaft mit beschränkter Haftung"

Die ausgeübte Tätigkeit dieser Firma:

„Erbringung von Dienstleistungen für das Bundesministerium der Finanzen bei der Hauhalts- und Kassenfinanzierung der Bundesrepublik Deutschland und ihrer Sondervermögen mit der Maßgabe der Optimierung der Zinskosten des Bundes und seiner Sondervermögen."

Sieht es nicht so aus, daß die Bundesrepublik zur Finanzierung Ihres Hauhaltes eine Gesellschaft mit beschränkter Haftung benötigt?

Das liegt wohl auch daran, daß Sie im Grundgesetz keine Verpflichtung zur Zahlung von Steuern finden!

Die BRD ist also eine Art GmbH. Derjenige, der einen Vertrag, also ein Rechtsverhältnis mit ihr eingeht, der eine „Steuererklärung" unterschreibt, soll diese „Steuern" auch ruhig bezahlen! Dies ist rechtlich auch völlig sauber und ich empfinde es auch nicht als falsch.

Das bestehende System ist ja auch schon nicht schlecht. Es geht uns hier viel besser als den Menschen in den meisten Ländern. Damit es aber auch so bleibt, müssen wir alle etwas tun!

Die „Beamten" im Finanzamt glauben natürlich, daß sie im Recht sind und deshalb setzen sie die Exekutive in Gang und gängeln ihr eigenes Volk. Sie wissen selbst nicht, daß von allen Steuereinnahmen die Länder und Kommunen 38 % für Personalausgaben, 23 % für Zinsausgaben, Zuweisungen, Zuschüsse und Sonstiges, 15 % für den laufenden Sachaufwand, insgesamt also über ¾ des Volksvermögens für die Kontrolle und Knechtung Ihresgleichen und ihrer Kinder ausgegeben wird! Lediglich 12 % werden für Investitionen und weiter 12 % für soziale Leistungen ausgegeben. (Quelle: Statistisches Bundesamt)

Dieser Wahnsinn steht dem Artikel 14 Abs. 2 GG entgegen der da heißt:

„Eigentum verpflichtet. Sein Gebrauch soll zugleich dem Wohle der Allgemeinheit dienen."

Im GG Art.20, Abs.3 finden Sie:

„Die Gesetzgebung ist an die verfassungsmäßige Ordnung, die vollziehende Gewalt und die Rechtsprechung sind an Gesetz und Recht gebunden."

Daß diese Grundsätze nicht mehr beachtet werden ist wohl aus vorgenannten Gründen offensichtlich.

Im Art.20, Abs. 4 finden Sie dann noch folgendes:

„Gegen jeden, der es unternimmt, diese Ordnung (gemeint ist die freiheitlich demokratische Grundordnung) zu beseitigen, haben alle Deutschen das Recht zum Widerstand, wenn andere Abhilfe nicht möglich ist."

Hier noch ein Zitat eines weisen Menschen (Mahatma Gandhi):

„Ziviler Ungehorsam wird zur heiligen Pflicht, wenn der Staat den Boden des Rechts verlassen hat."

Wie lange wollen wir noch so weitermachen und den Kopf in den Sand stecken? Wie viel Druck braucht es noch bis sich die Menschen in diesem Land bewegen? Was ist nun der Grund dafür, daß wir in einer Staatssimulation leben? Warum gibt es keine Verfassung? Warum machen alle so weiter wie bisher?

Der Grund ist Angst. Die Politiker haben Angst um Macht, ihre Posten und üppigen „Diäten". Die Richter und Staatsanwälte die diese Staatsimulation stützen, haben Angst um ihre Bezüge und Pensionen oder auch Angst vor Anarchie. Die Beamten wissen nichts darüber und würden wahrscheinlich auch nur Angst haben auf der Straße zu stehen. Sie alle kennen keine Alternative und fürchten sich vor Veränderung oder gar Verfolgung. Und so machen alle weiter und warten wohl auf den neuen Messias der alles richten soll, geschlossen auf den Untergang oder einen neuen Führer?

Was braucht es nun? Es braucht neue institutionelle Organe eines neuen Deutschlands.

Diese müssen nach neuen Prinzipien funktionieren, wenn es ein erneuertes Deutschland geben soll. Ansonsten würden wir ja wieder nur wie gewohnt unter anderem Namen weitermachen. Es bräuchte das Neue nicht, wenn es denn keine grundlegende und wesentliche Verbesserung wäre.

Es braucht ein Neudeutschland, in dem keiner Angst haben muß.

Die Prinzipien dieses neue Staatskonzepts finden sie unter: Neudeutschland.net

Gegenwärtig schreibe ich an einer neuen Verfassung, die diese Bezeichnung auch verdient. Dabei wird niemand etwas verlieren, alle werden Gewinner sein, selbst die Superreichen.

Nun verstehen sie vielleicht die größeren Zusammenhänge. Solange die BRD noch das ist was sie ist mit ihren Systemen des zinsbehafteten Geldes, des krankheitsfördernden Gesundheitswesens, des profitorientierten Energiewesens etc.., und das Volk immer noch nicht in Selbstverantwortung erwacht ist, solange kann es keine Erneuerung und Rechtmäßigkeit geben. Erst wenn nach gerechten Prinzipien arbeitende institutionelle Organe existieren, ist ein Neuanfang möglich und sinnvoll. Noch ist nichts verloren. Die besondere Rechtslage Deutschlands erlaubt es neu anzufangen. Ein Neuanfang muß jedoch von unten erfolgen, da unsere gewählten „Volksvertreter" durch die Einbindung in bestehende Strukturen und durch ihre von den Alliierten beschnittene Handlungskompetenz in dieser Hinsicht nicht oder nur begrenzt handlungsfähig sind. Es ist also nötig, daß Sie alle sich bewegen.

Vielleicht meint unsere Bundesregierung auch mit dem erlaubten Mittel des Wartens auf bessere Zeiten arbeiten zu können. Noch gibt es ein Neudeutschland nicht, da das Volk nicht mündig geworden ist. Es liegt an uns allen dies zu ändern. Die größte Gefahr dabei ist das Ego. „Teile und Herrsche“ war schon immer ein Leitspruch der dunklen Seite. Wir sollten aufhören uns auseinanderdividieren zu lassen, das Ego beherrschen lernen und füreinander eintreten.

Noch ist das Besatzungsstatut der Alliierten weiterhin fortbestehend. Ergreifen wir die Chance und erneuern wir Deutschland. Verwandeln wir unser Land in einem Staat, der seinen Bürgern wahrhaft dient. Nur dann, wenn alle umliegenden Staaten an diesen Fortschritten teilhaben wollen und Deutschland leuchtendes Vorbild ist, nur dann ist Deutschland in den Grenzen vom 31.Dezember 1937 oder auch nach dem Stande vor dem Versailler Diktat wieder auf friedlichem Wege zu verwirklichen und auch eine völkerrechtliche Anerkennung eines neuen Deutschlands möglich.

Und genau aus diesem Grunde ist alles so wie es ist.

Eine positive Veränderung entsteht eben nur durch Handlung und nur durch ein wahrhaft erwachtes Volk.

In unserer Verwatungsgemeinschaft haben wir als „Staatsform“ die Monarchie (die Herrschaft eines Einzelnen) gewählt. Warum? Weil in der Natur alles hierarchisch strukturiert ist. Die Demokratie ist die Staatsform, in der die Menschen am leichtesten auf Dauer geknechtet werden können. Sie führt immer ins Desaster, da der „durchschnittliche Massenmensch“, der nun einmal am Zahlreichsten ist, daß Maß der Dinge darstellt. Finden sie etwas derartige irgendwo in der Natur?

Weise und integere Menschen haben in dieser Scheindemokratie kaum eine echte Chance den Menschen wirklich „von oben her“ zu dienen. Sie kommen erst gar nicht in eine derartige Position.

Bei uns kann jeder innerhalb einer freundschaftlichen hierarchischen Struktur zum „Monarchen“ seines jeweiligen Aufgabengebietes werden, wenn er die Ethik und die Qualifikation dazu hat und auch entsprechend handelt. Je mehr er von diesen Eigenschaften besitzt, um so mehr Aufgaben kann er in eigener Verantwortung übernehmen, wenn er dies wünscht.

Seine Macht zur Gestaltung der Gemeinschaft resultiert aus seinem Willen, seinem Wissen, seiner Ethik und seinem Handeln und auch daraus, daß die anderen Ihm diese Macht auf Grund seiner

Kompetenz geben. Man könnte sagen, es existiert eine hierarchische Demokratie von unten nach oben.

Hier regiert also der Weiseste, Hochstehendste und Selbstloseste, der sein Wissen durch sein Handeln beweist, denn:

„An den Früchten werdet ihr sie erkennen“

Wo wir schon beim nächsten Punkt sind, die Nahrungsmittelerzeugung

Daß die gegenwärtige Nahrungsmittelerzeugung auf der Ausbeutung der Natur beruht wissen Sie alle selbst. Daß Hühner, Schweine, Rinder ihr Leben zum größten Teil als dauerhafte Folter empfinden, können Sie sich einfach bewußt machen, wenn sie sich vorstellen, daß sie deren Lebensumstände hätten. Es wäre wohl so, als ob sie bis zu ihrer Hinrichtung in Guantanamo einsitzen würden. Wie wäre das?

Daß auf Monokulturfeldern mit Hilfe von Kunstdünger und Pestiziden das Grundwasser belastet und diese erzeugte „Nahrung“ dann dazu führen kann, daß der Mensch seine Gesundheit gefährdet, wissen Sie sicher auch schon.

Nun hat Meckern und sich beschweren ja keinen Sinn und deshalb haben wir hier in der Nähe von Wittenberg eine ökologische Landwirtschaft aufgebaut. Wir arbeiten dort mit Permakultur (Pflanzgemeinschaften, die sich gegenseitig unterstützen) mit kleinen Hügelbeeten, mit Pferdemist, Nutzpflanzen, Gründüngung, EM´s. Uns interessieren keine Biozertifikate, da diese enorme Kosten und Kontrollen beinhalten. Diesen „Verwaltungsaufwand“ schenken wir uns, denn er müßte in die Preise eingerechnet werden und würde die Lebensmittel nur verteuern. Wir setzen einfach auf Ehrlichkeit, Vertrauen, Öffentlichkeit und Geschmack. Jeder, der eine Tomate aus unserer Landwirtschaft gegessen hat, merkt schon am Geschmack, daß es sich hier um naturbelassene und gesunde Kost handelt.

Auch in unserer eigenen Imkerei achten wir darauf, daß die Bienen nicht übermäßig ausgebeutet werden. Sie bekommen niemals Zuckerwasser, weder als Grundlage für die Produktion von minderwertigem Billighonig, noch zur Überwinterung. Der Mensch sollte sich als Teil der Natur begreifen und nicht als ihr Vergewaltiger.

Auf diese Weise werden alle innerhalb unserer Kooperationsgemeinschaft mit gesunden und schmackhaften Lebensmitteln versorgt. Da wir ja eine Menge Menschen sind die hier im Zentrum tätig sind, findet sich fast immer jemand, der Mittagessen für alle kocht. So verwerten wir die Dinge auch gleich noch die wir produzieren. Für das nächste Jahr haben wir geplant noch viel mehr herzustellen, da wir dann unsere eigene Gaststätte ausgebaut haben werden und diese Dinge dann dort nur für Engelgeld gesund und steuerfrei anbieten. Auch Systemmenschen der BRD können natürlich bei uns einkaufen. Sie finden am Eingang eine Wechselstube, wo sie ihre Euros in Engel eintauschen können, sind dadurch Vereinsmitglieder und essen als Vereinsmitglieder in einem Vereinslokal im Vereinshaus und werden von Vereinsmitgliedern bedient. So wird die Familie immer größer.

So schließt sich der Kreis wieder von der Produktion bis zum Endverbraucher. Alles in einer Hand, in der Hand dessen, der Leistung erbringt. Nichtleistungserbringer (wie ein Bankiersfamilienclan) haben davon nichts, wofür sollten sie auch etwas davon über den Umweg von Steuern bekommen? Sie haben ja nichts dazu beigetragen. Ist doch nur gerecht.

Was können Sie tun?

- Werden Sie Mitglied im Gesundheitsfond und machen Sie ihn bekannter
- Tauschen Sie Euro in Engel um und setzen sie sich für seine Verbreitung ein
- Legen Sie Ihre Ersparnisse in der Kooperationskasse an und machen Sie die Kooperationskasse bekannter
- Hinterfragen Sie Ihre gegenwärtige Tätigkeit und handeln sie nach hohen ethischen Normen
- Arbeiten Sie mehrere Stunden in der Woche selbstlos für das Allgemeinwohl
- Kaufens Sie nur bei Firmen ein, die ethisch richtig handeln

Dies sind nur ein paar kleine Anregungen. Sicher finden Sie noch viel mehr sinnvolle Tätigkeiten die uns alle voranbringen.

Diesen von Peter Fitzek dargestellten Weg sowie seine Programme und all das, was er auf diesem Gebiet schon getan hat, halte ich für absolut förderungswürdig oder noch besser nachahmenswert, da hier schon eine Menge Erfahrungen vorliegen.

Unser Weg geht über die Schottische Stiftung, wo wir über Technologieförderung und deren Nutzung mittels der Stiftung und Stiftungskasse fast identische Ziele haben. Autarkie über Technologie, eigene Tauschsysteme, eigenes Geld und Eigenverantwortlichkeit.

Wir sehen also eine Zukunft für alle Menschen, die es wirklich wollen, in Liebe, Frieden und Harmonie.

Um Ihnen eine Stimmung dafür zu vermitteln endet das Protokoll Lyrisch und zwar erstens klassisch mit Friedrich Schillers Ode an die Freude und zweitens mit Zeilen eines mehr als talentierten Erfinders und Technikers aus unserem Netzwerk Albert Mühlenbach.

Gönnen sie sich für Ihr Gefühl und Ihre Stimmung diese Zeilen.

Andreas Clauss

Friedrich Schiller

Ode
An die Freude

Freude, schöner Götterfunken,
Tochter aus Elysium,
Wir betreten feuertrunken,
Himmlische, den Heiligtum.
Deine Zauber binden wieder,
Was die Mode streng geteilt,
Alle Menschen werden Brüder,
Wo dein sanfter Flügel weilt.
Seid umschlungen Millionen!
Diesen Kuß der ganzen Welt!
Brüder - überm Sternenzelt
Muß ein lieber Vater wohnen.

Wem der große Wurf gelungen,
Eines Freundes Freund zu sein,
Wer ein holdes Weib errungen,
Mische seinen Jubel ein!
Ja - wer auch nur eine Seele
Sein nennt auf dem Erdenrund!
Und wer's nie gekonnt, der stehle
Weinend sich aus diesem Bund!
Was den großen Ring bewohnet
Huldige der Sympathe!
Zu den Sternen leitet sie,
Wo der Unbekannte thronet.
Freude trinken alle Wesen
An den Brüsten der Natur,
Alle Guten, alle Bösen
Folgen ihrer Rosenspur.
Küsse gab sie uns und Reben,
Einen Freund, geprüft im Tod,
Wollust ward dem Wurm gegeben,
Und der Cherub steht vor Gott.

Ihr stürzt nieder, Millionen?
Ahnest du den Schöpfer Welt?
Such ihn überm Sternenzelt,
Über Sternen muß er wohnen.

Freude heißt die starke Feder
In der ewigen Natur.
Freude, Freude treibt die Räder
In der großen Weltenuhr.
Blumen lockt sie aus den Keimen,
Sonnen aus dem Firmament,
Sphären rollt sie aus den Räumen,
Die des Sehers Rohr nicht kennt.
Froh, wie seine Sonnen fliegen
Durch des Himmels prächt'gen Plan,
Wandelt Brüder eure Bahn,
Freudig wie ein Held zum Siegen.

Aus der Wahrheit Feuerspiegel
Lächelt sie den Forscher an.
Zu der Tugend steilem Hügel
Leitet sie des Dulders Bahn.
Auf des Glaubens Sonnenberge
Sieht man ihre Fahnen wehn,
Durch den Riß gesprengter Särge
Sie im Chor der Engel stehn.
Duldet mutig Millionen!
Duldet für die beßre Welt!
Droben überm Sternenzelt
Wird ein großer Gott belohnen.

Göttern kann man nicht vergelten,
Schön ist ihnen gleich zu sein.
Gram und Armut solln sich melden,
Mit den Frohen sich erfreun.
Groll und Rache sein vergessen,
Unserm Todfeind sei verziehn,
Keine Träne soll ihn pressen,
Keine Reue nage ihn.

Unser Schuldbuch sei vernichtet,
Ausgesöhnt die ganze Welt!
Brüder - überm Sternenzelt
Richtet Gott wie ihr gerichtet.

Freude sprudelt in Pokalen,
In der Traube goldnem Blut
Trinken Sanftmut Kannibalen,
Die Verzweiflung Heldenmut.
Brüder fliegt von euren Sitzen,
Wenn der volle Römer kreist,
Laßt den Schaum zum Himmel spritzen:
Dieses Glas dem guten Geist!

Albert Mühlenbach

„ Das einfache Leben in Liebe zur Weisheit“

Der Weg des Lebens sinnt das Ziel,
wohl auch des Visionärs weises Spiel.

Des Wissensmeer es wogt ihn hin und her,
so da fragt der Weise gar was gibt es mehr?

Der Geist es erkennt bei weitem nicht,
den Horizont den es doch so sehnsuchtsvoll erpicht.

Doch ganz das weiche warme Licht,
liebkost des Suchers heitere Sicht.

Friedlich doch natürlich letztes Gedicht,
die Erkenntnis des Menschen traumhaft irdisch Sicht.

Der das Streben des Menschen nicht versteht,
der Kosmos ward das Leben ewig geht.

Des edlen reinen Philosophengedanke,
öffnet die Liebe zur Weisheit letzter Schranke.

Es ward, es lebt seit ewigen Gedanke,
die selbst auferlegte Geistesschranke.

Des Sternenglanze den Sie würdigen mit Ihrem Sein das Ganze,
wohlgebettet in göttlicher Ruh,
unermesslich liebt der Schöpfer in himmlich Resonanze,
gar geizen nicht in sein himmlisch eigen Glanze.

Doch ward der harmonische Kreis geschlossen,
treffen sich all die göttlichen Genossen.

Des Weisheits letzter beständig Schluß,
universelle Wandlung des Lebens in Liebe
ein königlich unendlicher Genuß.

eim Licht der Vernunft, Toleranz und Achtung vor dem heiligen Leben
eben, ist nur der erwacht bewusste Mensch sein
bringt Ihn zurück nach Eden.

Die Liebenenden Menschen der Tat,
ehren das gegebene Wort.

Laßt das Gute mit den Zeiten reifen,
so wird das Negative bald von Erden weichen.

Wahrlich des golden Schnittes gewahr,
der edle Gedanke zeitlos schön, Er und Sie gebar.

Die Unendlichkeit gebärt sich offen, sinnentblößt des Wertes Erde nun
will sie hoffen, nie wieder die Macht der Dunkelheit will sie erhoffen.

Zum Wohle aller und keinem zum Schaden,
möchte sich der Herzensfrieden laben.

Interessante Internetadressen zum Thema:

Weiterführende interessante Internetlinks:

Autor:
www.novertis.de

Partner/Interessantes/Wissenswertes
(bitte auch hier die Weiterverlinkungen beachten):
www.autarkesleben.com
www.ganzheitlichewege.net
www.alleinklang.tv
www.secret.tv
www.infokrieg.tv
www.lnc-2010.de
www.zeitenschrift.com/
www.spatzseite.de
www.nuovisio.de
www.biokurs.de/treibhaus/
www.michaelwinkler.de/
www.initiative.cc/
www.junge-freiheit.de/

Rechtstexte:
www.gesetze.2me.net/index.html
www.buzer.de/index.htm
http://frei.bundesgesetzblatt.de/index.php?teil=I&jahr=2008
http://www.gesetze-im-internet.de/index.html

Das Deutschland Protokoll

Die Bundesrepublik Deutschland ist ein souveräner Staat und das Grundgesetz ist unsere Verfassung. So wird es uns seit 1990 hypnotisch eingetrichtert und beinahe jedermann glaubt es. Aber stimmt das wirklich so? Oder wird im angeblich ***freiesten Staat Deutscher Geschichte*** nur Augenwischerei betrieben? Wenn Sie an Tatsachen und nicht an Märchen interessiert sind, sollten Sie weiter lesen. Wenn Sie aber weiterhin den gleichgeschalteten Massenmedien unter US-Hoheit Glauben schenken möchten, dann legen Sie es besser wieder weg, denn die Fakten könnten Sie vielleicht überfordern! Dieses Buch offenbart Ihnen erstmals, daß die BRD kein souveräner Staat, sondern ein weiterhin fortbestehendes besatzungsrechtliches Mittel der Alliierten ist; warum sich die bundesdeutsche Politik weiterhin nach US-Vorgaben auszurichten hat oder warum seit 1990 keine gesamtdeutschen Wahlen stattfinden!

Sie finden hier erstmals alle Beweise und Fakten die es Ihnen selbst ermöglichen, die in diesem Buch vorgetragenen Behauptungen selbst zu überprüfen. Das Traurige an diesem Buch ist die Wahrheit darin. Sie sind vielleicht der Meinung, das sei alles weit hergeholt?

Wissen Sie, weshalb Sie einen ***Personalausweis*** und keinen ***Personenausweis*** besitzen? Wessen Personal sind Sie? Vielleicht sind Sie sich auch wirklich ganz sicher, das Deutschland mit dem ***2plus4-Vertrag*** von 1990 einen Friedensvertrag hat. Selbstverständlich ist auch das ***Grundgesetz für die Bundesrepublik Deutschland*** unsere Verfassung - auch das wird sogar in Schulen so gelehrt. Sie können hoffentlich mit diesen und mehr Enttäuschungen umgehen, denn genau dies wird dieses Buch mit Ihnen tun: Es wird Sie ***enttäuschen*** und Ihnen ungeschminkt die verschwiegenen Fakten präsentieren, vor denen sich die Bundespolitiker aller Fraktionen so sehr fürchten!

Die US-amerikanische ***American Free Press*** schrieb am 7. Oktober 2002: „Ironischerweise ist Deutschland keine souveräne Nation, ohne Friedensvertrag und mit über 70.000 US-amerikanischer Besatzungstruppen noch immer auf seinem Boden: Die USA und Großbritannien könnten die Bundestagswahl annullieren unter Deutschlands ***tatsächlicher*** Verfassung, dem Londoner Abkommen vom ***8. August 1945***."

Dies ist nur ein kleiner Vorgeschmack auf weitere Enthüllungen und Fakten dieses Buches. Unter anderem erfahren Sie: Warum die BRD keine Rechtsgrundlage für ihr Handeln besitzt; warum die bundesdeutschen Regierungen und alle Wahlen seit 1990 illegal sind; weshalb Berlin kein Bundesland der BRD sein kann; weshalb jeder Bundesdeutsche staatenlos ist; wieso es keine Staatsangehörigkeit „Deutsch" gibt; wofür und für wen Sie hohe Steuern zahlen; warum Deutschland weiterhin von den USA besetzt ist; was das Grundgesetz ***für*** die Bundesrepublik Deutschland wirklich ist; warum Deutschland keinen Friedensvertrag hat, warum Deutschland noch immer unter mittelbarem Kriegsrecht steht; weshalb der Euro keine legale Banknote ist und keinen Bestand haben wird; warum Bundeswehrsoldaten Söldner und Freischärler und keine Soldaten im Sinne des Völkerrechts sind; warum sich die BRD nicht an das Völkerrecht hält - und vieles mehr!

Vergessen Sie die ***freie Presse***! Vergessen Sie die ***freien Medien***!
Vergessen Sie die ***frei gewählten Politiker***! Vergessen Sie alles, was man Ihnen bisher erzählte und prüfen Sie den Inhalt des Buches auf seinen Tatsachengehalt selbst nach!
Aber Vorsicht: Sie werden künftig die Welt mit ganz anderen Augen sehen!

ISBN 978-3-940845-88-7

Michael Winkler

Das deutsche Jahrhundert - Staatskonzepte der Zukunft

Dies ist ein Buch für die Schublade...

Wir bewegen uns unaufhaltsam auf Veränderungen zu, die so bedeutend sind, wie jene in den Jahren von 1910 bis 1960. Nur wird das, was damals fünfzig Jahre gedauert hat, in gerade einmal fünf Jahren stattfinden.

Wir leben in den letzten Tagen des uns vertrauten Staates, in den letzten Tagen trügerischer Ruhe und Sicherheit. So, wie 1910 bereits der Keim zu zwei Weltkriegen und dem Ende des Kolonialzeitalters gelegt gewesen war, so ist auch heute schon die Zerstörung dessen absehbar, was uns heute noch unerschütterlich stabil erscheint.

Wenn wir nicht aus den Fehlern der Gegenwart lernen, sind wir verdammt, diese Fehler fortzusetzen. Es ist zu spät, die alte Bundesrepublik zu retten. Die Politiker, die diesen Staat an sich gerissen haben, wissen nicht mehr weiter. Es geht ihnen um den Erhalt von Pfründen und Privilegien, nicht um das Wohl unseres Landes.

Das jetzige System läßt uns vor seinem Zusammenbruch noch die Zeit, ein Konzept für eine bessere Zukunft zu entwickeln – ein Konzept, wie Deutschland im Jahr 2020 aussehen soll.

Wenn der Staat sich auflöst, in der kommenden Stunde Null, ist es zu spät, neue Konzepte zu entwickeln. Wenn dann nichts in der Schublade bereit liegt, wird improvisiert, zusammengestückelt und der Not folgend auf die Schnelle organisiert, was wohldurchdacht aufgebaut werden sollte.

Dieses Buch ist eine Anleitung für den Aufbau eines besseren Staates, der die Fehler der Vergangenheit meidet. Deshalb sollte es für den Fall der Fälle griffbereit in der Schublade liegen.

ISBN 978-3-940845-22-1

Michael Winkler

DDR 2.0

Bis 1989 war alles ganz übersichtlich. Da gab es die „Bundesrepublik Deutschland" (BRD) und die „Deutsche Demokratische Republik" (DDR). Da wußte jeder, wo rechts und links ist, wo gut und wo böse.

1990 wurden diese beiden Staaten vereinigt. Das Geld der BRD galt jetzt auch in der DDR, von der Hauptstadt der BRD wurde die DDR durch die Parteien der BRD regiert. Offiziell heißt der Gesamtstaat immer noch BRD, oder ganz korrekt: „Bundesrepublik des vereinigten Deutschlands" (BRdvD).

Die BRD hat gewonnen, die DDR ist verschwunden, sagt man uns. Wer jedoch in der BRD aufgewachsen ist, merkt, wie sehr sich der Staat verändert hat. Die „Errungenschaften" der BRD, Freiheit und Demokratie, gehen heute mehr und mehr verloren, ebenso die einstigen Errungenschaften des Sozialismus', das alle umfassende Sozialsystem.

Die BRdvD wird dabei mehr und mehr zu dem, was mir vor 35 Jahren in der Schule als Negativbild der DDR dargestellt worden ist. Was wir heute erleben, ist ein Staat, welcher die schlechten Eigenschaften seiner Vorgänger in sich vereinigt. Eine Nicht-mehr-BRD, voller sozialer Kälte, die in der Staatsführung immer mehr zur neuen DDR wird. Oder, wie es im Computerzeitalter genannt wird: zur DDR 2.0.

Erscheint Frühjahr 2009

ISBN 978-3-940845-23-8

Hans-Jörg Müllenmeister

Erlebtes Universum

Darf ich Sie zu einer Reise durch die Welt der Rohstoffe einladen? Oder besuchen Sie lieber eine indische Palmblattbibliothek? Aber ich erkläre Ihnen auch gern den Aufbau des Universums, wenn Sie das mehr interessiert.

Das Universum umgibt uns, zugleich sind wir selbst ebenfalls das Universum. Eisen baut nicht nur mit Tausenden Tonnen den Eiffelturm auf: Ein einzelnes, unbedeutendes Atom davon hält uns am Leben, denn dieses eine Atom färbt unser Blut rot und sorgt dafür, daß der Sauerstoff der Atemluft die letzte Körperzelle erreicht. Tauschen wir dieses winzige Eisenatom im Zentrum dieses Moleküls gegen Kupfer, wird das Ergebnis grün – und aus Hämoglobin ist Chlorophyll geworden, der Blattfarbstoff in der Pflanzenwelt.

In diesem Universum hängt alles mit allem zusammen, niemand lebt isoliert für sich allein. Sie leben in diesem Universum, hoffentlich ruhig, unbehelligt und zufrieden. Sie haben die Möglichkeit, dieses Universum zu *ER*-leben, die Zusammenhänge zu erforschen und zu verstehen.

Es geht in diesem Buch um Ihre Gesundheit, um Ihre Ernährung, um das giftigste Tier der Welt, um Dinosaurier und um das, was der Schöpfer vor dem Urknall getan hat. Es sind Partikel der Weisheit, zusammengetragen in einem ganzen Leben.

Dieses Buch schlägt die Brücke zwischen Dingen, die sich scheinbar nicht vereinbaren lassen, denn es geht um ein subjektives, ein erlebtes Universum. Und Sie finden darin exotische Materialien wie Zirkonium, Rhenium und Indium – Substanzen, die kaum im Wirtschaftsteil der Medien auftauchen.

Aber weil eben alles mit allem zusammenhängt, bestimmen diese Rohstoffe unsere Zukunft. Leider gehören dazu auch Krisen, Konflikte und Kriege der Zukunft. Kriege um Wasser und Düngemittel, um Erdöl und Metalle, um das Überleben der Industrie – und das Überleben der Menschen. Wenn Sie verstehen wollen, warum das alles so passiert, warum das Universum direkt in Ihr Leben eindringt – hier finden Sie die Erklärungen!

ISBN 978-3-940845-41-2

Michael Winkler
Die spirituelle Welt

Stellen Sie sich bitte einmal vor, Sie würden jetzt, in diesem Augenblick, sterben. Gut, gefallen wird es Ihnen wahrscheinlich nicht und Sie müßten sich erst einmal an diesen Gedanken gewöhnen. Nicht nur jetzt, sondern auch dann, wenn es tatsächlich passiert ist. Ja, denn es dürfte Sie zunächst überraschen, daß Sie dann immer noch denken können und irgendwie doch noch leben. Nur Ihr Körper hat ausgedient, von ein paar Teilen abgesehen, auf die Schwerkranke bereits warten.

Für Sie geht es weiter, das hat man Ihnen bestimmt schon im Religionsunterricht gesagt. Allerdings... Nun ja, das war die die werbepsychologisch aufbereitete Kurzfassung. Deutlich mehr steht in den „Totenbüchern", dem ägyptischen, dem tibetanischen, dem germanischen...

Oder Sie lesen es hier. Dieses Buch ist deutlich dünner, lebendiger geschrieben und viel besser zu verstehen. Aber Sie müssen diese Bücher nicht lesen, nicht einmal dieses. Sie werden sowieso alles erfahren, wenn das Sich-Totstellen kein Spiel mehr ist, ob nun in fünf Jahren oder fünfzig.

Aber vielleicht ziehen Sie es doch vor, sich darauf vorzubereiten, damit Sie wissen, was auf Sie zukommen wird. Noch haben Sie Ihr Leben in der Hand...

NOCH!

ISBN 978-3-940845-00-9

Zeitgeist – Der Film

Zeitgeist ist ein nonkommerzielles Film-Projekt, das nach jahrelanger Recherchearbeit im Jahr 2007 von Peter Joseph umgesetzt wurde.

Seit der englischen Veröffentlichung Mitte 2007 ist der Film bis heute in mindestens 20 Sprachen übersetzt worden, u.a. in Deutsch, Spanisch, Französisch, Japanisch und Russisch. Nach konservativen Schätzungen wird der Film täglich allein über die Video-Streaming Plattform „Google Video" mehr als 70.000 mal gesehen, das sind mehr als 2 Millionen pro Monat. Der Film nimmt damit weltweit hohe Positionen in den Video-Charts ein.

Der Film stellt die provokante Frage welche Gemeinsamkeiten Jesus Christus, der 11. September und die Federal Reserve Bank haben.

Dabei wird im ersten Teil des Films ausführlich auf die astrotheologischen Hintergründe und Mythen um die Figur des „Jesus Christus" eingegangen und es stellen sich Gemeinsamkeiten mit Göttern anderer, teilweise viel älterer Kulturen heraus.

Der zweite Teil des Films widmet sich vorwiegend den Terroranschlägen des 11. September 2001, mit dem Versuch dieses Ereignis kritisch zu betrachten und es in einen Kontext mit anderen terroristischen Anschlägen zu bringen.

Im dritten Teil wird der Frage nachgegangen wer die Männer hinter dem Vorhang sind. So wird u.a. die Geschichte rund um die Entstehung des Zentralbankensystems der USA beleuchtet und es wird ein kritischer Blick auf wirtschaftliche und kriegerische Ereignisse des 20. Jahrhunderts geworfen. Der Film schließt mit der Entlarvung des vorherrschenden Zeitgeistes als gänzlich auf Angst basiert.

122 min, mit deutscher Tonspur von *infokrieg.tv*.

ISBN 978-3-940845-64-1

Police State 3-
Die totale Versklavung

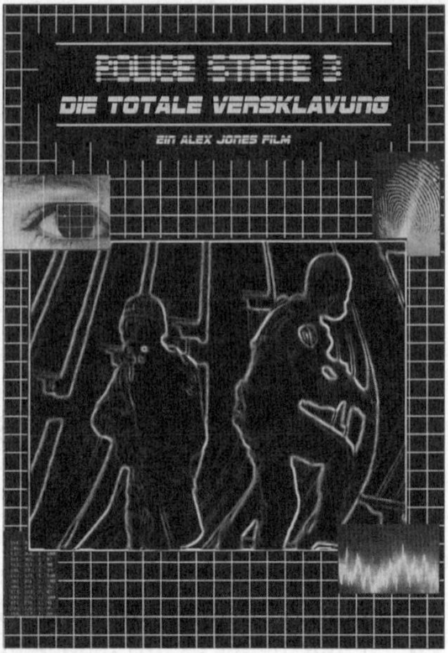

Alex Jones' letzter Teil der Dokumentarfilmreihe über das Gefängnis, das weltweit um uns herum unter dem Vorwand der Terrorbekämpfung errichtet wird.

Erfahren Sie, wie die Völker der Welt durch verdeckte Kriegsführung, Anschläge unter falscher Flagge, sowie Marionettenregierungen auf nationaler und internationaler Ebene in ein globales, diktatorisches Regime getrieben werden.

Alle unsere Bewegungen sollen durch modernste Technologien lückenlos überwacht und besteuert werden. Mit neuen Gesetzen können Regierungen jeden mißliebigen Bürger zum Terroristen erklären. Im Fernsehen wird inzwischen offen die Folterung von Kindern befürwortet.

Es wird Zeit, daß Sie den Wahnsinn durchschauen!

160 min, mit deutscher Tonspur von *infokrieg.tv*.

ISBN 978-3-940845-66-5

Udo Ulfkotte

SOS Abendland

In diesem Buch lesen Sie, was die Islamisten gerne vor Ihnen verborgen hätten. Es ist die wohl erschreckendste Chronologie über die Ausbreitung des Islam in Europa. Hier lesen Sie aber auch, was Ihnen die deutschen Massenmedien verschweigen. Fakten, die Ihnen den Atem stocken lassen – in einer Fülle, die erdrückend ist. Was schon lange prophezeit wurde, scheint nun finstere Realität zu werden:

Der Untergang des Abendlands!

Wissen Sie, in welchem europäischen Land …

- das öffentliche Zeigen der offiziellen Landesflagge inzwischen als Diskriminierung moslemischer Zuwanderer gesehen wird und von der Polizei mit einem Bußgeld belegt werden kann?
- eine christliche Kirche seit dem Sommer 2008 Schutzgeld an Moslems zahlt, die als »Bodyguards« arbeiten, damit Kirchgänger nicht länger von Jugendlichen anderer Kulturkreise angegriffen werden?
- die wachsende Zahl von Vergewaltigungen durch Mitbürger aus dem islamischen Kulturkreis mit dem »Klimawandel« begründet wird? -Muslime in arabischer Sprache darüber aufgeklärt werden, dass die Einheimischen nicht Menschen zweiter Klasse sind, sondern auch Menschenrechte haben?
- laut einer von der Regierung in Auftrag gegebenen Studie, 25 Prozent aller dort lebenden Muslime Gewalt gegen andersgläubige Mitbürger in ihrer neuen Heimat als „legitim“ erachten?
- Gefängnis-Toiletten umgebaut wurden, weil Muslime auf Toiletten weder mit Gesicht noch mit Rücken gen Mekka gewandt sitzen dürfen? - die Polizei nicht eingreifen durfte, als junge muslimische Demonstranten öffentlich die Vergasung von Juden forderten?
- 70 Prozent der inhaftierten Straftäter Muslime sind?

- 2008 drei muslimische Mitbürger, die auf Polizisten geschossen hatten, vom Richter sofort wieder ohne Verfahren auf freien Fuß gesetzt wurden, weil man Angst vor „Rassenunruhen2 hatte?
- im Dezember 2006 zum ersten Mal eine vollverschleierte Muslima in einem bekannten Privatsender eine alternative – islamische – Weihnachtsansprache an die Bevölkerung verlesen durfte? Wussten Sie, dass diese Frau, die Christen als „Ratten“ bezeichnete?

„Der Inhalt dieses Buches ist erschreckend! Einer der großen Bundesgenossen bei der Islamisierung Europas ist die Unwissenheit der Bevölkerung. Die meisten Bürger haben keine Ahnung, was da wirklich vor sich geht.“

Ralph Giordano

„Die Demokratie ist nur der Zug, auf den wir aufsteigen, bis wir am Ziel sind. Die Moscheen sind unsere Kasernen, die Minarette unsere Bajonette, die Kuppeln unsere Helme und die Gläubigen unsere Soldaten.“

Türkischer Präsident Tayyip Erdogan

„Migration in Frankfurt ist eine Tatsache. Wenn Ihnen das nicht passt, müssen Sie woanders hinziehen“

Die Grünen-Politikerin Nargess Eskandari bei einer Diskussionsveranstaltung über einen umstrittenen Moscheebau gegenüber den deutschen Bürgern, die eine weitere Moschee in ihrem Stadtteil nicht haben wollten

„2030 übernehmen wir das Land!“

Aufdruck auf T-Shirts, die von Moslems in Schweden verkauft werden

„Vor dem Hintergrund des mangelnden Integrationswillens vieler Zuwanderer wird es um das Jahr 2020 herum auch in Deutschland ethnisch weitgehend homogene rechtsfreie Räume geben, die muslimische Zuwanderer entgegen allen Integrationsversuchen auch mit Waffengewalt verteidigen werden. Und das bedeutet die Gefahr von Bürgerkriegen in Teilen Deutschlands.“

CIA-Studie über die Bevölkerungsentwicklung in europäischen Ballungsgebieten aus dem Jahre 2008